21世纪全国高等院校物流专业创新型应用人才培养规划教材

现代物流管理

主　编　王道平　李志隆

内容简介

本书全面系统地介绍了物流管理的基本理论和相关技术。全书共分9章，包括物流管理概述、物流规划、物流功能管理、物流信息管理、企业物流管理、物流成本管理、供应链管理、第三方物流和国际物流管理。

本书提供了大量的物流管理相关案例、形式多样的习题，以供读者阅读训练使用，以便读者理解和巩固所学知识；本书侧重于实用性和操作性，能使读者在学习过程中学以致用。

本书可作为物流管理专业、物流工程专业、工商管理专业、电子商务专业和信息管理与信息系统专业的教材用书，适合高等教育相关的大学本科生使用，也可作为物流管理相关领域从业人员的培训教材或参考用书。

图书在版编目(CIP)数据

现代物流管理/王道平，李志隆主编．—北京：北京大学出版社，2014.9
 (21世纪全国高等院校物流专业创新型应用人才培养规划教材)
 ISBN 978-7-301-24627-6

Ⅰ.①现… Ⅱ.①王…②李… Ⅲ.①物流—物资管理—高等学校—教材 Ⅳ.①F252

中国版本图书馆 CIP 数据核字(2014)第 185374 号

书　　　　名：	现代物流管理
著作责任者：	王道平　李志隆　主编
策划编辑：	李　虎　刘　丽
责任编辑：	刘　丽
标准书号：	ISBN 978-7-301-24627-6/U·0113
出版发行：	北京大学出版社
地　　　　址：	北京市海淀区成府路 205 号　100871
网　　　　址：	http://www.pup.cn　新浪官方微博:@北京大学出版社
电子信箱：	pup_6@163.com
电　　　　话：	邮购部 62752015　发行部 62750672　编辑部 62750667　出版部 62754962
印　刷　者：	北京富生印刷厂
经　销　者：	新华书店
	787mm×1092mm　16 开本　17.5 印张　399 千字
	2014 年 9 月第 1 版　2016 年 1 月第 2 次印刷
定　　　　价：	36.00 元

未经许可，不得以任何方式复制或抄袭本书之部分或全部内容。
版权所有，侵权必究
举报电话：010-62752024　电子信箱：fd@pup.pku.edu.cn

21世纪全国高等院校物流专业创新型应用人才培养规划教材

编写指导委员会

(按姓名拼音顺序)

主任委员	齐二石			
副主任委员	白世贞	董千里	黄福华	李向文
	刘元洪	王道平	王海刚	王汉新
	王槐林	魏国辰	肖生苓	徐 琪
委 员	曹翠珍	柴庆春	陈 虎	丁小龙
	杜彦华	冯爱兰	甘卫华	高举红
	郝 海	阚功俭	孔继利	李传荣
	李学工	李晓龙	李於洪	林丽华
	刘永胜	柳雨霁	马建华	孟祥茹
	乔志强	汪传雷	王 侃	吴 健
	于 英	张 浩	张 潜	张旭辉
	赵丽君	赵 宁	周晓晔	周兴建

丛 书 总 序

物流业是商品经济和社会生产力发展到较高水平的产物，它是融合运输业、仓储业、货代业和信息业等的复合型服务产业，是国民经济的重要组成部分，涉及领域广，吸纳就业人数多，促进生产、拉动消费作用大，在促进产业结构调整、转变经济发展方式和增强国民经济竞争力等方面发挥着非常重要的作用。

随着我国经济的高速发展，物流专业在我国的发展很快，社会对物流专业人才需求逐年递增，尤其是对有一定理论基础、实践能力强的物流技术及管理人才的需求更加迫切。同时随着我国教学改革的不断深入以及毕业生就业市场的不断变化，以就业市场为导向，培养具备职业化特征的创新型应用人才已成为大多数高等院校物流专业的教学目标，从而对物流专业的课程体系以及教材建设都提出了新的要求。

为适应我国当前物流专业教育教学改革和教材建设的迫切需要，北京大学出版社联合全国多所高校教师共同合作编写出版了本套《21世纪全国高等院校物流专业创新型应用人才培养规划教材》。其宗旨是：立足现代物流业发展和相关从业人员的现实需要，强调理论与实践的有机结合，从"创新"和"应用"两个层面切入进行编写，力求涵盖现代物流专业研究和应用的主要领域，希望以此推进物流专业的理论发展和学科体系建设，并有助于提高我国物流业从业人员的专业素养和理论功底。

本系列教材按照物流专业规范、培养方案以及课程教学大纲的要求，合理定位，由长期在教学第一线从事教学工作的教师编写而成。教材立足于物流学科发展的需要，深入分析了物流专业学生现状及存在的问题，尝试探索了物流专业学生综合素质培养的途径，着重体现了"新思维、新理念、新能力"三个方面的特色。

1. 新思维

(1) 编写体例新颖。借鉴优秀教材特别是国外精品教材的写作思路、写作方法，图文并茂、清新活泼。

(2) 教学内容更新。充分展示了最新最近的知识以及教学改革成果，并且将未来的发展趋势和前沿资料以阅读材料的方式介绍给学生。

(3) 知识体系实用有效。着眼于学生就业所需的专业知识和操作技能，着重讲解应用型人才培养所需的内容和关键点，与就业市场结合，与时俱进，让学生学而有用，学而能用。

2. 新理念

(1) 以学生为本。站在学生的角度思考问题，考虑学生学习的动力，强调锻炼学生的思维能力以及运用知识解决问题的能力。

(2) 注重拓展学生的知识面。让学生能在学习到必要知识点的同时也对其他相关知识有所了解。

(3) 注重融入人文知识。将人文知识融入理论讲解，提高学生的人文素养。

3. 新能力

(1) 理论讲解简单实用。理论讲解简单化，注重讲解理论的来源、出处以及用处，不做过多的推导与介绍。

(2) 案例式教学。有机融入了最新的实例以及操作性较强的案例，并对案例进行有效的分析，着重培养学生的职业意识和职业能力。

(3) 重视实践环节。强化实际操作训练，加深学生对理论知识的理解。习题设计多样化，题型丰富，具备启发性，全方位考查学生对知识的掌握程度。

我们要感谢参加本系列教材编写和审稿的各位老师，他们为本系列教材的出版付出了大量卓有成效的辛勤劳动。由于编写时间紧、相互协调难度大等原因，本系列教材肯定还存在不足之处。我们相信，在各位老师的关心和帮助下，本系列教材一定能不断地改进和完善，并在我国物流专业的教学改革和课程体系建设中起到应有的促进作用。

齐二石

2009 年 10 月

齐二石 本系列教材编写指导委员会主任、博士、教授、博士生导师。天津大学管理学院院长，国务院学位委员会学科评议组成员，第五届国家 863/CIMS 主题专家，科技部信息化科技工程总体专家，中国机械工程学会工业工程分会理事长，教育部管理科学与工程教学指导委员会主任委员，是最早将物流概念引入中国和研究物流的专家之一。

前　言

随着现代物流理论和实践在我国的迅猛发展，新知识、新技术不断涌现，学科范围不断扩大，新思维、新概念不断涌现并应用于企业业务实践，这就需要大量合格的物流管理人才。物流管理可以为企业日常运营带来巨大的竞争优势，已成为许多企业和组织发展必不可少的重要职能与方法。本书是一本现代物流管理理论与实践相结合的专业书籍，在物流产业的重要性越来越突出的今天，学习运用专业的物流管理知识指导企业生产实践，具有重要的现实意义。

物流管理已成为国内外众多高等院校工商管理类专业的必修课程，许多企业或机构也将其纳入组织培训的重要课程。本书旨在向广大的工商管理、信息管理、物流管理、工业工程、电子商务等专业的师生提供一本物流管理的基础课教材。

物流管理学是一门应用型学科，现代物流管理涉及生产领域、流通领域、消费领域，几乎涵盖了全部社会产品在社会与企业中的运动过程，是一个非常庞大而且复杂的动态系统。

本书介绍了物流管理的基本概念、基本理论，以及实用方法，并涵盖物流管理前期策划的相关知识，在阐述的过程中力求简洁、清晰、深入浅出，既有基本知识讲解，又有实践案例介绍。每章后面都附有习题，对读者理解和运用所学知识及其重点具有帮助作用。

结合多年的教学实践，本书力求为读者打开现代物流管理知识大门，尽可能追求较强的可读性和易引导性，做到好读易教。全书共分9章。第1章介绍物流的产生与发展及现代物流的主要活动，包括物流的发展史、物流的概念、物理管理的内涵及其发展趋势等。第2章介绍企业和区域物流规划方法，包括企业物流规划和区域物流规划的概述、内容、过程和目标等。第3章讲述物流功能管理的6大组成部分，分别为运输管理、仓储管理、包装、流通加工、配送管理和装卸搬运，有针对性地对这6个模块进行详细的论述，重点讲述每个模块的概述、作用、分类和合理化内容及措施等。第4章主要讲述物流信息管理技术及物流信息系统，主要包括物流信息概述、物流信息技术、物流信息系统和物流信息化等。第5章主要讲述企业物流管理知识，包括供应物流管理、生产物流管理、销售物流管理和逆向物流管理等。第6章主要介绍物流成本管理，包括物流成本概述、物流成本计算方法、物流成本控制方法和物流成本绩效评估等。第7章主要介绍供应链管理的相关知识，包括供应链管理概述、供应链管理方法（QR、ECP和ERP）、供应链管理技术和供应链管理业务流程等。第8章主要讲述第三方物流，主要包括第三方物流概述、第三方物流的类型、第三方物流运作模式和第四方物流。第9章主要讲述国际物流管理相关知识，包括国际物流概述、国际物流系统、国际物流业务和国际货物运输等。

本书编写具有以下特点。

(1) 本书从物流管理思想起源讲起，介绍了物流管理概述、物流规划、物流功能管理、信息物流管理、企业物流管理、物流成本管理、供应链管理、第三方物流和国际物流管理等，以物流管理为主要流程，详细介绍了各个章节的基本理论和相应的管理方法、策略。

（2）每章都有教学要点和大量的案例供读者分析、研读，加深和拓展读者的视野；提供形式多样的习题，以便读者巩固和灵活运用所学的物流管理方法和技术，使读者可以更好地发现并解决一般工业和商业企业的物流管理问题。

（3）紧密结合本课程教学的基本要求，教材内容全面系统、重点突出，所用资料力求更新、更准确解读知识点。该书注重物流管理知识的全面运用，强调知识的实用性，具有较强的针对性。

本书由北京科技大学王道平和李志隆担任主编，负责全书的结构设计、草拟写作提纲、组织编写和最后统稿工作，参加编写、校对和资料整理工作的还有周丹云、李秀雅、肖扬、张大川、徐展、张博卿、陈丽、杜海蕾等。

本书在编写过程中，参考了大量相关书籍和资料，在此向其作者表示衷心的感谢！本书在出版过程中，得到北京大学出版社的大力支持，在此一并表示衷心的感谢！

由于作者水平所限，加之时间仓促，书中难免存在疏漏之处，敬请广大读者批评指正。

编　者

2014年6月于北京科技大学

目 录

第1章 物流管理概述 ……………… 1
1.1 物流的产生与发展 ……………… 3
1.1.1 物流萌芽阶段(20世纪初至50年代) ……………… 3
1.1.2 物流系统阶段(20世纪60~70年代) ……………… 4
1.1.3 战略物流系统阶段(20世纪70~80年代) ……………… 4
1.1.4 供应链战略物流系统阶段(20世纪90年代以后) ……………… 5
1.2 物流的内涵 ……………… 5
1.2.1 物流的概念 ……………… 5
1.2.2 物流的基本特征 ……………… 6
1.2.3 物流的主要活动 ……………… 8
1.2.4 物流的分类 ……………… 11
1.3 物流管理的内涵 ……………… 14
1.3.1 物流管理的概念、特征和内容 ……………… 14
1.3.2 物流管理的意义 ……………… 17
1.3.3 现代物流管理的发展趋势 ……………… 18
本章小结 ……………… 20
习题 ……………… 21

第2章 物流规划 ……………… 25
2.1 物流规划概述 ……………… 27
2.1.1 物流规划的概念及特性 ……………… 27
2.1.2 物流规划的原则 ……………… 27
2.1.3 物流规划的条件 ……………… 28
2.2 物流规划的内容与过程 ……………… 29
2.2.1 物流规划的内容 ……………… 29
2.2.2 物流规划的过程 ……………… 32
2.3 企业物流规划 ……………… 34
2.3.1 企业物流规划概述 ……………… 34
2.3.2 企业物流规划的内容 ……………… 35
2.3.3 企业物流规划的过程 ……………… 36
2.3.4 企业物流规划的目标及确立 ……………… 37
2.4 区域物流规划 ……………… 40
2.4.1 区域物流规划概述 ……………… 40
2.4.2 区域物流规划的内容 ……………… 41
2.4.3 区域物流规划的过程 ……………… 43
2.4.4 区域物流规划的目标 ……………… 44
本章小结 ……………… 45
习题 ……………… 45

第3章 物流功能管理 ……………… 50
3.1 运输管理 ……………… 52
3.1.1 运输概述 ……………… 52
3.1.2 运输的功能 ……………… 52
3.1.3 运输方式 ……………… 54
3.1.4 运输合理化 ……………… 56
3.2 仓储管理 ……………… 57
3.2.1 仓储概述 ……………… 57
3.2.2 仓储管理概述 ……………… 60
3.2.3 仓储合理化 ……………… 62
3.3 包装 ……………… 64
3.3.1 包装的含义 ……………… 64
3.3.2 包装的功能 ……………… 65
3.3.3 包装的分类 ……………… 66
3.3.4 包装的标准化 ……………… 67
3.4 流通加工 ……………… 68
3.4.1 流通加工概述 ……………… 68
3.4.2 流通加工的类型 ……………… 71
3.4.3 流通加工的合理化 ……………… 72
3.5 配送管理 ……………… 73
3.5.1 配送概述 ……………… 73
3.5.2 配送类型及运作模式 ……………… 75
3.5.3 配送中心 ……………… 77
3.6 装卸搬运 ……………… 81
3.6.1 装卸搬运概述 ……………… 81
3.6.2 装卸搬运的合理化 ……………… 83
本章小结 ……………… 85
习题 ……………… 85

第4章 物流信息管理 ……………… 89
4.1 物流信息概述 ……………… 91
4.1.1 物流信息的概念 ……………… 92
4.1.2 物流信息的特点 ……………… 93

4.1.3 物流信息的分类 …………… 93
    4.1.4 物流信息的作用 …………… 95
  4.2 物流信息技术 …………………… 96
    4.2.1 信息标识技术 ……………… 97
    4.2.2 信息存储与传输技术 …… 100
    4.2.3 信息跟踪技术 …………… 102
    4.2.4 信息处理技术 …………… 104
  4.3 物流信息系统 ………………… 105
    4.3.1 物流信息系统概述 ……… 105
    4.3.2 物流信息系统开发 ……… 109
    4.3.3 几种典型的物流信息系统 … 110
  4.4 物流信息化 …………………… 112
    4.4.1 物流信息化的必要性 …… 112
    4.4.2 物流信息化的发展阶段 … 113
  本章小结 …………………………… 114
  习题 ………………………………… 114

第5章 企业物流管理 …………… 118
  5.1 企业物流概述 ………………… 120
    5.1.1 企业物流的概念 ………… 120
    5.1.2 企业物流的结构 ………… 121
    5.1.3 企业物流的特征 ………… 123
    5.1.4 企业物流的分类 ………… 123
  5.2 供应物流管理 ………………… 124
    5.2.1 供应物流管理的概念 …… 124
    5.2.2 供应物流管理的内容 …… 124
    5.2.3 供应物流的过程 ………… 126
    5.2.4 供应物流的组织方式 …… 126
    5.2.5 供应物流的服务 ………… 126
  5.3 生产物流管理 ………………… 127
    5.3.1 生产物流的概念 ………… 127
    5.3.2 生产物流的基本特征 …… 127
    5.3.3 影响生产物流的主要因素 … 128
    5.3.4 管理组织生产物流的基本
          条件 ………………………… 128
  5.4 销售物流管理 ………………… 129
    5.4.1 销售物流的概念及意义 … 129
    5.4.2 销售工作的内容 ………… 129
    5.4.3 销售物流的流程 ………… 130
    5.4.4 销售物流的基本模式 …… 131
  5.5 逆向物流管理 ………………… 132
    5.5.1 逆向物流的内涵 ………… 132
    5.5.2 逆向物流的特点 ………… 133
    5.5.3 逆向物流的作用 ………… 134

    5.5.4 逆向物流的分类 ………… 134
  本章小结 …………………………… 135
  习题 ………………………………… 135

第6章 物流成本管理 …………… 140
  6.1 物流成本 ……………………… 142
    6.1.1 物流成本概述 …………… 142
    6.1.2 影响物流成本的因素 …… 144
  6.2 物流成本计算的基本方法 …… 145
    6.2.1 物流成本计算对象 ……… 145
    6.2.2 产品成本计算方法 ……… 147
    6.2.3 作业成本法 ……………… 150
  6.3 物流成本的控制方法 ………… 155
    6.3.1 目标成本法 ……………… 155
    6.3.2 责任成本法 ……………… 156
    6.3.3 成本差异的计算与分析 … 161
  6.4 物流成本绩效评估 …………… 166
    6.4.1 物流成本绩效评估概述 … 166
    6.4.2 绩效标杆法考核 ………… 168
    6.4.3 平衡计分卡的应用 ……… 170
  本章小结 …………………………… 173
  习题 ………………………………… 174

第7章 供应链管理 ……………… 179
  7.1 供应链管理概述 ……………… 181
    7.1.1 供应链管理的概念和意义 … 181
    7.1.2 供应链管理的产生和发展 … 184
    7.1.3 供应链管理的特点及内容 … 186
  7.2 供应链管理方法 ……………… 189
    7.2.1 QR …………………………… 190
    7.2.2 ECR ………………………… 191
    7.2.3 ERP ………………………… 193
  7.3 供应链管理技术 ……………… 197
    7.3.1 信息管理技术 …………… 197
    7.3.2 物流运作技术 …………… 198
    7.3.3 营销运作技术 …………… 200
  7.4 供应链管理业务流程 ………… 200
    7.4.1 采购管理 ………………… 200
    7.4.2 库存管理 ………………… 202
    7.4.3 生产管理 ………………… 203
    7.4.4 生产物流管理 …………… 204
    7.4.5 客户关系管理 …………… 205
    7.4.6 风险管理 ………………… 206
  本章小结 …………………………… 208
  习题 ………………………………… 209

第8章 第三方物流 ………… 214

8.1 第三方物流概述 ………… 216
- 8.1.1 第三方物流的定义 ……… 216
- 8.1.2 第三方物流的特征 ……… 217
- 8.1.3 第三方物流的服务内容 … 219

8.2 第三方物流的类型 ………… 220

8.3 第三方物流运作模式 ……… 223
- 8.3.1 物流模式选择 …………… 223
- 8.3.2 第三方物流运作模式的类型 …………………… 225
- 8.3.3 1+3物流运作的模式 …… 227

8.4 第四方物流 ………………… 229
- 8.4.1 第四方物流概述 ………… 229
- 8.4.2 第四方物流的功能 ……… 230
- 8.4.3 我国发展第四方物流的意义 …………………… 231

本章小结 …………………………… 234
习题 ………………………………… 234

第9章 国际物流管理 ………… 239

9.1 国际物流概述 ……………… 241
- 9.1.1 国际物流的定义和特点 … 241
- 9.1.2 国际物流的产生与发展 … 243
- 9.1.3 国际物流与国内物流的比较 …………………… 243
- 9.1.4 国际物流系统 …………… 244

9.2 国际物流业务 ……………… 247
- 9.2.1 国际物流业务的主要参与方 …………………… 247
- 9.2.2 国际物流的主要业务活动 … 248

9.3 国际货物运输 ……………… 255
- 9.3.1 国际货物运输概述 ……… 255
- 9.3.2 国际货物运输的方式 …… 256

本章小结 …………………………… 261
习题 ………………………………… 261

参考文献 ……………………………… 265

第1章 物流管理概述

【本章教学要点】

知识要点	掌握程度	相关知识	应用方向
物流的产生与发展	了解	物流发展的4个阶段	物流相关的基本知识，熟悉后可以加深对现代物流管理的理解
物流的概念	了解	不同国家对物流概念的定义	
物流的基本特征	掌握	6个方面的基本特征	
物流的主要活动	了解	13个主要的物流活动	
物流的分类	掌握	按不同角度对物流进行分类	
物流管理的概念和特征	了解	物流管理的定义和5个特征	物流管理的内涵和内容，了解物流管理对社会发展的重要性
物流管理的内容	重点掌握	3个方面的内容	
物流管理的意义	掌握	在经济和组织中的意义	
现代物流管理的发展趋势	了解	6个主要趋势	

导入案例

伊利集团的物流模式①

伊利集团是我国520家重点工业企业和国家八部委首批确定的全国151家农业产业化龙头企业之一,是北京2008年奥运会唯一一家乳制品赞助商。伊利集团的生产基地在内蒙古大草原,而乳制品受到保质期、保存条件的严格限制,如何将其产品成功地输送到全国每个省份成为公司经营的重要问题。

在进行股份制改革之后,随着业务的不断增长,伊利集团面临的诸多问题有:由于生产工厂地处内陆而消费地点多集中于东南沿海,造成了信息、区位的劣势,同时在发展过程中造成运输成本高、产品竞争力低下;长途运输的时效性无法保证,致使供应链下游压货、窜货,严重地影响公司的商业信誉;随着市场对于乳制品新鲜度的敏感性日趋上升,伊利集团原有的以生产为中心的分销网络已经不太适应市场的变化。

为适应市场变化,伊利集团在上海、北京、天津、山西、湖北等地采用收购其他乳制品企业和自建厂的方式,将生产基地建到全国主要消费城市,并与当地的奶农、政府共同投资建设奶源园区基地,最大限度地缩短产品投放市场的空间距离,减少运输周转时间;同时,将集团内部分为冷饮事业部、液态奶事业部、奶粉事业部及原奶事业部,各个事业部在各地区市场设立办事处、分公司、配送中心,形成直接将产品送达各个零售终端的营销网络。推行扁平化管理方式,减少中间环节,建立了快速反应机制。

目前伊利集团拥有国内乳制品行业最完整、最丰富的运输线,具体包括海洋运输、铁路集装箱、冰保车、机保车、集装箱五定班列运输、公路运输、铁海联运、公海联运,以及行包发运等。为降低企业成本、提高物流效率,伊利集团采用第三方物流的模式,通过严格的招标和评选来确定合作企业。

伊利集团液态奶事业部采用两种方式进行物流配送:一方面从工厂直接送达客户;另一方面则在全国重点城市布局分仓,通过分仓配送满足中小客户的需求。例如,伊利集团通过五定班列、车皮、零散集装箱等方式直接将产品运输到武汉设立分仓,然后各分仓再按照客户所处的位置以铁路中转或公路配送到客户手中。随着业务的扩展和量的增加,伊利集团传统的核心企业供应链模式已经跟不上未来的发展。伊利集团通过收购和兼并已在全国十多个销售大区设立了现代化乳业生产基地,形成了一个庞大的网络体系,大大降低了物流成本,同时也大大增强了对食品安全的保障。

伊利集团一直对信息化建设比较重视,1996年伊利集团投入200多万元使用了美国四班(Fourth-Shift)的MPRⅡ信息管理系统,2001年购买了用友的SAP分销系统。2005年伊利集团新任董事长开始对伊利各事业部进行整合,为适应业务向纵深拓展,建立了一套从生产到销售、从出厂到分销、从供应链上游到下游都能实现集中控制、统一处理的ERP系统。在对上游奶站、奶农、奶牛的管理上,伊利集团为每头牛建立了数据档案,通过GPS跟踪奶车项目;对下游则及时了解经销商的库存,对渠道进行彻底的透明化管理。这样的数据库管理使得伊利能把供应链上的信息加以集中并做到有效利用。采用信息系统后,伊利集团由代理点-子公司-事业部-总部实现了7×24小时实时数据的输入和查询,改变了以前伊利集团逐级汇报的方式,将数据传送时间从几十个小时缩减到可以忽略不计的几秒。由于有了后台数据库支持,多数经营数据可以在数据库内直接查询,将事后控制变成了过程控制,这样大大降低了运营成本,仅产品过期损失一项就从百万元级降低到了十万元级。

---

① 李东贤. 现代物流管理[M]. 北京:清华大学出版社,2011.

讨论题

(1) 通过阅读案例，简述伊利集团为了适应市场变化，在物流管理方面做了哪些变化。

(2) 结合案例，分析新的物流模式为伊利集团带来了哪些变化。

1.1 物流的产生与发展

物流活动从人类从事产品交换就已经存在。1901年，J. F. 格鲁威尔在美国政府报告《关于农产品的配送》中，第一次论述了影响农产品配送的各种价格因素，从而揭开了人们认识物流的序幕。在一个多世纪的时间里，物流管理和物流产业的发展经历了一个漫长的过程。物流的发展不仅与社会经济和生产力发展水平有关，同时也与科学技术发展水平有关。按照时间顺序，物流的发展大体经历了以下4个阶段。

扩展阅读

"物流"并非新事物，物流活动自古就有。例如，哥伦布开辟了从大西洋到美洲的航路，加速了东西方国家之间商品(如黄金、瓷器和茶叶等)的交流；苏伊士运河的开凿提供了从欧洲至印度洋和西太平洋最近的航线，成为世界最繁忙的国际商贸航线之一；中国古语"兵马未动，粮草先行"说明了战备物资的流动保障对战役成功的重要影响等。从古至今，物资的合理流动始终受到世界各国军事和经济上的高度重视，"物流"随着时代的变迁仅仅发生着内容和形式的变化。

资料来源：霍红，刘莉. 物流管理学[M]. 北京：高等教育出版社，2011.

1.1.1 物流萌芽阶段（20世纪初至50年代）

这段时期由于生产社会化、专业化程度不高，生产与流通之间的联系较为简单，生产企业的精力主要集中在生产上。随着经济社会的不断发展，以及生产和生活消费对物质产品需求的增加，作为克服生产与消费之间距离的物流与生产的矛盾日益暴露出来，直接影响着经济的发展，迫使人们逐渐重视物流的研究并加强物流的管理工作。例如，日本在第二次世界大战以后的国民经济恢复初期，物流尚未被日本人认识，在流通过程中，运输、储存、包装等物流环节基本上是分散管理。随着战时经济向和平经济的转变，物流管理和货物运输严重落后的问题日益突出，供销、货物装卸、运输、储存等方面暴露出很多问题，造成产品一头压货一头短缺、损坏率高、运输流向不合理等现象。为了解决这些问题，日本引进物流管理技术，并首先在国营铁路使用集装箱运输，商社、企业也开始研究如何改进物流工作。

该阶段物流发展的基本特征是物流观念的萌芽与产生，具体体现在以下几个方面：一是对物流的认识局限为物流活动。无论是美国的配送、后勤，还是日本的"物的流通"，概念的提出和定义都局限于运输、仓储等物流活动中，这就限制了物流管理技术研究和实践的范围。二是物流管理处于物流事后处理阶段。物流研究和实践的重点在物流网络的完善及保管效率、运输效率、作业效率等的提高。该阶段由于不能很好地控制库存，造成了巨大的浪费，即"毫无意义的库存移动"。三是物流技术的研究重点是搬运、存储技术与设备的研究和开发。四是物流组织主要是内部机构实现的，物流产业还没有起步。总之，该阶段还明显处于传统物流阶段，但后期现代物流已经开始萌芽。

美国物流管理理论体系的初步形成

1954年，鲍尔·D·康柏斯在美国第26次波士顿流通会议上，提出应该重视认识、研究市场营销中的物流。1956年，霍华德·T·莱维斯、吉姆斯·W·克里顿和杰克·D·斯蒂勒等人撰写了《物流中航空货运作用》，第一次在物流管理中导入了整体成本的分析概念，深化了物流活动分析的内容。1961年，爱德华·W·斯马凯伊、唐纳德·J·鲍尔素克斯和弗兰克·H·莫斯曼撰写了《物流管理》，这是世界上第一本介绍物流系统的教科书，为物流管理成为一门学科奠定了基础。1962年，美国著名管理学者德鲁克在《财富》杂志发表了题为《经济的黑暗大陆》一文，提出了物流是降低成本的源泉的观点，强调应当重视在生产和销售领域以外的物流环节，从而对实业界和理论界又产生了一次重大的推动作用，使他们逐渐认识到物流是"第三利润源泉"。1963年，美国物流管理协会成立，该协会将各方面的物流专家集中起来，提供教育和培训活动，该组织成为世界上第一个物流专业人员组织。1969年，唐纳德·J·鲍尔素克斯发表《物流的发展——现状与可能》，对综合物流概念的过去、现状，以及未来发展作出了全面的分析。1976年，道格拉斯·M·兰伯特指出在整个物流活动所发生的费用中，在库费用是最大的一个部分，并对费用测定进行了研究，对物流管理学的发展作出了重大贡献。

资料来源：霍红，刘莉. 物流管理学[M]. 北京：高等教育出版社，2011.

1.1.2 物流系统阶段（20世纪60~70年代）

该阶段物流发展的基本特征主要体现为物流系统化。具体体现在四个方面：一是物流认识方面，物流活动的定义已从单纯的运输、搬运、仓储等扩展到用户服务、需求预测、销售情报、库存控制等方面；二是物流研究与实践方面，基于系统的观点，把各独立的物流活动纳入到物流系统之中，重点研究系统的整体优化，改进物流管理已成为大幅度降低物流成本、提高服务质量、激发企业活力的重要手段；三是物流技术方面，研究的重点是物流组织的系统化、物流设备的自动化、物流装备的标准化，但物流系统的研究主要局限于企业内部系统；四是物流组织方面，内部管理和执行机构实现了系统化，现代物流产业开始萌芽。物流的系统化和现代物流产业的萌芽，标志着传统物流开始向现代物流转变，现代物流产业处于产业发展的导入期。

1.1.3 战略物流系统阶段（20世纪70~80年代）

该阶段的物流发展与当时的中东石油危机密切相关。1973年中东战争引起石油危机以后，世界范围内的原材料和燃料价格猛涨。人工费用不断增加，这使一向依靠廉价原材料和劳动力来获取利润的企业不能再轻而易举地从这两方面获取利润。这就迫使企业在物流方面采取强有力的措施，大幅度降低物流费用，以弥补原材料、燃料和劳动力费用上涨造成的损失。这段时期研究和管理上的特点，是把物流的各种职能作为一个大系统进行研究，从整体上进行开发。现代物流发展的战略性和现代物流产业的成长性是该阶段物流发展的基本特征。物流系统逐渐向集成化、智能化、信息化的方向发展，促进企业或企业集团按照总体销售战略目标，组织物流的管理和运作，体现了企业整体效益，从而排除了由于缺货导致的销售损失和由于过剩库存及滞留库存引发的成本增加。第三方物流的兴起和逐步壮大，物流社会化、产业化进程的加快，标志着现代物流产业进入了快速发展的成长期。

1.1.4 供应链战略物流系统阶段（20世纪90年代以后）

20世纪90年代以来，随着经济和现代信息技术的迅速发展，现代物流的内容在不断地丰富和发展。信息技术的进步，使人们更加认识到物流体系的重要性。同时，信息技术特别是网络技术的发展，也为物流发展提供了强有力的支撑，使物流管理加快向信息化和智能化方向的发展，特别是促进了电子商务的发展，使物流企业和工商企业建立了更为密切的关系，物流联盟开始进一步扩大和深化。供应链战略下的物流成为该阶段的主旋律，更加有效地排除了企业间发生的不合理的物流服务和库存的重复持有、物流作业的烦琐过程及数据输入作业，从而使物流企业为客户提供顶级的低成本物流服务，现代物流产业得到高速发展。

现代物流的技术水平表现为：对各环节应用的物流技术进行整合而形成最优系统技术；以运输设备高速化、大型化、专用化为中心的集装箱系统的开发；将保管和装卸结合为一体的高层自动货架系统的开发；以计算机和通信网络为中心的情报处理和物流信息技术的研发；商品条形码、电子数据交换（EDI）、射频技术、全球定位系统（GPS）物联网技术的开发等。

1.2 物流的内涵

在经济全球化日益发展的今天，物流管理作为"第三利润源泉"和提高企业竞争力的主要手段，受到了经济界和企业界的广泛关注。物流作为一个现代概念，其本质体现的是一种新的思维模式和管理方式。

1.2.1 物流的概念

扩展阅读

人们对物流的认识是一个不断深化的过程，第二次世界大战中，围绕战争供应，美国军队建立了"后勤"（Logistics）理论，对军火等战略物资的运输、补给和屯驻等进行全面管理，以求战略物资补给的费用更低、速度更快、服务更好。第二次世界大战后，"后勤"一词在企业中广泛应用，又有商业后勤（Business Logistics）或流通后勤（Circulation Logistics）的提法，其含义是"包括原材料的流通、产品分配、运输、购买与库存控制、储存、客户服务等业务活动"，其领域包括原材料物流、生产物流和销售物流，可见其外延更为宽泛，故称之为广义的物流。

资料来源：http://www.chinawuliu.com.cn/xsyj/201106/28/144344.shtml。

物流，简单地说，就是货物从生产地到需求地的过程。世界各国的学者和研究机构对物流给出了不同的定义。

1. 美国对物流的定义

美国后勤管理协会关于物流的定义为：物流是有计划地对原材料、半成品和成品由其生产地到消费地的高效流通活动。这种流通活动的内容，包括为用户服务、需求预测、情报信息联络、物料搬运、订单处理、选址、采购、包装、运输、装卸、废料处理及仓库管理等。

2. 日本对物流的定义

日通综合研究所将物流定义为：物流是将货物由供应者向需求者的物理性移动，是创造时间价值和场所价值的经济活动，包括包装、搬运、保管、库存管理、运输、配送等活动领域。

日本工业标准对物流的定义为：物流是指将实物从供给者物理性移动到用户这一过程的活动，一般包括输送、保管、装卸，以及与其有关的情报等各种活动。

3. 欧洲对物流的定义

欧洲物流协会认为：物流是在一个系统内对人员和商品的运输、安排及与此相关的支持活动进行计划、执行和控制，以达到特定的目的。

4. 我国对物流的定义

《物流术语》(GB/T 18354—2006)(以下简称《物流术语》)对物流的定义为：物流是物品从供应地向接受地实体流动过程。根据实际需要，将运输、储存、装卸、搬运、包装、加工、配送信息处理等基本功能实施有机结合。

目前，被普遍认同的是美国物流管理协会（2004年已更名为美国供应链管理协会）2000年所下的定义：物流是为满足客户需要，对商品、服务及相关信息在源头与消费点之间的高效（高效率、高效益）正向及反向流动与储存进行的计划、实施与控制的过程。

1.2.2 物流的基本特征

现代物流与现代化社会大生产紧密联系，体现了社会经济发展和现代企业经营的需要。在现代物流管理和运作中，广泛采用了代表当今生产力发展水平的管理技术、工程技术及信息技术等。随着时代的进步，物流管理和物流活动的现代化程度不断提高，其基本特征可概括为以下几个方面。

1. 物流管理系统化

物流不是运输、保管等活动的简单叠加，而是通过彼此的内在联系，为共同的目标形成的一个系统。构成该系统的功能要素之间相互作用。在考虑物流最优化的时候，必须从系统的角度出发，通过物流活动的最佳组合实现物流整体最优化的目标。树立物流系统化观念是搞好物流管理、开展现代物流活动的重要基础。

2. 物流成本最小化

物流成本管理追求的是物流总成本最小化，它是物流合理化的一个重要指标。从系统的观点看，构成物流的各功能之间存在着效益背反关系。其中，效益背反指的是物流的若干功能要素之间存在着损益的矛盾,即某一个功能要素的优化和利益发生时,会造成另一个或几个功能要素的利益损失。例如,减少仓库设置的数量可以节省保管费用,但是会因为运输距离的增加和运输次数的增多而加大运输费用,从而使物流总费用水平不会有明显的降低。

3. 物流运作信息化

信息在实现物流系统化、物流作业一体化方面发挥着重要的作用。与传统物流相比,现代物流是事前控制或实时控制,它通过信息将各项物流功能活动有机结合在一起,依靠对信息的实时把握,控制物流系统按照预定的目标运行,准确地掌握信息(如库存信息、需求信息),从而减少非效率、非增值的物流活动,提高物流效率和物流服务的可靠性。

 阅读案例

时捷物流:信息技术助阵效率大提升

在东莞,美宜佳是家喻户晓的便利店,但是没有多少人知道,这家连锁便利店的所有货物都是东莞市时捷物流有限公司配送的。东莞市所有的可口可乐饮料也是这家公司配送的。

时捷物流创立于2002年,是东莞市糖酒集团有限公司下属子公司。经过8年发展,时捷物流和东莞本土连锁商店美宜佳、国美电器、苏宁电器、百事可乐、可口可乐等企业建立起合作关系,并在珠三角主要城市建立了物流分支机构,构筑珠三角地区具有集成化、全过程物流服务功能的第三方物流企业。

时捷物流拥有珠三角主要城市四分部,时捷物流总经理张郁葱说,公司是靠着信息技术来提高效率的。2006年,时捷物流运用了新商品自动拣货系统。为了与重要客户美宜佳做好对接,时捷物流在2008年进行信息技术系统升级,用于便利店仓储配送业务,与美宜佳实现数据的实时对接、实时更新。通过物流仓储系统,实现了商品"先进先出"管理;通过分拣系统,做到了无纸化作业,并采用各种电子显示板显示作业进度,实现流程的可视化。

东莞的物流公司不下百家,像时捷物流关注于为连锁商场配送货物的公司也不在少数,但时捷物流的信息化却是许多物流公司无法企及的。

时捷物流不但有自动拣货系统,还自动实现了内部行政后勤工作信息化,其中有自行开发的时捷系统和OA办公系统,包括了第三方业务的信息数据和运行、运输车辆的管理、人事系统的运用、财务数据分析运用及内部的沟通交流等。

资料来源:中国物流与采购网. http://www.chinawuliu.com.cn/xsyj/201106/28/144344.shtml.

4. 物流手段现代化

先进的运输、仓储、装卸搬运、包装,以及流通加工手段已被广泛应用于现代物流活动中。运输手段的大型化、高速化、专用化,装卸搬运机械的自动化,包装的单元化,仓库的立体化、自动化,以及信息处理和传输的计算机化、电子化、网络化等为开展物流提供了物质保证。

5. 物流服务社会化

在现代物流时代,物流业得到了充分发展,通过社会化物流服务来满足企业物流需求的重要性越来越高,第三方物流形态成为现代物流的主流,物流产业在国民经济中发挥着重要作用。

6. 物流反应快速化

在现代物流信息系统、作业系统和物流网络的支持下，物流对需求的反应速度越来越快捷化。及时配送、快速补货及迅速调整库存结构的能力也在加强，这样可以保证整个物流系统有最优的库存总水平及库存分布，将干线运输与支线末端配送结合起来，形成快速、灵活的供应通道。

1.2.3 物流的主要活动

为了实现产品从最初的生产厂地流动到最终的消费者手中，企业需要从事的主要物流活动包括：客户服务、需求预测、库存管理、物流通信、物料搬运、订单处理、包装、零部件和服务支持、工厂和仓库选址、采购、逆向物流、运输及仓储等。虽然并非所有的企业都将上述活动的每一项当作物流的组成部分，但它们都影响着物流的过程。

1. 客户服务

客户服务是一种客户导向的理念，它整合和管理所有与客户相关的、预先确定的最佳成本——服务组合中的各种因素。客户服务是物流系统的输出。它要求以尽可能低的总成本、合理的条件在恰当的时间、地点，把恰当的商品提供给需要的客户。客户服务可以用来衡量物流系统为某种产品或服务提供时间或地点效用的情况，它一般包括减轻库存审核、订货的工作量，以及售后服务等行为，是整个营销过程的输出。客户服务水平的高低对客户的满意与否有着直接的影响。

2. 需求预测

需求预测是指确定客户在未来某个时点所需要的产品数量及其相关服务。准确了解客户对产品的需求，对企业运作的营销、生产和物流等都很重要。未来的需求预测决定了营销策略、销售队伍配置、定价，以及市场调研活动。在需求预测的基础上形成的销售预测则决定了生产计划、采购策略，以及工厂内的库存决策。

物流管理的需求预测决定了公司生产的每种产品有多少要送到企业所服务的各个市场；同样，物流管理必须知道需求来自哪里，从而可以将适当数量的产品投放或储存到各个市场区域。对未来需求的准确预测使物流管理人员能够有效地将资源（预算）分配到各种物流活动中。如果不了解目标市场需要哪种产品和服务，则很难在物流活动中分配资源，在这种不确定的情况下制定的决策也不会是优化的，因此，企业有必要执行某种类型的需求预测，并将结果传递到营销、制造和物流部门。

3. 库存管理

在企业的财务管理过程中，一方面，必须维持产品的充足供应以满足客户和制造两方面的要求；另一方面，原材料、零部件、在制品及制成品的库存都会消耗物理空间，产生储存成本，以及存货占用的资金，因此库存控制活动就显得非常重要。库存管理需要权衡库存水平、客户服务水平与库存成本的关系。库存成本包括库存占有的资本、仓储成本和过期报废成本等。

 扩展阅读

库存管理的目标

库存管理基于两点考虑：一个是顾客服务水平，即在正确时间、正确地点供应适量的所需物品；另一个则是总成本，包括订货成本、库存持有成本、缺货成本和物品成本。

库存管理的总目标是：在库存投资有限的情况下，以最低成本达到一定的顾客服务水平。为实现该目标，管理者必须对持有的库存水平、库存补充时机与补充量(即订货量)做出科学决策。

评价库存管理绩效指标有顾客服务水平(或缺货风险)、库存周转率与天数。顾客服务水平是满足顾客需求的程度。一般来说，库存水平高，服务水平也高。库存投资收益率是指在一定时期内，销售收入(或利润)与库存投资的比率。

库存周转率是指在给定一段时间(年)内，库存总额周转或者出售的次数。它可以用年销售额(成本)除以库存价值求得。较高的周转次数，意味着一定数额的投资所带来的高销售额和相应较低的单位库存成本。用公式可表示为库存天数是库存周转率的倒数，即

库存周转率＝销售量/库存价值

资料来源：王道平，程肖冰. 物流决策技术[M]. 北京：北京大学出版社，2013.

4. 物流通信

通信变得越来越自动化、复杂化且迅捷化。而物流在它的通信过程中与很多部门和组织都有联系。通信一般会发生在：企业与其供应者及消费者之间；企业的主要部门之间，如物流、工程、财会、营销、生产；各种物流活动之间，如客户服务、需求预测、库存管理等；物流活动的各个方面之间，如原料、在制品及成品的储存；供应链的各成员之间，如中间商和二级客户或与公司无直接联系的供应商。不论是对组织的配送系统还是广泛的供应链，通信都是其有效运作的关键，也是其竞争优势的重要来源。沃尔玛的成功可部分归因为其先进的计算机通信系统，它通过一个平台连接供应商和实际消费者，使供应商能及时根据需求信息进行规划，及时为沃尔玛补货。

5. 物料搬运

物料搬运的范围非常广，它实际上包括一个工厂或仓库中所有原材料、在制品或成品的各种移动。物料管理的基本目标是尽可能地减少移动。这包括减少运送距离、瓶颈路段、库存水平，以及因浪费、破损、变质和偷盗所造成的损失。因为物料每次移动或搬运都会增加企业的费用，而且通常搬运不为产品产生附加价值，它应被控制在最低限度。尤其对那些单价很低的物品，物料搬运成本占产品总成本的比例会更大。若通过仔细分析物料流动，物料管理可以为组织节约大量的资金。

6. 订单处理

物流及物流管理基础订单处理涉及企业对订单的获取、订单的确认、与客户的沟通、订单的执行及送达客户等活动的一个系统。订单处理的组成要素可以分为以下3类。

(1) 运行要素。如订单录入、编辑、时间安排、订单发运准备和发票的开具等。

(2) 通信要素。如订单修改、订单状况查询、订单追踪和加急、错误纠正及产品信息请求等。

(3) 信用和收款要素。包括信用查询和应收账款处理等。

计算机和电子商务有助于缩短订单下达和产品发运之间的时间。如电子数据交换订单直接从购买方的计算机传输到销售方的计算机。订单下达还可以通过其他电子方式，如互联网和传真机。企业的计算机系统可充分提高订单处理的准确性和反应时间。通常，其他物流费用的节约（如库存、运输、仓储）或由于客户服务改善所增加的销售都足以证明计算机化的订单处理系统的成本是合理的。

7. 包装

包装的两个基本功能是营销和物流。从营销的角度来看，包装起着促销和提供广告的作用，包装的尺寸、质量、色泽以及印刷的信息都向顾客传递着有关产品的信息。从物流的角度来看，包装充当着双重角色：首先，包装防止产品在储存和运输过程中发生损坏；其次，合适的包装能使产品的储存和移动更加容易，从而减少物料的搬运成本。尤其当企业涉及国际营销时，包装显得更为重要了。

8. 零部件和服务支持

在产品发给客户之后，物流的职责并没有结束。物流与维修、产品服务所包括的许多活动也是相关的。如将需要维修的零部件送到销售点、存储充足的备用品、对维修进行快速响应。在工业市场中，产品可能是一件大型的制造型的设备，如果产品故障导致生产线减速或停止运行，则会给客户带来极大的损失。供应备件和替换零部件的企业就必须能够快速地解决问题。无论什么时候，只要售后服务是企业营销努力的一部分，充足的备件和服务支持都是极为重要的。

9. 工厂和仓库选址

如何选择公司的工厂及仓库的地址是一个战略决策，它不仅影响原材料输入及成品输出的成本，还影响客户服务水平及响应的速度。

企业目标市场的定位是选址首要考虑的因素，客户的需求和原材料、零部件、组件的供应地也是选址时需要考虑的因素，因为除了考虑出货流动，进货移动和材料储存对选址也有很大的影响。除此之外，劳动力成本、运输服务的便利性、各地的税率、安全保障、法律、当地的因素、土地成本等因素也应加以考虑。

10. 采购

每个公司的生产运作都离不开其他企业提供的材料和服务。在大多数行业，公司收入的40%～60%都用于采购材料和服务上。这种从组织外购买原料及服务来支持公司的生产、营销、销售及物流等运作的过程称为采购。采购的职能包括选择供应商、决定以哪种方式获得材料、安排购买时机、与供应商商定价格及质量控制等。当组织与为数更少的几个关键供应商建立长期合作关系后，采购对组织的重要性及贡献会越来越大。

11. 逆向物流

逆向物流是物流的一个重要组成部分，主要包括退货的处理及废品回收和废料处理。购买方可能由于产品缺陷、过期、发货差错、以旧换新或其他理由将货品退回给销售方。许多物流系统在处理这类流动时会比较困难，费用也会比较高。通过系统将产品从客户运回生产者的成本,大概是将相同产品从生产者运到客户的成本的 5~9 倍。因为退回的产品常常无法像原来的产品那样容易运输、储存和搬运,导致单位成本远高于原来的成本。逆向物流也包括对留在生产、配送或包装中的废弃物料的移动和处理。对废弃物料也许会有暂时的存储,接着就是运输到处理、再利用、再生产或回收地点。随着对可回收和再利用包装关注的增加,这个问题的重要性也在增强。

12. 运输

物流过程的一个主要组成部分是产品从原产地到消费地的移动或流动,以及可能发生的产品退货。运输活动主要包括产品移动的管理,运输方式的选择(如航空、铁路、水路、管道、汽车、联运)和路径的选择(排程),常常还涉及各地运输法规及国内和国际的运输要求。运输成本常常是物流过程中最大的单项成本。因此,运输成本必须得到有效的管理。

13. 仓储

大多数产品不可能在刚生产出来的时点就直接交给客户,一般都要储存在工厂或销售现场以备随后的销售和消费。通常生产和消费之间的时间间隔越长,所需的库存水平或占用金额数量就越大。具体的仓储活动包括:决定储存设施是应该自己购买还是租用,仓储设施的布局和设计,产品组合的考虑(如应该储存什么样的产品),安全和维护流程,人员培训及生产率测算等。

1.2.4 物流的分类

目前,物流活动已经广泛存在于不同的社会经济领域,虽然物流在各个社会经济领域中有着相同的基本构成要素,但是在不同的领域和活动中,物流的表现形态、基本结构、技术特征和运作方式等有诸多差异。构建有效的物流系统,加强物流管理,必须首先研究物流的构成,通过科学的分类和研究,探讨物流的共同特点和差异。可以按照物流的作用、物流的空间范围和物流的性质等,从不同的角度对物流进行分类。

1. 按物流作用不同分类

按照物流在供应链中的作用不同,可以将物流分为供应物流、生产物流、销售物流、回收物流和废弃物物流,如图 1.1 所示。

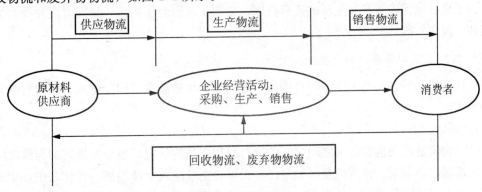

图 1.1 物流的分类

1) 供应物流

供应物流就是生产企业、流通企业或消费者购入原材料、零部件或商品的物流过程，也就是物资的生产者、持有者到使用者之间的物流。对于制造企业而言，是指因生产活动所需要的原材料、燃料、半成品等物资的采购、供应等活动所产生的物流；对于流通企业而言，是指交易活动中从买方角度出发的交易行为中所发生的物流。

2) 生产物流

企业生产过程中发生的涉及原材料、在制品、半成品、产成品等所进行的物流活动称为生产物流。生产物流和生产企业的生产流程一般是同步的，如果生产物流中断，生产过程也将随之停顿。生产物流的均衡稳定可以保证在制品的顺畅流转，缩短生产周期。而生产物流的合理管理和控制可以压制在制品的库存，使设备负荷均衡化。

3) 销售物流

企业在出售产品或商品的过程中所发生的物流活动称为销售物流，它是指物资的生产者或持有者与用户或消费者之间的物流。销售物流是从卖方角度出发的交易行为中的物流。通过销售物流，企业可以进行资金的有效回收并组织再生产活动，销售物流的效果直接关系到企业的存在价值能否被社会承认。由于销售物流的成本在产品及商品的最终价格中占有相当的比例，因而，对销售物流的合理化管理将有效控制企业在销售环节的物流成本，增强企业在激烈的市场竞争中的竞争能力。

4) 回收物流

回收物流是指不合格产品的返修、退货及周转使用的包装容器从需求方返回供给方所形成的物品实体流动。例如，作为包装容器的纸箱、塑料筐、酒瓶等是可以回收并加以再利用的。还有可用杂物的回收分类和再加工，如旧报纸、书籍可以通过回收、分类，再制成纸浆加以利用；金属废弃物回收重新熔炼成有用的原材料。回收物流的管理和控制的难度一般较大，因为回收物流的品种繁多，流通渠道也不规则，且多有变化。

5) 废弃物物流

废弃物物流是将经济活动中失去原有使用价值的物品，根据实际需要进行收集、分类、加工、包装、搬运、储存等，并分送到专门处理场所的物流活动。如开采矿山时产生的土石，炼钢生产中产生的钢渣、工业废水，以及其他一些无机物垃圾等已没有再利用的价值。如果处理不当，会造成环境污染，而不进行处理则会占用生产用地甚至妨碍企业生产。虽然废弃物物流本身没有太大的经济效益，但是具有不可忽视的巨大的社会效益。所以，为了更好地保障生产和生活的正常秩序，必须重视废弃物物流，重视对废弃物物流的研究和合理化管理。

2. 按物流空间范围不同分类

从物流活动所涉及的不同空间范围的角度出发，物流涵盖了国际物流、国内物流和地区物流。

1) 国际物流

国际物流是指在世界各国之间进行的原材料和产品的物流。当今世界，国与国之间的经济交流越来越频繁，各国的经济发展已经无可避免地融入全球经济一体化之中，企业的发展也走上了社会化和国际化道路，涌现出许多跨国公司，使企业的经济活动范畴可以遍布世界各地。因此，国际物流的研究已成为物流研究的一个重要分支。

2）国内物流

国内物流是指为国家整体利益服务，在一个国家的领土范围内开展的物流活动。作为国民经济的一个重要环节，国内物流应该纳入国家总体规划之中。在国内物流的规划和发展过程中应充分发挥政府的行政指导作用。具体来说，政府应该加快公路、港口、机场、铁路的建设及大型物流基地的配置等相关物流基础设施建设；进一步制定和完善包括铁路、公路、海运、空运的价格规定及税收标准在内的各种交通政策法规；为提高国内物流系统的运行效率，进行与物流活动相关的各种设施、装置、机械的标准化建设；开发和引进各种物流新技术，积极培养物流技术方面的专门人才。

3）地区物流

以服务地区经济发展为目的，在某一地区范围内开展的物流活动称为地区物流。地区物流具有不同的划分原则，如按省区来划分，可分为北京、天津等三十多个省、直辖市和自治区等；按地理位置划分，可分为长江三角洲地区、珠江三角洲地区等。

地区物流对于提高所在地区的企业物流活动的效率，改善当地居民的生活福利环境，均具有不可忽视的重要作用。研究地区物流应根据地区的特点，从本地区的利益出发，全面分析利弊因素，妥善规划和组织合理的物流活动。例如，在某地区计划建设一个大型物流中心，会对提高当地物流效率、降低物流成本、稳定物价具有积极的作用，但是也会引起由于供应点集中、货车来往频繁而产生废气、噪声、交通事故等问题。

3. 按物流性质不同分类

从物流系统的不同性质角度出发，包括社会物流、行业物流和企业物流3个范畴。

1）社会物流

社会物流是物流学的主要研究对象，是以整个社会为范围、以服务社会为目的的物流，是全社会物流的整体，所以也称为大物流或宏观物流。

社会物流的流通网络是国民经济的命脉，社会物流的流通网络分布是否合理、渠道是否畅通，以及如何采用先进的管理技术对物流进行科学管理和有效控制都是至关重要的，因为它与物流的提高效率、降低成本直接相关。

2）行业物流

行业物流是在一个行业内部所发生的物流活动。同一行业中的企业虽然在市场上相互竞争，但是在物流领域中却常需要互相协作，共同促进行业物流系统的合理化发展。

为实现行业物流的协调运作，在行业物流活动中，存在很多配套的共同基础设施。比如共同的运输系统和仓储设备；共同的技术服务中心；共同培训操作人员和维修人员；统一的设备机械规格等。这样，行业内的各家企业都可以从系统化的行业物流运行过程中获得相应的利益。

3）企业物流

在企业经营活动中，由生产或服务活动所形成的物流系统称为企业物流。无论生产企业、商业企业还是运输企业，作为经济实体，它们都是为社会提供产品或服务的。生产企业首先要购进原材料，然后经过若干工序的加工形成产成品，最后将产品销售出去；商业企业在其经营过程中同样存在系统的物流运作过程，即商品的进、销、调、存、退等各个环节；运输企业则要按照客户的要求提货。然后将货物运送到指定的地点并完成货物的交付。

中储股份现代物流

中储股份2007年整体上市基本完成，实现了有效资产的集中和整合，使中储股份直接担负起诚通集团发展现代物流的主要责任和提升综合效益的重要使命。然而，物流行业作为充分竞争的领域，国内与国际物流市场完全接轨，国有、民营、外资企业鼎立竞争的格局已经形成。

中储以物流中心为基础平台，优化网点、优化业务、优化投资、优化管理；拓展物流供应链各环节功能，整合企业内外资源，复制成熟业务模式，开发新型业务模式；大力发展以生产资料现货市场为平台的商贸物流，以集装箱多式联运、国际贸易、货运代理、货物集散为特征的港口物流，以生产、生活资料仓储、运输、加工、配送集成的城市物流，以融资监管为手段的质押物流，以及为重点客户、重点工程服务的全程综合物流。加强仓储管理、运输配送、物流加工、物流外包、货运代理、质押监管、内外贸易、现货市场、多式联运、新技术开发等方面的自主创新能力，形成集多元支柱型业务板块于一体的新型物流平台和全国性物流网络，成为国内大型的基础物流与商贸、金融结合的综合物流供应商之一。

资料来源：锦程物流网．http://info.jctrans.com/qikan/zgcy/633123.shtml.

1.3 物流管理的内涵

1.3.1 物流管理的概念、特征和内容

1．物流管理的概念

根据美国供应链管理协会 2005 年发布的定义：物流管理是以满足客户需求为目的，对产品、服务和相关信息从生成点到消费点的有效率和有效果的正向和逆向流动和储存的进行计划、执行和控制部分的供应链过程。

2．物流管理的特征

根据物流管理的定义，可以看出物流管理具有以下特征。
(1) 物流管理是有关材料的移动和储存的科学。
(2) 物流管理包括管理材料有效流动的信息流。
(3) 物流管理的范围包括整个供应链，从原材料供应开始直到产品的最终消费。
(4) 用统一的原则来计划和组织整个供应链的材料流动。
(5) 物流管理有两个关键的目标：一是达到适当的客户服务水平；二是通过最低成本实现这一目标。

如果把物流管理以系统的方法对从原材料供应到最终用户消费的整个供应链作为一个整体进行管理，那么可以说物流管理与供应链管理是同义词。

3. 物流管理的内容

物流管理应包括物流活动要素管理、物流系统要素管理和物流活动职能要素管理三方面的内容。

1) 物流活动要素管理

对物流活动要素的管理,即对运输、储存、包装、流通加工、配送、装卸搬运和信息处理等环节的管理(见表1-1)。

表1-1 物流系统各个环节的管理内容

物流环节	主要内容
运输管理	运输方式和服务方式的选择,运输路线的选择,车辆调度和组织
储存管理	原材料、半成品和成品的储存策略、储存统计、库存控制,商品保管与养护等
装卸搬运管理	装卸搬运系统的设计,设备规划与配置,作业组织等
包装管理	包装容器和包装材料的选择与设计,包装技术和方法的改进,包装系列化、标准化、自动化等
流通加工管理	加工场所的选定,加工机械的配置,加工技术和方法的研究和改进,加工作业流程的制定与优化等
配送管理	配送中心选址及优化布局,配送机械的合理配置与调度,配送作业流程的制定与优化等
物流信息管理	对反应物流活动内容的信息、物流需求的信息、物流作业的信息等进行搜集、加工、处理和传输等

2) 物流系统要素管理

对物流系统要素的管理是指对构成物流系统的人、财、物、设备、技术和信息六大要素的管理活动(见表1-2)。

表1-2 物流系统各个要素的管理内容

物流环节	主要内容
人的管理	物流从业人员的选拔与录用,物流专业人才的培训与提高,物流教育和物流人才培养规划与措施的制定等
财的管理	物流成本的计算与控制,物流经济效益指标体系的建立,资金的筹措与应用,提高经济效益的方法等
物的管理	物品的运输、仓储、装卸搬运、包装、流通加工、配送等
设备管理	各种物流设备的选择与优化配置,各种设备的合理使用与更新改造,各种设备的研制、开发与引进等
技术管理	各种物流技术的研究、推广和普及,物流科学技术研究工作的组织与开展,新技术的应用、推广与普及等
信息管理	物流信息的采集和录入,物流业务信息分析,物流信息的存储与处理,物流信息的传输与输出等

3) 物流活动职能要素管理

对物流活动中具体职能的管理，主要包括物流经济管理、物流质量管理和物流技术管理等。

（1）物流经济管理。物流经济管理是指以物的流动过程（包含储存过程）为主体，运用各种管理职能，对物的流动过程进行系统的统一管理，以降低物流成本，提高物流的经济效益，也就是用经济方法来研究、管理物的流动中的规律问题。物流经济管理的基本内容包括物流计划管理、物流统计管理、物流费用成本管理和物流设施管理四个方面。

① 物流计划管理。物流计划管理是指对物质生产、分配、交换、流通整个过程的计划管理，也就是在物流大系统计划管理的约束下，对物流过程中的各个环节都要进行科学的计划管理，具体体现在物流系统内各种计划的编制、执行、修正及监督的全过程。

② 物流统计管理。物流统计是对物流全过程中经济活动的数量研究。物流统计管理就是要对所统计的数字进行分析、研究，从而发现问题，改进物流工作，提高物流经营水平。它是物流经济管理的基础工作。

③ 物流费用成本管理。物流总成本和物流企业的利润、税金合起来，构成物流总费用。一般情况下，物流总费用中占比重最大的部分是物流总成本。物流成本可以反映物流企业活动的经济状态。通过货币形态可以客观地评价物流活动中各环节的不同经济效果，利用物流成本这个尺度可以简单明了地对条件差不多的物流企业的经营活动进行评价、分析和比较。控制合理的物流成本构成，是加强物流管理工作的重要内容。

④ 物流设施管理。物流设施是指在物流全过程中为物品流动服务的所有设施（如交通运输设施和仓储设施等），它是物流活动不可缺少的物质基础。物流设施是保证物品以最快速度和最小耗费并保质保量地从生产领域进入到消费领域的重要前提条件。随着社会生产力的不断发展，物流企业要不断加强对各类设施的配套管理，要注意设施的维修、养护，要不断革新技术，补充扩大原有的设施，提高设施的利用效率。加强各类物流设施管理是物流经济管理的重要内容。

（2）物流质量管理。物流质量的概念既包含物流对象质量，又包含物流手段、物流方法的质量，还包含工作质量，因而是一种全面的质量观。

物流质量管理是指科学地运用先进的质量管理方法、手段，以质量为中心，对物流全过程进行系统管理，包括为保证和提高物流产品质量和工作质量而进行的计划、组织、控制等各项工作。

从总体来看，物流质量管理的任务一般包括 3 个方面：质量保证、质量保护和为用户服务。

（3）物流技术管理。物流技术管理是指对物流活动中的技术问题进行科学研究、技术服务的管理。物流技术在发展过程中形成了物流硬技术和物流软技术两种互相关联、互相区别的技术领域。物流技术管理包括对物流硬技术和物流软技术两方面的管理。

① 物流硬技术及其管理。物流硬技术是物流管理发展初期起主导作用的一门技术。它是指组织物资实物运动所涉及的各种机械设备、运输工具、仓库建筑、站场设施及服务于物流的计算机、通信网络设备等。20 世纪 70 年代中期以前，物流活动是以硬技术为主导的，以后硬技术又得到了迅速发展，如专门从事原油、矿石运转的专用船，集装箱车、

船，自动化立体仓库等。组织物流管理人员研究、试制、开发新的物流硬技术，使之在物流活动中发挥更大的效用，一向被认为是提高物流水平强有力的手段。

② 物流软技术及其管理。物流软技术是指为组成高效率的物流系统而使用的应用技术。具体地说，是指对各种物流设备进行最合理的调配和使用。物流软技术能够在不改变物流硬技术（即装备）的情况下，充分发挥现有设备的能力，获取较好的经济效果。对于物流软技术的管理集中体现在用先进的科学技术，如计算机等，使用系统工程、价值工程技术，求取物流的最佳技术方案。近些年来，我国在仓储、运输等领域中开发和应用了计算机软技术，使我国的物流组织取得了十分可喜的成果。

1.3.2 物流管理的意义

物流是经济社会系统中的一个重要子系统，它与经济社会发展的关系极为密切。在市场经济条件下，经济社会的发展离不开物流，市场经济越发达，物流管理无论是对宏观经济的运行还是微观组织的运行，都具有越来越重要的作用。

1. 物流管理在经济中的作用

物流管理对宏观经济的运行发挥着重要作用，主要表现在以下 3 个方面。

1) 物流是联结社会生产各部门的纽带

任何一个社会（或国家）的经济，都是由众多产业、部门、企业组成的，物流像链条一样把众多不同类型的企业、复杂多变的产业部门，以及成千上万种产品联结起来，成为一个有序运行的国民经济整体。从系统的角度来看，商品能够及时送达是消费者获得商品效用的前提条件。如果商品没有在恰当的条件下到达恰当的地点，交易就无法达成，这样，供应链中的所有经济活动都会受到影响。

2) 物流的发展对社会经济发展的制约作用

随着社会经济的发展、市场的不断扩大，产品、服务的数量、种类在快速增加，企业的规模和复杂程度都不断增大。产品从原产地到消费地的配送，已成为工业化国家国内生产总值(GDP)的一个重要组成部分。作为 GDP 的一个重要组成部分，物流影响着一个国家通货膨胀率、利率、生产率、能源成本及经济的其他方面。此外，物流技术的发展能够改变产品的生产和消费条件，从而为经济的发展提供了重要的前提。例如，肉、奶、水果等需要保鲜的产品，在没有储运、保管、运输、包装等物流技术时，社会交换活动存在很大的障碍。

3) 物流的改进是提高经济效益的重要源泉

物流成本是商业活动中的一个主要支出，已成为生产成本和流通成本的重要组成部分。从物流费用占 GDP 比重来看，美国物流费用在 GDP 中的占比基本都为 10% 以下，而就我国来看，虽然该比例近年来一直处于下降中，但是到 2010 年该比例仍为 17.8%。如果对物流领域在管理和技术上加以改进，将会大幅度降低成本，通过采取合理组织运输、减少装卸次数、提高装卸效率、改进商品包装和装卸工具来减少物品损耗等措施降低物流费用，将会对整个经济做出巨大贡献。

2. 物流管理在组织中的作用

高效的物流管理是提高公司利润和竞争力的主要途径。企业生产经营采取资金循环的形式，由购买、生产和消费三个阶段构成。在其经济运行中，物流的作用主要表现在以下几个方面。

1）物流是企业生产连续进行的前提

一个企业的生产要连续不断地进行，一方面要根据生产需要，按质按量按时地供给原材料、燃料和工具、设备等；另一方面，又必须及时将产成品销售出去。而物流在其中扮演着关键的角色，特别是在支持消费者在恰当的时间地点获得产品方面。因为客户在恰当的时间和地点买到所需产品或服务是使其满意的前提条件。不论是供应物流、生产物流还是销售物流，一旦出现阻塞，企业整个生产经营系统的运行就必然受到影响。

2）物流是商流的必要条件

物流是保证商流顺畅进行，实现商品价值和使用价值的物质基础。没有物流过程，商流就不能最后完成，包括商品的价值和使用价值就不能真正实现，而且物流能力的大小直接决定着整个流通的规模和速度。如果物流效能过小，整个市场流通就不会顺畅，就很难适应整个市场经济发展对物品快进快出、大进大出的客观要求。

3）物流是企业的一项专有资产

一个高效、经济的物流系统就相当于企业的一项实物资产。如果企业能够迅速地以合适的价格向客户提供恰当的产品，它与竞争对手相比就更具有竞争优势，因为物流的能力不易被企业的竞争对手模仿复制。同时高效率的物流，也会为企业创造商誉。虽然目前还没有企业在其报表上确认此项资产，但在理论上它可以被看做"无形资产"。

1.3.3 现代物流管理的发展趋势

在经济全球化进程不断加快、高新技术迅猛发展的形势下，随着信息技术的普及应用和电子商务的快速发展，在实现由传统物流向现代物流快速转型的同时，物流业也被提到了前所未有的高度，越来越显示出其在社会经济发展中的重要作用和战略地位。目前国际上普遍认为，物流业的发达程度和水平高低是一个国家现代化程度和综合国力水平的重要标志之一，现代物流已经成为发达国家最具普遍影响力的经济基础和"朝阳产业"。现代物流管理正逐渐向扩大化、一体化、社会化、系统化、现代化和合理化的方向发展。

1. 扩大化

传统的物流规模往往落后于生产发展规模，而现代流通规模，如从业人数、商业店铺、仓库设施、运输工具、货物流量等方面的发展速度都超出了各种生产要素的发展速度。从总的趋势来看，生产社会化程度越高，流通规模的发展速度越快，流通在社会再生产中的地位越重要，所占的比例就越大。

2. 一体化

流通作为与生产过程相分离，形成相对独立的经济过程而存在，是社会生产力发展到一定阶段的必然结果。然而，现代流通呈现出的则是生产过程与流通过程相互渗透、相互融合的一体化趋势。一方面，生产专业化的发展，使原来完整的生产过程逐步分化为许多个紧密相关的生产过程和流通过程，流通逐步渗透到生产过程中去，形成了流通与生产的一体化；另一方面，流通加工这一新兴行业的出现和迅速发展，则是生产过程渗透到流通过程中的一种典型的经济形式。

3. 社会化

生产社会化的发展必然要求流通社会化，而流通社会化的发展又反过来促进了生产社会化程度的提高。同时，流通社会化又提高了自身的流通效率，从而适应和促进了生产的发展。近年来，原来由企业自己进行的运输、包装、储存、装卸等物流活动，都逐步社会化。随着物流社会化的发展，逐渐呈现出物流功能联合化和综合化的趋势。介于货主与传统物流业之间的第三方物流的出现，则是物流社会化的必然结果。

4. 系统化

20世纪70年代以来兴起的系统科学，不仅在生产管理上，而且在流通管理上得到了广泛应用。社会分工的发展使国民经济各部门之间的联系和相互依赖程度日益密切，而这种相互依赖的关系在相当大的程度上是依靠流通部门来作为媒介和组织的。因此，从宏观的角度看，系统科学的应用，在流通部门要比在生产部门有更大的优越性和更为广阔的领域。物流过程的系统化管理，其基本标志就是打破了传统物流分散进行的状况，而将整个物流过程作为一个大系统来进行合理组织和有效经营。

5. 现代化

随着现代化技术的应用，不仅在生产领域，而且在流通领域，自动化、电子化的程度都在不断提高。尤其是信息技术和电子技术在物流中的运用，使流通的方式和条件发生了改变，从而带来了流通生产力的重大革命，使物流及其管理走向现代化。

1) 自动化信息处理系统带来了流通管理技术的革命

现代通信技术的发展，使生产和流通部门有可能建立起完整的情报信息系统。计算机在物流的许多环节中，如市场预测、信用审查、订货管理、合同管理、库存控制、设计包装、配送方式选择、资金结算及资料积累、统计等方面获得了广泛的应用。特别是物品生产信息系统和销售系统及储备信息系统相互联系，形成整体化信息控制系统，使物流系统的自动化程度大大提高，出现了"看板方式"、"准时化方式"、"集中物流"等新的供应方式。

2) 集装箱引发了包装和运输技术的革命

集装箱运输本身就能保管货物，它使过去那种包装、装卸、保管、运送分割的状态趋向综合化，发挥了流通的综合功能。现代化的集装箱运输比较复杂，大型集装箱车站、码头都采用计算机系统进行管理。利用计算机控制的集装箱装卸货物，时间一般可缩短80%以上，大大提高了船舶、港口和仓库的利用率，加速了物品的流转。

3) 自动化立体仓库的发展成为现代物流发展的缩影

计算机、光电计数器和识别装置等新技术在库存管理中的应用，使得货物的分类、计量、计价、入库、出库、包装、配送等正在实现无人自动化控制。而自动化立体仓库则是执行上述多种机能的综合体。它的出现改变了过去仓库单纯保管的旧观念，而正在发展成为物品中转、配送、储运、销售和信息咨询等多方面的服务中心，这种大型流通中心可以说是现代物流的缩影。

6. 合理化

近年来，西方工业发达国家利用先进技术改造流通领域，并根据现代社会化大生产发展的要求，不仅在个别企业、行业内部推动物流合理化，而且还致力于整个社会的物流合理化。这主要表现在以下5个方面。

1）物流设施合理化

不论是政府规划建设的物流中心、国有铁路、港口，还是工厂、企业建立的物流中心，在选择物流中心地址、交通运输条件、地理位置、衔接生产和消费的流通渠道等方面，都以物流合理化为前提。物流设施一般设置在工业生产发达的城市，或铁路、水路、公路、空运等交通枢纽要道和货物中转集散地，以便于物流畅通，加速流转。

2）商品流向合理化

物流企业坚持及时、准确、高效率、低费用的原则，把商品运达消费地或用户，重视时间管理，合理使用车辆，防止迂回相向运输，从而降低流通费用。

3）包装规格化、系列化

以运输工具为基础，利用分割系列的办法，建立了运输—包装系统的标准规格，改变了过去只从生产系统确定包装尺寸的状况，确定了国际通用的物流基础模数尺寸及与集装模数尺寸的配合关系，从而将陆、水、空运用同一基础模数统一起来，这样既有利于机械化作业的标准化和提高储存、运输的效率，也大大降低了包装成本。

4）运输网络化

为了使物流渠道畅通，以适应市场竞争需要，各物流企业和专业运输公司合理设置网点，使运输网络化。例如，在商业批发环节，有的大型批发商店设有物流中心，与之相适应，配套地设有配送中心。这些运输公司由于运输网点遍布全国各地，与铁路、港口、航空衔接，因而形成了一线相连、长短途结合、点面结合的全国商品综合运输体系，使商品运输合理化、网络化。

5）物流机构和环节合理化

物流机构的设置根据生产力布局、流通分工的要求，采取多种形式。例如，在产地和销地建立以储存产品为主的物流中心，在发运时，按去向进行组配发运；在中转集散地建立综合性的物流中心，发挥中转、加工、配送、租赁和储存等不同商品的物流环节有所不同。例如，服装从工厂到物流中心，再到配送中心，发挥中转、加工、配送、租赁和储存等多种功能；在交通枢纽上，发展专业运输及专门交接委托承运商品的企业等。不同的商品的物流环节有所不同，例如，服装从工厂到物流中心，再到配送中心，是将大包装改为小包装后运送到零售商店，最后到消费者手中；新鲜商品是从产地或批发商场到零售商店，再到消费者手中；日用工业品是从工厂到物流中心，再到商店，最后到消费者手中；大型生产资料是从工厂直接发送到消费单位。物流环节合理化的基本趋向是以最少的时间、最省的费用、最短的途径进行运动。

本 章 小 结

物流的发展过程大致经历了物流萌芽阶段、物流系统阶段、战略物流系统阶段和供应链战略物流系统阶段。社会经济领域中的物流活动无处不在，为了实现产品从起始点到消费点的流动，企业需要从事的主要物流活动包括：客户服务、需求预测、库存管理、物流通信、物料搬运、订单处理、包装、零部件和服务支持、工厂和仓库选址、采购、退货处理、逆向物流、运输管理及仓储。对物流的分类，通常有以下几种：按照物流的作用、空间范围和性质不同分类。物流管理是指为了满足客户的需求，对商品、服务和相关信息从产出点到消费点的合理、有效地流动和存储，进行规划、实施与控制的过程。随着时代的进步，物流管理和物流活动的现代化程度不断提高，物流具有系统化、总成本最小化、信息化、物流手段现代化等特征。物流在宏观经济中具有重要的作用，而且是提高组织利润和竞争力的主要途径。

 关键术语

（1）物流　　　　　（2）物流管理　　　（3）物流系统　　　（4）物流经济管理
（5）物流质量管理　（6）物流技术管理　（7）逆向物流

习　题

1. 选择题

（1）物流的产生和发展共经历了（　　）个阶段。
　A. 2　　　　　　　B. 3　　　　　　　C. 4　　　　　　　D. 5
（2）下列选项中，（　　）不属于物流按照空间范围不同分类。
　A. 国际物流　　　B. 社会物流　　　C. 国内物流　　　D. 地区物流
（3）公司收入的（　　）应用于采购材料和服务上。
　A. 30%～40%　　　　　　　　　　　B. 40%～60%
　C. 60%～70%　　　　　　　　　　　D. 20%～30%
（4）随着消费者需求的多样化、个性化，物流需求呈现出（　　）的特点。
　A. 大批量、多品种、高频次　　　　B. 大批量、多品种、低频次
　C. 小批量、多品种、高频次　　　　D. 小批量、单品种、高频次
（5）下列选项中，物流信息技术不包括（　　）。
　A. 信息交换技术　　　　　　　　　B. 信息采集技术
　C. 动态跟踪技术　　　　　　　　　D. 信息处理技术
（6）（　　）是指确定客户在未来某个时点所需要的产品数量及其相关服务。
　A. 客户服务　　　B. 需求预测　　　C. 库存管理　　　D. 物流通信
（7）从总体来看，物流质量管理的任务一般不包括（　　）。
　A. 质量保证　　　B. 质量保护　　　C. 管理周期　　　D. 为用户服务
（8）下列（　　）不是物流管理在经济中的作用。
　A. 物流是联结社会生产各部门的纽带
　B. 物流的发展对社会经济发展的制约作用
　C. 物流的改进是提高经济效益的重要源泉
　D. 物流是企业生产连续进行的前提

2. 简答题

(1) 物流具有哪些特征？

(2) 什么是物流管理？它有哪些特征？

(3) 现代物流的主要活动有哪些？

(4) 物流系统按照性质不同分为哪几类？

(5) 物流系统要素管理包括哪些？

(6) 订单处理的组成要素是哪几类？

(7) 现代物流管理的发展趋势包括哪些内容？

(8) 简述物流管理在组织中的作用。

3. 判断题

(1) 需求预测是一种客户导向的哲学，它整合和管理所有与客户相关的、预先确定的最佳成本——服务组合中的各种因素。（ ）

(2) 美国工业标准的定义：物流是指将实物从供给者物理性移动到用户这一过程的活动，一般包括输送、保管、装卸及与其有关的情报等各种活动。（ ）

(3) 物流总成本和物流企业的利润、税金合起来，构成物流总费用。（ ）

(4) 物流经济管理的基本内容包括物流计划管理、物流统计管理、物流费用成本管理和物流设施管理四个方面。（ ）

(5) 物流质量管理的任务一般包括质量保证、质量保护和为用户服务。（ ）

(6) 物流是企业生产连续进行的前提，是商流的必要条件，也是企业的一项专有资产。（ ）

(7) 现代物流管理正逐渐向扩大化、一体化、社会化、系统化、现代化和合理化的方向发展。（ ）

(8) 物流管理应包括物流活动要素管理、物流系统要素管理和物流活动职能要素管理三方面的内容。（ ）

4. 思考题

(1) 试分析经济和现代信息技术的迅速发展，对现代物流管理带来了哪些影响？

(2) 用自己的观点阐述现代物流管理的发展趋势。

 案例分析

淘宝网"推荐物流"策略[①]

作为国内最大的 C2C 电子商务网站，淘宝网 2013 年的交易总额为 1.1 万亿元，占总交易额的 71.4%；2014 年第一季度成交额为 2 950 亿元，同比增长 32.3%。淘宝网的飞速发展固然与其免费的经营策略吸引巨大的人气与商流有关，但其对物流的重视也成为其大发展的一个"法宝"。"在国内的电子商务网站中，淘宝在物流方面是做得非常深入的。"淘宝网产品技术中心产品经理严俊表示。尽管如此，国内目前的物流状况仍难以满足淘宝对物流的需求。

---

① http://info.jctrans.com/xueyuan/czal/20129121510934.shtml.

在电子商务中，商流与信息流、资金流、物流这三者共同构成了完整的电子商务。商流、信息流、资金流者都可以通过计算机虚拟化在网上完成，唯有实实在在的物流难以像信息流、资金流那样被虚拟化，物流也就成为影响电子商务效益的一个重要因素。而目前国内的物流还远远达不到电子商务的需求，物流也就成为制约电子商务发展的瓶颈之一。

1. "推荐物流"策略

尽管淘宝网上的不少卖家希望淘宝网建立自己的物流体系，然而目前难以实现。虽然没有自己的物流体系，但淘宝网也在探索着自己独特的物流策略——推荐物流，即淘宝网与物流公司签约，签约的物流公司进入淘宝的推荐物流企业行列，这些物流企业便可直接通过与淘宝网对接的信息平台接受其用户的订单。

一直以来，淘宝网逐步完善自身的网上交易体系。淘宝网评价体系的建立，提高了交易的诚信；支付宝的推出，确保了交易安全，而"推荐物流"模式的实行则使得淘宝网的物流更加规范，博得了网购用户更大的好感。使用"推荐物流"加强了淘宝网对物流的控制力。因为使用推荐物流后，淘宝网可以对相应物流公司的物流配送情况进行监督，推荐物流也可以为用户提供更好的服务和更优惠的价格。而且一旦出现差错，如发生破损等情况，淘宝网接到投诉后，便会监督物流公司的投诉和理赔情况，这样也会降低淘宝网用户索赔的难度。

物流公司要进入淘宝网的推荐物流行列，必须是网络成熟、排名靠前的企业，而且服务网络是全国范围内的。在进入淘宝网的"推荐物流"之时，必须与淘宝网签订相关协议，约定服务价格、内容和方式，以及非常优惠的赔付条款，并规定由淘宝网监控和督促物流公司对于投诉和索赔的处理。同时，淘宝网与推荐物流公司之间的信息平台对接已初步完成。用户在淘宝网上达成交易后，如果使用"推荐物流"，便可以直接在线发送订单，经确认后，物流公司就会上门取货，而且买家和卖家还可以随时跟踪订单。尽管淘宝网用户可以自由选择物流服务商，既可以使用推荐物流，也可以自由寻找其他物流服务商，但如今，淘宝网上使用推荐物流的用户已经超过70%。该比例也初步证明了推荐物流模式的成功。

2. 物流仍是"瓶颈"

对于淘宝网来说，"推荐物流"模式更好地规范了其物流管理和服务，但来自物流的制约并没有消除，物流仍是其进一步发展的瓶颈之一。

小陈已在淘宝网上开了三年网店，最近发生的一件事让他很沮丧。"前段时间卖出一款产品，使用的是推荐物流，然而对方却在发货近10天后才收到。对方因快递时间过长，最后给一个差评，这可是三年来第一次差评"。该卖家说，这肯定会对以后的生意产生不利影响。网上业务发展，现在最需要完善的就是物流了，其实很多时候卖家早就发货了，物流公司因单方面问题耽误了时间，甚至把物品弄丢，但受害者却是买家和卖家。既然淘宝网是一个中介交易平台，不能只是钱上面的中介，对买卖双方的权益都需要如实中介。现在发现，钱到支付宝后因为有中介，但货是买卖双方通过物流发送的而没中介，出现问题比比皆是，比如货不对板，卖家不按要求发货，买家故意刁难等。

相关专家分析，相对于B2C而言，物流企业在C2C中相对处于强势地位，在某些情况下，难免会出现服务不到位等情况。因为对于物流企业整个业务而言，淘宝网上单一卖家业务所占比例很小，而不像B2C中的物流业务，会占其业务总额的很大比重。而用户在网上购物除了便捷以外，更多是因为网上购物价格的低廉。所以网上购物的物流费用比（物流费用占费用的比例）就会成为关注的重点之一。如果网上购买物品的价格和物流费用之和高于在实体店购买的成本，那么用户多数情况下就不会选择网上购物。因此在淘宝网上，卖家更多地是考虑物流企业的配送价格，其次才是物流企业的服务质量。在这样的情况下，C2C交易难免出现物流配送问题。

作为电子商务不可或缺的一个环节，物流是关键，物流服务的好坏直接影响到用户的体验。就目前来讲，尽管相比于几年前，第三方物流企业已经获得了很大的发展，但仍然达不到电子商务对物流的需求。具体来讲，目前的物流企业在配送时间、物流质量、先验货再签收方面，都存在着较大的问题。而在其上游，它的结算周期、周转效率、抗风险能力也都或多或少存在某些问题。对于来自物流的制约，淘宝网自身也有深刻的体会。现在的物流企业普遍存在专业化程度低、缺失社会化服务、物流标准混乱、物流设备落后等问题，与淘宝网所需要的物流服务还有不小的差距。

3. 期待物流集约化

与淘宝网合作的物流公司参差不齐，其所提供的物流服务质量与价格水平也各不相同。如果用户在物流这一环节受到挫折，那么势必会影响到淘宝网的交易量。由于这些物流公司是淘宝网指定的，那么这些物流公司服务的不完善，也会使淘宝网的形象受到损害。尽管淘宝网希望用户有更好的物流服务，但其自身也无力改变这种现状。淘宝网自身能做的也更多是体现在对与其签约的物流公司的监管方面。这种局面的改善，也唯有期待整个物流行业的发展。

目前，我国的物流行业还亟需规范。在发达国家，所有的物流配送全是由大型的物流企业按一定的标准在做，他们的价格也是透明的。国内的物流企业也应该向这个方向发展，走物流集约化之路，以逐步达到电子商务对物流的需求。

讨论题

(1) 分析淘宝网物流策略的特点。

(2) 讨论网上购物中的物流存在哪些问题。

(3) 在(2)的基础上，提出改进的意见或者建议。

第 2 章　物流规划

【本章教学要点】

知识要点	掌握程度	相关知识	应用方向
物流规划的概念	掌握	物流规划的定义及特性；物流规划的原则和条件	物流规划的概述，通过对物流规划内容的了解，进一步掌握物流规划的过程
物流规划的内容	了解	物流战略规划、物流系统空间布局规划、物流信息平台规划及物流运营管理体系规划	
物流规划的过程	重点掌握	评估客户需求及潜在目标市场的识别、目标市场的评估和选择、制定物流系统的目标和战略、识别和评估备选物流系统结构及选择物流系统结构	
企业物流规划	了解	企业物流和企业物流规划的定义	通过对企业物流规划和区域物流规划的定义、内容、过程和目标的学习，掌握两大物流规划
企业物流规划的内容与过程	重点掌握	企业物流规划的内容，物流规划过程中的5个层次	
企业物流规划的目标	了解	企业物流规划的3个战略目标及目标确立的过程	
区域物流规划	了解	区域物流和区域物流规划的概念，区域物流规划的层次和重要性	
区域物流规划的内容与过程	掌握	区域物流发展的战略定位、区域物流发展的措施、区域物流发展的性质	
区域物流规划的目标	了解	区域物流规划的资源类目标和产出类目标	

导入案例

7-11便利店的物流战略[①]

日本7-11连锁便利店是现今全球最大的零售商之一,被公认为世界便利店的楷模。它取得的辉煌业绩,除了其先进的经营方式与独特的品牌营销外,支撑其快速发展的另一重要因素就是强大的后方物流支持系统。7-11便利店并不建立完全属于自己公司的物流和配送中心,而是凭借着企业的知名度和经营实力,借用其他行业公司的物流、配送中心,采取集约配送、共同配送的方式,实现自己的特许经营战略。7-11总部的战略经营目标是使7-11所有加盟单店成为"周围居民信赖的店铺"。赢得居民的信赖是通过7-11便利店所特有的3个要素来实现的:首先,只有在7-11能够买到的独特商品;其次,刚制作的新鲜商品;最后,零缺货,即令顾客永不失望的供货。7-11为了确保这3个要素的顺利施行,建立了先进、高效的物流系统,并确定了多个物流战略体系。

1. 区域集中化战略

区域集中化战略是指在一定区域内相对集中地开出更多店铺,待这一区域的店铺达到一定数量后,再逐步扩展建店的地区。利用这种办法,不断增加建店地区内的连锁店数,以缩短商店间的距离,缩短每次配送行走的距离及时间,确保高效的运载量,从而形成提高物流效率的基础,使配送地区合理化,配送中心分散、中小规模化。

2. 共同配送中心

7-11连锁便利店都是由特许经营总部进行统一领导、授权、管理和培训,总部对各单店的经营进行协调,并通过信息中心为各单店提供后台支持。因此,建立由特许经营总部指导下进行管理的共同配送中心,为不同的特许经营单店进行集约配送与共同配送不但成为可能,更是7-11特许经营便利店的一大优势。7-11便利店在建立其全球零售网络时正是利用了这种优势,几乎所有由7-11总部制定的具体物流战略都必须依靠共同配送中心来实现。

3. 不同温度带物流战略

7-11便利店目前已经实现了全球范围内的不同温度带物流配送体系,针对不同种类的商品设定了不同的配送温度,并使用与汽车生产厂家共同开发的专用运输车进行配送,如蔬菜、牛奶和加工肉类的配送温度为5℃,杂货、加工食品为常温,冰激凌等冷冻食品为-20℃,盒饭、饭团等米饭类食品为20℃恒温配送。7-11总部根据商品品质对温度的不同要求,一般情况下会建立三个配送中心系统,即冷冻配送中心系统、冷藏配送中心系统和常温配送中心系统。对于不同的配送中心系统,单店都会有不同的订货,这种做法也是为了尽可能地提高商品的新鲜度。

讨论题

(1) 7-11便利店所特有的3个要素起到了什么效果?

(2) 简述物流规划在7-11便利店中的应用。

物流发展已经得到社会各界广泛关注,国内各相关行业、地区以及企业逐渐开始从战略高度重视物流管理,不同层次与不同侧重领域的物流规划也陆续出台,制定既适合发展需求又符合实际需要的物流规划,已经成为当前物流发展急需解决的重要课题。本章首先从一般意义上介绍物流规划的基本概念和内容,然后具体介绍企业物流规划和区域物流规划的基本内容、过程和目标。

[①] 王慧等. 物流配送管理学[M]. 广州:中山大学出版社,2009.

2.1 物流规划概述

2.1.1 物流规划的概念及特性

物流规划是在一定系统范围内对整个物流体系建设进行的一种总体的战略部署。物流规划或以国家、地区的经济和社会发展计划为指导，或以企业的发展战略为指导，以物流系统内的自然资源、社会资源和现有的技术经济构成为依据，考虑物流系统发展的潜力和优势，在掌握交通运输、仓储等物质要素的基础上，研究确定物流系统的发展方向、规模和结构，合理配置资源，统一安排交通运输、仓储等设施，使之各得其所，协调发展，获得最佳的经济效益、社会效益和生态效益，为物流运作创造最有力的环境。

物流规划是一项系统工程，它应具备以下特性。

（1）战略性。物流规划是对未来一段时期内的物流活动作出的战略性决策，规划方案一旦实施，很多物流设施则会在地域上建成，其布局合理与否，会对物流活动产生重大而深远的影响，所以物流规划的制定一定要具有战略眼光。

（2）前瞻性。物流规划以构思和安排未来的物流活动为核心，把握当前与未来的关系是编制物流规划的关键。

（3）动态性。物流规划会因社会的发展，科学技术的不断创新而不断地变化，所以物流规划应当根据实际情况的发展和外界因素的变化，适时地加以调整补充。

（4）综合性。物流规划的综合性反映在物流影响因素的复杂性和物流要素、物流资源的多样性等多个方面。

由于物流规划涉及面广，有很强的政策性和综合性，因此运用现代科学技术进行综合分析与论证，全面规划，统一布局，协调各方面的矛盾，使规划方案在经济上合理，技术上先进，建设上可行。

2.1.2 物流规划的原则

无论是哪种物流规划，都是一项复杂的系统工程。这是由物流管理技术的应用和服务运作的复杂性与系统性所决定的。因此，在制定物流发展规划中，应该遵循以下几项基本原则。

（1）支持规划目标实现的服务原则。现代物流系统的规划，应首先注重实现改善当地的现代物流服务环境条件，必须服从于国家和地区经济现代化发展的总体目标，并使现代物流服务成为未来经济发展的重要支持。

（2）发挥自身优势和整合现有资源的系统原则。由于现代物流的发展所需要的高水平物流设施不可能一步到位，因此，在物流系统规划阶段必须充分注意利用和重新整合现有资源，合理规划物流基础设施的新建，改建与现有物流服务相关企业的功能、组织方式与资产的重组，以期最大限度地发挥物流服务的系统效能。

（3）系统化、专业化、规模化和网络化的建设原则。从系统建设角度出发，物流系统建设是依托综合运输体系，商业传统和信息系统等建设的综合体。因此，在对物流网络系统和物流信息系统进行有针对性的重点规划建设中，必须注重引进吸收国内外现代物流技术和管理运作经验，使物流服务系统的建设向专业化、规模化及运作网络化方向发展。

（4）全方位、多渠道的协调发展原则。在物流规划阶段，就应该注重协调和整合各方面因素，在重视服务系统与基础设施建设的同时，以技术建设、管理建设、政策建设和人才建设，促进物流服务市场及主体物流服务企业的发展。

（5）重点推进及循序渐进的实施原则。物流系统建设是一项长期任务，其规模大且内容繁杂。因此必须遵循重点推进及循序渐进的实施原则。规划阶段的工作关键是选择好作为物流系统建设突破口的启动建设项目，使其对全局推进具有重要的示范性影响，并以此形成当地现代物流体系的基础框架，为今后的持续发展积累经验。

2.1.3 物流规划的条件

在遵循以上物流规划原则的基础上，制定合理地物流发展规划时应该着重考虑以下几个条件。

（1）区位条件。规划中的物流系统应尽量选择靠近服务区域中经济发展与未来增长较快的中心位置，物流基础设施的地址也应该选择区域内经济中心城市、商品集散地、工农业生产基地和重要的消费市场，充分利用经济中心城市的经济优势和物流组织条件，为未来物流系统的建设与运行提供服务需求与服务运作支持。

（2）区域经济发展条件。对规划所在区域及其中心城市的综合经济实力、产业结构与规模进行深入分析，是规划目标未来实施的重要保证。同时，区域物流规划在其建设和发展过程中，将会设计包括市场环境、商务环境、政策环境、科技环境等一系列区域社会发展条件问题，这其中既需要宏观层次上政府对管理体制、市场培育、物流基础设施规划建设和物流存量资产整合等问题发挥作用，也需要在运作层次上对区域城市化与中心城市现代化进程问题进行较为深入的研究。

（3）物流需求条件。物流需求条件是物流规划直接的制定基础和重要的前提条件。由于目前国内尚无较为准确反映物流运作系统的统计体系，因此必须对现有的各类运输、仓储及其他相关统计资料进行必要的修正，尽量使其达到物流需求所要求的基础水平。

（4）服务水平条件。物流系统服务水平条件主要指由其所提供物流服务的方便性、可靠性、快速性及物流成本的合理性，具体体现为规划地区范围内多方面的物流需求服务的满足程度。表现在运输、仓储、流通加工等各个环节的作业效率，库存控制的合理程度，订货、出货、配送的渠道畅通保证度，物流运作可靠性水准，以及对物流服务过程中的突发情况与个性化服务要求迅速做出反应的随机应变的能力。

（5）物流基础运作条件。物流基础运作条件包括交通运输、仓储、信息、包装、流通加工，以及外贸通关条件等方面的综合性物流资源条件。要具体分析的方面包括综合运输体系的布局、分工、配合的合理性和协调性；仓储系统布局合理性、库存管理和仓库管理的高效性；现有信息系统的通畅性、可靠性和实用性等，以对未来建设与发展重点做出明确规划。

（6）人才和技术条件。对未来高素质物流人才的要求主要表现为具备专业知识和技能，具有系统性组织及管理能力和从战略高度考虑问题的素养。而先进的物流技术则是通过运输、仓储、信息、流通加工等各类专业技术的技术组合,充分体现物流管理的技术创新,实现诸如零库存、及时供货、协同配送、流程再造等物流技术目标。

2.2 物流规划的内容与过程

2.2.1 物流规划的内容

物流规划涉及物流的方方面面,主要包括 4 个方面的规划内容,即物流战略规划、物流系统空间布局规划、物流信息平台规划、物流运营管理体系规划。以下将详细介绍这 4 种规划的内容。

1. 物流战略规划

物流战略规划是一个复杂的过程,制定时需要考虑不同的物流要素和活动是如何相互影响的。物流战略规划是指通过增加客户价值和客户服务,以获得竞争优势的统一的、综合的和一体化的规划过程。它通过预测未来的物流服务需求和管理整个供应链的资源来获得高度的客户满意度。物流战略和公司战略是密切相关的,只有了解公司战略才能形成最适合本公司发展的物流战略,因此物流战略规划是以整个公司的战略目标和计划为基础设计的。物流战略规划的主要内容如图 2.1 所示。

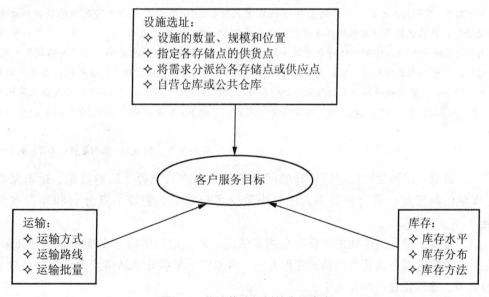

图 2.1 物流战略规划的主要内容

(1) 客户服务目标。客户服务目标的确定是物流战略规划的核心,它比其他因素对规划设计的影响都要大。如果客户服务水平要求较低,那么可能要在较少的存储节点中集中存货,利用较廉价的运输方式;如果客户服务水平要求较高,就需要更快速的运输和足够的库存保障。

随着服务水平接近上限时,要想继续提高它,往往需要花费更多的代价。因此,物流规划设计的首要任务是权衡利益,确定适当的客户服务水平。客户服务水平可以包括产品的可得性、产品的交货周期、送货速度、订单的速度和准时性等。

(2) 设施选址。物流节点的分布包括确定节点的数量、类型、地理位置、规模、分配各个节点所服务的市场范围。物流节点、供应点与需求点的地理分布构成物流系统网络的基本框架,决定了产品到市场之间的路线。好的设施选址方案应考虑所有的货物移动过程及相关成本,包括从工厂、供应商或者港口中途的储存点,然后到达客户所在地的产品移动过程及成本。通过选择不同的渠道来满足客户需求,如直接由工厂供货、供货商或者港口供货,或经特定的储存点供货,选用渠道不同,分拨的费用也不同。因此,满足客户要求,寻求成本最低或利润最高的需求分配方案是设施选址的核心。

阅读案例 2-1

苏宁集团投资 11 亿元建设物流基地

2013 年 11 月末苏宁集团在上海市奉贤区占地 25 万平方米的物流基地正式奠基,这是苏宁自主研发的第四代物流基地,总投资 11 亿元。该项目只是苏宁打造"物流云"计划的一部分,这个全国物流建设项目已完成 50% 的规划建设部分,到 2013 年年底累计建成并投入使用的物流基地将达到 24 个。

自动化分拣的奉贤物流基地建成后,将集采购结算、电子商务、物流配送、售后客服等功能于一体,辐射整个华东地区。此外,苏宁还计划在上海嘉定投资建设物流基地。这些大型现代物流项目的兴建,让苏宁的"物流云"浮出书面。

苏宁自 2004 年上市之后,即启动大规模的物流投资,2010 年正式启动全国范围的物流网络规划("物流云"),将物流建设项目推向快车道。目前,苏宁在北京、南京、成都、沈阳、杭州、青岛等 16 个地区的物流基地已经投入使用,针对电子商务销售单独规划的自动化仓库也在南京及广州落成投入运转。与此同时,苏宁易购已经获得北京、上海、天津、南京等 22 个省市地区的物流快递牌照,为其全国物流拓展做好准备,目前其快递队伍已经接近 6 000 人规模。根据规划,苏宁在 2013 年已完成物流基地建设达 24 个,到 2015 年,苏宁"物流云"项目将全部完成,实现 60 个物流基地和 12 个自动化仓库的全国布局。

资料来源:解放网-新闻晨报,2013 年 11 月.

(3) 运输。运输战略规划所设计的问题包括运输方式选择、运输批量、运输路线选择、车辆时间安排、货物拼装等。这些决策受客户需求、物流节点分布和库存水平的影响。

(4) 库存。库存战略规划主要是在物流系统中建立适当的库存水准和库存补充策略,确定是推动式管理方法还是拉动式管理方法。特别对于多级分销网络要确定货物存放的节点的类型、地理位置与库存水平。

2. 物流系统空间布局规划

物流系统空间布局规划是指在一定层次和一定的地区范围内确定物流网络的合理空间布局方案。物流空间布局规划主要包括以下内容。

(1) 物流节点布局规划。物流节点是指各种货运车站、机场、港口码头、物流园区、物流中心、配送中心、仓库等设施。规划的内容包括:物流节点设施的数量和种类、物流节点的设施地点、物流节点的功能配置及物流节点的规模。

(2) 物流通道规划。物流通道规划包括公路、铁路、水路和航空等运输网络的配置。其规划重点是充分利用已形成的或将改造拓展的运输网络，通过分析验证其是否能够满足物流系统的需求，并根据物流发展需要进行补充改造，制定满足一定物流服务需求的物流通道方案。

(3) 物流节点设施内部布局规划。物流节点设施内部布局规划主要是根据物流节点的功能，制定符合流程和服务质量要求的物流节点内各个设施的平面布局方案，如物流中心仓储区、分拣区、加工区、内部通道等的布局。

3. 物流信息平台规划

现代物流的信息化主要表现为物流商品的信息化、物流信息采集的标准化和自动化、物流信息处理的电子化和计算机化、物流信息传递的标准化和实时化及物流信息存储的数字化等。物流系统信息化的目的是利用网络化、信息化的优势，通过对整个物流系统资源的优化整合，为企业提供共享交互的载体和高质量、高水平的增值服务，实现物流系统的高效优化运作。

(1) 物流信息平台的组成。一个城市或地区物流信息化建设主要包括企业的物流信息系统、物流中心的信息平台和公用物流信息平台3个层面。①企业的物流信息系统。企业的物流信息系统主要根据物流企业、生产企业、商业企业的内部物流信息一体化、网络化、高效化的需求，构建企业信息系统，提高物流运作效率，并逐步要求在供应链上下游企业及合作伙伴之间实现信息共享。②物流中心的信息平台。物流中心的信息平台整合物流中心内企业的信息资源，为物流中心内的企业提供信息共享和增值物流服务，实现物流园区内企业间的信息共享。③公共物流信息平台。公共物流信息平台整合城市的物流资源和社会资源，为城市内各物流节点和企业提供信息服务，优化整个城市物流系统。公共物流信息平台的作用主要包括公共基础信息共享、物流信息资源和社会物流资源的整合与共享及物流信息互通。

(2) 物流信息平台的建设。企业物流信息平台的建设可以有自建和租用两种形式。大型企业或业务比较复杂的企业可以采用自建的方式，构建充分体现本企业特点的信息系统；中小企业可以采用租赁物流园区信息平台或公共物流信息平台，节约信息化的投入，加快信息化建设步伐。

物流中心的信息平台和公共信息平台的建设可以采用商业运营机构全资、政府参与的业界协作组织模式和政府主导模式等。

4. 物流运营管理体系规划

物流要求按照用户的需求，将产品从供给地向需求地进行转移，其中涉及运输、存储、保管、搬运、装卸、货物处理、货物分拣、包装、流通加工、信息处理等活动。物流的运营就是将这些原本各自独立但又有着某种内在联系的相关活动组织起来，进行集成的、一体化的管理，构成了物流运营管理系统。物理运营管理体系规划包括物流营销系统规划、物流运营网络规划、物流运营人力资源规划、物流运营绩效评价系统规划。

(1) 物流营销系统规划。物流营销系统规划包括了物流营销的组织规划、物流产品策略规划、物流渠道策略规划和物流促销策略规划。

(2) 物流运营网络规划。物流运营网络规划既涉及基础设施，又涉及流程组织。通过建立物流运营网络确定各个物流中心的布局，以及据此确定具体物流中心的任务和规划。

(3) 物流运营人力资源规划。物流运营人力资源规划是指根据企业的战略规划，对企业未来人力资源需求供给进行分析预测，采用岗位配置、员工招聘、培训开发、薪酬设计及绩效考核等人力资源管理手段，制定使企业人力资源与企业发展相适应的综合性发展规划。

(4) 物流运营绩效评价系统规划。物流运营绩效评价系统规划涉及物流活动主要环节，比如运输环节、配送环节、仓储环节和其他增值服务环节等。这些环节的设计包括绩效评价系统的设计、物流企业的财务绩效评价系统设计、物流企业的综合绩效评价系统设计、工商企业物流绩效综合评价系统设计等。

2.2.2　物流规划的过程

物流规划是以公司战略为依据和发展方向的，所有的规划工作必须考虑以下的环境因素：政治和法律环境、社会和经济环境、技术环境和竞争环境。各种环境相互影响使得环境评估过程变得复杂。图 2.2 展示了物流规划的基本过程。

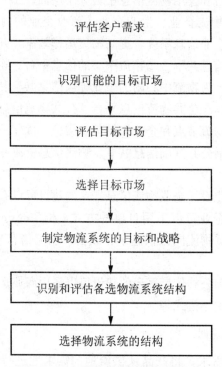

图 2.2　物流规划的基本过程

(1) 评估客户需求及潜在目标市场的识别。客户需求总是会随着市场的变化而发生变化，如新产品的引入、市场份额、销售量、盈利能力和投资收益率等方面的绩效不佳，消费者购买方式的改变或者消费者市场结构的变化等因素，这样企业就需要对客户需求进行评估。为了评估，管理者必须确定是否有能力满足目标市场的需求，并产生期望的利润率。确定目标市场时，管理者需要回答以下问题：他们选择购买的原因。谁在购买或者谁将会购买?他们在什么时候会选择购买?他们在什么地方会选择购买?他们需要什么服务?他们如何购买?在每一个细分的小市场中,他们会存在哪些竞争。

(2) 目标市场的评估和选择。一旦找到了潜在的目标市场,就必须在充分考虑公司的优势和劣势的情况下,评估潜在的目标市场并选择实际的目标市场。在这个评估和选择的过程中,需要考虑的因素有:环境因素、公司的目标和战略、生产能力、财务资源、营销能力、营销目标和战略、营销组合等。

(3) 制定物流系统的目标和战略。制定物流系统的目标和战略只有在目标客户和目标市场已经选定后才能开始。物流部门则是从这时开始参与战略规划过程的。物流部门在供应链中饰演了一个主要角色,既是许多活动的执行者,又是与支持公司分销渠道的渠道成员的联系点。大部分物流高管都认为物流计划需要与公司其他部门的计划很好地结合。

(4) 识别和评估备选物流系统结构。由于企业对合作伙伴关系、外包、供应链管理的了解不断加深,并且与此相关的活动也越来越多,因而识别备选物流系统的结构复杂性也增加了。识别备选物流系统的结构时应考虑以下因素:信息流、控制程度、服务成本,以及产品或者服务的一致性和速度。企业可以采用内部执行或者外部执行。外部执行即外包,外部的供应商提供全部或者部分的服务。如果当前的物流系统的结构能够满足组织目标的要求,那么只需要部分地考察备选渠道,通过考察其结构,以发现更加有效的满足目标顾客需求的结构。

阅读案例 2-2

供应链外包

在外包物流、制造或供应链管理业务流程外包方面,全球技术研究和咨询公司 Gartner 确定并指出了企业应该充分利用的八大最佳实践。

(1) 外包战略应与公司及供应链战略保持一致。那些提供个性化、密集客户服务的公司需要外包合作伙伴具有灵活、敏捷的服务交付模式;相反地,那些在价格上进行竞争的公司或公司内部的供应链部门需要精简、有运营效率且低成本的合作伙伴。

由于大多数公司运作多个供应链,因而在选择外包合作伙伴前必须了解每一条供应链。适合高容量、低成本供应链的外包合作伙伴很可能不适合需要非常敏捷并能向客户提供定制化解决方案的供应链。这种细分领域的战略性调整将确保所选择的外包合作伙伴能够执行供应链功能或流程,以与公司整体的品牌承诺相辅相成。

(2) 在管理供应链外包合作伙伴时了解目前的能力。了解目前的成熟度将帮助公司理解当他们变得更加以需求驱动时,他们需要什么类型的外包。它还将就组织机构和组织之间的模式和管理提供洞察力。

成熟度包括业务驱动、成本驱动、需求驱动和价值驱动等不同阶段。公司往往会从他们自身和他们的服务提供商那里涉及更多功能。此外,更加成熟、规模较大的公司(处于需求驱动和价值驱动阶段)经常致力于个人管理外包合作伙伴,并且比处于业务驱动和成本驱动阶段的公司更大程度地利用卓越中心。

(3) 了解核心竞争力、市场参与者和重叠点。供应链外包市场上的主要参与者正在将他们的服务扩大到对方的地盘上。对于每个服务提供商来说,在决定应该找哪一个外包合作伙伴进行相应的外包活动时,了解哪些服务是核心的,哪些不是核心的是非常重要的。

(4) 基于战略、有形的因素而不仅仅是成本因素来制定外包决策。在直接成本的基础上外包了例如制造的供应链功能的很多公司都在后续阶段遇到了一些问题。一些公司已经发现由于外包之后出现糟糕的客户服务和不断增加的质量问题，总成本没有如预期的那样得到改善。另外，除拥有强大的成本服务分析能力以解决制造/保留还是买/外包，公司还必须将质量、响应速度、过去的表现（参考）和风险纳入决策标准。

（5）了解在主要的外包地区，不同国家在腐败和知识产权风险上的不同。这些风险可被纳入到外包决策中，而且在制定政策时会非常有用。

（6）建立并维护一个定期的数据流、信息和想法。库存水平数据、客户订单和主数据应是可视的且每周都能共享，如果在一周之内有重大变化，应经常分享。而推广计划、供应商变更等信息或其他影响外包合作伙伴的决定，应每周更新并沟通。为提高供应链整体绩效和多层可视度，应与业务运作和管理人员定期交换意见。建立机制收集意见并评估供应网络中出现的风险，并在月度、季度和年度合作会议上建立一个审查和评估这些意见和风险的流程。

（7）定义并跟踪服务水平和关键绩效指标。在选择外包合作时，服务水平协议（SLA）和明确的关键绩效指标应与关键业务目标相联。那些服务水平协议与关键业务目标保持一致的公司倾向于与他们的外包合作伙伴拥有一个更积极的关系，并能取得较好的结果。

（8）利用外包合作伙伴的流程、技术和能力。很多时候，一个外包服务提供商比其客户能更好地执行活动或流程，这意味着拥抱外包服务提供商的流程将提高供应链整体绩效。让外包服务提供商使用自己的技术经证明也是有益的，因为对于外包服务提供商来说，它能更快、更容易地执行所需的功能和流程。组织机构必须侧重于他们的专长，并适当地外包某些工作给更擅长这些领域的价值链合作伙伴做。这通常意味着使用一个或多个物流、制造业或业务流程外包合作伙伴，而不是执行这些供应链活动本身。

资料来源：http://info.10000link.com/newsdetail.aspx?doc=2012031590017.

（5）选择物流系统的结构。在可能达到组织目标的物流系统结构中应当进行深入分析获取最优可能达到组织目标的结构。在选择时应当考虑的因素包括：运作成本、所需资源、灵活性及满足渠道目标的能力。企业通过使用多渠道来满足不同客户的需求。例如，电脑生产商可以直接将产品卖给分销商，或者可以通过自己的专卖零售店将产品卖给消费者，还可以通过网上订购将产品卖给消费者。物流系统的结构必须与公司的目标相匹配。物流系统的结构确定以后，战略物流计划就形成了。

2.3 企业物流规划

我国经济要融入世界经济，则企业要参与国内和国外两个市场的竞争，需要增强现代物流意识，即积极采用先进的组织和管理方法，这已成为广大企业的共识。

2.3.1 企业物流规划概述

企业物流是企业生产与经营的组成部分，也是社会大物流的基础。企业物流是许多观念、原理和方法的综合，这些观念、原理和方法有来自传统的市场营销、生产、会计、采购和运输领域；有的来自应用数学、组织行为学和经济学。因此，企业物流是一门边缘性、综合性学科。

1. 企业物流的定义

企业是为社会提供产品或某些服务的经济实体。例如，一个工厂要购进原材料，经过若干工序的加工，形成产品后再销售出去；一个商场要根据用户的要求购进商品，进行流通加工后再销售出去；一个运输公司要按客户的要求将货物输送到指定地点。在企业经营范围内，由生产或服务活动所形成的企业内部的物品实物运动就属于企业物流范畴。

《物流术语》GB/T 18354—2006 中企业物流的定义为企业内部的物品实体流动。它是和社会物流这个名词相对应的。企业物流就是企业在生产运作过程中物品从供应、生产、销售及废弃物的回收与再利用所发生的运输、储存、装卸、搬运、包装、流通加工、配送、信息处理等活动。从系统论角度分析，企业物流是一个承受外界环境干扰作用的具有输入、转换、输出功能的自适应体系。

2. 企业物流规划的定义

企业物流规划是企业为实现长期经营目标，适应经营环境变化而制定的一种具有指导性的经营规划。规划的选择与实施是企业的根本利益所在。根据决策内容的特点，企业规划可划分为三个层次：公司级规划、部门级规划和职能级规划。它作为企业战略的组成部分，必须服从企业战略的要求并与之一致。选择好的物流规划和制定好的企业战略一样，需要很多创造性过程，创新思想往往带来更有力的竞争优势。

企业管理中，企业的基本竞争战略有成本领先战略、差异化战略和目标聚集战略。近年来，企业对物流规划日益重视，逐渐把企业的物流规划作为一个战略新视角，制定各种物流战略，以期增强企业的竞争能力。管理大师麦克尔·波特在《竞争优势》中指出：企业竞争的成功只能通过成本优势或价值优势来实现。当前既能提供成本优势，又能提供价值优势的管理领域是极少的，而物流规划则是这些并不多的管理领域中的一个。一个企业若拥有高效、合理的物流管理，就既能降低经营成本，又能为顾客提供优质的服务，即既能使企业获得成本优势，又能使企业获得价值优势。因此，企业物流规划已成为现代企业管理战略中一个新的着眼点。

2.3.2 企业物流规划的内容

企业物流规划涉及的内容较多，主要包括以下 5 个方面的内容。

（1）设定客户服务水平和服务成本分析。设定客户服务目标是企业物流系统规划的首要任务，物流系统规划的最终是服务于客户，获得收益，因此企业提供的客户服务水平比任何其他因素对系统设计的影响都大。这一影响因素可以从物流系统建设较好的企业例如京东、亚马逊的物流建设中体会到。

（2）物流服务网络设计。网络设计也就是物流规划中的选址问题，即存储点和供货点的地理分布，它组成了供应链物流规划的基本框架，主要包括设施的规模、总数量、地理位置分布及每个设施点负责的市场范围。网络设计的完成就确定了产品到市场之间的运输路线。设施选址要综合考虑多种因素如成本、社区类型、各产品的移动策略等，寻找总成本最低的或者平均利润最高的需求分配方案是物流服务网络设计的核心任务。

（3）物流管理组织结构、管理流程及管理模式的设计。主要包括负责企业物流服务组织体系的构建、业务职能和业务流程的分工及设计、有关企业物流组织和业务流程的规划应从企业供应链、价值链管理的全局角度出发综合考虑各个方面，关键是保证企业物流作业的高效率，提高敏捷性的同时降低总体的物流成本。要从全局利益出发而不是只考虑局部的部门成本或者单项物流活动的效益。管理模式要根据企业自身的资源和成本决定选择自营还是外包的决策。

（4）库存战略和运输战略设计。库存战略和运输战略设计一般由企业的客户服务目标和客户服务水平决定。库存战略是指库存管理方式，将库存分配到存储点与通过补货自动拉动库存，代表两种不同的战略。其他方面的决策内容还包括，产品系列中的不同品种分别选在工厂、地区性仓库和基层仓库存放及运用各种方法来管理永久性存货的库存水平。运输战略包括运输方式、运输批量和运输时间及路线的选择。这些决策受仓库与客户以及仓库与工厂之间距离的影响，反过来又会影响仓库选址决策。库存水平也会通过影响运输批量影响运输决策。

（5）物流信息系统的规划设计。随着企业业务规模的日益增大，企业必须将物流信息化纳入企业战略规划范畴，从某种程度上来说，当前的 MRP 系统、ERP 系统、SCM 系统的规划等最初都是围绕企业的物流活动，目的是使企业物流、商流、资金流和信息流能协调统一，提高各流的流动效率和质量。

2.3.3 企业物流规划的过程

企业的物流规划主要是根据物流资源建设的国家、地区或者行业的规划，设计如何使用这些资源，改造自身的业务流程，提高周转速度，降低物流成本。就生产企业而言，在暴利时代结束后，轻资产运行的新型企业需要改变过去的旧投资方式，即投资大量的资金在扩大生产力上，取而代之地应该是将大量的制造业务外包，这样就必须建立诸如供应链之类的物流系统，形成一个联盟性的新组织形式。这就需要对物流系统进行新的构筑，或者对企业的整个流程从物流的角度进行再造。所以，物流规划问题对于生产企业是非常重要的一件事情。特别是在经济全球化，新的竞争格局的压迫下，生产企业转型适应市场需求，合理进行企业物流规划是求生存求发展的关键。社会上存在一种误解，以为规划物流问题是宏观的问题而不是企业的问题，这显然是低估了物流对于企业发展的重要意义。

企业物流规划的重点在于现有资源的改造和利用。一般企业的规划主要是利用外部物流资源，改造自身的物流流程，而不要过多的进行物流资源的建设，无论是制造业还是传统物流企业，都不应该把重点放在物流资源的建设上，而是应该放在现有资源的改造和利用上。

进行企业物流规划，首先要确定企业战略目标，如减少资产的投入，降低企业经营成本，改进服务水平提高客户满意度等，然后进行物流成本分析，即实现上述企业战略目标所需要的物流成本，并从长远利益和全局利益来分析企业的总体物流成本。根据物流成本分析结果制定适合企业的物流规划方案，例如设施选址、运输规划、库存管理、合同管理、人事管理和作业管理。最后还要对物流系统规划方案实施的总体业绩和效果进行评估，以便及时对物流规划方案进行调整。因此，要获得高水平的物流绩效，必须从以下5个层次对企业物流进行规划。

（1）物流战略层。确立物流对企业战略的协助作用。物流首先是一种服务，企业建设物流系统的目的首先是为了实现企业的战略，所以企业发展物流必须首先确立物流规划与管理对企业总体战略的协助作用。同时，企业现代物流的发展必须建设两大平台和两大系统,即基础设施平台和信息平台,信息网络系统和物流配送系统。在进行企业物流规划管理的最初必须进行企业资源能力的分析,充分利用过去和现在的渠道、设施及其他各种资源来完善企业的总体战略,并以最少的成本和最快的方式建设两大平台和两大系统。

(2)物流经营层。物流活动存在的唯一目的是要向内部和外部顾客提供准时的交货,无论交货是出于哪种目的,接受服务的顾客始终是形成物流需求的核心与动力。所以顾客服务是制定物流战略的关键。

(3)物流结构层。物流系统的结构部分,包括渠道设计和设施的网络战略。物流渠道设计包括确定为达到期望的服务水平而需执行的活动与职能,以及渠道中的哪些成员将执行它们。渠道体系设计需要在渠道目标的制定、渠道的长度和宽度的评价、市场、产品、企业以及中间商因素的研究、渠道成员的选择及职责、渠道合作等方面认真分析与判断,因为体系一旦实施,常常无法轻易改变。随着顾客需求变化和竞争者的自我调整,渠道战略必须再评价以维持或增强市场地位。

(4)物流职能层。物流战略的职能的核心部分体现在运输、仓储和物料管理的职能上。运输分析包括承运人选择、运输合理化、货物集并、装载计划、路线确定及安排、车辆管理、回程运输或承运绩效评定等方面的考虑;仓储方面的考虑包括设施布置、货物装卸搬运技术选择、生产效率、安全、规章制度的执行等;物料管理分析着重于预测、库存控制、生产进度计划和采购上的最佳运作与提高。

(5)物流执行层。物流的最后一层执行层包括支持物流的信息系统、指导日常物流运作的方针程序、设施设备的配置与维护及组织与人员问题。其中物流信息系统和组织结构设计是最为重要的内容。

2.3.4 企业物流规划的目标及确立

1. 企业物流规划的目标

企业物流规划试图解决做什么、何时做和如何做的问题,是一个围绕企业所设计的物流活动进行详细设计的过程。为此,企业一般围绕三个战略目标而展开,即降低经营成本、减少投资金额和改进客户服务。

(1)降低经营成本。降低经营成本是指在保持一定的客户服务水平的条件下尽量将系统总成本降到最低。可通过评价各个不同备选方案来得出最优方案。例如,在不同的仓库选址、库存决策方案中进行选择或在不同的运输方式中进行选择,得到最佳的规划方案。

(2)减少投资金额。减少投资金额是指战略的实施目标是使系统的总投资最小化,其根本出发点是投资回报最大化。例如,采用JIT适时供给减少库存储备的方法,租用公共仓库减少自由仓库的建设投入或者选择第三方甚至第四方物流管理等。

(3)改进客户服务。改进客户服务一般认为客户所接受的服务水平即客户满意度占企业收入的比重很大。虽然提高服务水平会增加企业的成本,但是好的客户服务带来的收益会超过成本增加的投入。在企业物流规划中,需要根据企业的不同特点,市场定位和战略发展选择合适的物流战略。

2. 企业物流战略目标的确立

战略性的规划、战略性的投资、战略性的技术开发是最近几年促进物流现代化发展的重要原因。企业经理人在作出物流决策时，应该把物流系统与营销战略及企业的总体战略有机地结合起来，从战略的高度去权衡物流运营成本与市场拓展需要、物流顾客服务的特殊要求之间的动态平衡，而不仅局限于解决流程再造、压缩成本、加强培训等投入产出的管理问题与有限资源的合理配置问题。

实践中，需要根据企业的不同特点、市场定位和企业战略发展要求，灵活地采用不同目标物流战略，但在总体企业物流规划的战略目标确定上，可以采用系统的设计方法，即对原有系统情况进行调查研究和分析，为制定目标和工作程序做准备；设计出能最大限度地满足系统要求和功能的各种具体方案；对设计出来的各种具体方案，用技术经济的观点来评价其是否可行。企业的物流规划设计流程如图2.3所示。

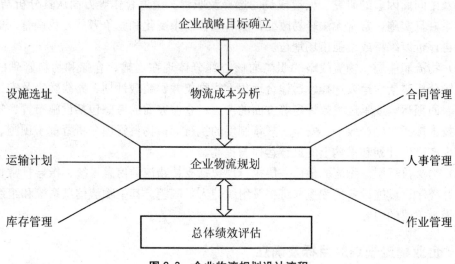

图2.3　企业物流规划设计流程

（1）企业物流规划的调查研究。对规划对象现实的物流和非物流情况进行调查，找出问题，为制定改进目标或者提出新的目标做准备，调查内容包括以下主要方面：①物流情况的调查；②储运方法的调查；③储运情况的调查；④储运工艺和生产工艺的调查；⑤外部衔接的调查；⑥非物流情况的调查。其中，非物流情况的调查是指除物流之外的一切关系，如生产管理、后勤服务、对外联系、规划区域的气象资料、建筑、朝向、总体布置、地质条件等情况，各作业单位之间的人事、组织、计划和业务方面联系的情况以及它们之间的密切程度等。

（2）实施调查情况分析。对所调查的物流和非物流情况，从整个规划系统的角度进行逐个分析，其分析的主要标准如下：①专业化组织生产；②合理批量；③环保绿化；④节约土地；⑤节约能源；⑥安全；⑦集装单元化；⑧提高物流搬运的活性；⑨标准化；⑩工艺直线布置等。总之，必须从规划单元系统的实际情况出发，达到投资少、实施快、改善劳动强度、少占土地、好管理、收益大、使用方便、维修容易，达到最佳发展的目的。

（3）物流规划的初步设计。根据对规划单元的现状调查和分析的结果，首先着手对规划内部各区域之间物流路线、方法、设备、设施等进行综合比较。然后进行物流工艺的设计，制定数个工艺方案，绘制方案流程框图。在此基础上，经过分析比较，绘制物流规划初步设计图,完成从设想到制定方案的过程,一般需提供2~3个方案比较选择,并同时绘出相互关系图。

(4) 技术经济比较。对所提出的方案逐个从投资、建设、经济效益比较,然后要求使用单位、建设单位、使用者同时进行评议,并提出改进意见,即多种方案的比较。在初评的基础上对整个规划进行修改,绘制出相对最佳方案,列出这个规划的大概预算,经大家认可后请示上级审批。

(5) 施工设计。对经过上级审批之后的最终方案进行施工设计,施工设计包括整个系统,各区域内的设备、设施、建筑、仓库和场所,以及工位器具等进行详细布置,选择各种标准设备、设施、工位器具,设计各种非标准设备、设施和工位器具,以及整个规划的道路、管线、绿化等,为整个规划的实施做好准备。

有效的企业物流规划设计可以取得好的效果:一是最充分地利用潜力和规模,节约土地;二是有效的布局规划,整个系统高效运转,节约能源;三是做到生产过程流畅,合理组织管理、提高质量、降低消耗;四是适应市场、生产、消费的变化,增加企业的灵活性。

阅读案例2-3

H&M 和 ZARA 的物流模式比较

H&M 和 ZARA 的物流模式比较见表2-1。

表2-1 H&M 和 ZARA 的物流模式比较

公司	H&M	ZARA
物流模式	实行外包,21个国家900个工厂,60%亚洲(时尚性弱的基本款),40%欧洲(时尚性强的款式),具备成本优势; 中央控制系统,组合式物流配送,欧洲生产时尚性强的采用空运,而基本款提前生产,海运为主	200家工厂,50%自产(自产成本要高15%~20%),50%外包,成本比H&M高。将劳动密集型工序外包给400多家合作厂商,生产70%位于欧洲; 中央控制系统,运货到控制中心,空运为主,欧洲24小时,美国和亚洲48小时
订货模式	40%~50%的期货订货	15%~20%的期货订货,80%~85%的现货订货,现货中40%~50%为追单生产
宣传策略	耗资巨大,明星效用,将其品牌与时装大师联系起来,经常请著名奢侈品牌设计师为其设计限量系列	低调务实,不做广告,只靠店面传播凝聚人气。除每年两次的店内广告,几乎没有其他促销活动,广告预算占收入比例的0.3%
营销策略	强调整体搭配销售模式,在专卖店每周更新款式两次,并且每种款式上架不小于3周,6~12周终端零售产品循环一次	以制造短缺的方式,培养了一大批忠实的追随者。少量、多款、评价,即使是畅销款式,ZARA也只供应有限的数量,一周至少两次新品上架

续表

公司	H&M	ZARA
反应速度	21天，把衣服从设计到上架的时间压缩，最短只需三个星期，有能力推出符合流行尖端的产品	7~14天，从流行趋势的识别到将迎合流行趋势的新款时装摆到店内，只需两周的时间，而传统生产方式下这个周期要长达4~12个月
中国拓展路径	瑞典—欧洲—中国香港—通过上海进入中国内地	西班牙—欧洲—东京—中国香港—通过上海进入中国内地
总结	（1）作为平价时装连锁品牌，H&M和ZARA的核心竞争力都来自时尚的设计、新颖的款式及平实的价格，但是两者采取的经营策略具有差异：在ZARA看来，自产和生产区域集中可以更快速地响应市场变化，从而创造出更多的款式和更低的库存，形成一个"设计—生产—配送—销售"的良性循环体系；而H&M通过调整"时尚三角"，需求量和时尚度的比例关系，在一定的速度限定下控制成本。经营策略导致ZARA的时尚性、反应速度高于H&M，而成本和定价亦高于H&M。（2）通过分析两种品牌运营方式。我们认为快时尚模式的核心不单单是要速度快、成本低。还要保证品牌的时尚性满足消费者的需求，两者缺一不可，快时尚市场根据消费能力、时尚性追求程度等也可细分多个子市场，只有建立可以满足消费者需求的品牌，并且建立与品牌相适应的产品设计、生产、销售和供应链策略，快时尚公司才具备持续成长的可能性	

注：H&M于1947年在瑞典创立，主要经营销售服装和化妆品。ZARA是西班牙Inditex集团旗下的一个子公司，专营ZARA品牌服装的连锁零售品牌。

资料来源：H&M 2010年报，Inditex 2010年报.

2.4 区域物流规划

2.4.1 区域物流规划概述

1. 区域物流的概念

区域物流是在某一经济区域内，物资从供方向需方的物质实体流动过程，是运输、存储、装卸、包装、流通加工、配送、信息处理等功能的有机结合体。区域经济是按照自然状况、经济联系、民族、文化传统及社会发展需要而形成的经济联合体，是社会经济活动专业化分工与协作在空间上的反映。区域物流与区域经济是相互依存的统一体。

2. 区域物流规划的概念

区域物流规划是区域物流发展的蓝图，也是区域物流发展的行动指南。区域物流规划不仅有利于避免区域物流发展的盲目性，节约成本，而且有利于预防或解决区域物流与城市建设、环境保护、交通规划等区域经济与社会发展的各种矛盾，从而避免发展中出现的问题，节约物流规划成本。因此，制定区域物流规划，是实现区域物流健康、快速发展的第一步，并且是不可跨越且不容忽视的一步。

3. 区域物流规划的层次

区域物流规划一般包括区域物流总体规划、城市物流规划和物流园区规划3个层次。其中区域物流总体规划是指对一个行政区域或者若干行政区域联合体的物流发展所进行的整体规划。区域物流总体规划是最基本、最高层次的区域物流规划，也是其他区域物流规划的基础。城市物流规划是指在区域物流总体规划的基础上，对一个城市物流发展所做的规划，是从属于区域物流总体规划第二个层次的区域物流规划。物流园区规划是指在区域物流总体规划、城市物流规划的基础上，对某个物流园区的物流发展所进行的规划。物流园区则是指物流设施、物流网点、物流建设、物流企业等高度集中的空间区域，也称作物流企业园区或者物流产业区。一个城市，特别是大城市往往存在若干个各具特色的物流园区。因此，物流园区规划从属于城市物流规划，是城市物流规划的重要组成部分。

4. 区域物流的重要性

区域物流是区域经济的重要组成部分，区域物流的存在和发展是以区域经济的存在和发展为前提的，没有区域经济也就没有区域物流。区域物流与区域经济发展的水平、规模密切相关，不同区域经济的水平、规模和产业形态，决定了区域物流的水平、规模和结构形态。物流总是伴随着商流应运而生的，区域经济越发达，制造及商业贸易越活跃，作为服务行业的物流业就会有良好的客户群和市场基础，大规模发展的可能性越大。目前，我国已经形成的长江三角区、珠三角经济区、环渤海经济区及2013年批准设立的上海自由贸易区的规模和水平也集中说明了这一关系。

依据区域经济发展中的增长极理论，即区域经济的发展依靠条件较好的地区或少数产业带动，应把少数区位条件好的地区和少数条件好的产业培育成增长极，通过它的极化和扩散效应带动影响周边地域经济发展。物流业作为支柱产业形成地区经济的增长极，必须要有众多的服务对象，有明晰的投入产出效益，能解决地区经济发展的瓶颈或有重大推动作用。例如，深圳是重要的进出口港口城市，它的物流业服务于珠江三角洲众多的三来一补加工贸易企业，它能为改善深圳新兴的高新技术产业物流活动做贡献。它是中国与世界各国之间的重要物流节点城市之一，把它作为支柱对地区经济和深圳在珠三角地区经济发展的作用至关重要。作为这样的节点城市，正如前面所讲的是有一些特定条件的，不是每个港口城市或交通枢纽城市都可以做到的，即不是每个城市都可以把物流作为支柱产业来发展。

2.4.2 区域物流规划的内容

区域物流规划的内容主要包括区域物流发展的战略定位、区域物流发展的措施和区域物流发展的性质。

1. 区域物流发展的战略定位

区域物流发展的战略定位主要包括两个层次：一是区域物流在区域、全国、跨国区域乃至全球物流中的战略定位；二是区域物流在该区域经济与社会发展中的战略定位。

第一层次的战略定位又包含3个层次：①在国内某一区域中的战略定位，即在国内某一区域中，该区域物流在整个区域规划中的重要性；②在全国的战略定位，即在全国范围内，该区域物流在这个区域规划中的地位和重要性；③在跨国区域或者全球物流体系中的战略定位，即在跨国区域或者全球物流体系中的地位和重要性。显然，有些区域的物流可能以区域物流中心为自身的战略定位，有些区域的物流则是以全国性的物流中心为自身的战略定位，还有些物流区域达到一定的规模后则选择以跨国区域甚至全球物流中心为自身的战略定位。究竟如何在这3个层次中作出选择？

前提是要根据区域物流及国内其他区域物流、全国物流、跨国区域物流或者全球物流的历史进程、现状、未来发展趋势的预测、比较优势来确定，既要进行定量分析，也要进行定性分析。同时该层次的战略定位包括物流规模的战略定位及物流方式的战略定位，即在规划期间内要实现多大的物流规模及其市场占有率，以及在公路、铁路、航运、航空、管道及各种组合型物流方式中，选择哪种方式作为本区域的核心物流方式等。

2. 区域物流发展的措施

区域物流发展的措施是实现区域物流发展目标的保证，因此，必须针对区域物流发展的目标，制定切实可行的各种措施。区域物流发展的措施大体可分为三类：一是强制性措施；二是诱导性措施；三是服务性措施。所谓强制性措施是指各微观物流主体必须执行的措施，这类措施主要是各种法律；诱导性措施，也叫激励性措施，主要是指促进或激励微观物流主体为实现区域物流发展目标而进行积极努力的各种经济政策；服务性措施是指区域物流管理部门为实现区域物流发展目标而向区域内微观物流主体提供的各种服务与支持。由于区域物流发展目标的性质与特点不同，因此，各种措施的适用目标及其有效性也不同，这就要求不同的发展目标要采取不同的措施。

总的来说，对具有正外部性效果的目标或者涉及区域物流发展全局的发展目标，或者容易增加执行主体成本的发展目标，则要更多地依赖强制性措施。例如，在区域物流发展目标中诸如区域物流基础设施发展目标、大型物流网点的空间布局目标，物流标准化目标、物流环境目标等必须采取强制性措施，否则，这些发展目标就无法实现，或者很难达到预期的实现率。为此，就要制定相应的适合区情的地方性法规，如物流基础设施建设法、大型物流网点布局法、物流标准化法及物流环境法等。而对一些与个别物流主体的努力程度相关的区域物流发展目标则可以采取诱导性措施。例如，在区域物流发展目标中，诸如区域物流设备与工具发展目标、物流信息化发展目标、物流科技发展目标、物流人才培养目标中的大多数子目标，以及大多数产出类发展目标，如物流量目标、物流产值目标、物流就业目标、物流成本目标等应更多地依赖于诱导性措施。为此，应该制定各种鼓励或者奖励政策，以诱导微观主体来实现上述发展目标而进行积极努力。

另外，对一些具有正外部性效果的发展目标，或者个别物流主体想为而不能为的一些发展目标，除采取强制性措施外，还应更多地依赖服务性措施，如区域政府直接投资建设关键性的物流基础设施、物流信息平台；区域政府向微观物流主体提供物流领域的科技、金融、信息、人才培养与中介等各种资讯与服务。

3. 区域物流发展的性质

区域物流规划是一项具有综合性、区域性、战略性和政策性的规划工作。

（1）综合性。区域物流规划是一项内容复杂的，动态变化的综合性工作，涉及地区经济发展水平、人民生活状况、交通基础设施建设和信息网络建设等各个方面，要从区内和区外，近期和远期对区域物流的辐射范围、功能定位等进行规划，其影响因素众多、情况复杂，需要综合平衡。

(2) 战略性。区域物流规划工作具有战略性，其重点是与社会经济发展、人民生活密切相关的，带有全局性和长远性的物流发展战略部署，是区域物流基础设施建设的基础，是物流企业发展的总纲领。因此，科学的和有远见的区域物流规划，可以避免低效率的简单建设和不必要的重复建设，可以合理安排物流基础设施的有序建设和对物流企业的统一管理，从而对区域建设的全局和各个组成部门带来巨大的社会、经济和生态效益。

(3) 区域性。区域物流规划还是一项区域性很强的工作。由于物流发展水平与区域的经济发展水平密切相关，各个区域具有不同的背景、基础和条件，所以不同地区的物流发展规划必须从自身特征出发，视地区情况而定，必须遵循因地制宜的原则。

(4) 政策性。区域物流规划还是一项政策性很强的规划工作，除了涉及各种技术和经济政策外还涉及了大量的政策问题，需在规划阶段搞好相关部门的协调工作。

2.4.3 区域物流规划的过程

进行区域物流规划是一项综合且复杂的工作，结合区域物流的概念和需要规划的内容，大致可以遵循以下步骤来进行区域物流规划。

(1) 组建区域物流规划小组或者委员会。这是进行区域物流规划的第一步。区域物流规划小组既可以由区域自身组织而成，也可以委托外部专业机构。不论是自组织还是委托外部专业机构，规划小组的成员必须包括各方面的专家及实际工作者，在规划人员中至少要有交通、城市规划、物流或流通、金融、财务等方面的专家与实际经验者。

(2) 收集基础资料，并进行必要的实地调查。基础资料包括区域及其相关区域(全国或有关国家和地区)经济与社会发展的统计资料、城市规划资料，以及物流及其相关方面的统计资料。同时，要对区域内大型物流基础设施，物流网点、典型企业(生产企业，流通企业与专业化物流企业)进行实地调查，以获得第一手资料。

(3) 数据处理与分析。使用必要的统计分析方法与数据处理方法，对各种数据进行分类、统计与分析，从而得出初步的数据结论。

(4) 进行区域物流发展的战略定位。通过对数据的动态分析可以发现各种规划要素的变动趋势，据此预测未来的走向；横向比较，即将各种规划要素的数据与可比区域的相关数据进行比较。根据动态分析与横向比较的结果确定区域物流发展的战略定位并使之具体化。

(5) 制定各种发展目标。根据战略定位及前述的数据分析结果，制定具体的区域物流发展目标，包括目标实现的阶段或者时间期限。

(6) 提出措施。根据区域物流发展目标，提出相应的实现目标的各种措施，措施与目标最好一一对应。

(7) 整理、归纳规划内容，行程规划草案。规划草案要做到概念准确、结构严谨、言简意赅、图文并茂、论据充分、结论科学。

(8) 召开各种形式的研讨会，征求各方意见。规划草案必须广泛听取各方意见，特别是较大的区域物流发展规划，更要反复征求意见，以使规划更加完善和科学。

(9) 完成区域规划方案。在充分听取并借鉴各方面的意见的基础上，对规划草案进行最终调整与修改，完成规划方案或报告。

为了使区域物流发展规划更加科学，除按上述步骤进行规划外，还可以使用其他科学的、适用的规划方法。在区域物流规划中常用的方法主要有：统计分析法、线性规划法、图上作业法、表上作业法等。

2.4.4 区域物流规划的目标

除了区域物流发展的战略定位以外，区域物流发展目标也是区域物流规划的重要内容，而且是区域物流规划的核心内容。区域物流发展目标是区域物流发展战略定位的体现，也是区域物流发展的具体方向。因此，区域物流发展目标的制定必须做到全面、系统，并符合区域物流发展的战略定位，不偏离总的指引方向。应该指出的是，区域物流发展的目标不仅仅是体现在一系列的数量指标上，而且要体现在质量指标上，如在规划过程中的物流基础设施、物流网点时，不仅要设计物流基础设施、物流网点的数量问题，还要涉及它们的功能设计和空间布局问题，区域物流发展目标主要包括资源类目标和产出类目标。

(1) 资源类目标。主要包括：区域物流基础设施发展目标、物流网点发展目标、物流设施与工具发展目标、物流科技发展目标、物流信息化发展目标、物流人才培养目标等。

其中，物流基础设施发展目标又可进一步分为铁路、公路、航运、管道等各种物流线路的长度、等级、空间布局目标；物流网点发展目标包括大型仓库、物流中心、配送中心或流通加工中心等的数量、作业能力、空间布局等目标；物流设备与工具发展目标包括大型物流设备与工具（如机车、车辆、船舶、集装箱、货运汽车、装卸搬运设备与工具、包装设备与工具、仓库设备和工具等）的技术水平、标准化程度、作业效率、更新速度目标；物流科技化发展目标包括物流科技开发机构、人员、科技开发成果及其应用目标；物流信息化发展目标包括物流信息平台的规模、功能、效率，以及计算机应用与普及率、电子数据交换系统的建设与应用、企业物流信息系统的开发与应用等目标。

(2) 产出类目标。主要包括：物流量目标、物流产值目标、物流就业目标、物流成本目标、物流产业化目标、物流环境目标等。

其中，物流量目标可以进一步分解为各种物流方式的货运量与货物周转量及其内部构成、增长率，以及区域物流量在区域物流、全国乃至跨国区域或者全球物流中的占有率目标等；物流产值目标包括区域物流产值规模、增长率、占 GDP 的比重，以及区域物流产值占有率等；物流就业目标包括区域物流就业总规模、增长率、占全部就业量的比重，以及区域物流就业量占有率等；物流成本目标包括区域物流总成本与下降率、占 GDP 的比重等；物流产业化目标包括区域内专业化物流企业的发展规模、结构，以及区域物流的专业化与市场化比率等；物流环境目标包括物流废弃物，例如废气、废水、废物等的排放量及其回收处理率等。

本章小结

物流规划是在一定系统范围内对整个物流体系建设进行总体的战略部署，具有战略性、前瞻性、动态性和综合性的特性。物流规划有物流战略规划、物流系统空间布局规划、物流信息平台规划和物流运营管理体系规划等组成。物流规划的基本过程包括评估客户需求及潜在目标市场的识别、目标市场的评估和选择、制定物流系统的目标和战略、识别和评估备选物流系统的结构和选择物流系统结构。企业物流规划是企业为实现长期经营目标，适应经营环境变化而制定的一种具有指导性的经营规划。区域物流规划是宏观层面的物流规划，是区域物流发展的蓝图，也是区域物流发展的行动指南。同时，区域物流规划是一项具有高度的综合性、很强的区域性、突出的战略性和相当的政策性的规划工作。

 关键术语

(1) 物流规划　　　　(2) 物流战略规划　　　(3) 物流信息平台规划
(4) 系统空间布局规划　(5) 区域物流规划　　　(6) 企业物流规划

习 题

1. 选择题

(1) 在物流规划中，(　　)是物流规划直接的制定基础和重要的前提条件。
A. 服务水平条件　　　　　　　B. 物流需求
C. 区域经济发展条件　　　　　D. 人才和技术
(2) 物流战略规划是以(　　)为基础设计。
A. 部门目标　　B. 区域发展目标　　C. 公司战略目标　　D. 国家政策
(3) 物流信息平台的建设主要包括(　　)个层面的建设。
A. 1　　　　　B. 2　　　　　C. 3　　　　　D. 4
(4) 物流规划过程的第一步是(　　)。
A. 评估客户需求　　　　　　　B. 目标市场的评估和选择
C. 制定物流系统的目标和战略　D. 选择物流系统的结构
(5) 企业物流规划的首要任务是(　　)。
A. 物流服务网络设计　　　　　B. 物流信息系统的规划设计
C. 库存战略和运输战略　　　　D. 设定客户服务水平和服务成本
(6) 企业物流规划围绕三个战略目标而展开，其中不包含(　　)。
A. 降低经营成本　　　　　　　B. 减少投资金额
C. 加快信息建设　　　　　　　D. 改进客户服务

(7) 以下（　　）不属于区域物流规划的三个层次。
A. 区域物流总体规划　　　　　　B. 城市物流规划
C. 企业物流规划　　　　　　　　D. 物流园区规划

(8) 各微观物流主体必须执行的措施，这类措施主要是各种法律，这属于区域物流发展的（　　）措施。
A. 激励性　　　　B. 诱导性　　　　C. 目标性　　　　D. 强制性

2. 简答题

(1) 简述物流规划的特性。
(2) 物流规划应该遵循哪些基本原则？
(3) 制定物流规划时应该着重考虑哪些条件？
(4) 简述物流规划中主要包括的 4 个方面的内容。
(5) 企业物流规划的基本内容有哪些？
(6) 简述企业物流规划的 5 个层次。
(7) 区域物流规划的重要性体现在哪几个方面？
(8) 区域物流规划的产出类目标有哪些？

3. 判断题

(1) 物流规划具有战略性、前瞻性、动态性和综合性。　　　　　　　　　　　　（　　）
(2) 物流战略规划的主要内容包括公司盈利、设施选址、运输战略和库存战略。
　　　　　　　　　　　　　　　　　　　　　　　　　　　　　　　　　　（　　）
(3) 物流中心信息平台整合的是社会物流资源，为物流中心内的企业提供信息共享和增值物流服务，实现物流园区内企业间的信息共享。　　　　　　　　　　　　　（　　）
(4) 企业识别和评估备选物流系统的结构时可以采用内部执行和外部执行两种方式。
　　　　　　　　　　　　　　　　　　　　　　　　　　　　　　　　　　（　　）
(5) 企业规划可分为三个层次：公司级规划、部门级规划和职员级规划。　（　　）
(6) 实践中，需要根据企业的不同特点、市场定位和企业战略发展要求，灵活地采用不同目标物流战略，但在总体企业物流规划的战略目标确定上，可以采用系统的设计方法。
　　　　　　　　　　　　　　　　　　　　　　　　　　　　　　　　　　（　　）
(7) 区域物流基础设施发展目标、物流网点发展目标、物流设施与工具发展目标、物流科技发展目标等属于区域物流发展的产出类目标。　　　　　　　　　　　（　　）
(8) 统计分析法、线性规划法、图上作业法、表上作业法、重心中心选址法等是区域物流规划中常用的方法。　　　　　　　　　　　　　　　　　　　　　　　（　　）

4. 思考题

(1) 物流规划中涉及的领域有哪些？并简述这些领域对物流规划的影响。
(2) 对我国物流企业规划的道路有哪些建议？
(3) 区域物流规划的重要性体现在哪几个方面？
(4) 企业物流规划的基本内容有哪些？

欧舒丹公司打造新型配送中心战略[1]

佐治亚理工学院的物流研究机构（www.gatech.edu）最近做了一项调查，就仓储设施的改造问题对 200 名仓库主管进行了意向调查。根据调查结果显示，200 名被调查者中 31% 表示想要升高仓库高度，30% 想要拓展仓库宽度，25% 想要增加仓库长度；另外，58% 的被调查者希望设置更多仓库的通道口。显而易见，大家都想获得更大的空间和更佳的运作效率。由于被调查者所管理的仓库中，约 2/3 都是在 10 万平方英尺（1 英尺＝0.304 8 米）或以下的，所以出现这样的调查结果也是可以理解的。可以想象，人们通常关注的焦点都是那些上百万平方英尺的高级仓库，但是对于绝大多数处于平均水平的配送中心来说，它们毕竟占少数。（根据佐治亚理工学院的调查，仓库面积的平均水平线是 15 万平方英尺。）

所以，让我们更多关注一下那些处于中等水平的仓库。据欧舒丹（L'Occitane）公司 (www.usa.loccitane.com) 供应链执行副总裁 Chris Halkyard 介绍，欧舒丹公司发展速度很快，年销售增幅达 25%～30%，每年新增 20～30 个零售店。但是，与此不相称的是，公司只在东海岸地区设有一个面积仅为 66 000 平方英尺的配送中心。然而目前，欧舒丹公司在美国西海岸地区市场的发展态势同样迅猛。供应链管理战略的实施对公司的快速发展具有很大的促进作用。据 Chris Halkyard 透露，2004 年年初他进入这家公司的时候，公司在美国只有 85 家零售商店。而仅仅一年半的时间，该数字就升至 135 家，而且至今扩张速度丝毫仍未减慢。随着当今市场呈现小批量、高频次、多样化的需求特征，欧舒丹公司的物流网络和配送业务势必要接受严峻的挑战。Chris Halkyard 带领他的团队在不影响公司日常业务的前提下，成功地对公司配送中心的结构进行了改造。

Halkyard 指出，当欧舒丹公司只有 30 家商店的时候，日常工作任务只凭人工即可很好地完成。2013 年年初，公司采用华拓公司（Adonix，公司网址 www.adonix.com）开发的仓库管理系统，实施了射频识别的分拣和包装方式，同时增加了数据采集器和便携数据终端。一旦完善了仓库管理系统，工人掌握了新的技术，巨大的变化就会显现出来。配送中心作为一个基础的分拣包装场所，按照商店的订购将物品放到托盘上，再根据商店制定的交货时间，将这些托盘都放在待处理区域，等待运送。

实际的分拣过程是这样的：按照订单的要求，用手推车在配送中心内装上足量的纸箱，然后对之进行分拣，将纸箱送到指定的包装区，装入泡沫包装，手工封合纸箱，写上地址，印上承运商的标签。

收货的过程也是很基础的。但是，从法国普罗斯旺（Provence）的工厂运来的货物都是散装的。如果没有仓库管理系统，那么所有的仓储工作都要手工完成。Halkyard 开玩笑说："如果这种事情发生在中世纪，那工作量一定是难以想象的。"

租金占到了供应链所有成本的近 40%，所以 Halkyard 期望通过自动操作系统能够来扩展一部分仓库空间，特别是地面上用于存放托盘近 30% 的空间。

---

[1] 物流天下. http://www.56885.net/news/201352/349541.html.

第一步是在运输流程中实现的。Halkyard 准备开始采用流动性的载运设备，其中包括两方面：一方面，启用自动传送设备；另一方面，是与物流公司联合，给超负荷的拖车系统减压。Halkyard 决定与 Stonepath 物流公司（www.stonepath.com）合作，这家第三方物流公司有两套先进的设备正好可以解决欧舒丹零售店的货物运输问题。无论是运送到 Elizabeth, N.J. 还是运送到底特律的货物，都是由 Stonepath 统一进行仓储、分拣，最后统一配送。

流程再造最关键的一点是改造计划必须和零售店现行计划完美地结合起来，Halkyard 表示不能因此影响零售店已经建立起来的配送计划。另一个重要的目标是节省成本。第三方物流公司可以通过大批量地运送货物提高实载率，这样公司在运输和分拣过程中的成本就降低了。

下一步就是重新调整欧舒丹公司面积 66 000 平方英尺仓库内现行的配送业务流程。Halkyard 表示："我们已经争取使整个仓库面积的 90% 都得到了有效的运转。"新设计注重从接货一直到分拣和包装的流程。Halkyard 还增加了流程中的信息传达，由此指令就可以从分拣区传达到包装区，在包装区安装的现场发泡包装工具（Insta-pak），用来取代手工式的纸箱包装。自动的封口机器也同样取代了手工操作。在整个操作流程的最后，货物纸板箱上会贴有一张载货单。货物一经扫描，一张准确记述货物品类、数量和包装的载货单就会印制在相应的货物上。

Halkyard 还与 SJF Material Handling 公司（www.sjf.com）合作，借鉴有关搬运、货架和物料输送设备方面的技术。SJF 公司提供他们替换、更新和再造的设备。用这样替换下来的操作设备和购买新设备相比可以节省三分之二的开支。

在配送中心关门安装新系统和重新规划前一天，Halkyard 必须确保存储的货物安全。在与分配的小组的合作中，Halkyard 让他们做了一项巨大的整理工作，统计了销路最好的产品。然后取消了接下来一个礼拜中的所有配送工作。

作为调整的一部分，欧舒丹公司进行了全面的实地盘存。货物清点后就被放在固定的地方。对于一个运行了这么长时间的手工系统来说，Halkyard 表示这样的库存就已经非常不错了。最艰难的事情就是熟悉新的货物摆放位置。对于配送中心的老员工来说，他们已经不用细想就知道货物摆放在什么位置。然而现在他们需要适应全新的货物位置。仓库管理系统和扫描装置在保持货物整齐性方面有很大贡献。如果一个工人扫描错了位置，那么系统会提示"出错"。

实际的系统测试马上就开始了。大家形成了一个不成文的规定，要在七月份前完成所有的工作。

欧舒丹公司的配送中心已经完成了全面的结构调整和设备安装，为高峰期的到来提供了准备。Halkyard 说："所有工作都要在 12 月的第二个星期前到位。"在高峰期，配送中心预计每天要处理 10 万件货物。而且能有效避免拥挤。

配送中心新开张第一天是在中午，在短短 4 个半小时内就处理了 39 000 件货物，超过了高峰时期目标的三分之一，分拣能力提高了 30%。

Halkyard 并没有期望通过取消手工分拣来提高生产率，只是希望通过全面的改革，使整个的供应链成本在总的销售成本中减少 1.5%~2%。如果还有潜力，预计在未来的两年内配送中心将会成为企业发展的关键。届时，欧舒丹公司在美国西部的发展需要的又将是一套不同的发展策略，对此，Halkyard 将会有充裕的时间为此做打算。

讨论题

（1）根据多项调查显示：大多数配送专家都倾向于在空间各个维度上提升仓库的等级。但是，如果你既没有强大的实力新建一个大型配送中心，也没有实力改善现存的仓储设施设备水平，面对这样的情况，你该怎么办呢？

（2）通过本案例，你对物流规划在企业发展中的作用有什么认识？

（3）通过本案例，你认为企业物流规划需要考虑哪些问题？

第3章　物流功能管理

【本章教学要点】

知识要点	掌握程度	相关知识	应用方向
运输的概念、功能和方式	重点掌握	运输的两项功能，运输的5种方式的特点及相互比较	掌握有关运输的功能、方式及合理化措施，进而进行合理化决策
运输合理化影响因素及有效措施	了解	运输合理化影响因素，运输合理化措施	
仓储管理的概念，仓储的管理内容	掌握	仓储的概念，仓储的6项管理内容，仓储管理的3个特点	掌握仓储管理的内容，仓储分类、功能及合理化，进行最优仓储规划决策
仓储的分类和功能，仓储合理化	掌握	仓储的功能、分类，仓储合理化的主要内容，合理化标志	
包装的含义，包装的标准化	了解	包装的含义，包装标准化的6项主要内容	了解相关包装知识，有效地提高包装效果，提升产品质量
包装的功能和分类	掌握	包装的功能，包装的分类	
流通加工的概念，合理化措施	了解	流通加工的概念，5种合理化措施	流通加工的合理化可以节约成本，提高企业利润
流通加工的作用和类型	掌握	流通加工与生产加工的区别，流通加工6项作用，7种类型	
配送概述，配送类型及运作模式	掌握	配送的3个特点，6项作用，5种类型，4种模式	配送及配送中心的掌握，提高配送的效率，节约成本
配送中心	重点掌握	配送中心的3种分类，6种功能	
装卸搬运概述	了解	装卸搬运的概念和3大特点	装卸搬运合理化措施，有效提高运输效率，提升企业效益
装卸搬运的合理化	掌握	装卸搬运5种合理化措施	

国美电器的物流系统[①]

国美,一个家喻户晓、在家电价格大战中脱颖而出的名字,仅仅用了13年,就从街边一家小店发展成为在北京、天津、上海、成都、重庆、河北六地拥有40家大型家用电器专营连锁超市的大公司,从一个毫无名气、只经营电视机的小门脸,发展到如今专门经营进口与国产名优品牌的家用电器、计算机、通信产品及发烧音响器材,影响辐射全国的著名电器连锁企业。2012年,国美凭借连番降价打破国内九大彩电厂商的价格联盟,相继抛出千万元与上亿元家电订单等,使自己声誉更隆,以至经济学家惊呼"商业资本"重新抬头,开始研究近乎商界神话的"国美现象"。日益强大的国美也加快了奋进的脚步,提出了建立全国性最大家电连锁超市体系的发展目标。国美电器凭借什么实现其宏伟蓝图? 支持国美高速扩张的物流系统是如何运作的?

从供应链的角度来看,国美的物流系统可分为三部分:采购、配送和销售,其中的核心环节是销售。正是在薄利多销、优质低价、引导消费、服务争先等经营理念的指引下,依托连锁经营搭建起来的庞大的销售网络,国美在全国家电产品销售中力拨头筹,把对手远远抛在身后。凭借较大份额的市场占有率,国美与生产厂家建立起良好的合作关系,创建了承诺经销这一新型供销模式,以大规模集团采购掌握了主动权,大大增强采购能力,能以较低的价格拿到满意的商品,反过来支撑了销售。而适应连锁超市需要的仓储与配送系统建设合理,管理严格,成为国美这一销售巨人永葆活力的血脉,使国美能在市场上叱咤风云。正是因为国美供应链系统中,销售、采购、配送三大环节以合理的结构与定位相互促进,成就了国美电器今日的辉煌。

1. 销售是国美物流系统的关键

1987年1月,国美在北京珠市口繁华的大街边开张,经营进口家电。谁也没有想到,当时仅有100平方米毫不起眼的小店,会发展成为全国家电连锁销售企业的龙头。如今,国美年销售额供销商层层加价转给下一层零销商,是司空见惯的商业现象。而国美意识到,企业要想发展,必须建立自己的供销模式,摆脱中间商的环节,直接与生产商贸易,把市场营销主动权控制在自己手中。为此,国美经过慎重思考和精心论证,果断决定以承诺销量取代代销形式。他们与多家生产厂家达成协议,厂家给国美优惠政策和优惠价格,而国美则承担经销的责任,而且必须保证生产厂家产品相当大的销售量。

承诺销量风险极高,但国美变压力为动力,他们将厂家的价格优惠转化为自身销售上的优势,以较低价格占领了市场。销路畅通,与生产商的合作关系更为紧密,采购的产品成本比其他零售商低很多,为销售铺平了道路。

2. 统一采购,优势明显

国美刚成立时,断货现象时有发生,经常是店里摆着空的包装箱权充产品。如今,随着连锁经营网络的逐渐扩大,规模效益越来越突出,给采购带来许多优势。

(1) 统一采购,降低进价。国美几十家连锁店都由总部统一进行采购,门店每天都将要货与销售情况上报分部,分部再将各门店信息汇总分销的优势直接转变为价格优势,国美远远超过一般零售商的采购量,使其能以比其他商家低很多的价格拿到商品。

[①] 百分百物流网. http://info.bfb56.com/news/71681.html.

(2) 谈判能力增强。凭借遍布全国的销售网点和超强的销售能力,任何上游生产厂家都不敢轻易得罪国美,唯恐失去国美就会失去大块市场。因此,在与厂家谈判时,国美掌握了主动权。

(3) 通过信息沟通保持与厂商友好关系。国美与厂商相互信任,友好合作,共同发展,确保了所采购商品及时供应,及时补货,商品销售不断档。

讨论题

(1) 根据案例分析国美物流管理的优势有哪些。
(2) 简要分析销售与采购在物流系统中的作用。
(3) 分析国美电器物流系统中涉及哪些物流功能,分别有什么作用。

物流管理中的功能包括运输管理、仓储管理、包装管理、流通加工、配送管理和装卸搬运等,本章对这些功能分别加以介绍。

3.1 运输管理

随着科技的进步和物流管理水平的提高,现代物流管理中通过储存创造物品时间效用的功能正在弱化,而且合理的组织运输,对这种弱化趋势起到了促进作用,使得运输管理在物流系统中的重要地位愈加凸显,发挥的作用也更大,人们也越来越关注运输管理问题。通过合理的组织运输管理来降低物流成本已成为现代物流研究的重要内容。

3.1.1 运输概述

运输是指人或者货物通过运输工具经由运输网络,由甲地移动到乙地,完成某个经济目的的行为。简单地说,运输是在一定范围内人与物的空间位移。运输和搬运的主要区别在于,运输是对"货物"进行的较大范围的空间移动,而搬运是对"货物"进行的较小范围的空间移动。

运输既是物质实体的有用性得以实现的媒介,也是一种新的价值——场所价值的创造过程。从社会经济活动的角度讲,运输缩小了物质交流的空间,扩大了社会经济活动的范围,并实现了在此范围内价值的平均化和合理化。运输解决了物资生产与消费在地域上的不同步性的矛盾,具有扩大市场、扩大流通范围、稳定价格、促进社会生产分工等经济功能,对拉动现代生产与消费、发展经济、提高国民生活水平起到积极作用。因此,运输是国民经济的命脉,是整个社会经济活动的基础。生产的社会化程度越高,商品经济越发达,生产对流通的依赖越大,运输的作用也越大。而在物流体系的所有动态功能中,运输功能亦当之无愧地处于核心地位。

3.1.2 运输的功能

运输的功能主要体现在实现物质实体的转移和储存两个方面。

1. **产品转移**

无论产品处于哪种形式,是材料、零部件、装配件、在制品,还是制成品,也不管是在制造过程中将被转移到下一阶段,还是更接近最终的顾客,运输都是必不可少的。运输的主要功能就是产品在价值链中的来回移动。既然运输利用的是时间资源、财务资源和环境资源,那么,只有当它确实提高产品价值时,该产品的移动才是重要的。

运输之所以涉及利用时间资源,是因为产品在运输过程中是难以存取的。这种产品通常是指转移中的存货,是各种供应链战略,如准时化和快速响应等业务所要考虑的一个因素,以减少制造和配送中心的存货。运输之所以要使用财务资源,是因为产生于驾驶员劳动报酬、运输工具的运行费用,以及一般杂费和行政管理费用分摊。此外,还要考虑因产品灭失损坏而必须弥补的费用。运输直接和间接地使用环境资源。在直接使用方面,运输是能源的主要消费者之一;在间接使用环境资源方面,由于运输造成拥挤、空气污染和噪声污染而产生环境费用。

运输的主要目的就是要以最低的时间、财务和环境资源成本,将产品从原产地转移到规定地点。

2. 产品储存

如果转移中的产品需要储存,且在短时间内又将重新转移,而卸货和装货的成本费用也许会超过储存在运输工具中的费用,这时,可将运输工具作为暂时的储存场所。所以,运输也具有临时的储存功能。通常以下几种情况需要将运输工具作为临时储存场所:一是货物处于转移中,运输的目的地发生改变时,产品需要临时储存,这时,采取改道则是产品短时储存的一种方法;二是起始地或目的地仓库储存能力有限的情况下,将货物装上运输工具,采用迂回线路运往目的地。诚然,用运输工具储存货物可能是昂贵的,但如果综合考虑总成本,包括运输途中的装卸成本、储存能力的限制、装卸的损耗或延长时间等,那么,选择运输工具作短时储存往往是合理的,有时甚至是必要的。

商品运输工作,要遵循及时、经济准确、安全的原则,做到加速商品流通,降低商品流通费用,提高货运质量,多快好省地完成商品运输任务。

(1) 及时。及时就是要求按照客户需要的时间把商品运往消费地,不失时机地满足市场和消费者的需要。缩短流通时间的手段是改善交通。

(2) 经济。经济就是以最经济的方法调运商品,降低运输成本。降低运输成本的主要方法是节约运输费用。节约运输费用的主要途径则是开展合理运输,即选择最经济合理的运输路线和运输方法,尽可能地减少运输环节、缩短运输里程,力求花最少的费用,把商品运到消费地。此外,还应提高部门运输设备和运输工具的利用率,加强对运输设备和运输工具保养,提高劳动生产率,从而取得更大的经济效益。

(3) 准确。准确就是要防止发生差错事故,保证在整个运输过程中,把商品准确无误地送到消费者手中。准确无误地发运和接运商品,降低差错事故率,是运输工作中需要认真注意的一个方面。

(4) 安全。商品在运输中的安全,一是要注意在运输、装卸过程中的震动和冲击等外力的作用,防止商品的破损;二是要防止商品由物理、化学或生物学变化等自然原因所引起的商品减量和商品变质。尤其对石油、化学危险品、鲜活、易腐、易碎流质等商品,加强运输安全十分重要。

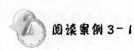

国外粮食集装箱运输现状

在较发达国家,粮食集装箱运输呈现出迅速上升的趋势。加拿大和美国应用集装箱装运粮食近几年才得到发展,对于一些需求量小的客户,除了以"四散"方式流通外,开始改为采用集装箱运输。

1. 美国

根据 USDA(United States Department of Agriculture)的 GTP(Grain Transportation Report)数据显示,2008 年集装箱运输的出口粮食占美国出口粮食总量的 6%,运到亚洲的粮食集装箱运输量占美国出口到亚洲粮食总量的 9%,这些集装箱主要运往中国、印度、日本、马来西亚、越南、韩国、泰国等。根据海港进出口信息服务的数据显示,2007 年美国集装箱出口占粮食总出口量的 5%,2011 年攀升至 7%,美国 2012 年全年的农产品集装箱运输超过 50 万 TEU。并且,通过数据趋势可见,通过集装箱运输粮食的趋势在回暖。应该说仍具有很大的粮食运量是通过集装箱运输的。

2. 加拿大

2008 年秋天加拿大鲁伯特王子港(Prince Rupert)集装箱码头建成,该码头为出口粮食到亚洲提供了更快更短的路线。在全球市场需求的多样化刺激下,加拿大小麦局决定用集装箱运输粮食,这样流通能力可以增加 1 倍。在加拿大,油菜籽、啤酒和大麦等粮食通过集装箱运输出口,占粮食出口的 5%。据预测,由于集装箱储运条件的不断改善,到 2025 年,加拿大粮食集装箱运输量占粮食总运量的比重将是目前的两倍。

3. 巴西

巴西是世界上最大的咖啡出口国。巴西的咖啡出口主要通过集装箱运输。集装箱运输体积小、灵活性强,因此巴西的集装箱运输趋势也在提高。

发达国家在粮食运输方面走的是包粮流通—散粮流通—集装箱运输的模式,结合我国的具体国情,发展有中国特色的粮食物流系统:散粮流通系统适合大宗粮食的运输,而集装箱则适合多品种、小批量粮食的运输,而且包粮流通系统改为散粮流通系统需要巨额投资,粮食集装箱运输只要在包粮流通或散粮流通的基础上稍加改造就可以运营。因此,我国更应该在发展散粮流通系统、合理利用包粮流通系统的同时,大力发展粮食的集装箱运输,形成三者互补的、合理的粮食物流系统。

资料来源:百分百物流网. http://info.bfb56.com/news/70403.html.

3.1.3 运输方式

1. 运输方式的分类与特点

(1) 公路运输:从广义来说,公路运输是指利用一定载运工具沿公路实现旅客或货物空间位移的过程;从狭义来说,公路运输即指汽车运输。物流运输中的公路运输是专指汽车货物运输。

按托运量大小不同可分为整车运输和零担运输。凡托运方一次托运货物在 3 吨及 3 吨以上的为整车运输,其货物通常有煤炭、粮食、木材、钢材、矿石、建筑材料等;凡托运方一次托运不足 3 吨者为零担运输,适合商品流通中繁杂、量少批多、价高贵重、时间紧迫情况下的运输。按运输的组织特征不同可分为集装化运输和联合运输。集装化运输也称成组运输或规格化运输,它是以集装单元作为运输的单位,保证货物在整个运输过程中不致损失,而且便于使用机械装卸搬运的一种货运方式;联合运输就是两个或两个以上的运输企业,根据同一种运输计划,遵守共同的联运规章或签订的协议,使用共同的运输票据或通过代办业务,组织两种或两种以上的运输工具,相互接力,联合实现货物的全程运输。

(2) 铁路运输:是指在铁路上以车辆编组成列车载运货物,由机车牵引的一种运输方式。它主要承担长距离、大批量的货物运输,是我国现代最主要的货物运输方式之一,具有昼夜不间断、全天候作业的特点,铁路运输系统技术基础设施主要由线路、机车辆、信号设备和车站四部分组成。

铁路运输可分为车皮运输和集装箱运输两种类型。车皮运输是指适合货物数量和形状的车皮所进行的铁路运输方式,这种方式适合运送大宗货物,主要用来运送煤炭、水泥、石灰等无须承担高额运费的大宗货物;集装箱运输是指铁路和公路联运的一种复合型直达运输,其特征是送货到门,可由托运人的工厂和仓库直达收货人的工厂或仓库,适合于化工产品、食品、农产品等多种货物的运输。

(3) 水路运输:是指利用船舶、排筏和其他浮运工具,在江、河、湖泊、人工、水道,以及海洋上运送旅客和货物的一种运输方式。水路运输按其航行的区域不同,大体上可分为远洋运输、沿海运输和内河运输三种类型。远洋运输是指除沿海运输以外所有的海上运输,在实际工作中又有"远洋"和"近洋"之分,沿海运输是指利用船舶在我国沿海区域各港口之间的运输;内河运输是指利用船舶、排筏和其他浮运工具,在江河、湖泊、水库及人工水道上从事的运输。

(4) 航空运输:是指使用飞机或其他航空器进行运输的一种形式。主要适合运载两类货物:一是价值高、运费承担能力很强的货物;二是紧急需要的物资。主要包括班机、包机、集中托运三种运输方式。

(5) 管道运输:是指利用管道输送气体、液体和固体料浆的一种运输方式。

合理的交通运输方式选择见表 3-1。

表 3-1 合理的交通运输方式的选择

方　式	适宜运输的货物
公路运输	煤炭、粮食、木材、钢材、矿石、建筑材料等
铁路运输	大宗、笨重、长途运输,如矿产、金属、畜牧等工农业原料及产品
水路运输	大宗、远程、时间要求不高的货物等
航空运输	急需、贵重、数量不大的物品
管道运输	主要是原油和成品油、天然气、煤浆及其他矿浆

五种现代交通运输方式比较见表3-2。

表3-2 五种现代交通运输方式比较

方 式	优 点	缺 点
公路运输	机动灵活，装卸方便，对各种自然条件适应性强	运量小，耗能多，成本高，运费高
铁路运输	运量大，速度快，运费低，受自然因素影响小	造价高，短途运输成本高
水路运输	运量大，投资少，成本低	速度慢，灵活性、连续性差，受自然条件影响大
航空运输	速度快，运输效率高	运量小，耗能大，运费高，设备投资大，技术要求严格
管道运输	运具和线路合二为一，运量大，损耗小，安全性高	设备投资差，灵活性差

3.1.4 运输合理化

物流合理化是物流系统化的重要内容，它可以理解为物流活动的成本、效率、效益、服务质量方面尽可能的最优化。由于运输是物流中最重要的功能要素之一，因此物流合理化在很大程度上依赖于运输合理化。

1. 影响运输合理化的主要因素

（1）运输距离。在运输过程中运输时间的长短、运费是否合理，运输货物有无损坏及损失、车辆周转次数等情况下的技术经济指标，都与运输距离有一定的比例关系。因此，在组织运输物品时应尽可能实现运输路径最优化。运输距离的长短是影响运输合理化的最基本因素。

（2）运输环节。运输环节越多，表明装卸搬运作业的次数也就越多，同时货损率也会增大，严重影响了运输速度，增加了运费的支出，严重时可能会导致货损率赔偿费用。因此，在合理化运输过程中应尽量减少运输环节。

（3）运输时间。运输是整个物流环节中最重要同时也是最耗时的环节，它不同于仓储和包装，它是实现物品空间位置的转移，在物品运输过程中将伴随着装卸搬运、流通加工等环节。此外，运输时间短，有利于运输工具加速周转，充分发挥运力的作用，有利于货主的资金周转，有利于运输路线通过能力的提高，可见，缩短运输时间就是缩短物流时间，就是降低物流成本，对于运输合理化有很大的贡献。

（4）运输工具。各种运输工具都有其优势的领域，合理化选择运输工具，按照运输工具特点进行装卸搬运作业，发挥运输工具的优势功能。同时，运输工具受运输方式及货物要求的影响。如：价值高、质量要求严的货物采用空运，大批量货物采用火车运输等。

（5）运输费用。运费在全部物流费用中占很大的比例，运费的高低也将掌握着物流的存亡，是提高整个物流系统竞争的核心。实际上，运输费用的降低，无论对货主企业还是对物流经营企业来讲，都是运输合理化的一个重要目标。运费的高低也是各种合理化措施是否行之有效的最终判断依据之一。

2. 选择合理有效的措施

(1) 合理选择运输方式。运输方式都有自己的优势和劣势。特点不同、使用范围不同就直接导致选择时应综合对其进行比较分析。我们可通过对货物的运输要求及品质特征等进行分析选择运输方式，如价格、安全性及运输时间。

(2) 合理选择运输工具。商品的性质、数量的不同对运输工具的要求也不同，如有些对温度、湿度、易碎、易变质商品的运输。一般来说，应考虑几点：货物的特点、性质，运输速度和路程，运输能力和密度，运输费用。

(3) 正确选择运输路线。尽量选择直达运输路线，以最快运输速度最短时间，也可合理安排循环运输。总之，以最短路线完成运输任务。

(4) 合理利用运输能力。如在能源动力允许情况下，火车可以多加车厢，汽车挂车等来增加运输能力，同时节省了原料的耗费、劳动力的投入等。降低了单位货物的运输成本。例如，沃尔玛使用一个有16米加长货柜的尽可能大的卡车，比集装箱运输卡车更长或更高，把卡车装得非常满，产品从车厢的底部一直装到顶部，增加了运力，减少了司机的投入。

(5) 通过流通加工，使得运输合理化。有些产品由于本身产品性质的问题，很难实现运输合理化。如果进行适当加工，就能有效解决运输合理化问题，如轻泡产品捆紧包装就容易提高装载量。

3.2 仓储管理

3.2.1 仓储概述

1. 仓储的概念

仓储是指通过仓库对商品进行储存和保管。它随着商品储存的产品而产生，又随着生产力的发展而发展。仓储是商品流通的重要环节之一，也是物流活动的重要支柱，在社会分工和专业化生产的条件下，为保持社会再生产过程的顺利进行，必须储存一定量的商品，以满足一定时间内社会生产和消费的需要。

仓储形式是社会产品出现剩余和产品流通的需要，当产品不能被及时消耗掉，需要专门的场所存放时，就产生了静态的仓储；而将物品存入仓库及对于存放在仓库里的物品进行保管、控制、提供使用等的管理，便形成了动态仓储。仓储是对有型物品提供存放场所、物品存取过程和对存放物品的保管、控制等过程。仓储的性质可以归结为：仓储是物质产品的生产持续过程，物质的仓储也创造着产品的价值；仓储既包含静态的物品储存，也包含动态的物品存取、保管、控制的过程；仓储活动发生在仓库等特定的场所；仓储的对象既可以是生产资料，也可以是生活资料，但必须是实物动产。

2. 仓储的功能

在社会生产与生活中，由于生产与消费节奏的不统一，商品在流通过程中的储存和滞留就成为必然。如何在生产与消费或供给与需求的时间差中，妥善地保持商品的完好性，是物流过程中仓储环节所要面对的问题。仓储在物流中的主要功能可以概括为以下几点。

1) 仓储是物流过程中的重要环节

物流过程主要包括运输和仓储两种运作方式，运输和仓储用"移动"和"静止"来实现"供给"与"需求"之间的衔接。运输是靠货物的位置移动来实现其价值的功能，而传统的仓储是靠改变货品的时间实现其增加价值的功能。现代仓储是指商品在流通过程中处于"停歇"或"静止"状态的物流形式。

2) 仓储可保证社会再生产过程顺利进行

货物的仓储过程不仅是商品流通的必要保证，也是社会再生产过程得以进行的必要条件。商品的生产过程需要原材料、零件、配件的准备和供给，商品生产的链条中缺少了仓储过程，生产就难以实现，商品的再生产过程也将停止。

3) 仓储可优化商品流通并节约流通费用

物流过程中的仓储环节是商品流通网络中的一个节点，通过仓储作业，可以使商品流通顺畅，加快商品流通的速度，降低商品流通总体成本。仓储通过储存、分拣等过程使商品的流通过程中单位商品流通距离缩短，时间减少，从而降低商品流通的综合成本。

4) 仓储可保证商品在流通过程中的质量

通过仓储环节，对流通商品进行检验，加强商品进入市场前的质量检查工作，可以最大限度地防止不合格商品流入市场。因此，做好商品进出库的检验工作，并管理好商品的在库质量是仓储管理的重要任务。

5) 为商品进入市场做好准备

在仓储作业环节，可以进行商品的整理、包装、质检、分拣、贴标签、再加工等工作。在销售末端环节运营成本越来越高的情况下，尽可能地利用仓库集中作业的低成本和有效性，可以为下一个流通环节提供方便，从而创造价值。

6) 为生产提供方便

为优化生产和流通环节，使生产过程品种简化，流通环节减少存货品种，在仓储环节可以实现部分的后续生产过程，以达到减少生产或储存成本的目的，以快速应对客户对产品的特殊要求，并减少生产和存货的品种数量。

7) 以逆向物流提供场所

一般意义的仓储是为商品从原材料到产成品的流通过程提供场所，而现代商品流通向着可持续发展方向发展，商品的包装物及其使用后的回收越来越引起人们的注意。商品流通对逆向物流提出了新的要求，仓库也是逆向物流必不可少的通道和场所。

阅读案例 3-2

京东商城自建物流覆盖全国

京东商城宣布其货到付款城市已经突破 300 个，给电商行业树立了新的标杆。对于物流仓储来说京东商城布局已久，从 2008 年开始，京东就自建物流配送系统，经过几年的积累，目前，京东商城已经具有完善的物流体系，仓储辐射范围及终端配送辐射能力覆盖全国大部分城市。

京东商城已拥有北京、上海、广州、成都、武汉、沈阳六大物流中心,在超过300个重点城市建立了城市配送站,并在全国大部分高校建立高校代理点和自提点。2011年年底,京东在北京正式开通地铁自提服务,此举进一步提升了用户最后一公里的购物体验。

2012年是国内电商发展的新十年,而物流环节依然是B2C市场痛点。现在网购已逐渐成为80后和90后的生活习惯,中国已然成为全球最大的网购市场,电子商务的发展和竞争也更趋激烈。除了价格优惠力度加大外,物流配送等售后服务也成为电商吸引消费者的利器。由于国内第三方物流整体服务水平相对滞后,很难完全满足电商物流配送快捷高效的需求,顾客投诉率居高不下。而对于B2C企业而言,仓储是保证商品丰富度和周转率的关键,配送则直接影响用户的重复购买,这两点构成了企业自建物流的原动力。因此,在某种程度上说,电商自建物流其实是被逼出来的。

对于电子商务公司来说,在自己的实际需求下打造出来的物流配送体系无疑是最符合电商企业的,而物流的开放也可以成为未来的赢利增长点。以京东商城为例,近年来,京东商城不断深化开放战略,并于5月推出JOS开放服务,而京东强大的物流体系是支撑京东这一战略的重要因素。联营商家可以借助京东的物流、服务、平台系统等资源改善用户的购物体验,让消费者在售前、出库、配送、客服、售后等环节,享受到更加贴心的服务,从而提升销量。在此背景下,越来越多的优质商家积极、主动地选择与京东商城合作,与此同时,京东商城满足用户一站式购物需求的目标也得到实现,开放共赢的电商产业链体系正在形成。

资料来源:物流天下. http://www.56885.net/news/2012723/329650.html。

3. 仓库的分类

(1) 按照仓库在商品流通过程中所起的作用不同可以分为六大类,分别是批发仓库、采购供应仓库、中转仓库、零售仓库、储备仓库和保税仓库,见表3-3。

表3-3 按仓库用途不同分类

仓库类型	特　点
批发仓库	主要是用于储存从采购供应库场调进或在当地收购的商品,该类仓库一般贴近商品销售市场,规模同采购供应仓库相比一般要小一些,它既从事批发供货,也从事拆零供货业务
采购供应仓库	主要用于集中储存从生产部门收购的和供国际进出口的商品,一般该类仓库库场设在商品生产比较集中的大、中城市,或商品运输枢纽的所在地
中转仓库	处于货物运输系统的中间环节,存放那些等待转运的货物,一般货物在此仅做临时停放,该类仓库一般设置在公路、铁路的场站和水路运输的港口码头附近,以方便货物在此等待装运
零售仓库	主要用于为商业零售业做短期储货,一般是提供店面销售,零售仓库的规模较小,所储存物资周转快
储备仓库	一般由国家设置,以保管国家应急的储备物资和战备物资。货物在该类仓库中储存时间一般比较长,并且储存的物资会定期更新,以保证物资的质量
保税仓库	为国际贸易的需要,设置在一国国土之上,但在海关禁境以外的仓库。外国企业的货物可以免税进出该类仓库而办理海关申报手续,而且经过批准后,可以在保税仓库内对货物进行加工、存储等作业

（2）按照仓库的构造不同可以将仓库分为五种类型，分别是单层仓库、多层仓库、立体仓库、筒仓和露天堆场等，见表3-4。

表3-4 按仓库构造不同分类

仓库类型	特 点
单层仓库	设计简单、投资较少，仓库全部的地面承压能力都比较强，各种附属设备（例如通风设备、供水、供电等）的安装，使用和维护都比较方便
多层仓库	一般占地面积较小，它一般建在人口稠密、土地使用价格较高的地区，由于是多层结构，因此货物一般是使用垂直输送设备来搬运
立体仓库	又被称为高架仓库，它也是一种单层仓库，但它利用高层货架来储存货物，而不是简单地将货物堆积在库房地面上，在立体仓库中，由于货架一般比较高，所以货物的存取需要采用与之配套的机械化、自动化设备
筒仓	用于存放散装的小颗粒或粉末状货物的封闭式仓库，一般这种仓库被置于高架上，例如筒仓经常用来存储粮食、水泥和化肥等
露天堆场	用于在露天堆放货物的场所，一般对方大宗原材料，或者不怕受潮的货物

（3）按保管货物的特性不同可以分为以下六大类，分别是原料仓库、产品仓库、冷藏仓库、恒温仓库、危险品仓库和水面仓库等，见表3-5。

表3-5 按货物特性不同分类

仓库类型	特 点
原料仓库	用来储存生产所用的原材料的，该类仓库一般比较大
产品仓库	存放已经完成的产品，但这些产品还没有进入流通区域，该类仓库一般是附属于产品生产工厂
冷藏仓库	用来储藏那些需要进行冷藏储存的货物，一般多是农副产品、药品等对于储存温度有要求的物品
恒温仓库	与冷藏仓库一样，也是用来储存对于储藏温度有要求的产品
危险品仓库	用于储存危险品的，危险品由于可能对于人体及环境造成危险，因此在该类物品的储存方面一般会有特定的要求
水面仓库	像圆木、竹排之类能够在水面上漂浮的物品，可以储存在水面上

除上述分类外，还有其他分类方式，如按仓库所处位置分类；按建筑材料的不同分类；按仓库的管理体制不同分类等，随着物流技术的发展及现代仓储的多样化，仓库种类还会呈现多样化现象。

3.2.2 仓储管理概述

1. 仓储管理的内容

仓储管理是指服务于一切库存商品的经济技术方法与活动。很显然，"仓储管理"的定义指明了其所管理的对象是"一切库存商品"，管理的手段既有经济的，又有纯技术的。仓储管理工作包括以下几个方面的内容。

1) 仓库的选址和建设

它包括仓库的选址原则，仓库建筑面积的确定，库内运输道路与作业的布置等问题。仓库的选址和建设问题是仓库管理战略层所研究的问题，它涉及公司长期战略与市场环境相关的问题研究，对仓库长期经营过程中的服务水平和综合成本产生非常大的影响，所以必须提到战略层面来对待和处理。

2) 仓库机械作业的选择和配置

它包括如何根据仓库作业特点和储存商品的种类及其理化特性，选择机械装备及应配备的数量，如何对这些机械进行管理等。现代仓库离不开仓库所配备的机械设施，如叉车、货架、托盘和各种辅助设备等。恰当地选择利用于不同作业类型的仓库设施和设备将大大降低仓库作业中的人工作业劳动量，并提高货品流通的顺畅性和保障货品在流通过程中的质量。

3) 仓库作业组织和流程

它包括设置什么样的组织结构，各岗位的责任分工如何，存储过程中如何处理信息组织作业流程等。仓库的作业组织和流程随着作业范围的扩大和功能的增加而变得复杂，现代大型的物流中心要比以前的储存型仓库组织机构大得多，流程也复杂得多。设计合理的组织结构和分工明确是仓储管理目标得以实现的基本保证。合理的信息流程和作业流程使仓储管理高效、顺畅，并达到客户满意的要求。

4) 仓库管理技术的应用

现代仓储管理离不开现代管理技术与管理手段，例如，选择合适的编码系统，安装仓储管理系统，实行 JIT 管理等先进的管理方法。现代物流越来越依靠现代信息和现代管理技术，这也是现代物流区别于传统物流的主要特点之一。商品的编码技术和仓储管理系统极大地改善了商品流通过程中的识别和信息传递与处理过程，使得商品的仓储信息更准确、快捷，成本也更低。

5) 仓库的作业管理

仓库作业管理是仓储管理日常所面对的最基本的管理内容。例如，如何组织商品入库前的验收，如何安排库位存放入库商品，如何对在库商品进行合理保存和发放出库等。仓库的作业管理是仓库日常所面对的大量和复杂的管理工作，只有认真做好仓库作业中每一个环节的工作，才能保证仓储整体作业的良好运行。

6) 仓储综合成本控制

成本控制是任何一个企业管理者的重要工作目标，仓储管理也不例外。仓储的综合成本控制要考虑库房内仓储运作过程中各环节的相互协调关系，以平衡局部的利益和总体利益最大化的关系。选择使用的成本控制方法和手段，对仓储过程每一个环节的作业表现和成本加以控制是实现仓储管理目标的要求。

 阅读案例 3-3

合众网整合仓储与物流

电子商务的浪潮汹涌澎湃，传统的小商品批发市场将何去何从？毫无疑问，拥抱电商才是顺应潮流，但如何发展却是一个难题。5 月 29 日上线的合众网给出了这样一个答案：打造一个整合仓储与物流的 B2R(Business to Retailer，商家对零售商)平台。

提起小商品批发市场，位于浙江义乌的全球最大小商品集散中心浙江中国小商品城集团股份有限公司无疑最具有代表性。合众网B2R平台就是义乌小商品批发市场官方网站——义乌购旗下网站。集团公司副总经理陈荣根在网站上线仪式发言中指出，义乌购完成了义乌电商发展战略的第一步，也就是市场信息检索平台的搭建。而合众网是义乌购平台的延伸，是义乌实体市场电子商务发展战略的第二步，对于义乌市场的转型升级非常重要。

义乌购的总经理王建军是义乌购和合众网两大平台的掌舵人，他认为，所谓的B2R平台，其实就是以义乌市场和众多优质供应商为基础，通过遍布各地的本地化大型智能仓储，打造小商品生产商与各地零售商直接对接的平台，为供应商开拓全新的销售渠道和营销模式，为零售商提供质优价廉有竞争力的商品。

"B2R可以看做是B2B的一种类型，但又不同于传统的B2B，B2R更融入电子商务的供应链，"王建军称，B2R模式是传统商业与互联网结合后的创新，该模式的三个关键词是小商品、本地仓储和零售商。"小商品的背后往往是中小企业，他们也想发展电商，但不能承担很大风险，无力建设全国物流与仓储网络，B2R模式恰恰可以满足这些中小企业的需求。"

资料来源：物流天下. http://www.56885.net/news/2013126/360265.html.

2. 仓储管理的特点

现代仓储管理的特点是由仓储管理的内容决定的。随着社会的发展、科学的进步，仓储管理具有经济性、技术性和综合性的特点，具体特点见表3-6。

表3-6 仓储管理的特点

特　　点	主要内容
经济性	仓储活动是社会化大生产的重要组成部分，它具有生产力三要素，即劳动力、劳动工具和劳动对象。仓储活动和其他物质生产活动一样，创造商品价值，并且随着仓储活动内容的增加，实现商品价值的范围也在逐渐扩大
技术性	现代化的仓储管理中，仓储作业的机械化、仓储管理的信息化已是发展趋势，各种新技术得以运用等，这些充分体现了仓储管理技术性的特点
综合性	整个仓储管理过程中，要综合利用各学科理论，进行商品管理，进行库存控制，保证商品的正常生产和流通，降低成本。现代仓储管理包括新技术、新设备、新的管理理念与方法，涉及行业广泛

3.2.3 仓储合理化

仓储合理化就是用最经济的办法实现仓储的功能，这是合理化的前提和本质。实现合理化的仓储首先要明确仓储合理化的标志及实现仓储的功能，其次如果对仓储功能实现过分强调，又会导致仓储的数量过大。所以，合理仓储的实质是尽量保证在低成本的投入下实现仓储功能。

1. 仓储合理化的标志

实现最低成本而又能充分满足客户需求的仓储数量是衡量仓储管理中合理化的一项原则。具体仓储合理化标志见表3-7，包括质量标志、数量标志、时间标志、结构标志、费用标志和分布标志六项。

表 3-7　仓储合理化标志

标志类型	仓储合理化内容
质量标志	保证被仓储物的质量,是完成仓储功能的根本要求。只有这样,商品的使用价值才能通过物流之后得以最终实现。在仓储中增加了多少时间价值或是得到了多少利润,都是以保证质量为前提的。所以,仓储合理化的主要标志中,为首的应是反映使用价值的质量
数量标志	仓储管理中物品数量控制体现出整个仓储管理的科学化和合理化程度。一个合理的仓储数量应该是满足需求而又做到成本最低
时间标志	在保证仓储功能实现的前提下,寻求一个合理的储存时间。要求仓储管理中,物品的管理应该处于动态的、不断周转状态下。资金的周转率高,运作的成本就低。因此,仓储的时间标志反映出仓储的动态管理制度
结构标志	从所储存物品不同品种、不同规格、不同花色的仓储数量的比例关系可以对仓储合理性进行判断
费用标志	从仓储费、维护费、保管费、损失费、保险费和资金占用利息支出费用等实际费用上判断储存合理与否
分布标志	指不同地区仓储的数量比例关系,以此判断当地需求比,以及对需求的保障程度,也可以此判断对整个物流的影响

2. 仓储合理化的主要内容

1）仓库选址

物品仓储,离不开仓库,仓库建设要求布局合理。仓库设置的位置,对于物品流通速度和流通费用有着直接的影响。仓库的布局要与工农业生产的布局相适应,应尽可能地与供货单位相靠近,这就是所谓"近场近储"的原则。否则,就会造成工厂远距离送货的矛盾。物品供应外地的,仓库选址要考虑临近的交通运输条件,力求接近车站码头,以便物品发运,这就是所谓"近运近储"的原则。

2）仓储数量

物品仓储要有合理的数量,在保证功能实现前提下有一个合理的数量范围,即在新的物品运到之前有一个正常的能保证供应的库存量。影响合理量的因素很多,首先是社会需求量,社会需求量越大,库存储备量就越多；其次是运输条件,运输条件好,运输时间短,则仓储数量可以相应减少；再次是物流管理水平和技术装备条件,如进货渠道、中间环节、仓库技术作业等,都将直接或间接地影响物品库存量的水平。

3）仓储结构

仓储结构就是指对不同品种、规格、型号的物品,根据消费的要求,在库存数量上,确定彼此之间合理的比例关系。它反映了库存物品的齐备性、配套性、全面性和供应的保证性,尤其是相关性很强的各种物资之间的比例关系更能反映仓储合理与否。

4）仓储时间

仓储时间,就是每类物品要有恰当的储备保管天数。合理的仓储时间要求储备天数不能太长也不能太短,储备天数过长就会延长资金占用,储备天数过短就不能保证供应。仓储时间主要根据流通销售速度来确定,其他如运输时间、验收时间等也是应考虑的影响因素。

5) 仓储网络分布

仓储网络分布指不同地区仓储的数量比例关系。仓储网络分布可用于判断仓储数量与当地需求比,对需求的保障程度,也可以由此判断对整个物流的影响。仓储网点布局直接影响到仓库供货范围,对生产领域和流通领域都有较大的影响。生产系统中仓库网点少,储存量相对集中,库存占用资金较少,但要求送货服务质量水平很高,否则,可能延误生产过程的需求。流通系统中的批发企业仓储网点相对集中,要考虑相对加大储存量,利用仓储网点合理布局、储存调节市场,以起到"蓄水池"的作用。零售企业一般附设小型仓库,储存量较小,应当加快商品周转。采用集中配送货物的连锁店,可将库存降至最低水平,甚至是"零库存"。

6) 仓储费用

仓租费、维护费、保管费、损失费、资金占用利息支出等,都能作为判断仓储合理与否的标准。

3.3 包　　装

3.3.1 包装的含义

包装是指对交易的商品所进行的外部保护措施,以使交易商品易于安全、得到保护、适于运输、仓储、搬运、销售等。商品种类繁多,性质特点和形状各异,因而它们对包装的要求也各不相同,除少数商品难以包装,不值得包装或根本没有包装的必要,而采取裸装或散装的形式外,其他绝大数商品都需要有适当的包装。商品包装是商品生产的继续,凡需要包装的商品,只有通过包装,才算完成生产过程,商品才能进入流通领域和消费领域,才能实现商品的使用价值和价值。

包装是使产品从生产企业到消费者手中保护其使用价值和价值的顺利实现而具有特定功能的系统,同时包装又是构成商品的重要组成部分,是实现商品价值和使用价值的手段,是商品生产与消费之间的桥梁,与人们的生活密切相关。

阅读案例 3-4

世界部分国家对进口商品包装的规定

在国际贸易中,由于各国国情不同,以及文化差异的存在,对商品的包装材料、结构、图案及文字标识等要求不同,了解这些规定,对我国外贸出口大有裨益。

1. 禁用标志图案

阿拉伯国家规定进口商品的包装禁用六角星图案,因为六角星与以色列国家旗中的图案相似,阿拉伯国家对有六角星图案的东西非常反感和忌讳。

德国对进口商品的包装禁用类似纳粹和军团符号标志。

利比亚对进口商品的包装禁止使用猪的图案和女性人体图案。

2. 对容器结构的规定

美国食品药物局规定，所有医疗健身及美容药品都要具备能防止掺假、掺毒等防污能力的包装。

美国环境保护局规定，为了防止儿童误服药品、化工品，凡属于防毒包装条例和消费者安全委员会管辖的产品，必须使用保护儿童安全盖。

美国加利福尼亚、弗吉尼亚等11个州以及欧洲共同体负责环境和消费部门规定，可拉离的拉环式易拉罐，也不能在市场上销售，目前已趋于研制不能拉离的掀扭式、胶带式易拉罐。

欧盟规定，接触食物的氯乙烯容器及材料，其氯乙烯单位的最大容器规定为每公斤1毫克成品含量，转移到食品中的最大值是每公斤0.01毫克。

根据美国药物调查局调查，在人体吸收的全部铅中，有14%来自马口铁罐焊锡料，因此，要求今后5年内焊缝含铅量减少50%。我国香港卫生条例规定，固体食物的最高铅含量不得超过6ppm(6%)，液体食物含铝量不得超过1ppm。

3. 使用文种的规定

加拿大政府规定进口商品必须英法文对照。销往中国香港的食品标签，必须用中文，但食品名称及成分，须同时用英文注明。

希腊政府正式公布，凡出口到希腊的产品包装上必须要用希腊文字写明公司名称，代理商名称及产品质量、数量等项目。

销往法国的产品装箱单及商业发票须用法文，包括标志说明，不以法文书写的应附译文。销往阿拉伯地区的食品、饮料，必须用阿拉伯文说明。

4. 禁用的包装材料

美国规定，为防止植物病虫害的传播，禁止使用稻草做包装材料，如被海关发现，必须当场销毁，并支付由此产生的一切费用。

新西兰农业检疫所规定，进口商品包装严禁使用以下材料：干草、稻草、麦草、谷壳或糠、生苔物、土壤、泥灰、用过的旧麻袋及其他材料。

菲律宾卫生部和海关规定，凡进口的货物禁止用麻袋和麻袋制品及稻草、草席等材料包装。澳大利亚防疫局规定，凡用木箱包装（包括托盘木料）的货物进口时，均需提供熏蒸证明。

5. 港口规定

沙特阿拉伯港务局规定，所有运往该国港埠的建材类海运包装，凡装集装箱的，必须先组装托盘，以适应堆高机装卸，且每件重量不得超过2吨。

伊朗港口颁布的进口货物包装规定，药品、化工品、食品、茶叶等商品，分别要求以托盘形式，或体积不少于1立方米或重量1吨的集装箱包装。

沙特阿拉伯港口规定，凡运往该港的袋装货物，每袋重量不得超过50公斤，否则不提供仓储便利，除非这些袋装货物附有托盘或具有可供机械提货和卸货的悬吊装置。

资料来源：中国国际海运网．http://info.shippingchina.com/hyzs/index/index.html．

3.3.2 包装的功能

包装是为了维持产品状态、方便储运、促进销售，采用适当的材料、容器等，使用一定的技术方法，对物品包封并予以适当的装潢和标志的操作活动。包装层次包括个装、内装和外装三种状态。个装是到达使用者手中的最小单位包装，是对产品的直接保护状态；内装是把一个或数个个装集中于一个中间容器的保护状态；外装是为了方便储运，采取必要的缓冲、固定、防潮、防水等措施，对产品的保护状态。

包装在物流系统中具有十分重要的功能。包装是生产的终点，同时又是物流的起点，它在很大程度上制约物流系统的运行状况。对产品按一定数量、形状、重量、尺寸大小配套进行包装，并且按产品的性质采用适当的材料和容器，不仅制约着装卸搬运、堆码存放、计量清点是否方便高效，而且关系着运动工具和仓库的利用效率。具体来讲，包装具有以下功能。

1. 保护功能

保护功能是维持产品质量的功能，是包装的基本功能。在物流过程中各种自然因素（温度、湿度、日照、有害物质、生物等）对产品的质量发生的影响，会使产品损坏、变质。在装卸搬运、运输过程中，撞击、震动也会使产品受损。为了维持产品在物流过程中的完整性，必须对产品进行科学的包装、避免各种外界不良因素对产品的影响。

2. 方便功能

经过包装的商品能为商品流转提供许多方便的条件。运输、装卸搬运通常是以包装的体积、重量为基本单位的，托盘、集装箱、货车等也是按一定包装单位来装运的。合适的包装形状、尺寸、重量和材料，能够方便运输、装卸搬运、保管的操作，提高其他物流环节的效率，降低流通费用。

3. 促销功能

包装是商品的组成部分，它是商品的形象。对于以大量销售方式为特征的商品，如超市、便利店销售的是由顾客在购物架上自由选择的商品，因此，包装具有连接商品与消费者的作用。商品包装上的商标、图案、文字说明等，是商品的广告和"无声的推销员"，它是宣传推销商品的媒体，诱导和激发着消费者的购买欲望，起到商品促销的功能。

3.3.3 包装的分类

包装的分类繁多，品种复杂，这是由于要适应各种物资性质的差异和不同运输工具的要求和目的，使包装在设计、选料、包装技术、包装形态等方面出现了多样化。按照货物流通过程中的包装形式，可以有以下几种分类方法。

1. 按包装的功能不同分类

按包装的功能不同可分为工业包装和商业包装两大类，见表3-8。

表3-8 按包装功能不同分类

类　型	特　点
工业包装	也称运输包装，是一种外部包装（包含内部包装），是以运输、保管、为主要目的的包装，也就是从物流需要出发的包装。工业包装的主要作用有保护功能、成组化功能、便利功能和效率功能
商业包装	也称销售包装、零售包装或消费包装。这种包装将随商品的流通直接与消费者"见面"，主要是根据零售业的需要，作为商品的一部分或为方便携带所做的包装。其包装设计目的主要是为了方便顾客、增强市场吸引力及保护商品的安全

但是，在某些情况下，某些工业包装同时又是商业包装，如装橘子的纸箱子(15千克装)就属于工业包装，连同箱子出售时，也可以认为是商业包装。

2. 按包装的层次不同分类

按包装层次不同通常可分为单件包装、内包装和外包装三种，见表3-9。

表3-9 按包装层次不同分类

类 型	特 点
单件包装	单件包装又称小包装、个体包装，是指直接用来包装物品的包装，通常包装与商品形成一体，在销售中直接到达用户手中，单件包装属于销售包装或消费包装
内包装	包装物品内部包装，即考虑到水分、潮湿、光射、热源、碰撞、振动等因素对物品的影响，选择相应材料或包装对物品所做的保护性包装
外包装	包装货物的最外层包装，外层包装一般属于运输包装

3. 按包装的使用性能不同分类

按包装的使用性能不同主要可分为两种，分别是专用型包装和通用型包装，见表3-10。

表3-10 按包装使用性能不同分类

类 型	特 点
专用型包装	只适用于一种货物，如标准油桶专用于成品油的包装
通用型包装	能适用于多种货物的包装，如集装袋、标准箱等

4. 按包装的材料不同分类

按包装材料不同可分为纸制品包装，纺织品包装，木制品包装和金属品包装，见表3-11。

表3-11 按包装材料不同分类

类 型	特 点
纸制品包装	经过处理，具有韧性、抗压性、弹性和防潮性等特点，是目前使用越来越多的一种包装材料
纺织品包装	常用于存放小颗粒、粉状的货物
木制品包装	具有较强的抗挤压和冲击能力，使用广泛
金属品包装	包装强度大、密闭性好，适合于盛装液体货物或较贵重的货物。目前，在运输中使用广泛的集装箱是一种符合国际标准的大型金属箱

3.3.4 包装的标准化

当前，包装标准化已成为发展国际贸易的重要组成部分，包装标准化已成为国际交往中互相遵循的技术准则。国际贸易往来都要求加速实行商品包装标准化、通用化、系列化。

1. 包装材料标准化

商品包装材料应尽量选择标准材料，少用或不用非标准材料，以保证材料质量和材料来源的稳定。要经常了解新材料的发展情况，结合企业生产的需要，有选择地采用。

包装材料主要有纸张、塑料、金属、木材、玻璃、纤维织物等。对这几大类包装材料的强度、伸长、每平方米重量、耐破程度、水分等技术指标应作标准规定，以保证包装材料制成包装容器后能够承受流通过程中各损害商品的外力和其他条件。

2. 包装容器的标准化

包装容器的外形尺寸与运输车辆的内部尺寸和包装商品所占的有效仓库容积有关。因此应对包装外形尺寸作严格规定。运输包装的内尺寸和商品中包装的外尺寸也有类似的关系，因此对运输包装的内尺寸和商品中包装的外尺寸，也应作严格规定。为了节约包装材料和便于搬运、堆码，一般情况下，包装容器的长与宽之比为3∶2，高与长相等。

3. 包装工艺标准化

凡是包装箱、桶等，必须规定内装商品数量、排列顺序、合适的衬垫材料，并防止包装箱、桶内空隙太大、商品游动。如木箱包装箱，必须规定箱板的木质、箱板的厚度、装箱钉子的规格、相邻钉子距离、包角的技术要求及钉子不得钉在夹缝里等；纸箱必须规定如何封口、腰箍的材料、腰箍的松紧及牢固度等；布包则要规定针距及捆绳的松紧度等。回收复用的木箱、纸箱及其他包装箱也都必须制定标准。

4. 装卸作业标准化

在车站、港口、码头、仓库等处装卸物时，都要制定装卸作业标准，要搞好文明操作。机械化装卸要根据商品包装特点选用合适的机具，如集装袋、托盘等。工业、商业、交通运输部门交接货物时，要实行验收责任制，以做到责任分明。

5. 集合包装标准化

集合包装即适合机械化装卸，又能保护商品安全。我国集合包装近几年有较快的发展，并制订了部分国家标准，其中，20吨以上的集装箱采用国际标准。托盘的标准应和集装箱的标准规定尺寸相配套。

6. 包装检测标准化

包装产品在交付给使用方之前应该通过统一的检测。测试指标如下：测试目标消费者对可以刺激其购买欲望的外包装的形状、规格、色彩、图案、文字说明、品牌标记等信息的反应情况，从而刺激消费者购买。

3.4 流通加工

3.4.1 流通加工概述

1. 流通加工的概念

流通加工是一种特殊的物流功能要素，是在物品从生产领域向消费领域流动的过程中，为了促进销售、维护产品质量和提高物流效率，对物品进行的加工；是物品发生物理变化、化学变化或形态变化，以满足消费者多样化需求和提高服务水平的附加值需要。

我国国家标准《物流术语》(GB/T 18354—2006)对流通加工的定义是：物品在从生产地到使用地的过程中，根据需要施加包装、分割、计量、分拣、刷标志、拴标签、组装等简单作业的总称。流通加工是指某些原材料或产成品从供应领域向生产领域，或从生产领域向销售领域流动的过程中，为了有效利用资源、提高物流效率、方便用户、促进销售和维护产品质量，在流通领域对产品进行的初级或简单再加工。流通加工示意图如图3.1所示。

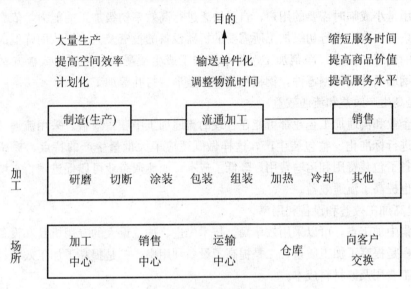

图 3.1 流通加工示意图

2. 流通加工与生产加工的区别

流通加工是在流通领域从事的简单生产活动，具有生产制造的性质。流通加工和一般的生产加工在加工方法、加工组织、生产管理等方面并无显著区别，但在加工对象、加工程度方面存在较大区别，其主要区别见表 3-12。

表 3-12 流通加工和生产加工的区别

比较项目	生产加工	流通加工
加工对象	原材料、零配件、半成品	进入流通过程的产品
所处环节	生产加工	流通过程
加工程度	复杂的完成大部分加工	简单的、辅助性的补充加工
附加价值	创造价值和使用价值	完善其使用价值并提高价值
加工单位	生产企业	流通企业
加工目的	为交换、消费	为消费、流通

3. 流通加工的作用

流通加工丰富了生产加工的内容，对于用户、流通加工企业来说都具有积极的作用，主要体现在以下几个方面。

1) 方便流通、运输、储存、销售及用户

流通加工的主要目的就是对各方面都方便。例如，钢板厂生产出来的钢板为60吨一卷，运输、吊装、储存都非常方便，但运到金属公司销售给用户时，有的用户只买了几米，为了方便销售、方便用户，就需要金属公司用切板机将钢板切割、剪切成适合用户需要的形状尺寸，用户买回去就可以直接使用，因此钢板裁剪这种流通加工就起到了方便流通、运输、储存、销售及用户的作用。

2) 降低用户成本

对于用量小或临时需要的用户，自身缺乏进行高效率初级加工的能力，依靠流通加工可以使用户省去自己进行初级加工所需要的机器设备的投资及人力，从而降低成本。目前发展较快的初级加工有：净菜加工，将水泥加工成生混凝土，将原木或板方材加工成门窗，冷拉钢筋及冲制异型零件，钢板预处理、整形、打孔等加工。

3) 提高生产效益和流通效益

生产企业和流通加工企业都可能在合理的流通加工中获得效益。采用流通加工，生产企业可以进行标准化、整包装生产，这样做既适应了大批量生产的特点，提高了生产效率，又节省了包装费用和运输费用，降低了成本；而流通企业可以促进销售，增加销售收入，同时也提高了流通效益。

4) 提高加工效益和设备利用率

建立集中加工点，可以采用效率高、技术先进、加工量大的专用机具和设备。这样做的好处：一是提高了加工质量，二是提高了设备利用率，三是提高了加工效率；其结果是降低了加工费用及原材料成本。

5) 充分发挥各种运输手段的最高效率

不同运输手段的适用范围有所不同。从流通加工到消费环节这一阶段距离短，主要是利用汽车和其他小型车辆来配送经过流通加工后的多规格、小批量、多用户的产品，这样可以充分发挥各种运输手段的最高效率，加快运输速度，节省运力费用。

6) 可实现物资充分利用、综合利用，提高物资利用率

合理的流通加工可以实现物资的充分利用、综合利用，最大化地减少浪费，从而提高物资利用率。例如，与分散下料相比，集中下料可以优才优用、小材大用、合理套裁，具有明显提高原材料利用率的效果。

 阅读案例 3-5

阿迪达斯的流通加工

阿迪达斯公司在美国有一家超级市场，设立了组合式鞋店，摆着不是做好了的鞋，而是做鞋用的半成品，款式花色多样，有6种鞋跟，8种鞋底，均为塑料制造的，鞋面的颜色以黑、白为主，搭带白颜色有80种，款式有百余种，顾客进来可任意挑选自己所喜欢的各个部位，交给职员当场进行组合。只要10分钟，一双崭新的鞋便唾手可得。

这家鞋店昼夜营业，职员技术熟练，鞋子的售价与成批制造的价格差不多，有的还稍便宜些。所以顾客络绎不绝，销售金额比邻近的鞋店多10倍。

资料来源：上海交大网络课堂．http://course.onlinesjtu.com/mod/page/view.php? id=25743.

3.4.2 流通加工的类型

为了充分体现流通加工对物流服务功能的增强,流通加工的种类有以下几种。

1. 为弥补生产领域加工不足的深加工

有许多产品在生产领域的加工只能到一定程度,这是由于存在许多限制因素限制了生产领域不能完全实现终极的加工。例如钢铁厂的大规模生产只能按标准规定的规格生产,以使产品有较强的通用性,使生产能有较高的效率和效益。木材如果在产地完成成材制成木制品,就会造成运输的极大困难,所以原生产领域只能加工到圆木、板方材这个程度,进一步的下料、切裁、处理等加工则由流通加工完成。

这种流通加工实际是生产的延续,是生产加工的深化,对弥补生产领域加工不足有重要意义。

2. 为满足需求多样化进行的服务性加工

从需求角度看,需求存在着多样化和变化两个特点,为满足这种要求,经常是用户自己设置加工环节,例如,生产消费型用户的再生产往往从原材料初级处理开始。

就用户来讲,现代生产的要求,是生产型用户能尽量减少流程,尽量集中力量从事较复杂的技术性较强的劳动,而不愿意将大量初级加工包揽下来。这种初级加工带有服务性,由流通加工来完成,生产型用户便可以缩短自己的生产流程,使生产技术密集程度提高。

对一般消费者而言,则可省去烦琐的预处置工作,而集中精力从事较高级能直接满足需求的劳动。

3. 为保护产品所进行的加工

在物流过程中,直到用户投入使用前都存在对产品的保护问题,防止产品在运输、储存、装卸、搬运、包装等过程中遭到损失,让使用价值能顺利实现。这与前两种加工不同,这种加工并不改变进入流通领域的"物"的外形及性质。这种加工主要采取稳固、改装、冷冻、保鲜、涂油等方式。

4. 为提高物流效率,方便物流的加工

有一些产品本身的形态使之难以进行物流操作。如鲜鱼的装卸、储存操作困难;过大设备搬运、装卸困难;气体物运输、装卸困难等。进行流通加工,可以使物流各环节易于操作,如鲜鱼冷冻、过大设备解体、气体液化等。这种加工往往改变"物"的物理状态,但并不改变其化学特性。并最终仍能恢复原物理状态。

5. 为促进销售的流通加工

流通加工可以从若干方面起到促进销售的作用。如将过大包装或散装物(这是提高物流效率所要求的)分装成适合一次销售的小包装的分装加工;将原以保护产品为主的运输包装改换成以促进销售为主的装潢性包装,以起到吸引消费者、指导消费的作用;将零配件组装成用具、车辆以便于直接销售;将蔬菜、肉类洗净切块以满足消费者要求等。这种流通加工可能是不改变"物"的本体,只进行简单改装的加工,也有许多是组装、分块等深加工。

6. 为提高加工效率的流通加工

许多生产企业的初级加工由于数量有限加工效率不高,也难以投入先进科学技术。流通加工以集中加工形式,解决了单个企业加工效率不高的弊端。以一家流通加工企业代替了若干生产企业的初级加工工序,促使生产水平有一定的发展。

7. 衔接不同运输方式,使物流合理化的流通加工

在干线运输及支线运输的结点,设置流通加工环节,可以有效解决大批量、低成本、长距离干线运输多品种、少批量、多批次末端运输和集货运输之间的衔接问题,在流通加工点与大生产企业间形成大批量、定点运输的渠道,又以流通加工中心为核心,组织对多用户的配送、也可在流通加工点将运输包装转换为销售包装,从而有效衔接不同目的的运输方式。

3.4.3 流通加工的合理化

流通加工合理化是指实现流通加工的最优配置,不仅做到避免各种不合理,使流通加工有存在价值,而且做到最优的选择。

为避免不合理现象,对是否设置流通加工环节,在什么地点设置,选择什么类型的加工,采用什么样的技术装备等,需要作出正确抉择。目前,国内在进行这方面合理化的考虑中已积累了一些经验,取得了一定成果。

实现流通加工合理化主要考虑以下 5 个方面。

1. 加工和配送结合

这是将流通加工设置在配送点中,一方面按配送的需要进行加工,另一方面加工又是配送业务流程中分货、拣货、配货的一环,加工后的产品直接投入配货作业。这就无须单独设置一个加工的中间环节,使流通加工有别于独立的生产,而使流通加工与中转流通巧妙结合在一起。同时,由于配送之前有加工,可使配送服务水平大大提高。这是当前对流通加工做合理选择的重要形式,在煤炭、水泥等产品的流通中已表现出较大的优势。

2. 加工和配套结合

在对配套要求较高的流通中,配套的主体来自各个生产单位,但是,完全配套有时无法全部依靠现有的生产单位,进行适当流通加工,可以有效促成配套,大大提高流通的桥梁与纽带的能力。

3. 加工和合理运输结合

利用流通加工,对于支线运输转干线运输或干线运输转支线运输这本来就必须停顿的环节,不进行一般的支转干或干转支,而是按干线或支线运输合理的要求进行适当加工,从而大大提高运输及运输转载水平。

4. 加工和合理商流相结合

通过加工有效促进销售,使商流合理化,也是流通加工合理化的考虑方向之一。加工和配送的结合,通过加工,提高了配送水平,强化了销售,是加工与合理商流相结合的一个成功的例证。

此外,通过简单地改变包装加工,形成方便的购买量,通过组装加工解除用户使用前进行组装、调试的难处,都是有效促进商流的例子。

5. 加工和节约相结合

节约能源、节约设备、节约人力、节约耗费是流通加工合理化重要的考虑因素,也是目前我国设置流通加工,考虑其合理化的较普遍形式。

对于流通加工合理化的最终判断,要看其是否能实现社会的和企业本身的两个效益,而且是否取得了最优效益。对流通加工企业而言,与一般生产企业一个重要的不同之处是,流通加工企业更应树立社会效益为第一观念,只有在补充完善为己任前提下才有生存的价值。如果只是追求企业的微观效益,不适当地进行加工,甚至与生产企业争利,这就有违于流通加工的初衷,或者其本身已不属于流通加工范畴了。

3.5 配送管理

配送是物流中一种特殊的、综合的活动形式,是商流与物流紧密结合的物流作业形式,既包含了物流活动和商流活动,也包含了物流系统中若干功能要素。从物流的角度来讲,配送几乎包括了所有的物流功能要素,是物流的一个缩影或在某小范围内物流全部活动的体现。一般的配送集装卸、包装、保管、运输于一身,通过这一系列活动达到将货物送达的目的。特殊的配送则还要以加工活动为支撑,所以包括的方面更广。从商流的角度来讲,配送和物流的不同之处在于,物流是商务分离的产物,而配送则是商务合一的产物,配送本身就是一种商业形式。

3.5.1 配送概述

1. 配送的概念

配送是指按用户的订货要求,在物流据点进行分货、配货等工作,并将配好的货物按时送达指定的地点和收货人的物流活动。

按照国家标准《物流术语》(GB/T 18354—2006)中,对配送的定义如下:在经济合理区域范围内,根据客户需求,对物品进行分拣、加工、包装、分割、组配等作业,并按时送达指定地点的物流活动。

配送是流通领域中一种以社会分工为基础的,综合性、完善化和现代化的送货活动。可以从两个方面理解配送。

(1) 配送实质是送货。配送是一种送货,但和一般送货有区别:一般送货可以是一种偶然的行为,而配送却是一种固定的形态,甚至是一种有确定组织、确定渠道,有一套装备和管理力量、技术力量,有一套制度形式。所以,配送是高水平的送货形式。

(2) 配送是综合性的、一体化的物流活动。从作业环节看,包含货物运输、集货、存储、理货、拣选、配货、配装等活动;从运作程序看,配送贯穿收集信息、配货、运送货物等环节。

2. 配送的特点

一般来说，配送具有以下特点。

1) 配送是一种"中转"形式

配送是从物流节点至用户的一种特殊送货形式。从送货功能看，其特殊性表现为：从事送货的是专职流通企业，而不是生产企业；配送是"中转"型送货，而一般送货尤其从工厂至用户的送货往往是直达型；一般送货时生产什么送什么，配送则是用户需要什么送什么。所以，要做到需要什么送什么，就必须在一定的中转环节筹集这种需要，从而使配送必然以中转形式出现。

2) 配送是"配"和"送"的有机结合

配送与一般送货的重要区别在于：配送利用有效的分拣、配货等理货工作，使送货到达一定的规模，以利用规模优势取得较低的送货成本。如果不进行分拣、配货，有一件运一件，这就会大大增加动力的消耗，使送货并不优于取货。所以，追求整个配送的优势，分拣、配货等项工作是必不可少的。

3) 配送的出发点是客户要求

"按用户的订货要求"明确了用户的主导地位。配送是从用户利益出发并按用户要求进行的一种活动，因此，在观念上必须明确"用户第一"、"质量第一"，配送企业的地位是服务地位而不是主导地位，所以应在满足用户利益的基础上获得本企业的利益。

3. 配送的作用

物流企业的配送业务与运输、仓储、装卸搬运、流通加工、包装和物流信息一起，构成了一体化物流体系。配送具有以下几个方面的作用。

(1) 提高物流终端服务质量和经济效益。配送中所包含的那一部分运输活动，在整个运输过程中是处于终端输送的位置，它将多个用户的需要集中在一起进行一次组配发送，可以代替过去的分散发货，并使用户以去一处订货代替过去的去多处订货，以一次接货代替过去的频繁接货等。配送以准时性、灵活性、适应性等特点，解决了过去终端物流的运力安排不当、质量差、成本高等问题，从而提高了终端物流的服务质量和经济效益。

(2) 通过集中仓储与配送可以实现低库存或零库存。采用较低的集中库存总量取代了较高的分散库存总量，并提高了准时配送对供应的保证程度，可使企业实现低库存或零库存目标。采用集中库存还可以使仓储和配送环节建立和运用规模经济优势，使单位存货配送管理的成本下降。"多批次，少批量"的配送，可以使用户的经常性库存的平均值尽可能减少或趋近于零；物流企业通过自己强有力的JIT配送支持供应，可使用户不出现呆滞库存和超库存。物流企业通过采取即时配送、准时配送等多种服务形式，保证用户的临时性、偶然性及季节性需求，从而解脱其他各种库存压力，实现零库存。专业化配送功能可以将企业外和企业内的两次供应合二为一，可直接将货物供应到车间或流水线，从而取代了原来由商业部门承担的工作，也减少了企业内部的供应库存。即使不依靠企业内部的供应库存，也可以保证生产的持续正常进行。

(3) 准时配送提高了供应保证程度。物流企业依靠物流中心联系面广、多方组织货源的优势，能够按用户企业的要求及时供应。若组织到的货源不能满足用户的需要，物流企业还可以利用自己的加工能力进行加工改制,以适应用户的需要并及时地将货物送到用户手中;若用户采购,由于精力或其他方面所限没有采购到或采购到的物品不适用,必将影响到商品的供应,使生产受到影响。所以,配送发展到某种程度上可以有力地提高物品供应的保证程度,使整个社会的生产比较协调的发展。

(4) 完善了干线运输中的社会物流功能体系。由于大吨位、高效率运输工具的出现,使干线运输在铁路、海运、公路方面都达到了较高的水平,长距离、大批量的运输实现了低成本化。但在干线运输之后,往往都要辅以支线运输或搬运。虽然这种支线运输或搬运具有灵活性、适应性和服务性,但是往往致使运力利用不合理、成本过高等问题难以解决。然而,采用配送作业方式,可以在一定范围内,将干线、支线运输与仓储等环节统一起来,使干线输送过程及功能体系得以优化和完善。

(5) 配送不仅提高了物流服务水准,提高了货物供应的保证程度,而且可以解脱出大量库存资金用来开发企业新业务、改善财务状况。

(6) 依托物流中心的配送能够提供一体化物流服务,简化了手续,方便了用户,降低了交易成本。物流中心按照用户的需要,批量购进各种物资,与用户建立比较稳定的供需合同关系。一般实行计划配送,对少数用户的临时需要,也能进行实时配送服务,用户一次购买活动就可以买到多种商品,简化了交易次数及相应的手续,降低了交易成本。由于配送的"送"的功能,用户不必考虑运输方式、路线及装卸货物的问题,就可在自己的工厂甚至流水线处接到所需的商品,极大地方便了用户。

阅读案例 3-6

Vocollect 语音拣选助力利群集团物流配送

利群集团是一家综合性大型商业集团,业务涉及百货零售连锁、物流配送、酒店连锁、药品物流和药店连锁、房地产开发、高新科技、电子商务、旅游、金融等多个领域。截至 2013 年,利群集团已经拥有万米以上的商厦 40 余座,大型物流中心 4 处,星级酒店 10 家,连锁药店 60 余家,总经营面积近 150 万平方米,形成了集等多业态于一体的多元化、集团化发展格局,并开始逐步走出山东、迈向全国。2013 年,利群集团销售额突破 230 亿元。

利群集团多元化的业态及独到的管理经营模式,使得利群集团一直以来都把物流大发展放在战略的高度。利群集团现已拥有青岛、胶州、文登三处大型物流基地,完成了物流基地的山东半岛布局,拥有仓储面积近 20 万平方米,自主运输车辆近 200 辆(其中冷链配送车辆 30 辆),配送能力已辐射整个山东省。利群物流是山东省乃至国内投入运营规模最大、现代化程度最高的第三方商业物流企业。

2003 年以来,利群集团以物流配送 IT 技术及物流信息系统开发为突破口,加大物流信息化技术的研发与应用,大力推进与发展智能型流通模式,提高优质服务水平,在增强企业竞争力方面作出了有益探索。特别当语音拣选、RFID、RF、看板管理等物联网综合技术在利群集团成功落地后,该公司在全国率先利用语音、RFID 等物联网技术实现仓库智能作业,使公司科学智能化管理模式走在了全国同行业的前列。

资料来源:百分百物流网.http://info.bfb56.com/news/69603.html.

3.5.2 配送类型及运作模式

1. 配送的类型

在不同的市场环境下,为适应不同的生产和消费需要,配送表现出多种形式。这些配送形式各有优势，同时也有各自的适应条件。

1) 按配送服务的范围不同划分

(1) 城市物流配送。城市物流配送即向城市范围内的众多用户提供服务的配送。其辐射距离较短，多使用载货汽车配送，机动性强、供应快、调度灵活，能实现少批量、多批次、多用户的"门到门"配送。

(2) 区域物流配送。区域物流配送是一种辐射能力较强、活动范围较大、可以跨市、省的物流配送活动。它具有以下特征：经营规模较大，设施齐全，活动能力强；货物批量较大而批次较少；区域配送中心是配送网络或配送体系的支柱。

2) 按配送主体不同划分

(1) 配送中心配送。指配送的组织者是专职从事配送业务的配送中心。配送中心配送的数量大、品种多、半径大、能力强，可以承担企业生产用主要物资的配送及向商店补充性配送等。它是配送的主体形式，但由于需要大规模的配套设施，投资较大，且一旦建成则机动性较差，因此也有一定的局限性。

(2) 商店配送。指配送的组织者是商业或物资经营网店，主要承担零售业务，规模一般不大，但经营品种齐全，容易组织配送。实力有限，但网点多，配送半径小，比较机动灵活，可承担生产企业非主要生产用物资的配送，是配送中心配送的辅助及补充形式。

(3) 仓库配送。指以一般仓库为据点进行配送的形式，在仓库保持原有功能前提下，增加配送功能。仓库配送规模较小，专业化程度低，但可以利用仓库的原有资源而不需大量投资，上马较快。

(4) 生产企业配送。指配送的组织者是生产企业，尤其是进行多品种生产的企业，可以直接由企业配送，而无须再将产品发运到配送中心进行中转配送。由于避免了一次物流的中转，因此具有一定的优势，但无法像配送中心那样依靠产品凑整运输取得优势。

3) 按配送品种和数量不同划分

(1) 单(少)品种大批量配送。配送的商品品种少、批量大，不需与其他商品搭配即可使车辆满载。

(2) 多品种少批量配送。按用户要求将所需各种物资配备齐全，凑整装车后由配送据点送达用户的一种配送方式。

(3) 配套成套配送。按生产企业的需要，将生产每台产品所需的全部零部件配齐，按生产节奏定时送到生产线装配产品。

4) 按配送企业业务关系不同划分

(1) 综合配送。指配送商品种类较多，在一个配送网点中组织不同专业领域的产品向用户配送的配送方式。

(2) 专业配送。指按产品性质、形状的不同适当划分专业领域的配送方式。其重要优势在于可以根据专业的共同要求来优化配送设施，优选配送机械及配送车辆，制定适用性强的工艺流程等，从而提高配送各环节的工作效率。

5) 按加工程度划分

(1) 加工配送。指在配送据点中设置流通加工环节，当社会上现成的产品不能满足用户需要，或用户提出特殊的工艺要求时，可以经过加工后进行分拣、配货再送货到户。流通加工与配送的结合，使流通加工更有针对性，可取得加工增值收益。

(2) 集疏配送。这是只改变产品数量组成形态而不改变产品本身的物理、化学形态，与干线运输相配合的一种配送方式。比如大批量进货后小批量、多批次发货，零星集货后以一定批量送货等。

除此之外，配送类型还可以按配送方式划分，如直送、集取配送和交叉配送等，按配送时间划分，如定时配送、定量配送、定时定量配送、定时定路线配送和即时配送等。所以，不同的标准将会得到不同的配送类型划分方式。

2. 配送的模式

1）定时配送方式

在规定的时间间隔进行物品配送，每次配送的品种和数量可按计划执行，也可按事先商定的联络方式下达配送通知，按用户要求的品种及数量和时间进行配送。这种配送方式在配货作业时往往具有一定的难度。例如，配套定时配送就是其中的一种形式，它可以使所服务的生产企业实现"零库存"的设想，达到多品种、少数量、准时配送的效果。

2）定量配送方式

定量配送是指按客户规定的数量在一个指定的时间范围内配送物品。这种配送方式每次配送的品种、数量基本固定，备货作业也较为简单，可以按托盘、集装箱等方式或按车辆的装载能力规定配送的数量，这种配送方式的工作方式比较接近于干线批量运输，因此也相对比较简单。

3）定时定量配送方式

指按客户规定的时间、品种数量进行配送作业，这种方式结合了定时配送和定量配送方式的特点，服务质量水平较高，同时也使配送组织工作难度加大，通常这种模式的配送终端客户相对比较稳定，因此配送路线的设定也相对比较固定，使用范围有限。

4）集中共同配送方式

指由几个配送起始点共同协作制订配送计划，共同组织配送车辆，对某一区域用户进行配送，由于这种配送方式更多呈现动态性和不稳定性，所以这种配送方式对配送计划、提前期及配送路线规划都提出了更高要求，也是难度最大的一种配送形式。

3.5.3 配送中心

配送中心是从事货物配备和组织对用户的送货，以高水平实现销售和供应服务的现代流通设施，是基于物流合理化和发展市场两个需要而发展的，以组织配送式销售和供应，执行实物配送为主要功能的流通型物流结点。配送中心的运作成本占企业整个物流系统运作成本的 20% 以上，因此它逐渐成为物流系统中重要的组成部分，同时也是现代化物流的标志。

 阅读案例 3-7

中石油推行物流配送"三规一限"

中国石油天然气运输公司积极探索运输生产管理新模式，以全面推行物流配送"三规一限"为切入点，进一步优化配送线路，实现安全绿色配送。10月10日起运输公司组成10个检查组对所属单位基础管理工作进行全面检查。从检查情况来看，新物流管理模式运行良好，收到了降低安全、环保、效率等经营风险的效果。

运输公司通过对各配送中心运输路线实地勘测、考察，统筹考虑地理位置、道路、交通、气候、配送时间等诸多因素，分析评估配送安全环保风险，确定最优配送线路，进行规定线路和规定时间的运输配送。该公司结合规定线路的具体情况，要求执行配送任务车辆每运行两小时强制休息，在规定运行的线路上规定停车地点，确保运行安全。结合高速公路、国道、省道、城市道路、县级、乡村和施工道路及事故易发地段等路段情况，逐条评估交通运行环境，实行分路段限速。

"三规一限"运行机制，促使制度走下墙，管理进现场。运输公司所属各单位根据"三规一限"具体内容，对车辆配送线路、道路环境、运行时间和配送工作量等进行调研，通过认真论证、准确界定，将全部指令警示标识图集汇总装订成册，管理人员人手一册。同时，制作"三规一限"指令警示牌，按照当日配送计划和HSE作业计划指导书，逐车准确发放，进行安全行车"三交待"，按照管理流程，逐月奖罚考核。

运输公司陕西分公司对境内6座炼厂、15座油库、826座加油站和涉及80多个县市的2 000余条固定配送线路进行详细勘测，对路过的河流、湖泊、水源地等采取6项具体措施，制作了电子版警示标识牌780张，确保了安全、环保、绿色配送。在七八月份的陕南、汉中、安康等地，抗击暴雨、山洪、泥石流等灾害的油品保供战役中，由于配送线路安全，环保风险点信息准确，安全完成了抗灾保供任务。

资料来源：深圳物流网．http://wuliu.sz.bendibao.com.

1. 配送中心的概念

按照国家标准《物流术语》（GB/T 18354—2006），配送中心（Distribution Center）是指从事配送业务且具有完善信息网络的场所或组织，应基本符合下列要求。

（1）主要为特定客户或末端客户提供服务。

（2）配送功能健全。

（3）辐射范围小。

（4）多品种、小批量、多批次、短周期。

定义中强调了配送中心具有完善的信息网络场所或组织，以与商场、贸易中心、仓库等流通设施相区别。因此，在配送中心这个流通设施中，必须以现代装备和工艺为基础，不但处理商流而且处理物流，是兼有商流、物流全功能的流通设施。

2. 配送中心的分类

随着社会生产的发展，流通规模的不断扩大，配送中心不仅数量增加，也由于服务功能和组织形式的不同演绎出许多新的类型。按照不同的标准，可对配送中心进行不同的分类，如图3.2所示。

1）按配送中心的归属及服务范围不同分类

（1）自用型配送中心。自用型配送中心是指隶属于某一个企业或企业集团，通常只为本企业服务，不对本企业或企业集团外开展配送业务的配送中心。国内外，这类配送中心常见于商业连锁体系自建的配送机构，例如，美国沃尔玛商品公司的配送中心，即为其公司独资建立，专门为本公司所属的零售门店配送商品；我国的红旗连锁等也是自建配送中心，专为本企业的连锁店配送商品。该类配送中心可以逐步在对外开展配送业务的基础上向公用型配送中心转化。

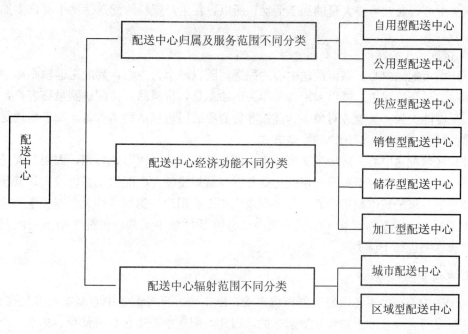

图 3.2 配送中心的分类

(2) 公用型配送中心。公用型配送中心是以赢利为目的，面向社会开展后勤服务的配送组织。其主要特点是服务范围不局限于某一企业或企业集团内部。随着物流业的发展，物流服务逐步从其他行业中独立出来，向社会化方面发展，公用型配送中心作为社会物流的一种组织形式在国内外迅速普及。

2) 按配送中心的经济功能不同分类

(1) 供应型配送中心。供应型配送中心是以向客户供应商品，提供后勤保障为主要特点的配送中心。在实践中，有许多配送中心与生产企业或大型商业组织建立起相对稳定的供需关系，为其供应原材料、零配件和其他商品，该类配送中心即属于供应型配送中心。

(2) 销售型配送中心。销售型配送中心是以销售商品为目的，借助配送这一服务手段来开展经营活动的配送中心。该类配送中心多为商品生产者和经营者为促进商品的销售，通过为客户代办理货、加工和送货等服务手段来降低物流成本，提高服务质量，由此而采用各种现代物流技术，装备各种物流设施，运用现代配送理念来组织物流活动而形成的配送中心。该类配送中心是典型的配销经营模式，在国内外普遍存在，我国近年由商业和物资部门改组重建的生产资料和生活资料配送中心等就属于这种类型。如钢材配送中心、家具配送中心等。

(3) 储存型配送中心。储存型配送中心是充分强化商品的储备和储存功能，在充分发挥储存作用的基础上开展配送活动的配送中心。该类配送中心通常具有较大规模的仓库和储物场地，在紧缺资源条件下，能形成储备丰富的资源优势。在我国储存型配送中心多起源于传统的仓储企业。

(4) 加工型配送中心。加工型配送中心的主要功能是对商品进行清洗、下料、分解、集装等加工活动，以流通加工为核心开展配送活动。如深圳市菜篮子配送中心，就是以肉类加工为核心开展配送业务的加工型配送中心。另外，如水泥等建筑材料及煤炭等商品的配送供应中心，通常需要大量的加工活动，所以，在生产资料的配送活动中有许多加工型配送中心。

3) 按配送中心辐射范围不同分类

(1) 城市配送中心。城市配送中心的配送范围以城市为中心，其配送运输距离通常在汽车运输的经济里程内，可以采用汽车作为运输工具，将商品直接配送到最终客户，运距较短、反应能力强。其服务对象多为连锁零售商业的门店或最终消费者，城市配送是一种适于多品种、少批量、对用户的配送方式。

(2) 区域配送中心。区域配送中心库存商品准备充分，辐射能力强，因而其配送范围广，可以跨省、市，甚至跨国开展配送业务，经营规模较大，配送批量也较大。其服务对象经常是下一级的城市配送中心、零售商或生产企业用户。例如一些大型连锁集团建设的区域配送中心，主要负责某一区域范围内部分商品的集中采购，再配送给下一级配送中心，红旗连锁也属于该类。

3. 配送中心的功能

从配送中心在世界各国的发展历程来看，欧、美、日等配送中心基本上多是在仓储、运输、批发等企业基础上建设发展起来的，因此，配送中心不仅具有储存、集散、衔接等传统的物流功能，而且在物流现代化的进程中，配送中心在不断强化分拣、加工、信息处理等功能。配送中心的功能如图 3.3 所示。

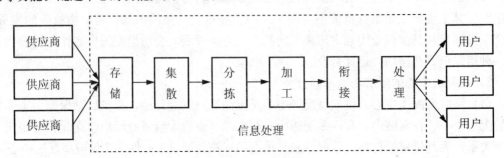

图 3.3　配送中心的功能

1) 存储功能

配送中心必须按照用户的要求，将其所需要的商品在规定的时间送到指定的地点，以满足生产和消费的需要，因此，必须储备一定数量的商品。储存在配送运行过程中创造着时间效用，配送中心通过集中商品，形成储备来保证配送服务所需要的货源。

2) 集散功能

配送中心凭借自身拥有的物流设施和设备将分散的商品集中起来，经过分拣、配装、输送给多家客户。集散功能是流通型物流结点的一项基本功能，通过集散商品来调节生产与消费，实现资源的有效配置。

3) 分拣功能

配送中心必须依据客户对于商品品种、规格、数量等方面的不同要求，从储备的商品中通过拣选、分货等作业完成配货工作，为配送运输做好准备，以满足不同客户的需要。这是配送中心与普通仓库和一般送货形态的主要区别。

4）加工功能

配送中心为促进销售、便利物流或提高原材料的利用率，按用户的要求并根据合理配送的原则而对商品进行下料、打孔、解体、分装、贴标签、组装等初加工活动，因而使配送中心具备一定的加工能力。加工功能不仅提高了配送中心的经营和服务水平，也有利于提高资源利用率。

5）衔接功能

配送中心是重要的流通结点，衔接着生产与消费，它不仅通过集货和储存平衡供求，而且能有效地协调产销在时间上、地域上的分离。

6）信息处理功能

配送中心不仅实现物的流通，而且也通过信息情报协调各环节的作业，协调生产与消费。配送信息随着物流活动的开展而产生，特别是多品种少批量生产和多频度、少批量配送，不仅使信息量增加，而且对信息处理的速度和准确性也提出了更高的要求。

3.6 装卸搬运

3.6.1 装卸搬运概述

1. 装卸搬运的概念

在同一地域范围内（如车站范围、工厂范围、仓库内部等）以改变"物"的存放、支承状态的活动称为装卸，以改变"物"的空间位置的活动称为搬运，两者全称装卸搬运。有时候或在特定场合，单称"装卸"或"搬运"也包含了"装卸搬运"的完整含义。

在习惯使用中，物流领域（如铁路运输）常将装卸搬运这一整体活动称做"货物装卸"；在生产领域中常将这一整体活动称做"物料搬运"。实际上，活动内容都是一样的，只是领域不同而已。在实际操作中，装卸与搬运是密不可分的，两者是伴随在一起发生的。因此，在物流科学中并不过分强调两者差别而是作为一种活动来对待。

"装卸"与"搬运"的主要区别是："装卸"是指在商品空间上发生的以垂直方向为主的位移，而"搬运"则是指商品在区域内所发生的短距离，以水平方向为主的位移。由于商品在空间上发生绝对的位移或发生绝对的水平位移的情况是不多的，多数情况则是两者的复合运动，因此，有时以垂直位移为主即"装卸"，以水平位移为主即"搬运"。

2. 装卸搬运的特点

1）装卸搬运是附属性、伴生性的活动

装卸搬运是物流每一项活动开始及结束时必然发生的活动，因而有时常被人忽视，有时被看做其他操作时不可缺少的组成部分。例如，一般而言的"汽车运输"，就实际包含了相随的装卸搬运，仓库中泛指的保管活动，也含有装卸搬运活动。

2）装卸搬运是支持、保障性活动

装卸搬运的附属性不能理解成被动的，实际上，装卸搬运对其他物流活动有一定决定性。装卸搬运会影响其他物流活动的质量和速度，例如，装车不当，会引起运输过程中的损失；卸放不当，会引起货物转换成下一步运动的困难。许多物流活动在有效的装卸搬运支持下，才能实现高水平。

3）装卸搬运是衔接性的活动

在任何其他物流活动互相过渡时，都是以装卸搬运来衔接，因而，装卸搬运往往成为整个物流"瓶颈"，是物流各功能之间能否形成有机联系和紧密衔接的关键，而这又是一个系统的关键。建立一个有效的物流系统，关键看这一衔接是否有效。比较先进的系统物流方式——联合运输方式就是着力解决这种衔接而实现的。

商品的装卸贯穿于商品实体运动的全过程。无论是商品的运输、储存和保管，还是商品的配送、包装和流通加工都伴随着装卸作业。在整个物流活动中，装卸搬运所占的比重很大。因此，装卸效率的高低、装卸质量的好坏、装卸成本的大小，都与整个物流活动关系密切。可以说，装卸合理化也是物流合理化的一个重要问题，改善装卸作业是加速车船周转、加快商品运达速度、减少资金占用、简化包装和减少货损的重要手段，对提高物流总体效益具有重要作用。

装卸搬运工作业安全常识

装卸搬运作业容易发生砸伤、碰伤、扭伤等伤害；搬运粉状货物还要注意防尘肺病；搬运易燃易爆、化学危险品还要注意预防火灾、爆炸事故。作业中应注意以下事项。

（1）单人搬运时，要注意腿曲、腰部前倾，多发挥腿部力量。

双人抬运时，扛子上肩要同起同落；多人抬运时，要有专人喊号子，同时起落，抬运中步伐一致。

（2）用手推车搬运货物，注意平稳，掌握重心，不得猛跑或撒把溜放。前后车距，平地时不小于2m，下坡时不小于10m。

（3）用汽车装运货物，在搬家车辆停稳后方可进行，货物要按次序堆放平稳整齐。在斜坡地面停车，要将车轮填塞住。

（4）装运有扬尘的垃圾要洒水湿润，装运白灰、水泥等粉状材料要戴口罩。

（5）装运化学危险品（如炸药、氧气瓶、乙炔气瓶等）和有毒物品时，要按安全交底的要求进行作业，并由熟练工人进行。作业中要轻拿轻放，互不碰撞，防止激烈振动。要按规定穿工作服，戴口罩和手套。

 阅读案例 3-8

云南双鹤医药的装卸搬运

云南双鹤医药有限公司是北京双鹤这艘医药航母部署在西南战区的一艘战舰，是一个以市场为核心、现代医药科技为先导、金融支持为框架的新型公司，是西南地区经营药品品种较多、较全的医药专业公司。

虽然云南双鹤已形成规模化的产品生产和网络化的市场销售，但其流通过程中物流管理严重滞后，造成物流成本居高不下，不能形成价格优势。这严重阻碍了物流服务的开拓与发展，成为公司业务发展的"瓶颈"。

装卸搬运活动是衔接物流各环节活动正常进行的关键，而云南双鹤恰好忽视了这一点，由于搬运设备的现代化程度低，只有几个小型货架和手推车，大多数作业仍处于人工作业为主的原始状态，工作效率低，且易损坏物品。另外仓库设计不合理，造成长距离的搬运。并且库内作业流程混乱，形成重复搬运，大约有70%的无效搬运，这种过多的搬运次数，损坏了商品，也浪费了时间。

资料来源：万联网．http://info.10000link.com/newsdetail.aspx? doc=2010052990010.

3.6.2 装卸搬运的合理化

由于装卸搬运是物流过程中的重要环节，因此人们在长期的生产实践中通过不断总结经验，探索装卸搬运活动规律，总结出了装卸搬运的基本途径，这对提高物流系统整体效用具有重要作用。装卸搬运合理化主要内容包括以下五个方面。

1. 防止和消除无效作业

无效作业是指在装卸作业活动中超出必要的装卸、搬运量的作业。显然，防止和消除无效作业对装卸作业的经济效益有重要作用。为了有效地防止和消除无效作业，可从以下几个方面入手。

（1）尽量减少装卸次数。要使装卸次数降低到最小，要避免没有物流效果的装卸作业。

（2）提高被装卸物料的纯度。物料的纯度，指物料中含有水分、杂质与物料本身使用无关的物质的多少。物料的纯度越高则装卸作业的有效程度越高；反之，则无效作业就会增多。

（3）包装要适宜。包装是物流中不可缺少的辅助作业手段。包装的轻型化、简单化、实用化会不同程度地减少作用于包装上的无效劳动。

（4）缩短搬运作业的距离。物料在装卸、搬运当中，要实现水平和垂直两个方向的位移，选择最短的路线完成这一活动，就可避免超越这一最短路线以上的无效劳动。

2. 实现装卸作业的省力化

装卸搬运使物料发生垂直和水平位移，必须通过做功才能实现，要尽力实现装卸作业的省力化。

在装卸作业中应尽可能地消除重力的不利影响。在有条件的情况下利用重力进行装卸，可减轻劳动强度和能量的消耗。将设有动力的小型运输带（板）斜放在货车、卡车或站台上进行装卸，使物料在倾斜的输送带（板）上移动，这种装卸就是靠重力的水平分力完成的。在搬运作业中，不用手搬，而是把物资放在一台车上，由器具承担物体的重量，人们只要克服滚动阻力，使物料水平移动，这无疑是十分省力的。

利用重力式移动货架也是一种利用重力进行省力化的装卸方式之一。重力式货架的每层格均有一定的倾斜度，利用货箱或托盘可自己沿着倾斜的货架层板自己滑到输送机械上。物料滑动的阻力越小越好，通常货架表面均处理得十分光滑，或者在货架层上装有滚轮，也有在承重物资的货箱或托盘下装上滚轮，这样将滑动摩擦变为滚动摩擦，物料移动时所受到的阻力会更小。

3. 合理组织装卸搬运设备，提高装卸搬运作业的机械化水平

物资装卸搬运设备运用组织是以完成装卸任务为目的，并以提高装卸设备的生产率、

装卸质量和降低装卸搬运作业成本为中心的技术组织活动。它包括下列内容。

(1) 确定装卸任务量。根据物流计划、经济合同、装卸作业不均衡程度、装卸次数、装/卸车时限等，来确定作业现场年度、季度、月、旬、日平均装卸任务量。装卸任务量有事先确定的因素，也有临时变动的可能。因此，要合理地运用装卸设备，就必须把计划任务量与实际装卸作业量两者之间的差距缩小到最低水平。同时，装卸作业组织工作还要把装卸作业的物资对象的品种、数量、规格、质量指标以及搬运距离尽可能地做出详细的规划。

(2) 根据装卸任务和装卸设备的生产率，确定装卸搬运设备需用的台数和技术特征。

(3) 根据装卸任务、装卸设备生产率和需用台数，编制装卸作业进度计划。它通常包括：装卸搬运设备的作业时间表、作业顺序、负荷情况等详细内容。

(4) 下达装卸搬运进度计划，安排劳动力和作业班次。

(5) 统计和分析装卸作业成果，评价装卸搬运作业的经济效益。随着生产力的发展，装卸搬运的机械化程度定将不断提高。由于装卸搬运的机械化能把工人从繁重的体力劳动中解放出来，尤其对于危险品的装卸作业，机械化能保证人和货物的安全，也是装卸搬运机械化程度不断得以提高的优势。

4. 推广组合化装卸搬运

在装卸搬运作业过程中，根据不同物料的种类、性质、形状、重量来确定不同的装卸作业方式。处理物料装卸搬运的方法有三种形式：将普通包装的物料逐个装卸，叫做"分块处理"；将颗粒状物资不加小包装而原样装卸，叫做"散装处理"；将物料以托盘、集装箱、集装袋为单位进行组合后进行装卸，叫做"集装处理"。对于包装的物料，尽可能"集装处理"，实现单元化装卸搬运，可以充分利用机械进行操作。组合化装卸具有很多优点。

(1) 装卸单位大、作业效率高，可大量节约装卸作业时间。

(2) 能提高物料装卸搬运的灵活性。

(3) 操作单元大小一致，易于实现标准化。

(4) 不用手去触及各种物料，可达到保护物料的效果。

5. 合理地规划装卸搬运方式和装卸搬运作业过程

装卸搬运作业过程是指对整个装卸作业的连续性进行合理的安排，以减少运距和装卸次数。装卸搬运作业现场的平面布置是直接关系到装卸、搬运距离的关键因素，装卸搬运机械要与货场长度、货位面积等相互协调。要有足够的场地集结货场，并满足装卸搬运机械工作面的要求，场内的道路布置要为装卸搬运创造良好的条件，有利于加速货位的周转。装卸搬运距离达到最小平面布置是减少装卸搬运距离最理想的方法。

提高装卸搬运作业的连续性应做到：作业现场装卸搬运机械合理衔接；不同的装卸搬运作业在相互联结使用时，力求使它们的装卸搬运速率相等或接近；充分发挥装卸搬运调度人员的作用，一旦发生装卸搬运作业障碍或停滞状态，立即采取有效的措施补救。

本 章 小 结

物流功能管理由运输管理、仓储管理、物流包装、流通加工、配送管理和装卸搬运6个部分组成。本章有针对性地对6个模块进行了详细的论述，运输分为两大主要功能：分别为转移和存储。按照不同的运输方式，运输分为5种不同的类别，运输合理化的运用可以有效提高物流运输的效率，提高企业效益。仓储管理涉及仓储的6项管理内容，3项仓储管理特点及仓储的合理化。物流包装涵盖包装的含义及地位，包装的作用，包装的主要分类和包装的标准化形式。流通加工讲述流通加工的概念、作用和类型，同时讲述流通加工的技术形式，对不同材质进行的流通加工技术，流通加工的合理化措施等。配送管理主要讲述配送概念、特点及作用，配送的类型和配送的运作模式，着重讲述配送中心的分类及功能。装卸搬运主要涉及装卸搬运的概念、特点、装卸搬运设备的分类及装卸搬运的合理化措施。

物流功能六大模块的介绍，有助于对物流系统的深入了解，深化物流功能之间的联系，以较为综合性的物流功能为现代企业提供一体化的物流功能服务。

 关键术语

(1) 运输　　　　(2) 仓储管理　　　(3) 包装　　　　(4) 流通加工
(5) 配送　　　　(6) 配送中心　　　(7) 装卸搬运　　(8) 合理化

习　题

1. 选择题

(1) 下列运输方式中，成本最低的是（　　）。
A. 铁路运输　　　B. 航空运输　　　C. 水路运输　　　D. 公路运输
(2) 公路运输的适用范围是（　　）。
A. 远距离、大批量　　　　　　　　B. 近距离、小批量
C. 远距离、小批量　　　　　　　　D. 近距离、大批量
(3) 仓储具有（　　）和静态仓储两种。
A. 动态　　　　B. 流动　　　　C. 静止　　　　D. 停滞
(4) 在仓储过程中对产品进行保护、管理，防止损坏而丧失价值，体现了仓储的（　　）功能。
A. 保管　　　　B. 整合　　　　C. 加工　　　　D. 储存
(5) 下列（　　）不属于物流包装的作用。
A. 保护作用　　B. 存储作用　　C. 方便作用　　D. 促销作用

(6) 流通加工与生产加工区别不包含（　　）。
A. 加工对象　　　B. 加工程度　　　C. 加工单位　　　D. 加工过程
(7) 以下（　　）不是流通加工合理化措施。
A. 加工和配送结合　　　　　　　B. 加工和配套结合
C. 加工和节约相结合　　　　　　D. 加工和生产相结合
(8) 配送过程中实现空间转换的中心环节是（　　）。
A. 货物运输　　　B. 库存　　　C. 运输　　　D. 装卸搬运
(9) 按订单或出库单的要求，从储存场所选出物品，并放置在指定地点的作业是（　　）。
A. 分货　　　B. 拣选　　　C. 流通加工　　　D. 保管
(10) 与其他环节相比，（　　）具有伴随性的特点。
A. 运输　　　B. 仓储　　　C. 配送　　　D. 装卸搬运

2. 简答题

(1) 运输方式的分类及各运输方式运输货物类型的比较。
(2) 仓储的功能体现在哪些方面？
(3) 包装按流通过程中的包装形式分哪几类？
(4) 流通加工的类型有哪些？
(5) 配送的类型表现在哪些方面？
(6) 配送中心的功能体现在哪些方面？
(7) 装卸搬运的特点有哪些？
(8) 装卸搬运的合理化措施有哪些？

3. 判断题

(1) 库存在企业中是指企业在生产经营过程中为现在和将来的耗用或者销售而储备的资源。（　　）
(2) 实行仓储管理可以降低运输成本和运输效率。（　　）
(3) "集合包装标准化"不属于包装标准化的范畴之中。（　　）
(4) 配送需求是指一定时期内客户由于经营需要，而产生的对物在时间和费用方面的总要求。（　　）
(5) 配送需求包括量和质两个方面，即从配送规模和配送服务质量中综合反映出配送的总体需求。（　　）
(6) 配送规模是配送活动中订单处理、库存、运输、装卸搬运、流通加工等配送作业量的总和。（　　）
(7) 配送中心设置在接近顾客的地方，在接到顾客的订货后提供及时的供货，而且可以一次满足多品种的订货。（　　）
(8) 配送中心是接受生产厂家等供货商多品种大量的货物，按照多家需求者的订货要求，迅速、准确、低成本、高效率地将商品配送到需求场所的物流结点设施。（　　）

4. 思考题

(1) 运输管理合理化表现在哪些方面?
(2) 配送中心在物流功能管理中的重要地位及意义。
(3) 简述物流管理功能的 6 个模块之间的联系。

案例分析

青岛啤酒公司物流管理[①]

青岛啤酒公司(以下简称青啤)在迅速完成扩张后,营销战略由以规模为主的"做大做强"相应转变为以提升核心竞争力为主的"做强做大"。啤酒下线后送达终端市场的速度,即所谓的"新鲜度管理",成为青岛啤酒打造企业核心竞争力的关键要素,这个新鲜度管理说白了就是企业的物流管理。青岛啤酒是如何成功进行这场物流管理的呢?

1. 信息不畅是青啤"保鲜"大碍

青啤是从 1998 年起开始推行"新鲜度管理"的。但是,按照旧有的业务流程,产成品出厂后先进周转库,再发至港、站,再到分公司仓库,最后才转运给消费者,啤酒作为日常消费品其口味已发生了极大的变化。由于物流渠道不畅,不但增加了运费,加大了库存,也占用了资金,提高了管理成本,新鲜度管理很难落到实处。另外,各区域销售分公司在开拓市场的同时还要管理运输和仓库,往往顾此失彼。所以,青啤把"新鲜度管理"、"市场网络建设"等纳入了信息化建设范畴。青啤认为,由于不能及时为公司决策层提供准确的销售、库存信息,信息不畅是制约消费者喝到最新鲜啤酒的严重障碍。

2000 年,青啤决定利用先进的信息化手段再造青啤的销售网络,组建青啤销售物流管理信息系统。建立起销售公司与各销售分公司的物流、资金流、信息流合理、顺畅的物流管理信息系统。该系统对企业的发货方式、仓储管理、运输环节进行了全面改造,实现销售体系内部开放化、扁平化的物流管理体系。

青啤销售物流管理信息系统由财务、库存、销售、采购、储运等模块构成。加快产品周转,降低库存,加快资金周转。更重要的是,实现以销定产"订单经济"。

2001 年 2 月,青啤与 Oracle 正式开始合作,通过引入 ERP 系统实施企业信息化战略。青啤规划"借助于 ERP 系统这个现代管理平台,将所有的啤酒厂、数以百计的销售公司、数以万计的销售点,集成在一起。对每一点、每一笔业务的运行过程,实施全方位监控,对每个阶段的经营结果实施全过程的审计,加快资金周转速度,提高整个集团的通透性,实现资源的优化配置。"在金志国看来,"做 ERP,青啤绝对不是赶时髦,我们需要用新技术改造青啤传统业态的管理体制和动作方式。"金志国说,"将来我们的任务更重,首先要建立畅通的渠道,当然这需要进一步的变革,还要制定各种规章制度,建立综合信息库,采用先进的数理统计方法对收集的信息进行分析处理,并应用到经营决策、资源配置、纠正预防和持续改进过程中去。"

应该说,借助于网络技术的应用改造产品价值链,实现企业生产链向供应链管理转变是青啤管理重组的必经之路。

---

① 物流天下. http://www.56885.net/news/2012812/331544.html.

2. 流程不顺也难保"新鲜"

1998年第一季度，青啤集团以"新鲜度管理"为中心的物流管理系统开始启动，当时青岛啤酒的产量不过30多万吨，但库存就高达3万吨。当时，他们着重做了两个方面的工作：一是限产压库；二是减少重复装卸，以加快货物运达的时间。以这两个基本点为核心，它们对发货方式、仓库管理、运输公司及相关部门进行了改革和调整，耗费了青啤很多精力。

所以青啤同样热忠流程再造，对青啤而言，所谓流程再造就是为了建立现代物流系统，而从根本上对企业流程进行重新设计。

据介绍，青啤集团筹建了技术中心，将物流、信息流、资金流全面统一在计算机网络的智能化管理之下，简化业务运行程序，对运输仓储过程中的各个环节进行了重新整合、优化，以减少运输周转次数，压缩库存、缩短产品仓储和周转时间等。譬如，根据客户订单，产品从生产厂直接运往港、站，省内订货从生产厂直接运到客户仓库。仅此一项，每箱的成本就下降了0.5元。同时对仓储的存量作了科学的界定，并规定了上限和下限，上限为1.2万吨。低于下限发出要货指令，高于上限再安排生产，这样使仓储成为生产调度的"平衡器"，有效改变了淡季库存积压，旺季市场断档的尴尬局面，满足了市场对新鲜度的需求。

另外，销售部门要根据各地销售网络的要货计划和市场预测，制订销售计划；仓储部门根据销售计划和库存及时向生产企业传递要货信息；生产厂有针对性地组织生产，物流公司则及时地调动动力，确保交货质量和交货期。同时销售代理商在有了稳定的货源供应后，可以从人、财、物等方面进一步降低销售成本，增加效益。

讨论题

（1）分析青岛啤酒物流体系存在的问题及采取的措施。

（2）结合案例分析青岛啤酒物流体系的主要特点，各部门如何进行合作。

第 4 章　物流信息管理

【本章教学要点】

知识要点	掌握程度	相关知识	应用方向
物流信息的概念、特点	了解	物流基本活动相关的信息；4个特点	物流信息的基本知识，在了解的基础上熟悉并掌握其分类与作用
物流信息的分类	了解	根据领域、来源、功能、加工程度和沟通联络方式进行分类	
物流信息的作用	掌握	3个作用	
信息标识技术	重点掌握	条形码、复合码、射频识别技术	物流信息技术主要包含内容，在掌握的基础上才能在实际应用中发挥其作用
信息存储与传输技术	重点掌握	数据库技术、电子数据交换技术	
信息跟踪技术	掌握	全球定位系统、地理信息系统	
信息处理技术	掌握	数字分拣系统、电子订货系统、销售时点信息系统	
物流信息系统概述	掌握	物流信息系统的概念、分类、组成和功能	物流信息系统的基本知识，在熟悉其开发过程的基础上在实际物流管理中应用
物流信息系统开发	了解	系统规划、系统分析、系统设计、系统实施、系统运行维护与评价	
典型的物流信息系统	了解	运输管理信息系统、仓储管理信息系统、配送管理信息系统	
物流信息化	了解	物流信息化的必要性及发展阶段	物流信息化有助于提高物流管理的效率

 导入案例

现代物流信息技术构筑 UPS 核心竞争力①

成立于1907年的美国联邦快递公司(United Parcel Service，UPS)是世界上最大的配送公司。2013年，UPS年收入为554亿美元，其中包裹和文件的年货运量为430亿份，每日货运量为1 690万份。公司向制造商、批发商、零售商、服务公司及个人提供各种范围的陆路和空运的包裹与单证的递送服务，以及大量的增值服务。表面上UPS的核心竞争优势来源于其由接近10万辆汽车和500余架飞机组成的运输队伍，而实际上UPS今天的成功并非仅仅如此。

20世纪80年代初，UPS以其大型的棕色卡车车队和及时的递送服务，控制了美国路面和陆路的包裹速递市场。然而，到了80年代后期，随着竞争对手利用不同的定价策略及跟踪和开单的创新技术对UPS的市场进行蚕食，UPS的收入开始下滑。许多大型托运人希望通过单一服务来源提供全程的配送服务，顾客希望通过掌握更多的物流信息，以利于自身控制成本和提高效率。随着竞争的白热化，这种服务需求变得越来越迫切。正是基于这种服务需求，UPS从90年代初开始了致力于物流信息技术的广泛利用和不断升级。

提供全面物流信息服务已经成为包裹速递业务中的一个至关重要的核心竞争要素。UPS通过应用三项以物流信息技术为基础的服务提高了竞争能力。

（1）条形码和扫描仪使UPS能够有选择地每周七天、每天24小时地跟踪和报告装运状况，顾客只需拨个免费电话号码，即可获得"地面跟踪"和航空递送这样的增值服务。

（2）UPS的递送驾驶员现在携带着以数控技术为基础的笔记本电脑到排好顺序的线路上收集递送信息。这种笔记本电脑使驾驶员能够用数字记录装置接受者的签字，以提供收货核实。通过电脑协调驾驶员信息，减少了差错，加快了递送速度。

（3）UPS最先进的信息技术应用，是创建于1993年的一个全美无线通信网络，该网络使用了55个蜂窝状载波电话。蜂窝状载波电话技术使驾驶员能够把适时跟踪的信息从卡车上传送到UPS的中央电脑。无线移动技术和系统能够提供电子数据储存，并能恢复跟踪公司在全球范围内的数百万笔递送业务。通过安装卫星地面站和扩大系统，到1997年适时包裹跟踪成为现实。

以UPS为代表的企业应用和推广的物流信息技术是现代物流的核心，是物流现代化的标志。尤其是飞速发展的计算机网络技术的应用使物流信息技术达到新的水平，物流信息技术也是物流技术中发展最快的领域，从数据采集的条形码系统，到办公自动化系统中的微机、互联网，各种终端设备等硬件及计算机软件等都在日新月异地发展。同时，随着物流信息技术的不断发展，产生了一系列新的物流理念和新的物流经营方式，推进了物流的变革。

物流信息技术主要由通信、软件、面向行业的业务管理系统三大部分组成。包括基于各种通信方式基础上的移动通信手段、全球卫星定位（GPS）技术、地理信息（GIS）技术、计算机网络技术、自动化仓库管理技术、智能标签技术、条形码及射频技术、信息交换技术等现代尖端科技。在这些尖端技术的支撑下，形成以移动通信、资源管理、监控调度管理、自动化仓储管理、业务管理、客户服务管理、财务处理等多种信息技术集成的一体化现代物流管理体系。UPS通过在以下三方面推广物流信息技术发挥了核心竞争优势。

---

① 中国公路网．http://www.chinahighway.com/news/2005/121604.php.

(1) 在信息技术上，UPS 已经配备了第三代速递资料收集器 III 型 DIAD，这是业界最先进的手提式计算机，可几乎同时收集和传输实时包裹传递信息，也可让客户及时了解包裹的传送现状。通过该过程速递业真正实现了从点到点，户对户的单一速递模式，除为客户提供传统速递服务外，还包括库房、运输及守候服务等全方位物流服务的发展，从而大大地拓展了传统物流概念。

(2) 在信息系统上，UPS 将应用在美国国内运输货物的物流信息系统，扩展到了所有国际运输货物上。这些物流信息系统包括署名追踪系统及比率运算系统等，其解决方案包括：自动仓库、指纹扫描、光拣技术、产品跟踪和决策软件工具等。这些解决方案从商品原起点流向市场或者最终消费者的供应链上帮助客户改进了业绩，真正实现了双赢。

(3) 在信息管理上，最典型的应用是 UPS 在美国国家半导体公司位于新加坡仓库的物流信息管理系统，该系统有效地减少了仓储量及节省货品运送时间。

今天可以看到，在 UPS 物流管理体系中的美国国家半导体公司新加坡仓库，一位管理员像挥动树枝一样将一台扫描仪扫过一箱新制造的电脑芯片。随着这个简单的举动，他启动了高效和自动化、几乎像魔术般的送货程序。这座巨大仓库是由 UPS 的运输奇才设计建造的。UPS 的物流信息管理系统将这箱芯片发往码头，而后送上卡车和飞机，接着又是卡车，在短短的 12 小时内，这些芯片就会送到国家半导体公司的客户——远在万里之外硅谷的个人电脑制造商手中。在整个途中，芯片中嵌入的电子标签将让客户以高达三英尺的精确度跟踪订货。

由此可见，物流信息技术通过切入物流企业的业务流程来实现对物流企业各生产要素（车、仓、驾）进行合理组合与高效利用，降低了经营成本，直接产生了明显的经营效益。它有效地把各种零散数据变为商业智慧，赋予了物流企业新型的生产要素——信息，大大提高了物流企业的业务预测和管理能力，通过"点、线、面"的立体式综合管理，实现了物流企业内部一体化和外部供应链的统一管理，有效地帮助物流企业提高了服务素质，提升了物流企业的整体效益。具体地说，它有效地为物流企业解决了单点管理和网络化业务之间的矛盾，成本和客户服务质量之间的矛盾，有限的静态资源和动态市场之间的矛盾，现在和未来预测之间的矛盾等。

讨论题

(1) 案例中，UPS 应用了哪些物流信息技术？
(2) 结合案例，谈谈物流信息技术在物流信息管理中发挥的作用。
(3) 案例中，UPS 的物流信息管理达到了什么效果？

现代物流管理的重要特征是信息化，它也可以看做是实物流和信息流的结合。在现代物流管理过程中，通过使用计算机技术、网络技术、条形码技术、GPS 技术、RFID 技术等手段，大大加快了物流信息的处理和传递速度，从而使物流活动的效率和快速反应能力得到提高。建立和完善物流信息系统，对于开展现代物流活动是极其重要的一项工作。

4.1 物流信息概述

物流信息是指与物流活动相关的信息，物流的各类活动都需要详细和准确无误的信息。一般来说，物流企业搜集的信息包括包装信息、装卸信息、运输信息、仓储信息、流通加工信息等内容。

现代物流是涉及社会经济生活各个方面的错综复杂的社会大系统，涉及整个市场商品流通的全过程。商品的流动要准确、快速地满足消费者要求，离不开前期的信息流动，资金的及时回笼，也离不开相关物流信息的及时反馈。可见在现代物流中，信息起着非常重要的衔接作用，是现代物流的中枢神经。通过信息在物流系统中快速、准确和实时的流动，可使企业能动地对市场作出积极的反应，从而实现商流、信息流和资金流的良性循环。

物流信息作为中枢神经，连接整合从生产厂家，经过批发商和零售商，最后到消费者的整个的供应链过程。物流信息不仅对物流活动具有支持保障的功能，而且对整个供应链的效率和整合具有重要的作用。物流主要是信息沟通的过程，物流的效率主要依赖于信息沟通的效率。由于物流信息具有重要的地位，使其在现代企业的生存与发展中具有战略性的地位。

4.1.1　物流信息的概念

物流信息（Logistics Information）是在物流活动进行中产生及使用的信息，是物流活动的内容、形式、过程，以及发展变化的反映，是由物流引起并能反映物流活动实际和特征的，可被人们接受和理解的各种消息、情报、文书、资料、数据等的总称。

物流信息是物流活动中各个环节生成的信息，一般是随着从生产到消费的物流活动的产生而产生的信息流，与物流过程中的运输、保管、装卸、包装等各种职能有机结合在一起，是整个物流活动顺利进行所不可缺少的。物流信息包含的内容和对应的功能可以从狭义和广义两方面来说明。

从狭义范围来看，物流信息是指与运输、装卸、搬运、保管、包装、流通加工等物流基本活动相关的信息，对运输管理、库存管理、订单管理等物流活动具有支持保证功能。图4.1表示物流各项活动产生了物流信息，并最终反作用于物流活动。

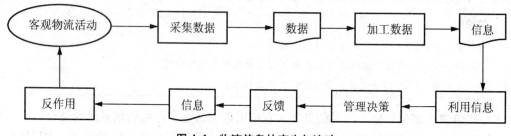

图 4.1　物流信息的产生与流动

从广义范围来看，物流信息不仅指与物流活动有关的信息，还包括与买卖双方交易过程有关的商品交易信息及与市场活动有关的市场信息，具有连接整合整个物流系统和使整个物流系统效率化的功能。商品交易信息包括销售和购买信息、订货和接受订货信息、发出货款和收到货款信息等。市场信息包括消费者的需求信息、竞争者或竞争性商品的信息、与促销活动有关的信息等。物流信息与商品交易信息、市场信息有着密切的联系。例如，零售商根据对消费者需求的预测及库存现状制订订货计划，向批发商或生产商发出订货信息；批发商收到零售商的订单后，在确认现有库存水平能满足订单需求的基础上，向物流部门发出发货配货信息。如果发现现有库存无法满足订单需求，则立即组织生产，再按订单上的数量和时间向物流部门发出发货配货信息。

4.1.2 物流信息的特点

物流信息是随着企业的物流活动而产生的。为使物流的各项功能顺畅运作,物流信息是不可或缺的角色。与其他领域的信息比较,物流信息主要反映出企业物流活动所具有的基本特征,具体表现在以下4个方面。

1. 信息量大、范围广

物流信息随着物流活动及商品交易活动的展开而大量产生。随着现代物流的飞速发展,多品种、小批量、多批次和个性化服务等现代物流活动,使库存、运输、分拣、包装、加工、配送等物流信息大量产生,且分布在制造厂、仓库、物流中心、配送中心、运输路线、商店、中间商、用户等处。为了使物流信息适应企业开放性、社会性的发展要求,必须对大量的物流信息进行有效管理。信息的产生、加工和应用在时间、地点上不一致,在方式上也不相同,这就需要有性能较高的信息处理机构与功能强大的信息收集、传输和存储能力。

2. 动态性强

信息是在物流活动过程中产生的,货物流和信息流同时流动才能发挥信息的作用。在物流活动中,信息不断地产生,由于市场状况、用户需求的变化多端,物流信息会在瞬间发生变化,因而信息的价值衰减速度快。这就要求物流信息的收集、加工、处理速度要快,具有很强的动态性。系统对信息管理的及时性较高,管理才能适应企业物流高效运行的及时要求。

3. 种类多

物流信息不仅包括如生产信息、库存信息等企业内部的物流信息,而且包括企业间的物流信息及与物流活动相关的基础设施的信息。随着企业对供应链管理思想认识的加深,供应链上企业之间协调合作越来越受到企业的重视,企业之间广泛利用各种信息技术,如EDI技术等,进行物流信息快速及时地传递,实现信息共享。另外,企业从事物流活动还需要利用道路、港口、机场等基础设施的信息。

4. 信息的不一致性

由于信息在物流活动过程中形成,信息的产生、加工在时间地点上不一致,采集周期和衡量尺度不一致,在应用方式上也不一致。为了有效控制物流系统中的各类信息,需要建立统一完善的数据采集系统。另外,繁忙时节和平常时节相比,信息量的差异会很大,因而必须加强系统对信息的处理能力。

此外,不同类别的物流信息还有一些不同的特点。例如,物流系统自身的信息要求全面、完整地收集,而对其他系统信息的收集,则需根据物流要求予以选择。

4.1.3 物流信息的分类

在处理物流信息和建立信息系统时,对物流信息进行分类是一项基础工作。物流信息可以按不同的分类标准进行分类。

1. 按物流信息的领域不同分类

按物流信息产生和作用的领域不同可以将其分为物流活动所产生的信息和提供物流使用而由其他信息源产生的信息。一般而言，在物流信息工作中，前一类信息是发布物流信息的主要信息源，其作用是：不但可以指导下一个物流循环，也可以作为经济领域的信息提供给社会；后一类信息则是信息工作收集的对象，是其他经济领域和工业领域产生的、对物流活动有作用的信息，主要用于指导物流。

2. 按物流信息的来源不同分类

按物流信息的来源不同可以将其分为外部信息和内部信息。

（1）外部信息。外部信息是发生在物流活动以外但供物流活动使用的信息，如供货人信息、客户信息、订货信息、交通运输信息以及来自企业内生产、财务等部门的与物流有关的信息。

（2）内部信息。内部信息是来自物流系统内部的各种信息的总称，如物流管理信息、物流作业信息、物流控制信息等。

3. 按物流信息的功能不同分类

按物流信息的功能不同可以将其分为计划信息、控制及作业信息、统计信息和支持信息。

（1）计划信息。计划信息指的是尚未实现但已当做目标确认的一类信息，如仓库进出量计划、车皮计划、与物流活动有关的国民经济计划等。掌握了计划信息，便可对物流活动本身进行战略思考和安排，这对物流管理有非常重要的意义。

（2）控制及作业信息。控制及作业信息是物流活动过程中发生的信息，如库存种类、在运量、运输工具状况、运费等，这类信息动态性强、更新速度快、时效性很强。掌握了控制及作业信息，可以控制和调整正在发生的物流活动及指导即将发生的物流活动，以实现对过程的控制和业务活动的微调。

（3）统计信息。统计信息是物流活动结束后，对整个物流活动的一种总结性、归纳性的信息，如上一年度或月度发生的物流量、运输工具使用量、仓储量、装卸量等。这类信息特点是恒定不变，有很强的资料性。掌握了统计信息，可以正确掌握过去的物流活动及规律，以指导物流战略发展和制订计划。

（4）支持信息。支持信息是指对物流计划、业务、操作有影响的文化、科技、法律、教育等方面的信息，如物流技术革新、物流人才需求等。这些信息不仅对物流战略发展具有价值，而且对控制、操作物流业务也起到指导和启发的作用，是属于从整体上提高物流水平的一类信息。

4. 按物流信息的加工程度不同分类

物流空间广阔，时间跨度大，这就决定了信息发生源多、信息量大。因此，信息量过大所导致的使人难以吸纳、收集，无法从中洞察、区分有用信息和无用信息及无法有效利用信息，这种所谓的"信息爆炸"情况严重影响着信息系统的有效性。为此，需要对信息进行加工。按物流信息加工程度的不同可以将其分为原始信息和加工信息。

(1) 原始信息。原始信息是指未经加工的信息,是信息工作的基础,也是最有权威性的凭证性的信息,它是加工信息可靠性的保证。

(2) 加工信息。加工信息指对原始信息进行各种方式和各个层次处理后的信息,它是原始信息的提炼、简化和综合,它可以压缩信息存量并将信息整理成有使用价值的数据和资料。

5. 按物流信息的沟通联络方式不同分类

按照物流信息沟通联络方式不同可以将其分为口头信息、文本信息和电子信息。

(1) 口头信息。口头信息是通过面对面的交谈中进行的信息交流。它可以迅速、直接地传播,但也容易失真,与其他传播方式相比速度较慢。物流活动的各种现场调查和研究,是获得口头信息的最简单的方法。

(2) 文本信息。文本信息是一种可以通过文字形式出现,并且可被长期保存的物流信息,在物流活动过程中,可以根据需要查阅相关的物流文本信息,进行检查核实,这对于重要信息的沟通是十分必要的。

(3) 电子信息。随着电子技术的发展,电子媒介在当今世界信息传递过程中充当越来越重要的角色。通过电子技术,可以快速提供准确信息,其缺点是投入成本较高。

物流信息还可以按时间、使用频率、准确程度等加以分类。

4.1.4 物流信息的作用

物流信息贯穿于物流活动的整个过程中,对物流活动起到支持保证的作用,可以被看做是物流活动的中枢神经。物流活动中的信息流可以被分为两类:一类信息流的产生先于物流,它控制物流产生的时间、流量的大小和流动方向,对物流起着引发、控制和调整的作用,如各种计划、用户的订单等,这类信息流被称做计划信息流或协调信息流;另一类信息流与物流同步产生,反映物流的状态,如运输信息、库存信息、加工信息等,这类信息流被称为作业信息流。

可见,物流信息除了反映物品流动的各种状态外,更重要的是控制物流的时间、方向、大小和发展进程。无论是计划流还是作业流,物流信息的总体目标都是要把涉及物流的各种企业具体活动综合起来,加强整体的综合能力。物流信息的作用主要表现在以下几个方面。

1. 有利于企业内部各业务活动之间的衔接

企业内采购、运输、库存及销售等各项活动互相作用,形成一个有机的整体系统,物流信息在其中充当桥梁和纽带。各项业务活动之间的衔接通过信息进行,基本资源的调度也通过信息的传递来实现。物流信息保证了整个系统的协调性和各项活动的顺利运转。

2. 有助于物流活动各个环节之间的协调与控制

在整个物流活动过程中,每一个环节都会产生大量的物流信息,而物流系统则通过合理应用现代信息技术对这些信息进行挖掘和分析,得到每个环节下一步活动的指示性信息,进而对各个环节的活动进行协调和控制。

3. 有助于提高物流企业科学管理和决策水平

物流管理需要大量、准确、实时的信息和用以协调物流系统运作的反馈信息,任何信息的遗漏和错误都将直接影响物流系统运转的效率和效果,进而影响企业的经济效益。物流管理通过加强供应链中各活动和实体间的信息交流与协调,使其中的物流和资金流保持畅通,实现供需平衡。同时,物流管理运用科学的分析工具,对物流活动所产生的各类信息进行科学分析,从而获得更多富有价值的信息。这些信息在系统各节点间共享,有效地缩短了订货提前期,降低了库存水平,提高了搬运和运输效率,减少了递送时间,及时高效地响应顾客提出的各种问题,提高了顾客满意度和物流系统的竞争力。

4.2 物流信息技术

信息技术以其技术优势和广阔的发展前景增强了企业竞争力,使传统的企业获得新生。现代信息技术是一股不可抗拒的力量,加速了企业经营方式和管理方式的变革,任何一个企业都无法避开这种变革。

信息技术是物流观念和物流产业形成的非常重要的前提条件之一,而物流信息技术则是现代信息技术在物流各作业环节的应用。物流信息技术主要由基础技术、信息标识技术、信息存储与传输技术、信息跟踪技术、信息处理技术等组成,包括计算机与网络技术、条形码与射频识别技术、数据库技术、电子数据交换技术、GPS 与 GIS 技术等。同时,物流信息技术的应用与发展还离不开与物流相关的其他信息系统,如 DPS、EOS、POS 等。将信息技术引入到物流企业各个业务过程中,形成了需求管理、订单管理、仓储管理、销售管理、财务管理及客户关系管理等一体化的现代物流管理。物流信息技术的应用和发展不仅可以提高物流的管理水平,促进物流企业的管理决策,而且还可以改变企业业务的运作方式,改善物流企业的管理手段。

物流信息技术中的基础技术主要指计算机技术和网络技术。其中,计算机技术主要是指计算机的操作技术,而网络技术是指通过整合互联网分散的资源,实现资源的全面共享和有机协作,使人们能按需获取信息。在物流管理中,网络技术为物流供应链管理提供技术实现手段,实现信息在企业之间的交互与共享。下面主要从信息标识技术、信息存储与传输技术、信息跟踪技术和一些运用信息处理技术的信息系统几方面介绍物流信息技术,表 4-1 显示的是物流信息技术主要包含的内容。

表 4-1 物流信息技术包含的内容

名 称	项 目
基础技术	计算机技术
	网络技术
信息标识技术	条形码技术
	射频识别技术
信息存储与传输技术	数据库技术
	电子数据交换技术(EDI)

续表

名　　称	项　　目
信息跟踪技术	全球定位系统(GPS)
	地理信息系统(GIS)
信息处理技术	数字分拣系统(DPS)
	电子订货系统(EOS)
	销售时点信息系统(POS)

4.2.1 信息标识技术

在物流系统应用中，首先要对货物进行信息识别，把货物的名称、型号、规格、数量、单价等性能指标用数字化手段存入到计算机数据库系统中，从而引出了货物标识软硬件技术的应用。常用的识别技术有条码技术、复合码技术和射频识别技术等。

1. 条码技术

按照维数，条码技术可分为条形码和二维码。

按照码制，条形码可分为 UPC 码、EAN 码、交叉 25 码、39 码、Code Bar 码、128 码、93 码、49 码等；二维码又可分为 QR 码、PDF 417 码、Code 49 码、Code 16K 码、Data Matrix 码、MaxiCode 码等，主要包括层排式和矩阵式两大类。

1) 条形码

条形码是世界范围内通用的商品代码的表示方法，在流通和物流活动中被广泛应用。条形码简称条码，是由一组黑白相间且粗细不同的条纹组成，用一组数字来表示商品的名称、产地、价格及种类等信息，按使用目的分为商品条形码和物流条形码。

(1) 商品条形码是用于标识国际通用的商品代码的一种模块组合型条形码，分为标准版商品条码(13位)和缩短版商品条码(8位)。商品条形码以直接面向消费者销售的商品为标识对象，通常由 13 位数字组成，最前面的三位数字表示国家或地区的代码，由国际物品编码协会统一决定，中国的代码是 690~695。接着的四位数字是制造厂商代码，其后的 5 位数字表示商品品种的代码，最后一位数字用来防止机器发生误读错误。

(2) 物流条形码是在物流过程中以商品为对象、以集合包装商品为单位使用的条形码。标准的物流条形码由 14 位数字组成，除了第一位数字是表示物流的识别代码之外，其余 13 位数字所代表的含义与商品条形码相同。商品条形码和物流条形码的区别见表 4-2。

表 4-2 商品条形码与物流条形码的比较

条形码	应用对象	数字构成	包装形状	应用领域
商品条形码	向消费者销售的商品	13 位数字	单个商品包装	POS 系统；补充订货管理
物流条形码	物流过程中的商品	14 位数字（标准物流条形码）	集合包装（如纸箱、集装箱等）	出入库管理；运输保管分拣管理

条形码技术是现代物流系统中非常重要的进行大量、快速信息采集的技术。该技术能够适应物流对大量化和高速化的要求，可以大幅度提高物流的运行效率。条形码技术包括条形码编码技术、条形符号设计技术、快速识别技术和计算机管理技术等，这些都是实现计算机管理和电子数据交换为基础的尖端技术。条形码在物流系统中的应用非常广泛，主要表现在以下3个方面。

(1) 销售信息系统。为商品贴上条形码就能快速、准确地利用计算机进行销售和配送管理。具体过程是，在对销售商品进行结算时，通过光电扫描器读取信息，将信息输入计算机，然后输进收款机，收款后开出收据；同时，通过计算机处理并掌握商品的进、销、存数据。

(2) 库存系统。在库存物资上应用条形码技术，尤其是对规格包装、集装和托盘货物，在入库时自动扫描信息并将信息输入计算机，由计算机处理后形成库存信息，然后输出入库区位、货架和货位等指令。出库时的程序则与销售信息系统的条形码应用类似。

(3) 分货、拣选系统。在进行配送和仓库出货时，采用分货、拣选的方式，需要快速处理大量的货物信息，利用条形码技术便可自动分货、拣选，并实现有效的管理。其具体过程是：一个配送中心接到若干个配送订货需求，并将若干订货需求汇总。待每一品种汇总成批后，逐批发出与其条形码相符的拣货标签。捡货人员将标签贴在仓库的每件商品上，并将货物取出用自动分拣机分货。分货机始端的扫描器对处于运动状态的分货机上的货物进行扫描，以确认所分拣出的货物是否正确，同时识读条形码上的用户标记，给出商品在确定的分支分流的指令，到达各个用户的配送货位，完成分货、拣选作业。

2) 二维码

二维码具有条形码技术的一些共性，每种码制有其特定的字符集，每个字符占有一定的宽度，具有一定的校验功能等，同时还具有信息容量大、容错能力强、加密等特点。如今，二维码技术虽然应用在物流领域还不太普遍，但是在手机扫描、身份识别、电子商务等方面已比较常见。随着现代物流的发展以及对物流信息精细化的要求，二维码技术将应用于现代物流管理中已成趋势。下面介绍一下在现实生活中较常见的QR码。

QR码是由日本Denso Wave公司于1994年9月研制出的一种矩阵式二维码，如图4.2所示。QR来自英文"Quick Response"的缩写，即快速反应的意思，源自发明者希望QR码可让其内容快速被解码，所以它又被称为快速响应矩阵码。

图 4.2　QR 码

QR码符号共有40种规格，分别为版本1、版本2、……、版本40。版本1的规格为

21模块×21模块、版本2为25模块×25模块，以此类推，每一版本符号比前一版本每边增加4个模块，直到版本40，规格为177模块×177模块。QR Code条码呈正方形，只有黑白两色。位于符号的左上角、右上角和左下角，印有较小、像"回"字的正方形图案。这3个图案是位置探测图形，能够帮助解码软件定位，使用者不需要对准，无论以任何角度扫描，资料都可被正确读取。

QR码可用来表示数字、字母、8位字节型数据、日文汉字和中文汉字字符等内容，其容量密度大，可以放入1 817个汉字，或7 089个数字，或4 200个英文字母。QR码用数据压缩方式表示汉字，仅用13b即可表示一个汉字，比其他二维码表示汉字的效率提高了20%。QR码具有4个等级的纠错功能，即使破损也能够被正确识读。QR码与其他二维码相比，具有识读速度快、数据密度大、占用空间小的优势。

2. 复合码

为了加强对物流商品的管理，提高物流管理中商品信息自动采集的效率，全球条码技术的倡导者和推动者——国际物品编码协会（EAN International）和美国统一代码委员会（UCC）首次合作，于1999年初联合推出了一种全新的适用于各个行业的物流条码标准——复合码（Composite Symbology，CS）。所谓复合码，就是将条形码与二维码有机地叠加在一起，以实现在读取商品的识别信息的同时，还能够获取更多描述商品物流特征的信息。作为一种新的条码码制，它很好地保持了国际物品编码体系（EAN/UCC系统）的完整性及兼容性，主要用于物流及仓储管理。

复合码中的条形码采用缩小面积的条码符号，目的在于尽量减少商品条码占用的面积，增加条码所包含的商品信息容量，同时用于进行商品标识和作为二维码的定位符，以实现识别时的定位。在设计复合码时，应使条形码的数据内容与二维码的数据内容相关联，以免扫描条形码时造成错误。用户扫描条形码，可录入商品或包装箱的单品标识信息，而扫描二维码，则录入商品或包装箱的描述性信息。因此，在条形码包含的数据与二维码包含的数据之间建立一种绝对的联系，是多年来编码工作者一直研究的问题。

长期以来，计算机技术在商业领域及物流管理中的成功运用，已经使人们深刻地认识到现有的商品条码受其信息容量的严重限制，已无法满足商业及物流管理工作的需要。而复合码的适时出现，帮助人们解决了标识微小物品及表述附加商品信息的棘手问题。以前在标识微小物品时，只能用8位的EAN/UCC缩短码，其所表述的信息仅为商品的8位唯一编号。这种缩短码由于信息容量小、占用面积大、号码资源紧张等原因，有着较大的局限性。而采用复合码以后，单位面积条码的信息容量有效地增大了，不但可以表示商品的单品编码，还可以将商品的包装日期、最佳食用日期等附加商品信息标识在商品上，便于零售店采集。复合码为商店散装商品及蔬菜水果等的条码标识提供了理想的解决方案，方便对商品实施有效的计算机管理和监控。

3. 射频识别技术

射频识别技术（Radio Frequency Identification，RFID）是20世纪90年代开始兴起的一种自动识别技术，是一种基于射频原理实现的非接触式自动识别技术。自2004年起，全球范围内掀起了一场射频识别技术的热潮，包括沃尔玛、宝洁、波音公司在内的商业巨头无不积极推动射频识别技术在制造、物流、零售、交通等行业的应用。

RFID 技术及其应用正处于迅速上升的时期，被业界公认为 21 世纪最具潜力的技术之一，它的发展和应用推广将是自动识别行业的一场技术革命。RFID 利用无线射频信号，通过读写器、天线和安装在载体上的 RFID 标签，构成 RFID 系统，实现对载体的非接触的识别和数据信息交换。其优点在于不局限于视线，识别距离比光学系统远，射频识别卡即可读出信息，又可写入数据，携带数量大，难以伪造，且有智能化特点，适用于物料跟踪、运载工具和货架识别等要求非接触数据采集和交换的场合。根据 RFID 系统完成的应用功能不同，可以把 RFID 应用系统分为以下 4 种类型。

（1）电子商品防盗系统。电子商品防盗（Electronic Article Surveillance，EAS）系统是一种设置在需要控制物品出入的门口的 RFID 技术，主要由检测器、解码器和电子标签三部分组成，是目前大型零售行业广泛采用的商品安全措施之一。

在应用 EAS 系统时，首先在物品上粘附 EAS 标签，当物品被正常购买或者合法移出时，在结算处通过一定的装置使 EAS 标签失活。物品经过装有 EAS 系统的门口时，EAS 装置能自动检测标签的活性，发现活性标签 EAS 系统会发出警告。EAS 技术的应用可以有效地防止物品被盗，不管是大件的商品，还是很小的物品。应用 EAS 系统，物品不用再锁在玻璃橱柜里，可以让顾客自由地观看、检查商品，这在自选购物日益流行的今天有着非常重要的意义。

（2）便携式数据采集系统。便携式数据采集系统是使用带有 RFID 阅读器的手持式数据采集器采集 RFID 标签上的数据，其具有较大的灵活性，适用于不宜安装固定式 RFID 系统的应用环境。RFID 阅读器可以在读取数据的同时，通过无线电波数据传输方式实时地向主计算机系统传输，也可以将数据暂时存储在阅读器中，再一批一批地向主计算机系统传输。

（3）物流控制系统。物流控制系统中，固定布置的 RFID 阅读器分散布置在给定的区域，并且阅读器直接与计算机控制系统相连，射频标签是移动的，一般安装在移动的物体或人上面。当物体或人流经过 RFID 阅读器时，阅读器会自动扫描射频标签上的信息并把数据信息输入计算机控制系统进行存储、分析和处理，以达到控制物流的目的。

（4）定位系统。RFID 阅读器放置在移动的车辆、轮船上或者自动化流水线中移动的物料、半成品、成品上，射频标签嵌入到操作环境的地表下面。射频标签上存储有位置识别信息，RFID 阅读器一般通过无线的方式或者有线的方式连接到计算机控制系统。该系统适用于自动化加工系统中的定位及对车辆、轮船等进行运行定位支持。

4.2.2 信息存储与传输技术

1. 数据库技术

数据库是以一定的组织方式存储在一起的相关的数据集合，这些数据没有有害或不必要的冗余，能为多个用户或应用程序服务，数据的存储独立于应用程序。应用程序能够用一种公用的、可控的方法向数据库插入新数据、修改和检索原有数据，结构化处理后的数据可以为今后的应用服务。同文件系统相比，数据库具有以下特点：数据的最小冗余、数据的充分共享、数据的相对独立、数据管理与控制的统一。

数据库系统是由计算机系统、数据库、数据库管理系统和有关人员组成的具有高度组织的总体。数据库系统是在文件系统基础上发展起来的更为先进的数据管理技术，它的应用使信息系统的水平提高到了一个新的阶段，数据库系统是现代物流信息系统不可缺少的一部分。

数据库管理系统经历了三十多年的发展，成了一门内容丰富的学科，形成了总量达数百亿美元的一个软件产业。目前，市场上具有代表性的数据库产品包括 Oracle、DB2、SQL Server 和 Sybase 等。在一定意义上，这些产品的特征反映了当前数据库产业界的最高水平和发展趋势。因此，分析这些主流产品的发展现状，是了解数据库技术发展的一个重要方面，同时也是了解现代物流信息管理中信息存储技术的途径。

2. 电子数据交换技术

电子数据交换(Electronic Data Interchange，EDI)是 20 世纪 80 年代发展起来的一种新颖的电子化贸易工具，是计算机、通信和现代管理技术相结合的产物。它通过电子方式，采用标准化的格式，利用计算机网络进行结构化数据的传输和交换，是一种在生产、运输、贸易、保险、银行和海关等与物流有关的行业或部门之间实现订单、票据等作业文件无纸化传输、应用和管理的电子化手段。EDI 的目的是通过建立企业间的数据交换网来实现票据处理、数据加工等事务作业的自动化、省力化、及时化和正确化，同时通过有关销售信息和库存信息的共享来实现经营活动的效率化。需要指出的是，企业在应用 EDI 时，不仅应关注在供应链参与各方之间传送信息的及时性和有效性，更重要的是如何利用这些信息来实现企业各自的经营目标和实现整个供应链活动的效率化。EDI 的主要功能表现在电子数据传输和交换、传输数据的存证、文书数据标准格式的转换、安全保密、提供信息查询、提供技术咨询服务、提供信息增值服务等。

根据系统功能不同，可以将 EDI 分为以下 4 类。

(1) 订货信息系统，是最基本、最知名的 EDI 系统。又可称为贸易数据互换系统(Trade Data Interchange，TDI)，它用电子数据文件来传输订单、发货票和各类通知。

(2) 电子金融汇兑系统(Electronic Fund Transfer，EFT)，即在银行和其他组织之间实行电子费用汇兑。EFT 已使用多年，但仍在不断地改进之中，其中最显著的改进是同订货信息系统联系起来，形成一个自动化水平更高的金融汇兑系统。

(3) 交互式应答系统(Interactive Query Response，IQR)。它可应用在旅行社或航空公司作为机票预订系统。在应用这种 EDI 时，先要询问到达某一目的地的航班，要求显示航班的时间、票价或其他信息，然后根据旅客的要求确定所要的航班，打印机票。

(4) 带有图形资料自动传输的 EDI。最常见的是计算机辅助设计(Computer Aided Design，CAD)图形的自动传输。如设计公司完成一个厂房的平面布置图，将其平面布置图传输给厂房的主人，请主人提出修改意见。一旦该设计被认可，系统将自动输出订单，发出购买建筑材料的报告。在收到这些建筑材料后，自动开出收据。如美国一个厨房用品制造公司 Kraft Maid 公司，在 PC 机上用 CAD 设计厨房的平面布置图，再用 EDI 传输设计图纸、订货单证、收据等，大大提高了工作效率。

EDI 的产生是以现有的计算机软件和硬件、通信技术以及数据的标准化为前提条件的。换句话说，业务处理的计算机化是实现 EDI 的前提，数据通信网络是实现 EDI 的基础，数据的标准化是实现 EDI 的保证。因此，构成 EDI 系统的三个要素是 EDI 软硬件、通信网络及数据标准。

物流 EDI 是指货主、承运业主及其他相关的单位之间，通过 EDI 系统进行物流数据交换，并以此为基础实施物流作业活动的方法。物流 EDI 参与单位有发送货物业主（如生产厂家、贸易商、批发商、零售商等）、承运业主（如独立的物流承运企业等）、实际运送货物的交通运输企业（铁路企业、水运企业、航空企业、公路运输企业等）、协助单位（政府有关部门、金融企业等）和其他的物流相关单位。

下面通过一个实例来说明 EDI 在企业物流系统中的应用，如图 4.3 所示。某企业采用 EDI 系统后，通过计算机通信网络接收到来自用户的一笔 EDI 方式的订货单，企业的 EDI 系统随即检查订货单是否符合要求和工厂是否接收订货，然后向用户回送确认信息。企业的 EDI 系统根据订货单的要求检查库存，如果需要则向相关的零部件和配套设备厂商发出 EDI 订货单；向铁路、海运、航空等部门预订车辆、舱位和集装箱；以 EDI 方式与保险公司和海关联系，申请保险手续和办理出口手续；向用户开 EDI 发票；同银行以 EDI 方式结算账目等。从订货、库存检查与零部件订货，办理相关手续及签发发货票等全部过程都由计算机自动完成，既快速又准确。

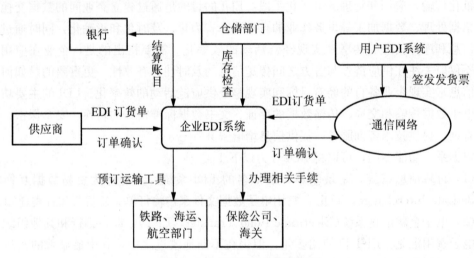

图 4.3 企业应用 EDI 系统实例

4.2.3 信息跟踪技术

1. 全球定位系统

全球定位系统（Global Positioning System，GPS）是由美国国防部开发的一个基于卫星的无线导航系统。GPS 利用分布在高度为 20 200km 的 6 个轨道上的 24 颗卫星对地面目标的状况进行精确测定，每条轨道上拥有 4 颗卫星，在地球上任何一点、任何时刻都可以同时接收到来自 4 颗卫星的信号，卫星所发射的空间轨道信息覆盖整个地球表面。

GPS 主要应用于船舶和飞机的导航、对地面目标的精确定时和精密定位、地面及空中交通管制、空间与地面灾害的监测等。GPS 能对静态或动态对象进行动态空间信息的获取，快速、精度均匀、不受天气和时间限制地反馈空间信息。GPS 不仅是一种可以定时和测距的定点导航系统，它还可以向全球用户提供连续、定时、高精度的三维位置和时间信息，以满足军事部门和民用部门的需要。

GPS系统具有以下5个特点。

(1) 定位精度高。GPS卫星发送的导航定位信号能够进行厘米级至毫米级精度的静态定位，米级至亚米级精度的动态定位，亚米级至厘米级精度的速度测量和毫微秒级精度的时间测量。

(2) 全天候作业。全球、全天候连续导航定位，为用户提供位置、速度和时间。GPS观测可以在一天24小时内的任何时间进行，不受阴天黑夜、起雾刮风、下雪等气候的影响。

(3) 观测时间短。随着GPS的不断完善，软件的不断更新，目前，以20km为相对静态定位，仅需15～20min；快速静态相对定位测量时，当每个流动站与基准站相距在15km以内时，流动站观测时间只需1～2min，然后可随时定位，每站观测只需几秒钟。

(4) 抗干扰性能好、保密性强。GPS采用扩频技术和伪码技术，用户不发射信号，因而GPS卫星所发送的信号具有良好的抗干扰性和保密性，在战时不易受到电子战的影响。

(5) 操作简便。随着GPS接收机不断改进，自动化程度越来越高，有的已经达到"傻瓜化"的程度；接收机的体积越来越小，重量越来越小，极大地减轻测量工作者的工作紧张程度和劳动强度。

随着人们对GPS认识的加深，GPS不仅在测量、导航、测速、测时等方面得到更广泛的应用，而且应用领域还将不断扩大。目前，GPS在物流领域可应用于：汽车自动定位、跟踪调度、陆地救援；内河及远洋船对最佳航程、安全航线的测定和航向的实时调度、监测以及水上救援等。

2. 地理信息系统

地理信息系统(Geographic Information System，GIS)是以空间数据库为基础，在计算机软硬件的支持下，对整个或部分地球表层(包括大气层)空间中的有关地理分布数据进行采集、存储、管理、处理、分析、显示和描述，为地理研究、综合评价和管理、定量分析和决策而建立的计算机应用系统。

地理信息系统是一种特定的、十分重要的空间信息系统，其处理、管理的对象是多种地理空间实体数据及其关系，包括空间定位数据、图形数据、遥感图像数据、属性数据等，用于分析和处理在一定地理区域内分布的各种现象和过程，解决复杂的规划、决策和管理问题。

GIS技术主要应用于物流分析，利用强大的地理数据功能来完善物流分析技术。目前一些国外公司已经开发出利用GIS为物流分析提供专门分析的工具软件。完整的GIS物流分析软件集成了车辆路线模型、网络物流模型、分配集合模型和设施定位模型等。

现代物流信息技术发展已趋成熟，信息资源的共享为物流GIS的建设提供了基础和保障，同时现代物流自身的发展也需要充分利用数字化技术来进入新的阶段。地理信息系统在最近的三十多年内取得了惊人的发展，广泛应用于资源调查、环境评估、灾害预测、国土管理、城市规划、邮电通信、交通运输、军事公安、水利电力、公共设施管理、农林牧业、统计、商业金融等几乎所有领域。

4.2.4 信息处理技术

1. 数字分拣系统

数字分拣系统(Digital Picking System，DPS)是第二次世界大战后在美国、日本和欧洲的物流配送中心广泛采用的一种分拣系统，目前已经成为发达国家大中型物流中心不可缺少的一部分。数字分拣系统中常用的技术是电子标签辅助拣货技术，它是一种无纸化的拣货系统。

一般传统拣货是拣选人员根据拣货单逐一拣货，工人劳动强度大，容易造成错拣或漏拣现象；而数字分拣系统是把打印拣货单的过程省略，在货架上加装一组 LED 显示器及线路，客户的订单资料直接由电脑传输到货架上的显示器，拣货人员根据显示器上的数字进行拣货，拣货完成之后在"确认"键上按一下即可。采用这种方式可大大提高拣选效率，降低工人的劳动强度。数字分拣系统的主要有以下 3 个特点。

(1) 连续、大批量地分拣货物。自动分拣系统采用流水线自动作业方式，不受气候、时间、人的体力等因素的限制，可以连续运行。据统计，自动分拣系统的分拣能力是连续运行 100h 以上，每小时可分拣 7 000 件包装商品。

(2) 分拣误差率低。自动分拣系统的分拣误差率主要取决于所输入分拣信息的准确性，而准确性的高低又取决于分拣信息的输入机制。如果采用人工键盘或语音识别方式输入，则误差率较高；如果采用条形码扫描输入，除非条形码的印刷本身有差错，否则是不会出错的。因此，目前自动分拣系统主要采用条形码技术来识别货物。

(3) 分拣作业基本实现无人化。使用自动分拣系统的目的之一，就是为了减轻员工的劳动强度，提高人员的使用效率。因此，自动分拣系统能最大限度地减少人员的使用，分拣作业基本实现无人化。

2. 电子订货系统

电子订货系统(Electronic Ordering System，EOS)是指企业间利用通信网络和终端设备，以在线连接的方式进行订货作业和订货信息交换的系统。EOS 系统按照应用范围可分为企业内部的 EOS 系统(如连锁经营的各个连锁分店与总部之间建立的 EOS 系统)、零售商与批发商之间的 EOS 系统及零售商、批销商和生产商之间的 EOS 系统。

EOS 系统能够及时、准确地交换订货信息，在企业物流管理中可发挥以下作用。

(1) 可以缩短从接到订单到发出订货的时间，缩短订货商品的交货期，减少商品订单的出错率，节省人工费用，尤其是针对传统的订货方式，如上门订货、邮寄订货、电话订货、传真订货等。

(2) 有利于降低企业库存水平，提供企业的库存管理效率，同时也能防止商品，特别是畅销商品缺货现象的出现。

(3) 对于生产厂家和批发商来说，通过分析零售商的商品订货信息，能准确判断畅销商品和滞销商品，有利于企业调整商品生产和销售计划。

(4) 有利于提高企业物流信息系统的效率，使各个业务信息子系统之间的数据交换更加便利和迅速，丰富企业的经营信息。

由于 EOS 系统给贸易伙伴带来了巨大的经济效益和社会效益，在商业化迅速发展的今天，越来越显示出它的重要性。随着科学技术的不断发展和 EOS 系统的日益普及，EOS 的系统化、社会化、标准化、国际化和网络化已经成了当今 EOS 系统的发展趋势。

3. 销售时点信息系统

销售时点信息系统(Point of Sales，POS)是由收款机和计算机联机构成的商业网络系统，通过自动读取设备（如收款机）在销售商品时直接读取商品销售信息（如商品品名、单价、销售数量、销售时间、销售店铺、购买顾客等），并通过计算机系统传送到有关部门进一步加工处理，如实时跟踪销售情况、分析数据、传递反馈、强化商品的销售管理等，以提高经营效率。

POS 系统最早应用于零售业，后来逐渐扩展到其他领域，如金融、旅馆等服务行业，而该系统的利用范围也逐步从企业内部扩展到整个供应链。现代 POS 系统已不仅仅局限于电子收款技术，而是要考虑将计算机网络、电子数据交换技术、条码技术、电子监控技术、电子收款技术、电子信息处理技术、远程通信、电子广告、自动仓储配送技术、自动售货、备货技术等一系列科技手段融为一体，从而形成一个综合性的信息资源管理系统。同时，它必须符合和服从商场管理模式，按照对商品流通管理及资金管理的各种规定进行设计和运行。

目前，国内对于 POS 系统存在两种不同的观点：一种观点指的是销售应用的 POS 系统，该系统对商店零售柜台的所有交易信息进行加工整理，实时跟踪销售情况，分析数据并进行传递反馈，可以强化对商品的营销管理；另一种观点指的是银行应用的 POS 机或 POS 系统(Electronic Fund Transfer Point of Sales System)，称为销售点电子转账服务作业系统。该系统是由银行设置在商业网点或特约商户的信用卡授权终端机，通过公用数据交换网与银行计算机系统联机构成的电子转账服务作业系统。它的功能是为持卡人在销售点购物及消费提供通过电子转账系统直接扣账或者信用记账服务。

4.3 物流信息系统

现代物流管理是物流实体流通与信息流通的结合，最重要的特征是物流的信息化。物流信息化可以提高物流效率、降低物流成本、保障物流安全、提升物流品质，因此物流信息技术得到企业的高度重视。在物流信息技术的支撑下，形成了以自动化仓储管理、客户服务管理、财务管理等多种业务集成的一体化的现代物流信息系统。本节主要介绍物流信息系统的基本概念、开发方法、开发过程及几种典型的物流信息系统。

4.3.1 物流信息系统概述

1. 物流信息系统的概念

物流信息系统(Logistics Information System，LIS)是以现代管理理论为指导，以计算机、网络等现代信息技术为基础，由人员、计算机软硬件、网络通信设备和其他办公设备组成的人机交互系统。其主要功能是进行物流信息的收集、存储、传输、加工整理、维护和输出，为物流管理者和其他组织管理人员提供战略、战术及运作决策的支持，以达到组织的战略竞优，提高物流运作的效率与效益。物流业务人员使用物流信息系统处理物流业务，物流管理人员使用物流信息系统控制物流过程，决策人员使用物流信息系统辅助决策。

用系统的观点来看，物流信息系统是企业信息系统的一个子系统，它本身又可以分解成一系列的子系统。因为物流企业的核心业务是物流，所以有的也把物流企业的管理信息系统简称为物流信息系统。物流管理系统的启动往往需要从物流信息系统得到信息，无论多好的物流管理系统，如果不能与信息系统紧密结合，也难以很好地运转。从物流系统的整体角度看，信息流和物流是同时进行的，关键是两者内容必须一致且信息先行。建立现代物流管理系统必须有先进的物流信息系统，物流信息系统可以提高企业效率、降低经营成本、增强企业的核心竞争力，从而获得最大效益。

随着工业和技术的不断进步，物流作业的方式发生了很大的变化。配合物流作业方式的变化，物流信息系统的模式经历了四个阶段，即人工作业阶段、合理化和计算机应用阶段、自动化信息整合阶段及智能化信息整合阶段。在不同的阶段，物流信息系统具有不同的功能，发挥着不同的作用，见表4-3。

表4-3 物流信息系统的不同发展阶段

发展阶段	人工作业阶段	合理化和计算机应用阶段	自动化信息整合阶段	智能化信息整合阶段
状态说明	(1) 人工制单； (2) 人工统计、汇总； (3) 人工转账； (4) 具有简易管理功能	(1) 事务作业合理化； (2) 报表单据合理化和标准化； (3) 引进计算机制单； (4) 计算机汇总统计； (5) 计算机结算； (6) 计算机提供各项管理报表； (7) 各计算机之间彼此独立，拥有独立的数据库	(1) 计算机软硬件集成化； (2) 建立数据库管理系统； (3) 做信息统计分析、制定各类决策； (4) 系统对外联网做信息接收、储存、转换、输出	(1) 引入人工智能； (2) 引入专家系统； (3) 经营决策计算机辅助
主要内容	(1) 制作出入库凭证； (2) 制作财务、会计凭证； (3) 制作结算单； (4) 人事薪金计算和制单； (5) 人工制作会计账目、人工填写库存账册	(1) 订单信息处理系统； (2) 出入库处理系统； (3) 库存管理系统； (4) 会计总账系统； (5) 人事考核和薪金管理系统； (6) 采购管理系统； (7) 应收、应付账款管理系统，票据、发票管理系统	(1) 订单信息处理系统（包括通过网络的订购）； (2) 销售预测系统； (3) 物资管理系统； (4) 车辆调派系统； (5) 运输线路选择、规划系统； (6) 供应商管理系统； (7) 财务成本核算系统； (8) 银行转账、结算系统； (9) 信息系统的集成化连接； (10) 绩效考核管理系统	(1) 建立后勤支持系统； (2) 物流动态分析系统； (3) 安全库存量自动控制系统； (4) 仓库规划布局系统； (5) 车辆运输自动调度系统； (6) 仓库软硬件设备、人力使用分析控制系统

2. 物流信息系统的分类

根据分类方法的不同，物流信息系统可以从以下 4 个角度分类。

1) 按系统的结构不同分类

按这种分类标准，物流信息系统被分成单功能系统和多功能系统。

（1）单功能系统指只能完成一种职能的系统，如物流财务系统、合同管理系统、物资分配系统等。

（2）多功能系统指能够完成一个部门或一个企业所包括的物流管理职能的系统，如仓库管理系统、某个企业的经营管理决策系统等。

2) 按系统功能的性质不同分类

按这种分类标准，物流信息系统被分成操作型系统和决策型系统。

（1）操作型系统指为管理者处理日常业务的系统。它的主要工作是进行数据处理，如记账、汇总、统计、打印报表等。

（2）决策型系统是在处理日常业务的基础上，运用现代化管理方法，进一步加工计算，为管理人员或领导者提供决策方案的定量依据。这类系统通常又被称为辅助决策系统或决策支持系统。

3) 按系统所采用的设备和技术不同分类

按这种分类标准，物流信息系统被分成单机系统和网络系统。

（1）单机系统只使用一台计算机，这台机器可以只有一个终端，也可以有多个终端，通常对数据采用批处理方式。如果采用分时处理方式，就必须配有多个终端。

（2）网络系统使用多台计算机，相互间以通信网连接起来，实行资源共享。

4) 按系统作用的对象不同分类

对于涉及产品流通的企业来讲，可以分为生产型企业、流通型企业和以物流生产为主业的第三方物流企业。因此，根据物流生产的主体不同，物流信息系统被分为 3 类。

（1）面向生产企业的物流信息系统。生产型企业从原材料或者半成品生产厂家购买原材料或者半成品，运用技术和设备生产出产品，然后投放市场，获取产品的销售利润。从这个过程中可以看出，生产型企业获取的利润存在于产品中的劳动增值和技术增值。就采购来看，生产型企业采购的很可能是多种原材料，采购完毕后进入生产环节，产生废弃物和可回收物，最后进行销售。就涉及的物流作业看，包括供应采购、原材料仓储、生产配送（含领料）、产品仓储与销售运输（配送），此外，还包含废弃物物流与回收物流。

（2）面向流通企业的物流信息系统。流通型企业的主要生产方式是向生产型企业采购产品，通过适当的销售渠道销售给顾客，赚取进销的差价利润。在这种生产过程中，针对销售企业不同的销售模式，可能会存在以下物流过程，即订货采购、仓储与配货（含配送、店面及仓库存储）以及销售送货（包括退货、补货、销售送货等）等。

（3）面向第三方物流企业的物流信息系统。第三方物流企业服务于生产企业与流通企业及消费者，以提供第三方物流服务为主业。在第三方物流的整个生产过程中，商品本身价值不发生任何变化，但是由于物流成本的存在，商品的价格会发生一定程度的变化。

3. 物流信息系统的组成

从系统的观点来看，物流信息系统由硬件、软件、数据库与数据仓库、人员及物流管理思想组成。

1) 硬件

硬件包括计算机、网络通信设备等，一般有输入设备、处理设备、输出设备、通信设备和存储设备五种类型。它是物流信息系统的物理设备、硬件资源，是实现物流信息系统的基础，构成系统运行的硬件平台。

2) 软件

软件是物流信息系统应用的核心，与物流活动相对应，各个活动都有软件的支持，具体来说指系统软件、实用软件和应用软件。系统软件主要有操作系统、网络操作系统等，它控制、协调硬件资源，是物流信息系统必不可少的软件；实用软件主要有数据库管理系统、计算机语言、各种开发工具、国际互联网上的浏览器、电子邮件等，主要用于开发应用软件、管理数据资源和实现通信等；应用软件是面向问题的软件，与物流企业业务运作相关，实现辅助企业管理的功能。

3) 数据库与数据仓库

数据库与数据仓库用来存放与应用相关的数据，是实现辅助企业管理和支持决策的数据基础，目前大量的数据存放在数据库中。随着物流信息系统应用的深入，采用数据挖掘技术的数据仓库也应运而生。数据库系统主要面向一般管理层的事务性处理，数据仓库是面向主题的、集成的、稳定的、不同时间的数据集合，用以支持经营管理中的决策制定过程。

4) 人员

物流信息系统是为管理服务的，是人机交互的系统，从系统的分析设计到系统的使用与维护都有大量的人员在起作用，比如系统分析员、系统设计员、系统实施人员、操作员、系统维护人员、数据准备人员及各层次管理机构的决策者和各部门业务人员等。物流信息系统要能够应用得比较完善就必须重视各类人员在其中的作用。

5) 物流管理思想

物流管理思想是物流信息系统成功开发和运行的管理基础和保障，是构造物流信息系统模型的主要参考依据，制约着系统硬件平台的结构、系统计算模式和应用软件的功能。物流信息系统则是物流管理思想的外在表现，它对企业物流活动的作用不仅依赖于物流信息技术的应用，更决定于物流管理思想的先进性。

4. 物流信息系统的功能

物流系统的各个层次及不同作业环节之间是通过信息流紧密联系在一起的，因此，物流信息系统都需要具备以下基本功能。

1) 物流信息的收集和录入

物流信息系统首先要把系统内外的有关数据记录下来，并对其进行可能与必要的检验，再将数据集中起来转化为物流信息系统能够接收的形式并输入到系统中。物流信息的收集是物流信息系统运行的起点，也是重要的一步。收集信息的真实性、可靠性、准确性和及时性决定着信息时效价值的大小，是物流信息系统运行的基础。物流信息的收集要遵循针对性、系统性、连续性等原则。

2) 物流信息的存储

数据进入物流信息系统后，通过整理和加工得到有用的信息，并将这些信息存储起来。物流信息的存储要考虑信息的安全性及使用的便利性，还应充分考虑数据的冗余度和一致性等。

3）物流信息的处理

物流信息系统的最基本目标就是将输入数据加工处理成物流信息。信息处理可以是简单的查询、排序，也可以是复杂的模型求解和预测。信息处理能力的强弱是衡量物流信息系统能力的一个重要方面。由于收集到的物流信息大都是零散的、相互独立的、形式各异的，要存储和检索这些不规范信息，必须要再进行分析、整理和加工。采用科学方法对收集到的物流信息进行筛选、分类、比较、计算、存储，使之条理化、有序化、系统化、规范化，才能成为能综合反映某一现象特征的真实、可靠、适用而有较高使用价值的信息，满足多元化的信息需求。

4）物流信息的传递

物流信息的传递不仅包括物流信息在企业内部的传输，也包括物流信息在外部环境要素间的传递。在物流过程中，由于作业场所的不断变更，必然产生传递信息的要求。物流信息传递是指从信息源出发，经过一定的媒介和信息通道输送给接收者的过程。物流信息传递最基本的要求是迅速、准确和经济。

5）物流信息的查询和输出

为解决因信息数量的"爆炸"而给物流信息查询带来的困难，物流信息系统应具有检索查询功能。同时由于使用者的目的不一样，物流信息系统应具有多种检索方法和功能，其对检索结果还应具有输出功能，用以反映物流信息管理的最终结果。经过信息的收集、加工、存储等活动，最终以报表、文字、图形等形式提供给决策者或管理者。

4.3.2　物流信息系统开发

物流信息系统的开发有很多种方法可供选择，这些方法的开发过程大体上都要经过5个阶段，即系统规划、系统分析、系统设计、系统实施、系统运行维护与评价。

1. 系统规划

系统规划既是系统开发工作的初始阶段，又决定了所开发出的系统的功能和运行效率，它始于用户提出要求。在该阶段，用户提出的要求往往是需要解决的问题的简单罗列，开发人员的任务，就是要对用户的要求进行初步调查和可行性研究，通过关键成功因素法、企业系统规划法等方法提出未来系统的总体功能结构。

2. 系统分析

在系统规划的工作完成后，进入系统开发的第二阶段——系统分析阶段。系统分析是系统开发工作中最重要的一个阶段，该阶段要解决未来系统"做什么"的问题，是新系统的逻辑设计阶段。该阶段的工作分为两大部分：一是在规划阶段初步调查的基础上对企业进一步详细调查；二是建立新系统的逻辑方案。

3. 系统设计

系统设计阶段是对新系统进行物理设计，回答新系统"如何做"的问题。主要工作分为两部分：总体设计和详细设计。

总体设计在系统分析的基础上主要完成以下工作。

(1) 设计新系统的硬件结构和系统软件结构。

(2) 根据选定的硬件平台及系统软件的特点,设计新系统的数据处理流程及数据类。

(3) 由新系统的数据处理流程确定新系统的应用软件结构。

(4) 根据数据类完成新系统的数据库设计及共享编码的设计。

详细设计又称物理模型设计,设计对象是构成系统的每一个功能模块。

4. 系统实施

系统实施是将系统设计的结果付诸实践,该阶段包括以下工作:实施系统环境、编写和调试程序、组织系统调试和测试、对用户进行培训和切换交付系统。

5. 系统运行维护与评价

该阶段的工作包括两部分:系统运行维护和系统评价。

(1) 系统运行维护。为保证系统的正常运行和系统资源的有效使用,需要进行系统维护。通过维护不断完善系统、扩充系统功能和提高系统效率。

(2) 系统评价。系统投入使用后,要看看新系统是否满足了最初系统规划阶段的设想,新系统运行的情况如何等,这称为系统评价。通常从 4 个方面来评价系统:①系统目标的完成情况,看是否实现了设计阶段提出的所有功能;②系统运行的情况,如系统运行的速度、稳定性和可靠性,用户是否满意等;③系统的安全性和保密性;④系统的直接经济效益和间接经济效益。

4.3.3 几种典型的物流信息系统

1. 运输管理信息系统

运输管理信息系统(Transportation Management System,TMS)是基于运输作业流程的管理系统,它利用计算机网络等现代信息技术,对运输计划、运输工具、运送人员及运输过程进行跟踪、调度、指挥。

运输管理信息系统提高了物流运输的服务水平,具体作用表现在以下 4 个方面。

(1) 查询便利化。当顾客需要对货物的状态进行查询时,只要输入货物的发票号码,立刻知道有关货物状态的信息。查询作业简便迅速,信息及时准确。

(2) 服务及时化。通过货物信息可以确认货物是否将在规定的时间内送到顾客手中,及时发现没有在规定的时间内把货物交付给顾客的情况,以便马上查明原因并及时改正,从而提高运送货物的准确性和及时性,提高顾客服务水平。

(3) 竞争优势化。运输管理信息系统可以帮助企业提高物流运输效率、提供差别化物流服务,从而使企业获得有利的竞争优势。

(4) 信息共享化。运输管理信息系统提供货物运送状态的信息,丰富了供应链的信息分享源,有利于下游用户预先做好接货及后续工作的准备。

在物流运输作业活动中,由于运输车辆处于分散运动状态中,因此,对物流运输车辆的管理有着其他作业管理不能比拟的困难。随着无线技术、地理信息系统和全球定位系统的发展,车辆运行信息管理系统被应用到物流运输作业中,为客户提供迅速、准确、安全、经济的运输服务,满足货主多样化、个性化、多频度、小数量和及时运达的需求。

2. 仓储管理信息系统

仓储管理信息系统(Warehouse Management System,WMS)是用来管理仓库内部的人员、库存、工作时间、订单和设备的应用软件。这里所称的"仓库",包括生产和供应领域中各种类型的储存仓库。仓储作业过程是指以仓库为中心,从仓库接收货物入库开始,到按需要把货物全部完好地发送出去的全部过程。

仓储管理系统主要包括以下 4 个环节。

(1) 收货及上架。当货物抵达仓库时,工作人员可以根据管理日常收货程序的来货通知单,完成货物的收取和上架工作,收货及上架的资料会存储在系统中。该系统能够大大减少人为错误,为用户提供准确和实时的货物信息。

(2) 拣货。在送货单产生后,送货人员可以按照送货单上的货物清单及位置拣货。仓库人员利用电子手账和电子条形码扫描仪,实时确认并更新货物的资料,提高工作效率和准确性。整个程序的详细情况都会被记录在系统中。当确定出货后,货品数量会得到实时更新。

(3) 库存分配。经过全面计算储货位置的容量及考虑送货和入货的情况后,仓库管理系统会提供有关目前及预计所占用空间的信息,确保充分利用仓库的空间。

(4) 货物管理及控制。用户可以通过该系统的接口控制货物的数量及位置,也可随时获得最新的货物资料,包括数量、位置和状况等。同时,该系统还可以提供弹性指令,使获授权的使用者能够对货物的数量作出调整,而系统中的报告界面能够协助制作报表。其所提供的货物信息可以使管理层随时查询货物数额,并作出适当的补充,从而有效管理仓库内的日常运作。此外,还可自动生成其他报告,如收货报告、出货报告等,使用户清楚地知道货物入仓及出仓记录。

阅读案例 4-1

四三七处的 WMS 系统

四川储备物资管理局四三七处(以下简称四三七处)作为国家储备基地和物流基地,除承担国家战略物资的储备任务外,还要面向社会从事生产资料,特别是国民经济建设与发展所需要物资的仓储物流管理。四三七处在过程控制理念指导下,引进并再开发亘古 WMS 系统,基于货权与实物管理分离思想,实现了仓储账务管理和仓储实物管理的实时跟踪及仓储实物的统一管理,运用条码、IC 卡等识别技术,极大地提高了实物管理过程的可控制性和可查性。

亘古 WMS 的功能特点有:①构建了货权与实物分离管理的系统运行模式,实现了实物统一管理与专项管理并行管理;②实现了对业务操作过程的流程控制。系统运行由传统书面纸质文件(业务单据)传递模式,转化成生产作业推动模式;③采用了先进的识别技术。包括对业务方式、业务过程、业务对象及参与生产作业的设备、人员、物资的识别;④实现了实时自动的数据采集。结合条码、RFID 技术实现对货物标识信息自动采集及计量仪器计量数据的自动采集;⑤实现了仓储的无线管理。将射频技术,条码技术和无线计算机网络技术相结合,把仓储信息管理直接延伸到了操作现场;⑥严密的防伪功能。通过客户提货样单图形验证、纸质提单与电子加密提单与二代身份证识别相结合,通过条码识别技术对提货车辆的跟踪和管理,保障了客户仓储货物的安全;⑦有效的纠错、防错功能。在操作过程中,系统将实时将作业过程中获取的实际作业信息与作业指令信息进行对比监控；⑧多层次物资监控跟踪功能，系统可跟踪实物到最小单位、最精确的物理位置（库区、库房、货位、垛位、层序），系统同时支持银行、电子交易平台对专管物资实行总金额、总量控制的监管管理模式；⑨科学的仓储数字化生产调度系统。数字化仓储生产调度系统使企业仓储物资和整个仓库的作业点得到科学合理的安排，使每台设备能力得到最大程度的发挥，最大限度地提高了仓库单位时间内的作业量。

资料来源：http://info.bfb56.com/news/69445.html。

3. 配送管理信息系统

配送管理信息系统（Distribution Management System，DMS）是以计算机和通信技术为基础，处理企业的现行配送业务，控制企业的物流管理活动，预测企业的购销趋势，为制定企业物流配送决策提供信息，给决策者提供一个分析问题、构造模型和模拟决策过程的人机系统的集成。

配送管理信息系统是企业物流管理现代化的重要标志之一，目标是通过系统的思想优化配送环节，实现配送作业流程的信息化处理，从而提高配送作业效率、增强配送服务水平和降低配送成本。具体作用表现在以下3个方面。

（1）配送管理信息系统是企业组织物流活动的坚实基础。企业整个物流过程是一个多环节的复杂系统，物流系统中的各个子系统通过物资实体的运动联系在一起，子系统的相互衔接是以信息为纽带的，基本资源的调度也是通过信息的传递来实现的。因此，为了保证配送活动正常而有序地进行，企业必须建立符合实际的配送管理信息系统。

（2）配送管理信息系统是企业进行物流计划决策的辅助工具。在企业计划体系中，物流系统计划很多，并且相互关联。企业的配送计划是建立在销售计划、生产计划、生产用料计划、库存计划基础上的，同时它又决定采购进货计划的制订。因此，信息流通不畅或信息不准确会造成物流活动的混乱，也会影响企业作出正确的计划决策。

（3）配送管理信息系统是企业进行物流控制的有力手段。利用系统对物流进行控制的办法有两种：一是利用信息指挥调度，使物流按照信息规定的路线、任务、时间及各项标准的要求流动；二是利用信息的反馈作用，随时将反馈的信息与标准信息进行比较，找出偏差，调整计划决策，对过程进行控制。

4.4 物流信息化

信息化是指培育、发展以智能化工具为代表的新的生产力并使之造福于社会的历史过程。智能化工具一般必须具备信息获取、信息传递、信息处理、信息再生和信息利用的功能。物流信息化则是指运用物流信息管理的手段使得现代物流管理趋向自动化、智能化和信息化发展。

4.4.1 物流信息化的必要性

1. 物流信息化促使物流成本的降低

在物流系统中，大量的信息不仅随时间波动，而且还依赖于气象和经济条件，是不稳定的。因此，物流管理和决策作业与活动需要实时地分析各种条件，并在最短时间内给出最佳实施方案。例如配舱、装箱、运输资源的使用、运输路线的选择、工作计划的拟订、人员的安排、库存数量的决策、需求和成本的预测、系统的控制等，都需要优化或智能规划。而在物流信息系统中，自觉运用智能规划理论和方法，实现管理和决策的最优化、智能化，可以最合理地利用有限的资源，以最小的消耗取得最大的经济利益。

2. 物流信息化促使物流流程的重组

物流信息化的直接结果是信息流动的加快、信息流动的及时准确，而信息迅速流动直接关系到物流的工作流程的平衡。物流信息化关键的目标是要平衡物流系统各个组成部分，这也决定了必须对物流流程进行重组。但是对物流流程的重组不是对原有物流系统的全盘否定，而是使物流系统再升华，使物流更加合理化、高效化、现代化，使物流时间、空间范围更加扩展。

3. 物流信息化促使物流的标准化

据估算，目前我国物流企业的信息系统开发费用可以降低80%，将各系统连通起来的成本也可以减少一半以上，从而避免大量的低水平的重复开发与建设成本。

目前，基于信息技术和现代网络技术的现代物流标准化趋势有以下3个方面。

（1）业务流程标准化。企业的业务流程要体现在信息系统的软件当中，只有把企业的业务流程标准化以后，才有利于信息系统与企业的具体业务相结合。

（2）信息流标准化。信息标准化的重点是企业各类信息的编码、管理信息、经营数据和技术数据标准化问题。

（3）文件格式标准化。文件格式标准化主要是为了解决数据的互联与互通。

以上3个方面的核心任务是实现数据交换和信息的共享，这是信息时代先进企业标准化的一个特点。

4. 物流信息化可提高物流企业竞争力

在供应链形成之后，特别是在第三方物流企业形成以后，整个物流过程或者供应链过程的管理效率和管理水平的提高成为竞争的主要焦点，物流竞争已从环节的竞争转到物流供应链的整个过程的竞争。如果不采取信息化，物流企业就没有竞争力。

4.4.2 物流信息化的发展阶段

物流信息化的发展经历了以下3个阶段。

1. 内部操作和客户服务信息化

（1）内部操作信息化。通过内部各流程自动化、智能化的应用，提高效率，减少人为原因造成的不必要失误，提高客户满意度。

（2）客户服务信息化。在线服务模块使客户可以通过互联网实现网上订舱、网上对单、网上跟踪等功能，降低公司员工工作量，提高效率并提升企业形象。

2. 管理和决策信息化

（1）管理信息化。通过数据辅助管理人员对作业进行远程的管理和跟踪，加强对地理分散各点的管理。

（2）决策信息化。辅助决策人员对经营决策提供支持，以直观易懂的方式比较全面地反映企业经营情况及其发展趋势，以便于企业决策者在决策过程中更加科学准确。

3. 协同作业信息化

协同作业指一笔物流作业的完成需要物流上所有涉及企业共同协作完成。整个物流上的任何一个环节出现问题最终都会导致客户满意度的下降，且从长远来看会涉及整个物流链的所有企业。

协同作业信息化指通过开发式技术路线，以更加宏观的角度全局地设计整个物流系统。其通过标准的接口连接物流链上所有企业的信息系统，构成统一的物流协同作业平台，从而加快整个物流的速度，从整体上提高服务质量，提高客户忠诚度，与自己的客户和合作伙伴共同成功、共同发展。

本 章 小 结

信息在现代物流中起着非常重要的作用，信息化是物流现代化的重要标志。通过在物流领域中应用信息技术，可以使企业降低物流成本，提高物流运作效率和对市场反应的灵敏度，从而更好地满足客户的需求，增强企业的核心竞争力。虽然我国的物流信息化建设还处于初级阶段，但是有广阔的发展空间，随着企业信息化基础设施的不断完善，物流信息化将进入高速发展的时期。

通过本章的学习，能够理解物流信息的概念、特点、分类与作用，学习各种物流信息技术的基本知识与理论，熟悉物流信息系统的概念、分类、组成、功能和开发过程，同时对物流信息化有一定的了解。

关键术语

（1）物流信息　　　　（2）物流信息技术　　　　（3）条形码
（4）射频识别技术　　（5）电子数据交换技术　　（6）全球定位系统
（7）地理信息系统　　（8）物流信息系统开发　　（9）物流信息化

习　　题

1. 选择题

（1）以下（　　）选项不属于物流信息的范畴。

A. 采购订单　　　B. 条码扫描设备　　　C. 物料清单　　　D. 入库验收数据

(2) 物流信息的特点不包括以下（　）选项。
　A. 信息量大　　　　B. 种类多　　　　C. 动态性强　　　　D. 信息一致
(3) 按物流信息的功能不同分类，（　）是物流活动过程中发生的信息。
　A. 计划信息　　　B. 控制及作业信息　C. 统计信息　　　D. 支持信息
(4) 如今，越来越火的二维码属于物流信息技术中的（　）。
　A. 基础技术　　　B. 信息存储技术　　C. 信息标识技术　　D. 信息跟踪技术
(5)（　）通过电子方式，采用标准化的格式，利用计算机网络进行结构化数据的传输和交换。
　A. 条形码技术　　　　　　　　　　　B. 射频识别技术
　C. 数据库技术　　　　　　　　　　　D. 电子数据交换技术
(6) 超市中收银台清点货物运用的是（　）。
　A. EOS　　　　　B. DPS　　　　　C. POS　　　　　D. GPS
(7) 从系统的观点来看，物流信息系统由硬件、软件、数据库与数据仓库、人员和（　）组成。
　A. 计算机　　　B. 数据库管理系统　C. 物流管理思想　　D. 供应链系统
(8) 以下（　）选项没有体现出物流信息化的必要性。
　A. 物流信息化促使物流成本的降低　　B. 物流信息化促使物流流程的重组
　C. 物流信息化促使物流的标准化　　　D. 物流信息化促使物流效益的增加

2. 简答题
(1) 画图解释物流信息的产生与流动。
(2) 物流信息的作用主要表现在哪些方面？试举例说明。
(3) 列举出现实生活中你身边用到的射频识别技术。
(4) 简述全球定位系统的特点和用处。
(5) 解释电子订货系统的含义以及作用。
(6) 物流信息系统有哪些分类？试举例说明。
(7) 简述物流信息系统的功能。
(8) 简述物流信息化的发展阶段。

3. 判断题
(1) 从广义范围来看，物流信息不仅指与物流活动有关的信息，还包括与买卖双方交易过程有关的商品交易信息及与市场活动有关的市场信息。（　　）
(2) 按照物流信息沟通联络方式，可以将物流信息分为原始信息、文本信息和电子信息。（　　）
(3) UPC 码、EAN 码、QR 码是条形码。（　　）
(4) GPS 是一种特定的、十分重要的空间信息系统，其处理的对象是多种地理空间实体数据及其关系，包括空间定位数据、图形数据、遥感图像数据、属性数据等。（　　）
(5) 物流信息系统的开发过程大体上都要按顺序经过 5 个阶段，即系统规划、系统设计、系统分析、系统实施、系统运行维护与评价。（　　）

(6) 运输管理信息系统是基于运输作业流程的管理系统，它利用计算机网络等现代信息技术，对运输计划、运输工具、运送人员及运输过程进行跟踪、调度、指挥。（　　）

(7) 配送管理信息系统是用来管理仓库内部的人员、库存、工作时间、订单和设备的应用软件。（　　）

(8) 物流信息化能促使物流企业提高竞争力。（　　）

4．思考题

(1) 现代物流信息与传统物流信息相比具有了哪些新的特点？

(2) 再举出几种比较典型的物流信息系统。

(3) 讨论物流信息化的发展趋势，并结合实际谈谈你的看法。

案例分析

南方物流的网络化物流管理系统①

上海南方物流有限公司是国内知名的第三方物流企业，公司致力于运输、仓储及城市配送业务发展。随着公司业务规模不断扩大和市场竞争的加剧，上海南方物流有限公司认识到引入专业的、成熟的物流软件系统的必要性。南方物流的信息化需求是构建一套基于网络的物流管理系统，该网络系统包括对物流的仓储、运输、订单、客户管理等于一体，为上海南方综合物流中心有限公司的物流应用和管理提供快捷、稳定、先进的网络运行系统平台。

上海天宸信息科技开发有限公司凭借自己的技术实力、优质的服务体系及良好的商业信誉在多家竞标单位中脱颖而出，中标"南方综合物流中心物流管理系统"项目。该系统总投资500万元，是交通部全国46家物流中心中第一家实施系统项目的公司。根据双方达成的协议，此系统将包含订单系统、仓储系统、运输系统、客户管理系统、交易系统，为南方的应用和管理系统提供基础网络平台和快捷、稳定、先进的网络运行平台，旨在提高物流信息的获取、传输、交换与发布能力，提高物流管理和综合利用水平，提高业务操作效率，减少获取物流信息的成本，充分发挥其社会效益和经济效益，为南方综合物流中心的信息化、网络化奠定良好的基础环境。南方物流信息系统具有以下需求。

1．基本信息系统

公用的子系统，提供所有其他子系统的基本数据，是系统必要的部分，凡是其他子系统要参照的数据、组织人员信息与货主有关的供应商、客户的信息均包括在内。

2．订单系统

在客户服务部门接受订单之后，将订单录入系统，从而开始单据在物流系统中的流转过程，同时对订单进行跟踪管理，并与客户之间保持联系，向客户及时地提供订单的执行情况。

3．仓库系统

南方物流仓储系统作为物流中心信息系统的重要组成部分，是整个供应链管理中不可或缺的一个环节，仓库系统的高效运作，也必然将推动整个物流系统的高效运作。系统应是专门面对第三方物流企业的仓库管理软件，融合现代物流的管理思想，为物流企业的仓库管理提供了

---

① 百分百物流网．http://info.bfb56.com/news/67459.html．

一个良好的应用平台,并为企业电子商务的应用预留了可扩展的接口。仓库系统实现了对仓库运作全过程的管理,包括入库、出库、盘点、不良品处理、库存实时查询齐备的功能,同时系统实现了对货品的批次进行精确的跟踪,提供完善的单据报表,采用严格的权限控制,从而保证了仓库运作的严格、有序、高效。

4. 运输系统

与仓库系统一样,运输管理系统也是物流中心信息系统的重要组成部分,是整个供应链管理中的关键环节,运输的效率直接影响整个物流系统的运作。系统是专门面对第三方物流企业的运输管理软件,融合现代物流的管理思想,为物流企业的运输管理提供了一个良好的应用平台,并为企业电子商务的应用预留了可扩展的接口。运输系统实现了对运输操作的全过程的管理,包括调度、车辆外协、装车、短拨、费用处理、投诉受理等功能,同时系统实现了对运输过程的跟踪,提供完善的单据报表,采用严格的权限控制,从而保证了运输操作的严格、有序、高效。

5. 系统特点

(1) 可维护性好。由于系统采用 B/S 模式,所以所有系统的维护工作只需要在服务器端进行,不需要在客户端进行任何的升级和维护,大大提高了系统的可维护性。

(2) 跨地域操作。在任何地点,都可以通过 Internet 连接上服务器。对于大型物流公司,必定在全国设有分支机构,通过提供这种方式,就可以使各分支机构间使用同一套系统,实现数据的共享和及时交互。

(3) 清晰的流程。系统的业务流程参照先进的物流理念和多家业界领先的物流公司实际的运营流程,同时深入了解南方物流公司自身的运作,制订了清晰的业务流程,使操作人员能够按照流程清晰地进行实际的操作,保证物流运作有序而高效地进行。

讨论题

(1) 上海南方物流有限公司的物流信息系统包含了哪些内容?

(2) 结合案例,谈谈南方物流信息系统的建设对于其他物流公司有什么启示。

第 5 章 企业物流管理

【本章教学要点】

知识要点	掌握程度	相关知识	应用方向
企业物流的概念与结构	掌握	企业物流的概念；企业物流的水平结构和垂直结构	企业物流的基本概念、功能与分类，为企业物流系统的构建打下基础
企业物流的特征与分类	掌握	企业物流的 5 个特征和 4 个主要的企业物流类型	
供应物流管理的内容与供应物流的过程	了解	供应物流管理的 3 方面内容及其概念；形成供应物流的 3 个过程	企业物流的内容及其原理介绍，用于企业物流系统各个模块的构建
供应物流的组织方式与服务	重点掌握	供应物流的 3 种组织方式；两种服务方式	
生产物流的概念与基本特征	了解	生产物流的概念；6 个基本特征	
影响生产物流的主要因素与管理组织生产物流的基本条件	了解	影响生产物流构成的 4 个因素；在生产物流组织过程中需要注意的 5 个方面	
销售物流的流程与基本模式	掌握	销售物流中基本的作业环节；3 种销售物流的基本模式	
逆向物流	掌握	逆向物流的概念与特点；作用与分类	

北京青年报发行的物流与营销运作①

《北京青年报》是北京地区最早告别邮局发行的报社，从 1996 开始组建自办发行网络，不到两年时间，就建立了完整、高效、独立的小红帽发行网。到 2003 年，小红帽从业人员 2 800 多人，下设 2 个子公司、13 个分公司、100 余个服务网点，服务半径辐射京城 18 个区县，在北京形成了四通八达的发行配送网络，并在全国 30 多个省、市、自治区设有 85 个代理发行点。

如此庞大的发行网络，要保障其顺利运转，花费是可想而知的。那么，如何在强化和巩固发行网络的同时，不断开发网络的价值，实现发行网络的保值和增值呢？

1. 发行网络的物流

小红帽在国内较早导入了物流配送的理念。不仅以物流理念统帅报刊发行，而且用物流理念开发发行网络的价值。目前，小红帽发行网络的物流主要有以下 4 种。

（1）报刊发行物流。小红帽始终把报刊发行服务放在各项经营业务的首位，报刊发行始终是小红帽最重要的核心业务。它不仅全面负责《北京青年报》的发行工作，同时还代理着全国百余家报刊社在北京地区的发行业务。此外，小红帽正在实施"社区开发工程"，进入社区创建"小红帽社区文化服务驿站"，开展社区服务，以不断满足城市发展和居民文化生活的需求。相继推出了"上门收投、送报上楼、日报早送、订报赠报、免费安箱"等一系列服务承诺，以及电话订报、银行订报、网上订报等新型服务方式，极大地方便了订户。

（2）日常用品物流。除发行报纸外，小红帽还充分利用发行网络和客户资源优势，拓展服务范围，开发了代购图书及票卡、订送牛奶、订送桶装水、商品速递、回收旧报刊等多项业务，使客户感受到了方便、快捷和实惠的服务。不仅送报，还送书、送水、送奶、送票。小红帽除发行《北京青年报》这项最大的业务外，还承担北京三元食品股份有限公司、光明乳业、北京可口可乐饮料有限公司、北京领先饮食品工业公司、北京延中碧纯公司等知名企业的配送业务。这就极大地拓宽了网络的服务面，充分利用了网络优势，达到了网络增值的目的。

（3）文化服务物流。为进一步开掘发行渠道优势，充分发挥小红帽在广大受众中有良好的文化品牌优势，公司设立了小红帽读书俱乐部，它采取会员制，为广大读者提供多种多样的文化产品和文化服务。依托《北京青年报》强大的媒体资源，以及各界名人专家、学者精英的大力支持，小红帽读书俱乐部与各知名出版社及文化机构建立了良好的合作关系，可以为广大读者提供全面快捷的图书文化资讯，并建立亲情导读系统，从万卷书中精挑细选，通过会刊《万卷》向会员推荐文化精品，以丰富多彩的文化活动加强读者之间以及读者与出版社之间的交流，定期开展各种读者联谊会，推崇时尚文化生活。这样，俱乐部既可以为会员提供一流的精神食粮，又能使小红帽的品牌价值不断提高，赚取更多的利润。

（4）信息物流。小红帽报刊发行网络是一个庞大的信息网，这本身就是一个可以无限开发的信息资源。小红帽跟 IBM 合作建立了信息服务平台，将几十万读者的信息存入计算机，还与 IBM(中国有限公司)共同合作，开发了一套先进高效的业内最大的呼叫中心(Call Center)——"小红帽配送体系综合信息管理系统"，该系统集语音交互应答、专业呼叫处理、计算机网络支持和先进数据管理等多种信息技术于一体，不仅可提供大量电话订购、服务咨询及投诉业务的呼叫处理及技术支持，还可以对上百万消费者进行数据分析，针对特定目标群体开展数据挖掘工作，提供有价值的信息服务。

---

① 物流天下．http://www.56885.net．

2. 导入营销理念，全面推进征订发行

20世纪90年代末期，《北京青年报》在北京地区较早导入"营销"理念，并把这种理念贯穿到报纸发行的每一个环节。它们按照营销的"4PS营销"理念，重视报纸产品、价格、渠道和促销四要素并将其有机结合，报纸销售取得了非同寻常的效果。

《北京青年报》的一个重要特点是重视征订发行，但如果没有完善而又多样化的渠道，征订就难以有所突破。为此，小红帽跟多方合作，经过努力，开辟了上门订报（小红帽投递员直接上门办理订阅手续）、电话订报（拨打小红帽客户服务热线或当地发行站电话）、银行订报（到就近工商银行就可办理，持发票与当地发行站办理优惠手续）和网上订报（在网站上直接点击就可以办理订阅手续）四种途径，极大地方便了读者订阅，保障了发行营销渠道的畅通无阻。

此外，小红帽的促销措施在国内报界也是非常有名的。他们的"订报送礼"措施在国内被多家报社仿效。小红帽的送礼是很有特色，他们送礼非常细致地考虑到了不同读者的个性化需求，并注意采用多种礼品的优化组合来巧妙地吸引各种读者。如2004年3月该报在一个征订宣传广告中承诺，凡北京市内全年订户，除可享受报款九折优惠（实付260元）外，同时可在牛奶、家庭卫生保健箱、全年电视报、纯净水、图书音像制品等赠品中任选其一，足见该报为吸引订户所用礼品之丰富。

总之，小红帽的发行模式可以概括为：导入市场营销理念，以品牌为先导，以组合营销为策略，以报纸营销为主业，建立了一个专业而又畅通、密集而又完善的发行网络；导入现代物流理念，利用完善的发行渠道优势，借助现代化、信息化、网络化的经营管理，开展多元化经营，把小红帽建成了一个社会化、产业化的现代信息流和物流服务企业。

资料来源：www.examda.com。

讨论题

（1）结合案例，分析小红帽为北京青年报带来哪些变化。

（2）通过分析该案例，谈谈物流发行网络对企业的发展有什么影响。

我国经济要融入世界经济、参与国内和国外两个市场的竞争，就需要增强现代物流意识，积极采用先进的组织和管理方法。

企业物流是企业生产与经营的组成部分，也是社会物流的基础。企业物流是许多观念、原理和方法的综合，这些观念、原理和方法有的来自于传统的市场营销、生产、会计、采购和运输领域；有的则来自于应用数学、组织行为学和经济学。因此，企业物流是一门边缘性、综合性的学科。

5.1 企业物流概述

企业是为社会提供产品或某些服务的经济实体。例如，一个工厂要购进原材料，经过若干工序的加工，形成产品后再销售出去；一个商场要根据用户的要求购进商品，进行流通加工后再销售出去；一个运输公司要按客户的要求将货物输送到指定地点。在企业经营范围内，由生产或服务活动所形成的企业内部的物品实物运动都属于企业物流的范畴。

5.1.1 企业物流的概念

企业物流（Enterprise Logistics）概念的提出可以追溯到20世纪60年代。1962年4月，美国管理学大师 Peter Drucker 在 *Fortune* 上发表的"经济领域的黑暗大陆"的文章中首次提出了"产成品"物流的概念，虽然当时他提出的物流(Distribution)仅仅是针对产成品来说的，但很快就引起了企业界的巨大关注。从本质上说，企业物流是企业的产品或服务的一种存在与表现形式。它是从企业角度的上研究与之有关的物流活动，作为复杂的企业运行过程的一个组成部分而存在。

关于企业物流的概念，美国物流管理协会则认为，企业物流是研究对原材料、半成品、产成品、服务及相关信息从供应点到消费点的流动与存储进行有效计划、实施和控制，以满足客户需求的科学。

就生产企业而言，可以将这一概念进一步解释为：企业物流是指企业生产过程中，物品从原材料采购，经生产加工，到产成品的销售，以及伴随生产消费过程中所产生的废弃物的回收再利用的完整循环活动。

知识链接

企业物流的发展

概括地说，企业物流的发展过程大致可以分为以下 3 个阶段。

(1) 产品物流阶段(Product Logistics)，又称产品配送阶段。该阶段的时间起止为 20 世纪 60 年代初期至 70 年代后期，属于企业物流的早期发展阶段，在该阶段中，物流的主要功能大多围绕在对产品从企业工厂生产出来到如何到达消费者手中这一过程的运作上。

(2) 综合物流阶段(Integrated Logistics)，该阶段的时间起止为 20 世纪 70 年代中后期至 80 年代后期，在该阶段中，企业物流集中表现为原材料物流和产品物流的融合。实践证明，综合物流管理可以为企业带来更大的效益，因此，在这段期间综合物流得到了迅速的发展。

(3) 供应链管理阶段(Supply Chain Management)，该阶段开始于 20 世纪 90 年代初期，在该阶段中，企业对传统的物流管理有了更为深刻的认识，企业已经将单纯的个体企业之间的竞争上升到企业群、产品群或产业链条上不同企业所形成的供应链之间的竞争这个高度。

从 20 世纪 80 年代后期开始，信息技术获得了飞速的发展，信息技术的发展迅速转化为生产力，进而在生产领域掀起了一场前所未有的信息化革命。由信息技术所衍生的一系列外部因素的变化，使得企业开始把着眼点放开至物流活动的整个过程，包括原材料的供应商和制成品的分销商，进而使企业物流从综合物流阶段向供应链管理阶段发生转移。

资料来源：物流天下 . http://www.56885.net.

5.1.2 企业物流的结构

企业物流的结构可以分为水平结构和垂直结构两大类。

1. 水平结构

根据企业物流活动发生的先后次序，可以把企业物流划分为供应物流、生产物流、销售物流、回收或废弃物物流 4 个部分。

(1) 供应物流。包括原材料等企业生产经营活动所需的一切生产资料的采购、进货、运输、仓储、库存管理和领用管理等活动。

(2) 生产物流。指按照生产计划及其控制，生产资料及在制品等的厂内运输、在制品仓储与管理等活动。

(3) 销售物流。指产成品库存管理、仓储发货运输、订货处理及顾客服务等活动。

(4) 回收或废弃物物流。指对废旧物资、边角余料等的回收；各种废弃物的处理(如废料、废气、废水等)；消费者报废的商品的回收与处理等。在环境意识越来越强烈的今天，对报废商品的回收与处理已成为影响客户满意度的重要因素之一。

企业物流的水平结构系统如图5.1所示。

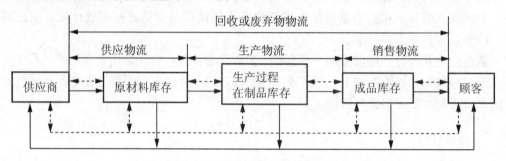

图5.1 企业物流的水平结构系统

2. 垂直结构

根据企业物流活动的功能和作用不同，可以把企业物流划分为管理层、控制层和作业层3个层次。企业物流就是通过这3个层次的协调配合而实现总体功能的。

(1) 管理层。对整个企业物流系统进行统一计划、实施和控制。其主要内容有物流系统的战略规划、控制与绩效评定，目的是形成有效的反馈约束机制和竞争机制。

(2) 控制层。对企业物流过程的控制，主要包括订货处理与顾客服务、库存计划与控制、生产计划与控制、用料管理和采购等。

(3) 作业层。完成物料在企业生产经营过程中的时间和空间转移，主要包括发货与进货运输、厂内运输、包装、存储和流通加工等。

综上所述，企业物流活动贯穿企业生产经营活动的全过程，并对企业的生产经营产生重大影响。企业物流的垂直结构系统如图5.2所示。

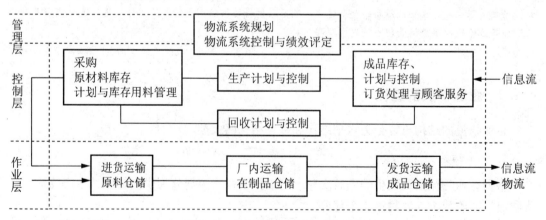

图5.2 企业物流的垂直结构系统

5.1.3　企业物流的特征

真正反映企业物流特点的、与社会物流有较大区别的是企业内部物流，尤其是生产物流。把这种微观物流与宏观物流相比较，可以看出企业物流具有以下特征。

(1) 企业物流是以实现加工附加价值为主的经济活动；社会物流是实现时间价值和空间价值为主的经济活动。

(2) 物料的有序流转是企业生产物流的关键特征。物料流转的手段是物料搬运。运输、配送和存储活动是社会物流关键特征，而企业物流的关键特征是物料搬运。

(3) 企业生产物流的连续性。企业的生产物流活动不仅充实和完善了企业生产过程的作业活动，而且把整个生产企业的所有孤立的作业点和作业区域有机地联系在一起，构成了一个完整的、连续不断的企业内生产物流。

(4) 物流过程的工艺性。企业物流是一种过程性物流，由于企业生产工艺、生产设备及生产流程确定，因而也成了工艺流程的组成部分，表现出稳定性、有序性和高度准确性。

(5) 企业物流成本的二律背反性。物流成本的二律背反性关系实质上是研究企业物流的经营管理问题，也就是将管理目标定位于降低物流成本的投入并取得较大的经营效益。企业物流管理肩负着降低物流成本和提高物流服务水平两大任务，二者本身就存在着相互矛盾的对立统一关系。

5.1.4　企业物流的分类

根据企业的物流活动不同，其可分为以下 4 类。

(1) 企业供应物流。企业为保证生产的节奏，不断组织原材料、零部件、燃料、辅助材料供应的物流活动，这种物流活动对企业生产正常和高效地进行起着至关重要的作用。企业供应物流要求在保证正常供应的前提下，以最低的成本和最少的消耗来组织供应活动。现代物流学是基于非短缺商品市场的宏观环境来研究物流活动的，在这种市场环境下，如何降低成本是企业竞争的关键所在，因此，企业供应物流的研究目的在于解决供应网络、供应方式及零库存等问题。

(2) 企业生产物流。企业生产物流是指企业在生产工艺流程中的物流活动。企业生产物流的过程为：原材料入库、生产加工和产成品入库。生产加工过程中各个环节的相互联系与结合对节约时间和劳动至关重要，这也是企业生产物流的研究重点。

企业生产物流的研究课题很多，例如：如何安排生产流程，如何衔接各生产活动环节，如何缩短整个生产的物流时间，以及如何选用和搭配与工艺过程有关的物流机械设备等。

(3) 企业销售物流。企业销售物流是企业以销售的形式将产品的所有权有偿转交给用户的物流活动。现代市场是一个完全的买方市场，销售物流活动带有极强的服务性。在这种市场前提下，空间范围广是销售物流的难度所在。企业销售物流包括送货方式、包装水平和运输路线等研究内容。

(4) 企业逆向物流。企业逆向物流又包括产品回收物流和废弃物物流等。其中，回收物流是指对生产、供应和销售等活动中产生的各种边角料和废料进行回收的物流活动；而企业废弃物物流是对企业排放的无用物进行运输、装卸和处理的物流活动。

5.2 供应物流管理

任何企业进行生产经营活动，都要消耗物品，为了企业正常地运转，就必须不间断地以新的物品补充生产经营过程的消耗，这种以物品补充生产经营消耗的过程，就称为供应。供应过程包括采购、储存和供料等环节，涉及商流、物流、信息流和资金流。

5.2.1 供应物流管理的概念

供应物流管理，是指为了保质、保量、经济、及时地供应生产经营所需的各种物品，对采购、储存、供料等一系列供应过程进行计划、组织、协调与控制，以确保企业经营目标的实现。该概念体现了3方面的内容：①体现了供应物流管理的目标，即保质、保量、经济和及时；②体现了供应物流管理的环节，即采购、储存和供料；③体现了供应物流管理的职能，即计划、组织、协调和控制。

随着社会的进步，社会分工日趋专业化，生产企业的组织结构也在发生变化，供应活动中的商物分流现象日趋明显。一些企业的供应部门专门行使商流职能，主要任务是供应商的选择、采购的实施、合同的管理及对供应商的管理，有的已改称采购部，而将运输、储存、供料和回收等供应物流与生产物流、销售物流整合，形成供、产、销物流一体化，或成立物流中心，或将物流整体外包给第三方物流公司。

5.2.2 供应物流管理的内容

生产企业供应物流管理包括3个方面的内容：①业务活动，即计划、采购、储存和供料等；②支持性活动，即供应中的人员管理、资金管理和信息管理等；③拓展性活动，即供应商管理。供应物流管理的内容如图5.3所示。

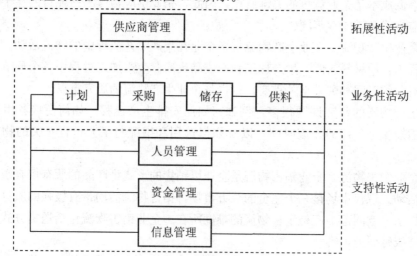

图 5.3　供应物流管理内容

1. 业务性活动

（1）计划。根据企业总体战略与目标及内外部顾客的需求，制定供应战略规划和物品的供应计划。

（2）采购。提出采购需求，选定供应商，进行价格谈判，确定交货及相关条件，签订合同并按要求收货付款。

（3）储存。物品验收入库、保管保养、发货，确定合理库存量并对库存量进行控制。

（4）供料。包括编制供料计划、领料审批、定额供料、回收利用及消耗的控制与管理。

2. 支持性活动

（1）人员管理。在企业的供应物流管理体制下制定供应岗位职责，对供应人员进行能力考察、素质培养、工作评估、绩效考核与激励。

（2）资金管理。物品采购价格的控制，采购成本管理及储备资金的核定与控制。

（3）信息管理。在物品编码的基础上对供应信息进行管理。

3. 拓展性活动

在生产企业中，成本最大的物品及相关信息都发生或来自供应商，所以许多企业将供应物流管理从内部管理拓展到对供应商的管理，包括对供应商的选择与认证、与供应商建立合作伙伴关系及对供应商绩效的考评等，以此来降低成本、提高供应的可靠性和灵活性，提升企业的市场竞争力。

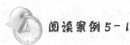
阅读案例 5-1

戴尔"零库存"筑高物流产业群

戴尔"零库存"供应链管理思想的推动下，厦门保税区已经建立起集货物仓储、分拨、配送功能为一体的现代物流产业群，发挥了国际商品集散的"蓄水池"和大进大出"通道"的示范作用，在功能开发上处于全国前列保税区在物流业中的特殊地位。

业内人士认为，它的"零库存"经营模式在中国取得成功，有两个关键因素：一是得益于象屿保税区保税政策的支持；二是得益于保税海关改进后的监管、通关模式。近年来推出的企业分类管理、货物"直通式监管"模式等一系列改革，以及开展出口拼箱业务，开通昆山、松江出口加工区企业为戴尔配送料件的通道，形成了一种管理高效、通关便捷的机制，使保税区内以BAX公司为代表的物流公司满足其产品在物流配送方面的小批量、多品种、快速度的服务要求——零配件从保税区的BAX公司到戴尔公司的生产线不到1小时，这种近乎苛刻的时限要求，除了保税区，别的区域根本无法做到。

而同样的功能优势，也使以迈斯顿集团为代表的约20家象屿保税区石材分拨企业群体，经营着全国近50%的进出口石材贸易额，确立了闽南地区在我国石材行业中的龙头地位，成为全国最大的石材加工基地、出口基地和产品集散地。近几年厦门保税区摸索出一整套富有特色的物流服务体系，重点开发的产业项目包括：进口分拨物流、出口组合物流、跨境组合物流、转口组合物流、保税货物的深加工结转物流，构建了运输、仓储、包装、拼配、资金结算、信息服务等物流增值服务的一站式运作模式，并形成了机电产品配送、进出口石材分拨、国际集装箱运输三大特色物流，成为华东南地区的现代国际物流园区，发挥了对厦门及周边地区的辐射和带动作用。

资料来源：物流天下．http://www.56885.net．

5.2.3 供应物流的过程

供应物流过程因企业、供应环节或供应链的不同而有所区别,该区别就使企业的供应物流出现了许多不同的模式。虽然不同模式在某些环节各有特色,但是供应物流的基本流程是相同的,其过程包括以下3个环节。

(1)取得资源。取得资源是完成以后所有供应活动的前提条件。取得什么样的资源,是核心生产过程决定的,同时也要依据供应物流可以承受的技术条件和成本条件来辅助决策。

(2)组织到厂物流。资源到达企业的过程是企业外部的物流过程,包括反复的装卸、搬运、储存和运输等物流活动。

(3)组织厂内物流。如果企业外物流到达企业的"门",便以"门"作为企业内外的划分界限,例如以企业的仓库为外部物流终点,便以仓库作为划分企业内、外物流的界限。这种从"门"和仓库开始继续到达车间或生产线的物流过程,称为供应物流的厂内物流。

传统的企业供应物流都是以企业仓库为调节企业内外物流的一个结点。因此,企业的供应仓库在工业化时代是一个非常重要的设施。

5.2.4 供应物流的组织方式

企业的供应物流有三种组织方式:第一种是委托社会销售企业代理供应方式;第二种是委托第三方物流企业代理供应方式;第三种是企业自供方式。这三种方式都有低层次和高层次的服务模式,主要有供应链模式、零库存供应模式、准时供应模式和虚拟仓库供应模式等。

5.2.5 供应物流的服务

供应物流领域的服务方式主要有以下两种。

(1)准时供应方式。在买方市场环境下,供应物流活动的主导者是买方。购买者(用户)有极强的主动性,用户企业可以按照最理想方式选择供应物流,而供应物流的承担者作为提供服务的一方,必须提供最优的服务才能被用户所接受。从用户企业的角度看,准时供应是一种比较理想的服务方式。准时供应方式是按照用户的要求,在计划的时间内或者在用户随时提出的时间内,实现用户所要求的供应。准时供应方式大多是双方事先约定供应的时间,互相确认时间计划,因而有利于双方做供应和接货的准备工作。

(2)零库存供应方式。在买方市场环境下,由于产品供大于求,买方有主导权,在这个背景下,买方就可以根据自身的生产需求随时采购,采购到的物品直接运往生产线而不是仓库,从而实现零库存。这个零库存的前提条件是要有充足的社会供应保障,当然,现代的管理方法和科学技术手段也是不可缺少的。

5.3 生产物流管理

一个制造企业的生产过程实质上是一个物流过程。所谓生产计划，实际上是物料流动的计划。计划的对象是物料，计划执行的结果也要通过对物料的监控来考核。这也是生产物流管理通常被称为"物料管理"的原因。

生产计划的实施，必定伴随着物料数量、形态和存储位置的改变。人和物料都必定存放在一定的空间位置上，这些存储位置就是对物料的监控点。对计划执行情况的监控和对物料状况的反馈信息主要来自这些监控点。计算机终端或数据采集装置往往就设在这里。生产物流管理强调对物料的存储、传送、数量和状态的变化等信息的管理。

5.3.1 生产物流的概念

生产物流是指原材料、燃料或外购件投入生产后，经过下料、发料、运送到各个加工点规定的生产工艺过程进行加工和储存的全部生产过程。因此，生产物流的形式和规模取决于生产的类型、规模、方式和生产的专业化与协作化水平。

生产物流区别于其他物流系统的最显著特点是它和企业生产密切联系在一起。只有合理组织生产物流过程，才有可能使生产过程始终保持最佳状态。因此，企业没有生产就没有生产物流，生产物流不畅就会导致生产停顿或混乱。

企业生产物流过程需要物流信息提供支持，通过信息的收集、传递、储存、加工和使用，控制各项物流活动的实施，使其协调一致，保证生产的顺利进行。生产物流管理的核心是对物流和信息流进行科学的规划、管理与控制。

5.3.2 生产物流的基本特征

制造企业的生产过程实质上是每一个生产加工过程"串"起来时出现的物流活动。因此，为保证生产过程始终处于最佳状态，一个合理的生产物流过程应该具有以下6个基本特征。

(1) 连续性和流畅性。企业生产过程主要是对原材料和零部件进行加工和组装的过程，各工序需要的物料必须在适当的时间、适当的地点以适当的质量和数量进行供给，从而保证生产连续进行。物料总是处于不停地流动之中，物料的连续性主要表现在空间上的连续性和时间上的流畅性。空间上的连续性要求生产过程各个环节在空间布置上合理紧凑，使物料的流程尽可能短，没有迂回往返现象；时间上的流畅性要求物料在生产过程的各个环节的运动，自始至终处于连续流畅状态，没有或很少有不必要的停顿与等待现象。

(2) 平行性和交叉性。平行性和交叉性是指物料在生产过程中应实行平行交叉流动。平行是指相同的在制品同时在数道相同的工作地(机床)上加工流动；交叉是指一批在制品在上道工序还未加工完时，将已完成的部分在制品转到下道工序加工。平行交叉流动可以大大减少产品的生产周期。

(3) 比例性和协调性。比例性和协调性是指生产过程的各个工艺阶段之间、各工序之间在生产能力上要保持一定的比例以适应产品制造的要求。比例关系表现在各生产环节的工人数、设备数、生产面积、生产速率和开动班次等因素之间相互协调和适应，比例是相对的、动态的。生产物流的比例性主要是生产数量要求的表述，强调产品生产需要的物资在各个环节之间的分配存在比例关系。

(4) 均衡性和节奏性。均衡性和节奏性是指产品从投料到最后完工都能按预订的计划(一定的节拍和批次)均衡地进行，能够在相等的时间间隔内(如月、旬、周、日)完成大体相等的工作量或稳定递增的生产工作量，很少有时松时紧、突击加班现象。任何时间上的延迟或提前都会打乱企业的生产节奏，生产节奏意味着生产操作在生产工艺流程上具有一定的稳定性，同时生产企业在相同时间间隔内完成的工作量大体相等或稳定递增或递减。

(5) 准时性。准时性是指生产的各阶段、各工序都按后续阶段和工序的需要生产，即在需要的时候，按需要的数量生产所需要的零部件。只有保证准时性，才有可能推动上述连续性、平行性、比例性和均衡性。

(6) 柔性和适应性。柔性和适应性是指加工制造的灵活性、可变性和可调节性。即在短时间内以最少的资源从一种产品的生产转换为另一种产品的生产，从而适应市场的多样化和个性化要求。

5.3.3 影响生产物流的主要因素

不同的生产过程形成了不同的生产物流系统，生产物流的构成与以下4个因素有关。

(1) 生产工艺。不同的生产工艺或加工设备，对生产物流有不同的要求和限制，是影响生产物流构成的最基本因素。

(2) 生产类型。不同的生产类型、产品品种、结构的复杂程度、加工设备不尽相同，将影响生产物流的构成与比例关系。

(3) 生产规模。生产规模指单位时间内的产品产量，因此规模大，物流量就大；规模小，物流量就小。相应的物流设施、设备就不同，组织管理也不同。

(4) 专业化与协作化水平。社会生产力的高速发展与全球经济一体化使企业的专业化与协作化水平不断提高。与此相适应，企业内部的生产区域简化、物料流程缩短。例如，过去有企业生产的毛坯、零件和部件等，就可以有企业的合作伙伴来提供。这些变化必然影响生产物流的构成与管理。

5.3.4 管理组织生产物流的基本条件

生产物流与其他物流明显的区别是它与生产过程密切联系在一起，只有合理地组织生产过程，企业生产才能正常进行。在企业生产物流组织过程中，要特别注意以下5个方面。

(1) 物流过程的连续性。生产是一个工序接着一个工序进行的，因此要求物料能够顺畅、最快、最省地走完各个工序，直至成为产品。任何工序的不正常停工和工序间的物料混乱等都会造成物流的阻塞，影响整个企业生产的进行。

(2) 物流过程的平行性。企业通常生产多种产品，每种产品又包含多种部件。在组织生产时，将这些零部件安排在各个车间的各个工序上生产，因此要求各个支流平行流动，任何一个支流发生延迟或停顿，整个物流都会受到影响。

(3) 物流过程的节奏性。物流过程的节奏性是指产品在生产过程中的各个阶段都能有节奏地、均匀地进行，即在相同的时间内完成大致相同的工作量。时紧时慢必然会造成设备或人员的浪费。

(4) 物流过程的比例性。产品的零部件组成是固定的，考虑到各个工序内的质量合格率，以及装卸搬运过程中的可能造成的损失，零部件数量必然在各个工序间有一定的比例关系，形成了物流过程的比例性。当然，这种比例关系会随着生产工艺的变化、设备水平和操作水平的提高而发生变化。

(5) 物流过程的适应性。企业的生产组织正向多品种、少批量的管理模式发展，要求生产过程具有较强的应变能力。即生产过程具备在较短的时间内，由生产一种产品迅速变化为生产另一种产品。因此物流过程应同时具备相应的应变能力。

5.4 销售物流管理

5.4.1 销售物流的概念及意义

销售物流是企业在销售过程中，将产品的所有权转给用户的物流活动，是产品从生产地到用户的时间和空间的转移，是以实现企业的销售利润为目的的。销售物流是包装、运输和储存等环节的统一，是企业物流与社会物流的又一个衔接点。它与企业销售系统相互配合，共同完成产成品的销售任务。销售物流活动在本质上是对企业产品销售工作的支持活动，是保证企业实现经济效益而进行的物流活动，通过实现产品的时间效用和空间效用促使产品的货币价值得以体现。销售物流的开展离不开企业的销售工作和销售渠道。

销售物流既是生产企业赖以生存和发展的条件，又是企业自身必须从事的重要活动，它是连接生产企业和消费者的桥梁。对于生产企业来讲，物流是企业的第三个利润源，降低销售物流成本是企业降低成本的重要手段。企业一方面依靠销售物流将产品不断运至消费者；另一方面通过降低销售过程中的物流成本，间接或直接增加企业利润。

销售物流以满足用户的需求为出发点，从而实现销售和售后服务，因此具有更强的服务性。销售物流过程的终结标志着商业销售活动的终结。其所有活动及环节都是为了实现销售利润，因此物流本身所实现的时间价值、空间价值及附加价值在销售过程中处于从属地位。

销售物流的服务性表现在要以用户为中心，树立"用户第一"的观念，销售物流的服务性要求销售物流必须快速、及时，这不仅是用户和消费者的要求，也是企业发展的要求。销售物流的时间越短、速度越快，资本所发挥的效益就越大。在销售物流中，需强调节约的原则和规模化的原则。一般来讲，物流的价值主要是规模价值。此外，销售物流通过商品的库存对消费者和用户的需求起到保障的作用。在销售过程中，正确确定库存数量，减少库存费用就是这一目标的体现。

5.4.2 销售工作的内容

随着我国社会主义市场经济体制的确立，企业成为市场竞争的主体，企业销售工作的内容也在丰富和扩大，主要包括以下8项。

(1) 市场调研。进行市场调查和预测，掌握市场需求状况及其变化趋势和发展动向；了解市场供给情况，掌握竞争对手动向和竞争的变化趋势；搞好销售统计，积累基础资料；根据市场信息和历史统计资料，进行预测。

(2) 目标市场选择。在市场调研的基础上进行市场态势的分析；细分市场，确定目标市场和重点市场；制定开辟、占领和扩大市场的战略和策略。

(3) 产品开发。根据市场调研取得的需求信息，及时向技术开发部门和生产制造部门提出开发和生产适销对路的新产品的建议；参与商标和包装的设计工作，制定有关商标和包装的战略与策略。

(4) 产品定价。配合财务部门做好产品或劳务的定价工作，提出定价战略和策略的建议；给用户报价；决定浮动价格；同用户协商定价。

(5) 销售渠道选择。根据企业销售队伍情况和产品特点，正确地选择销售方式和销售渠道，制定正确的渠道战略和策略。

(6) 产品促销。根据企业产品特点和经营实力，做好产品的广告和宣传工作；做好公共关系工作、人员推销工作和营业推广工作；并制定相应的广告战略与策略、公关战略与策略。

(7) 产品储存和运输。组织好产品的入库、保管、出库和发运工作，有些产品需要在销售地点适当储备，也需要做好储存和保管工作，调节好各地产品的供需平衡。

(8) 承接订货和销售服务。承接客户订货，签订各种合同，加强对合同的管理，认真履行合同；做好售前、售中和售后的各项服务工作；制定有效的服务战略和策略。

此外，还必须协调好与流通部门各个环节的关系，正确处理好产销矛盾。

5.4.3 销售物流的流程

企业制造过程的结束意味着销售工作的开始。对于按照订单进行生产的企业而言，销售过程中不存在产成品的在库储存问题，也就是说，产成品可以直接进入市场流通领域，进行实际销售；而对于按照产品的需求制订计划进行生产的企业，产成品进入流通领域以前多数会经过短暂的在库储存阶段，然后再根据企业销售部门收到的产品订单和产品运输时所选择的运输方式等来决定产品的运输和包装。产品的外包装工作结束后，企业就可以将产成品放入企业所建立或选择的销售渠道中进行实物的流转了。图5.4中用不同形式的箭头表示了3种企业可以选择的销售渠道：配送中心——批发商——零售商——消费者、配送中心——零售商——消费者、配送中心——消费者。

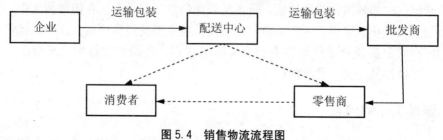

图5.4　销售物流流程图

销售物流中的基本作业环节主要包括产品储存、运输包装、产品发送和信息处理。

（1）产品储存。销售物流的基础是可供商品量，可供商品量的形成途径有两种方式：一是零库存下的即时生产；二是一定数量的库存。就目前大多数企业而言，有一定数量的库存是企业的首选，原因有两个，其一，要维持较高供货服务水平就必须保有一定的库存，因为任何企业的生产经营活动都存在着多种不确定因素和需求的波动，影响企业经营活动的稳定性和持续性，因此，企业大多通过保持一定量的库存来避免不确定因素带来的经营风险；其二，对于需求呈明显周期性或季节性变化的商品，企业为保证生产的持续性和供给的稳定性，也要保持必要的库存。

（2）运输包装。运输包装主要是在产品的运输过程中起到保护作用，避免运输或搬运活动造成产品的毁损。企业可以选择在生产过程对产品进行销售包装，而将产品的运输包装推迟到销售阶段，在决定运输方式后再进行产品的运输包装，这样企业就可以依据产品配送过程中的运输方式或运输工具等来决定运输包装选用的材料和尺寸，不仅可以更好地发挥运输包装对产品的保护作用，而且可以通过选择不同的包装材料实现产品包装成本的节省；也可通过与运输工具一致的标准化包装来提高运输工具的利用率。

（3）产品发送。产品发送以供给方和需求方之间的运输活动为主，是企业销售物流的主要环节。产品发送工作涉及产品的销售渠道、运输方式、运输路线和运输工具的选择问题，因此，企业在进行销售物流的管理过程中需要进行大量的决策工作，通过对各方面因素进行综合考虑做出对企业经营最有利的选择。

（4）信息处理。企业销售物流中的信息处理主要是指产品销售过程中对客户订单的处理。订单处理过程是从客户发出订货请求开始到客户收到所订货物的一个完整过程。在这个过程中进行的有关订单的诸多活动都是订单处理活动，包括订单准备、订单传输、订单录入、订单履行和订单跟踪等。

5.4.4 销售物流的基本模式

销售物流有3种主要的运作模式，即生产企业自己组织销售物流、外包给第三方物流企业组织销售物流、用户自己提货模式。

（1）生产企业自己组织销售物流。这是在买方市场环境下主要的销售物流模式之一，也是我国当前绝大部分企业采用的物流形式。

生产企业自己组织销售物流，实际上把销售物流作为企业生产的一个延伸或者看成是生产的继续。生产企业销售物流是生产企业经营的一个环节，而且，这个经营环节是和用户直接联系、直接面向用户提供服务的一个环节。在企业从"以生产为中心"转向以"市场为中心"的情况下，这个环节逐渐变成了企业的核心竞争环节，已经不再是生产过程的延续，而是企业经营的中心，生产过程变成了该环节的支撑力量。

生产企业自己组织销售物流的好处在于可以将自己的生产经营和用户直接联系起来，信息回馈速度快、准确程度高，信息对于生产经营的指导作用和目的性强。企业往往把销售物流环节看成是开拓市场、进行市场竞争的一个环节，尤其在买方市场前提下，格外看重这个环节。生产企业自己组织销售物流，可以对销售物流的成本进行大幅度的调节，充分发挥它作为"成本中心"的作用，同时能够从整个生产企业的经营系统角度，合理安排和分配销售物流环节。

在生产企业规模可以达到销售物流的规模效益前提下，采取生产企业自己组织销售物流的办法是可行的，但不一定是最好的选择。主要原因有以下三点：一是生产企业的核心竞争力的培育和发展问题，如果生产企业的核心竞争能力在于产品的开发，销售物流可能占用过多的资源和管理力量，对核心竞争能力造成影响；二是生产企业销售物流专业化程度有限，自己组织销售物流缺乏优势；三是一个生产企业的规模终归有限，即使分销物流的规模达到经济规模，延伸到配送物流之后，就很难再达到经济规模，因此可能反过来影响市场更广泛、更深入地开拓。

（2）外包给第三方物流企业组织销售物流。由专门的物流服务企业组织企业的销售物流，实际上是生产企业将销售物流外包，将销售物流社会化。

由第三方物流企业承担生产企业的销售物流，其最大优点在于，第三方物流企业是社会化的物流企业，它向很多生产企业提供物流服务，因此可以将企业的销售物流和企业的供应物流一体化，也可以将很多企业的物流需求一体化，再采取统一的解决方案。这样可以做到专业化和规模化。这两者可以从技术方面和组织方面强化成本的降低和服务水平的提高。在网络经济时代，这种模式是一个发展趋势。

（3）用户自己提货。这种模式实际上是将生产企业的销售物流转嫁给用户，变成了用户自己组织供应物流的形式。对销售方来讲，已经没有了销售物流的职能。这是在计划经济时期广泛采用的模式，除非在十分特殊的情况下，该种模式不再具有生命力。

阅读案例 5-2

京东自提柜

2013年6月20日，京东宣布将在北京、沈阳两地投放自提柜业务。其中，北京地区的自提柜投放点分别位于海淀区万科西山庭院、丰台区万科紫台、顺义区万科城市花园、朝阳区万科金阳居小区、建外SOHO五处；沈阳地区有一处，设置在沈北新区宏业街宇培物流园园内。

京东称，自提柜通过将完备的信息系统与先进的智能设备相结合，提供全天不间断的自提服务，让消费者提货时间更自由，且在操作上简单：用户只需在下单时选择"自助式自提"的配送方式，所购商品即会以最快速度送至最近自提柜，随后京东系统自动发送短信提示消费者取货。

取货时，消费者仅需输入订单号和提货码，或直接扫描提货二维码，即可完成身份验证，在按提示完成POS机刷卡支付后，便可开柜取货。由于自提柜箱体大小限制，该项服务仅支持部分商品品类，在支付方式上也仅限于借记卡支付。

京东配送部相关负责人指出，随着现代生活节奏加快，消费者可确定空闲时间越来越少，经常出现收货时间无法确认情况，这是京东设置自提柜原因。该负责人表示，京东自提柜投放选址主要考虑客流量、高素质客户群、取件时间及小区安保等因素；同时，选择在北京东西南北四方向进行投放，也希望通过返回的消费行为数据，对不同区域的自提业务拓展有所帮助。

资料来源：物流天下．http://www.56885.net．

5.5　逆向物流管理

5.5.1　逆向物流的内涵

《物流术语》(GB/T 18354—2006)将逆向物流定义为：从供应链下游向上游的运动所

引发的物流活动。逆向物流可以概括为组织对来源于客户手中的物资的管理。其对象包含来自客户手中的物资、包装品和产品，具体指因损坏、季节性库存、重新进货、召回和过量库存而退回的商品及可再利用品、危险材料和报废设备等。

逆向物流的表现是多样化的，从使用过的包装到经处理过的计算机设备，从未售商品的退货到机械零件等。也就是说，逆向物流是包含来自客户手中的产品及其包装品、零部件、物料等物资的流动。简而言之，逆向物流就是从客户手中回收用过的、过时的或者损坏的产品和包装开始，直至最终处理环节的过程。目前，被普遍接受的观点是：逆向物流是在整个产品生命周期中对产品和物资的完整地、有效地和高效地利用过程的协调。然而对产品在使用和循环的逆向物流控制研究却是过去的十年里才开始被认知和展开的。其中较为知名的论著是罗杰斯和提篷兰柯的《回收物流趋势和实践》和弗雷普的《物流计划和产品再造》等。

5.5.2 逆向物流的特点

与正向物流相比，逆向物流作为企业价值链中特殊的一环，有着明显的不同。首先，逆向物流产生的地点、时间和数量是难以预见的；正向物流则不然，按量、准时和指定发货点是其基本要求。其次，发生逆向物流的地点较为分散和无序，不可能集中一次向接受点转移。再次，逆向物流发生的原因通常与产品的质量和数量的异常有关。最后，逆向物流的处理系统与方式复杂多样，不同处理手段对恢复资源价值的贡献差异显著。对逆向物流特点的重视与否，形成了企业逆向物流管理能力及水准高低的分水岭。

具体的讲，逆向物流具有以下 6 个特点。

（1）分散性。由于逆向物流产生的大部分原因与产品的质量和数量的异常有关，任何领域、部门或个体在任何时间都有可能发生，这种多元性使其具有分散性。

（2）缓慢性。逆向物流开始时数量少、品种多，通过不断汇集，形成较大规模；而且这些商品只有经过加工和改制等环节后才能重新被利用，甚至有些商品只能作为原料回收利用；另外，这些物资的收集和整理也是一个复杂的过程，这一切都决定了逆向物流的缓慢性。

（3）混杂性。在逆向物流中，往往不同种类、不同状态的产品混杂在一起，必须经过检查和分类后才能进行区分。

（4）多变性。由于逆向物流的分散性和消费者的要求不同，企业很难控制回收时间和空间，导致了逆向物流的多变性。主要表现在不确定性、处理系统与方式复杂多样、物流技术具有一定的特殊性及相对高昂的成本。

（5）处理费用高。由于回流物品通常缺乏规范的包装，又具有不确定性，难以形成运输和储存的规模效益；另一方面，许多物品需要人工检测、分类和处理，效率比较低，会大大增加人工处理的费用。

（6）价值递减性与递增性。一些回流产品，由于逆向物流过程中会产生一系列的运输、仓储及处理费用，因而会使其本身的价值递减；而另一些回流物品，对消费者而言没有价值，但是通过逆向物流系统处理后，又会变成二手产品、零件或者生产的原材料，获得了再生的价值，因此逆向物流又具有价值的递增性。

5.5.3 逆向物流的作用

随着环境法规的健全和国际竞争压力的加大,各行各业都面临着一个共同的话题:生产和环境的可持续发展。越来越多的企业希望通过有效地实施逆向物流达到提升企业竞争力的目的。从微观上看,逆向物流主要有以下 4 个作用。

(1) **塑造企业形象,增强消费者的忠诚度**。以顾客利益为出发点,为顾客提供全方位的优质服务是企业获得竞争优势的关键。通过开展逆向物流,可以减少顾客损失、强化服务意识,从而有利于赢得顾客的好感和信赖,在顾客心中树立起良好的企业形象,同时增强顾客对企业的品牌忠诚度。

(2) **降低成本,提高收益**。由于退货占厂商销售量的比例越来越高,所以通过控制逆向物流,以提高对退货的重新利用率,就可以极大地降低成本、提高收益率。然而,如果企业在逆向物流的过程中制定合理的退货政策,对退货或主动召回产品处理得当,就能够极大地消除逆向物流带来的负面影响。Cohen 通过实例研究发现,如果企业使用再制造方式,一年可以节省 40%~60% 的成本。因此,BMW、通用汽车等著名企业纷纷投资建立逆向物流系统,老牌的英国邮政公司也推出了逆向物流服务,该项服务可通过更加有效的退货管理帮助零售商节省上百万英镑的开支。

(3) **提高效率,赢得客户**。厂商要想在激烈的竞争中取胜,完善的售后服务是非常重要的。因此,应该将逆向物流与传统售后服务相结合,积极发展逆向物流,提高售后服务水平,增强客户的信任度,从而赢得更多的客户。

(4) **促使厂商强化产品质量管理,降低退货率**。退货率的高低,在一定程度上反映了商品质量的好坏程度。厂商在对退货率进行分析的基础上发现其反映的品质问题,从而应该在生产阶段就不断加强品质管理,最大限度地降低退货率。

从宏观上看,逆向物流有利于社会资源的合理流动,有利于节约资源、改善环境和经济的可持续发展等。因此,实施逆向物流顺应了时代发展的要求。

5.5.4 逆向物流的分类

按成因、途径和处置方式的不同,根据不同产业形态,逆向物流可分为投诉退货、终端使用退回、商业退回、维修退回、生产报废与副品及包装 6 大类别。表 5-1 所示的正是这 6 类逆向物流的主要特点。

表 5-1 逆向物流的分类及其特点

类别	周期	驱动因素	处理方式	例证
投诉退货(运输短少、偷盗、质量问题、重复运输等)	短期	市场营销 客户满意 服务	确认检查,退换货补货	电子消费品,如手机、DVD、录音笔等
终端使用退回(经完全使用后需处理的产品)	长期	经济 市场营销 法规条例 资产恢复	再生产、再循环 再循环 再生产、再循环、处理	电子设备的再生产、地毯循环、轮胎修复、白色和黑色家电、电脑元件

续表

类别	周期	驱动因素	处理方式	例证
商业退回（未使用商品退回还款）	短到中期	市场营销	再使用、再生产、再循环、处理	零售商积压库存，如时装、化妆品等
维修退回（缺陷或损坏产品）	中期	市场营销 法规条例	维修处理	有缺陷的家电、零部件等
生产报废与副品（生产过程中产生的废品和副品）	较短期	经济 法规条例	再循环、再生产	药品
包装（包装材料和产品载体）	短期	经济 法规条例	再使用 再循环	托盘、器皿等

本 章 小 结

企业物流及其合理化已成为物流研究的中心，特别是在供应链管理的理念下，企业的物流运营在物流成本的降低和服务水平的提高等方面取得了非常大的成就，同时也对经济产生了巨大的影响。

企业物流可以促进社会分工的专业化。企业通过物流活动有效地将产品送达市场，实现销售，进而促进企业生产的专业化，生产的专业化带来成本优势，成本优势带来竞争力的提高，从而对社会经济发展做出更大的贡献。其次，企业物流还可以改善供给状况。有了企业物流活动，才能在生产地、仓储与需求地等之间取得某种平衡。改善供给的同时，物流活动还使得供给的产品或服务变得丰富多彩。从这个角度来说，物流作业提供了连接与存储的网络，它对现代经济的运转发挥着关键的作用。最后，企业物流还可以提高产业效率。通过物流整合，能够实现产业链的最佳组合，进而达到对整个产业效率的提高。

从本章对企业物流的具体内容的描述可以看出，企业物流几乎涉及贯穿企业运营的所有过程，因此，良好的企业物流管理可以为企业节约成本、创造更多的利益。

 关键术语

(1) 企业物流 (2) 供应物流 (3) 生产计划
(4) 生产物流 (5) 销售物流 (6) 逆向物流

习　题

1. 选择题

(1) 生产资料的采购、进货、运输、仓储、库存管理和领用管理等活动属于企业物流中（　　）的内容。

A. 供应物流　　B. 生产物流　　C. 销售物流　　D. 逆向物流

(2) 订货处理与顾客服务、用料管理和采购等是企业物流结构中（　　）层的内容。

A. 管理　　B. 控制　　C. 作业

(3) 以下（　　）不是物流信息系统的特点。

A. 系统化　　B. 合理化　　C. 高效化　　D. 集成化

(4) 以下（　　）不是供应物流的业务性活动。

A. 计划　　B. 储存　　C. 信息收集　　D. 采购

(5) 从用户企业角度看，（　　）是一种比较理想的服务方式。

A. 准时供应方式　　　　　　B. 零库存供应方式

C. 就近供应方式　　　　　　D. 及时供应方式

(6) 生产物流区别于其他物流系统的最显著特点是它和企业（　　）密切联系在一起。

A. 销售　　B. 生产　　C. 计划　　D. 需求

(7) 我国当前绝大部分企业采用的物流形式为（　　）。

A. 生产企业自己组织销售物流

B. 外包第三方物流企业组织销售物流

C. 用户自己提货

(8) 以下（　　）不是逆向物流的特点。

A. 混杂性　　B. 多变性　　C. 处理费用高　　D. 集中性

2. 简答题

(1) 简述企业物流的垂直结构。

(2) 简述企业物流的分类。

(3) 简述供应物流管理的三方面内容。

(4) 简述供应物流管理的两种服务方式。

(5) 什么是生产物流的均衡性和节奏性？

(6) 生产企业自己组织销售物流有哪些好处？

(7) 逆向物流有哪些特点？

(8) 逆向物流能给企业带来哪些好处？

3. 判断题

(1) 企业物流包括供应物流、生产物流、销售物流和逆向物流。（　　）

(2) 企业的供应物流过程不会因企业的不同而有所差别。（　　）

(3) 无论在任何情况下，保持零库存对企业是最有利的。（　　）

(4) 时间上的流畅性要求物料在生产过程的各个环节的运动，自始至终处于连续流畅状态，没有或很少有不必要的停顿与等待现象。（　　）

(5) 生产物流的准时性是连续性、平行性、比例性和均衡性的保障。（　　）

(6) 销售物流的服务性表现在以需求为中心，树立"需求第一"的观念。（　　）

(7) 用户自己提货是未来要实现的销售模式。（　　）

(8) 逆向物流就是对废旧物进行回收，其社会效益大于企业效益。（　　）

4. 思考题

（1）企业在供应商管理的过程中应如何在保证自身利益的前提下与供应商进行合作？

（2）为什么信息规划与管理对企业生产物流来说至关重要？

（3）逆向物流如何为企业带来收益？

案例分析

易迅架构调整　腾讯重金砸物流[①]

腾讯电商终于在几匹"马"中挑出了最稳最快的一匹——"易迅"。

2013年3月5日，腾讯电商旗下被投企业之一——易迅宣布有史以来最大一次架构调整。这次调整从外部看来只是成立了事业部等管理架构，但其背后实则是腾讯电商路径的抉择：将易迅作为腾讯未来电商业务的基础平台，来与B2C京东商城及大淘宝竞争。"未来3～5年，易迅在腾讯电商中的定位都将是成本中心。我们计划不断投入资源提升易迅的体验和口碑。"腾讯电商控股公司助理总经理宋旸透露，易迅的首要责任是拥有一个低价和快速的口碑，同时承担起腾讯电商整个基础设施服务能力平台的建设。

易迅的仓储物流将向腾讯自营电商和开放平台的商家提供支持。腾讯公司高级执行副总裁兼腾讯电商控股公司CEO吴宵光强调，基础设施的完善将是电商决胜非常重要的环节。2013年，腾讯电商最重要的任务就是进行物流建设。

1. 易迅上位

在腾讯曾经投资过的B2C电子商务公司中，目前只有易迅获得了腾讯空前的全力支持。

此次调整完全是为了让易迅在2013年达到150亿元销售额而进行的相应部署。而2011年易迅的绝大部分收入只来自于华东地区——要达到腾讯2013年给易迅制定的150亿销售目标，此前的组织结构显然已经不能满足发展。"今年'品类扩张'将是易迅一个重要的特点，电商经营本部将会下辖3C数码、家电、手机、日用百货4个事业部。"腾讯电商控股公司助理总经理宋旸谈道，"易迅在2012年全国电商手机销售领域占有10%的份额，仅次于京东和天猫。因此我们希望主营产品线做得更加专业，寻求如手机等重点业务的市场份额扩张。"

易迅内部人士透露，"希望每个事业部都有一名副总裁级别的行业顶尖人物来领导，我们要展开一场高端人才的争夺战。"

而升格后的物流本部则下辖易迅仓储中心、配送中心以及各个大区仓配，负责全国的物流整体规划和服务。这缘于腾讯对物流的认识——"没有物流能力的电商是未来最没有前途的电商。"吴宵光在一次内部会议上称。

宋旸告诉《经济观察报》，此次调整中专门设立的企业发展本部是"最有特色的"。该部门主要针对融合电商、O2O、供应链金融、自有品牌等新模式进行规划和探索。

此外，新成立的新区管理委员会则肩负起了"复制易迅"的责任——将易迅在华东积累的

[①] 物流天下．http://www.56885.net．

成功商业经验、运营能力迅速复制到全国，为新建立的福州、济南、南宁等10个分仓提供资源支持。

2. 腾讯的电商心

从2006年正式运营拍拍网，到如今整合旗下易迅的组织架构，腾讯涉足电子商务已有7年光景。"收购易迅也好，参股众多电商也罢，都是因为腾讯当初摸不清B2C电子商务到底是怎么回事儿。"一位易迅内部人士对《经济观察报》坦言。

在易迅内部的会议上，吴宵光曾坦承，2010年B2C十分火热时，腾讯对B2C并不了解，不确定B2C是否是一个骗局，而当年炒得热火朝天的团购业务最终以泡沫破裂告终。

2011年，腾讯通过投资对电子商务领域进行试探性战略布局，入股了数家电子商务企业，包括好乐买、易迅、F团，甚至是可以被看做虚拟电商的艺龙。一时间，腾讯似乎要在各个品类的电子商务平台中都选择一家进行投资，其实也是在观察、了解这些不同的B2C公司的模式。

据悉，腾讯电商负责人吴宵光曾经在收购易迅后不久去视察过一次，当时觉得B2C过重而且毛利较低。但观察了一段时间之后，发现各项成本是可以随着订单数的增加而不断收敛的，更为重要的是易迅的口碑非常好。

后来，腾讯看到易迅的履单成本在不断下降的同时毛利率在逐步提升，这最终成了腾讯电商决心扶持易迅的主要原因——这证明了B2C的商业模式可以持续。

与此同时，易迅在华东市场的快速发展也异常迅速。目前易迅华东区域的销售额占据易迅全国销售额的比重目前为50%左右，市场份额增长迅速，尤其是手机等3C产品——腾讯电商控股觉得这个成功模式可以复制到全国。

在形成这个认识的过程中，腾讯对易迅的态度也从注资升级为控股，且腾讯除了资金之外，还给易迅在组织和管理上带来了很大帮助。

3. 重金投入

2012年年中，腾讯正式将电商部分独立出来，宣布成立腾讯电商控股公司，这一年腾讯电商的主要工作就是"整合"。

"我们希望在2013年5月初左右把QQ网购和易迅的后台打通，逐渐让QQ网购上的大商户进驻易迅，相当于一个店铺、两个前端。如好乐买等入股形式的企业，依旧会在腾讯电商平台上属于'店中店'的形式。"宋旸解释道。

按照易迅现在的规划，未来两三年里腾讯电商将投资在全国建设超过80万平方米的仓储运营中心。

事实上，2012年易迅已经在全国建立了包括上海、深圳、北京、武汉、西安和重庆六大仓储物流中心，全国布局基本完成。截至2013年7月，易迅还会在包括沈阳、济南、福州、成都等10个城市建立仓储中心。

据悉，易迅以上海为中心建设的全亚洲最大的自动化仓储分拨中心即将正式动工，仅这个项目的投资规模就十几亿元，预计将会在2014年完成投入使用。

吴宵光曾在内部讲，多数电商的"痛点"就是难以向用户提供商品次日送达的服务。目前，只有顺丰能够有品质地完成配送。而腾讯电商就是要在通过易迅网自营标准化品类时能够建立起自己的物流体系，并且通过数据进行网络优化，吸引非标准品类的商家入驻，帮助商家降低物流成本、提高送货体验，从而实现整个腾讯电商的战略。腾讯电商也在摸索开放物流体系，试图帮助电商用"四通一达"的价格做到顺丰的体验。

吴宵光并不看好单一的电子商务 B2C 模式，他认为电子商务非常复杂，仅用一个模式势必会有缺陷，必须要"自营＋开放平台"两种模式相结合，才能在未来有机会建立起具有腾讯特色的电子商务平台，实现 5 年 2 000 亿元的整体目标。

讨论题

（1）为了达到腾讯定下的销售目标，易迅在组织结构上做了哪些调整？

（2）腾讯为什么扶持易迅？

第6章 物流成本管理

【本章教学要点】

知识要点	掌握程度	相关知识	应用方向
物流成本的含义	掌握	物流成本的概念	物流成本库存决策的基本知识，在了解掌握的基础上才能更好地控制物流成本
物流成本管理的意义	了解	从微观和宏观两方面分析	
影响物流成本的因素及降低物流成本的途径	掌握	影响企业物流成本的3个因素，降低物流成本的3种途径	
物流成本计算对象	了解	3个构成要素	这4种计算方法能够很好地解决物流成本计算问题，也可以应用到成本控制问题
生产经营特点和管理要求对成本计算对象的影响	掌握	生产组织不同，成本计算对象不尽相同；生产工艺过程不同，成本计算对象有所不同	
物流成本计算的基本方法	重点掌握	品种法、分批法、分布法和作业成本法。其中，应重点掌握作业成本法的原理、特点和计算程序	
物流成本的控制方法	重点掌握	目标成本法和责任成本法。应重点掌握目标成本的作用、目标成本确定的方法及责任成本法的意义、划分、计算与考核	通过物流成本控制可以对物流各环节发生的费用进行有效的计划和管理
成本差异的计算与分析	掌握	成本差异计算与分析的意义、基本原理、计算	
物流成本绩效评估	了解	绩效评估的意义、基本原则和步骤	发现物流成本管理中存在的问题，为企业制定物流发展战略提供了依据
绩效标杆法	了解	绩效标杆法的实施步骤	
平衡计分卡	掌握	平衡计分卡的运用程序	

奥康物流成本案例分析[①]

现代市场的竞争,就是比谁看得准、谁下手狠。特别是对皮鞋行业而言,许多产品是季节性的。对这类产品,就是比时间、比速度。对一些畅销品种,如果能抢先对手一星期上货、一个月出货,就意味着抢先占领了市场。而对于市场的管理终极目的也在于此,如果你的产品慢对手一步,就会形成积压。积压下来无法销售掉的鞋子将会进行降价处理,如此一来,利润减少,物流成本加大。实在处理不掉的鞋子,将统一打回总部,二次运输成本随之产生,物流成本也就在无形之中增加了。据了解,奥康将一年分为8个季,鞋子基本上做到越季上市。一般情况下,在秋季尚未到来的半个月前,秋鞋必须摆上柜台。这在一定程度上考验奥康的开发设计能力,必须准确地把握产品的时尚潮流信息。为此,奥康在广州、米兰等地设立信息中心,将国际最前沿的流行信息在第一时间反馈到温州总部。这样就可以做到产品开发满足市场需求、减少库存、增加利润。

很多消费者可能都有这样一种经历,电视台上有些大打广告的产品,当你心动准备去购买时,跑遍了所在城市的每一个角落,也找不到它们的踪影。如此一来,信息成本加大,进一步导致利润降低。

奥康的广告策略是广告与产品同时上市或广告略迟于产品上市。这样既可以使产品在上市之初进行预热,又可以收集到产品上市后的相关信息,有利于对返单的鞋子进行产品宣传及进一步的开发设计,达到高销量的要求。同时也降低了物流运营成本。

物流方面,奥康的目标是实现配送零距离,以最短的时间、路程对产品进行配送。传统的库存管理主要通过手工做账与每月盘点的方法来实现,但面对当今市场高速运行、皮鞋季节分化日益明显的态势,不能及时清晰对库存结构及数量作出准确的反映,就会在企业的运营中出现非常被动的局面。有时你的库存处于警戒线后,你必须在一个月后,经过全国大盘点后才可以得知,而这时,当你想进行调整的时候已经有些晚了。

为此,奥康采用了用友U8系统,并在整个集团公司开始试用ERP系统。着手建立了全国营销的分销系统,为每个分公司、办事处配备电脑,并与总部电脑进行连接,使各网点与总部联网,最后达到信息快速共享的目的。

这样,总部与分公司、分公司与终端网点的信息沟通、反馈及处理就全部在电脑上操作完成。形成一个快速的信息反应链,这样每个销售分公司的销售网点每天的销售就一目了然。

现在,无论到奥康全国任何一个分公司、办事处的任何一台电脑上,都可以了解到公司产品的库存总数、当天销售、累计销售、某一类型产品的数量及尺码,总部对一些畅销品种就能马上作出反应,打好时间战,产品的南货北调迅速完成。促进了总部的决策活动与全国物流整体把握,把全国物流风险降低,提高整体的经济效益。

据了解,奥康现在除了在台湾、香港、澳门三地没有设立营销机构外,在全国31个省市、自治区都拥有自己的营销网络,106个营销机构,2 000多家连锁专卖店,1 000多家店中店,并在意大利的米兰成立了境外分公司,在西班牙的马德里设立办事处。强大的终端网络,促使奥康物流"能流"、"速流"。现在,奥康产品三天之内就可以通过专卖店及商场专柜等终端出现在消费者面前,实现了营销工作的第一步"买得到"。

[①] 申纲领.物流案例与实训[M].上海:上海交通大学出版社,2010.

同样一款夏季凉鞋,出现在吉林和海南两地市场上的时间差绝不会超过一天,出现在浙江和北京市场上的时间差不会超过两天,只有这种完善的营销网络才能做到物畅其流。

讨论题

(1) 在皮鞋行业,占领市场的关键是什么?

(2) 为了占领皮鞋行业的市场,奥康采取了哪些策略?这些策略对奥康的物流成本有什么影响?

随着社会经济发展的全球化,物流作为一种广泛存在的经济活动,普遍存在于企业内部和外部。在物流过程中,为了提供有关服务,要占用和耗费一定的活劳动和物化劳动。这些活劳动和物化劳动的货币表现,即物流成本。降低物流成本,可以提高企业的物流管理水平,加强企业的经营管理,促进经济效益的提高。

企业从原材料采购开始,到顺利加工成零部件,把零部件组装成产成品,最后产成品出厂投入消费领域,自始至终都离不开物流活动。企业物流过程,是创造时间价值、使用价值的过程。在商品流通领域中,一方面,物流劳动同其他生产劳动一样,也创造价值,物流成本在一定程度上,即在社会需求的限度内会增加商品价值,成为生产一定种类及数量产品的社会必要劳动时间的一部分,其总额必须在产品销售收入中得到补偿;另一方面,它又不完全等同于其他生产劳动。它并不增加产品使用价值的总量,相反,产品总量往往在物流过程中因损坏、丢失而减少。同时,为进行物流活动,还要投入大量的人力、物力和财力。也就是说,企业物流成本应是"使商品变贵而不追加商品使用价值的费用"。因此,科学地管理物流成本,是现代企业提高经济效益的重要途径。

6.1 物流成本

6.1.1 物流成本概述

1. 物流成本的概念

物流成本是指产品的空间移动或时间占有中所耗费的各种活劳动和物化劳动的货币表现。物流成本是在物流过程中产生的,物流过程随着物流进程的不同,产生的成本即成本的构成也不同。也就是说,物流成本是物流过程中各项活动成本的综合,是各项活动的总的成本,是一个特殊的成本体系。

在社会经济活动中,物流活动一般存在于两类经济实体中:一类是专门从事生产的企业;另一类是专门从事商品流通的企业。在这两类企业中,由于经营性质不同,其物流形态也有一定的差异,所以它们的物流成本构成也就不尽相同。

生产企业的主要目标是生产能够满足社会需要的产品,以此换取企业的利润。为了进行生产经营活动,企业必须同时进行有关生产资料的购进、储存、搬运,以及产成品销售等。生产企业的物流成本,是指企业在进行供应、生产、销售、回收等过程中,所发生的运输、包装、仓储、配送、回收等方面的费用。与流通企业相比,生产企业的物流成本大多体现在所生产的产品成本中,具有与产品成本的不可分割性。

商品流通企业的物流成本是指在组织物品的购进、运输、仓储、销售等一系列活动中，所消耗的人力、物力和财力的货币表现。

物流成本包括物流各项活动的成本，是特殊的成本体系，它将运输、仓储、装卸、加工、配送、信息等方面有机结合，形成完整的供应链管理。对于物流成本问题，有必要建立一套完整的理论体系指导实践，把物流成本管理提升到企业会计管理的高度，这样才能将物流成本管理纳入到企业常规管理范畴之内；另一方面，从企业组织结构来看，有必要从根本上改变企业部门和职能的结构，成立诸如物流部、物流科等职能部门，如此才有可能对物流成本实行单独核算，并对物流成本进行系统分析与控制。

2. 物流成本管理的意义

从物流成本的构成可以看出，物流成本在企业经营过程中占有重要的位置。对物流费用进行有效的管理，降低物流成本，对企业有着重要的意义。

物流成本管理的意义，可以从以下两个方面来看。

1）降低成本

物流成本在产品成本中占有很大的比例，降低物流成本就意味着扩大了企业的利润空间，提高了利润水平。

在竞争的市场环境下，产品的价格由市场的供求关系所决定，但价格背后体现的还是产品的价值量，即产品中所凝聚的人类抽象劳动的数量。商品价值并不取决于个别的劳动时间，而是由行业平均必要劳动时间所决定。当某个企业的物流活动效率高于所属行业的平均物流活动效率、物流成本低于所属行业的平均物流成本时，物流成本的降低部分就转化为该企业的"第三利润"；反之，该企业的利润水平就会下降。正是由于这种与降低物流成本相关的超额利润的存在，才导致企业积极关注物流成本管理，致力于降低物流成本。

2）增强竞争优势

企业通过物流成本作为评价其物流活动的共同尺度，将物流活动用货币的形式表现出来，在同一平台上对物流活动进行比较，从而更好地认识到各项活动在企业中的地位。

（1）物流成本的降低，首先意味着增强企业在产品价格方面的竞争优势。企业可以利用相对低廉的价格在市场上出售自己的产品，扩大销售，并以此为企业带来更多的利润。在市场竞争中，价格竞争是市场竞争的主要手段，降低物流成本就可降低商品的销售价格，从而提高企业的竞争力。

（2）物流成本的降低，还意味着增强企业在时间和质量上的竞争力。根据物流成本计算结果，不仅可以知道物流成本占企业生产总成本的份额，而且还可以发现物流活动中存在的问题，即现状与理想状态的差距。通过对问题的进一步分析，可以有针对性地加以改进，达到物流的合理化。同时，通过对物流成本的分析可以与先前的预算进行比较，根据比较结果来重新进行物流计划的调整、分析和评价，以对物流成本进行更好的控制。所以，加强物流成本管理是提高企业物流管理水平、提高服务质量的一个激励因素。

总的来说，加强物流成本管理，降低物流成本，是企业发展过程中一项重要的管理内容。物流成本管理的加强，可以提高企业的物流管理水平，加强企业的经营管理，促进企业经济效益的提高，增强企业竞争力。

"黑大陆"理论

在财务会计中把生产经营费用大致划分为生产成本、管理费用、营业费用、财务费用，然后再把营业费用按各种支付形态进行分类。这样，在利润表中所能看到的物流成本在整个销售额中只占极少的比重，物流成本的重要性也就不容易被认识到。因此，人们称物流成本为经济活动中的"黑大陆"。

1962年，著名的管理学家彼得·德鲁克在《财富》杂志上发表了题为《经济的黑色大陆》一文，他将物流比作"一块未开垦的处女地"，强调应高度重视流通及流通过程中的物流管理。彼得·德鲁克曾经讲过"流通是经济领域的黑暗大陆"。德鲁克泛指的是流通，但由于流通领域中物流活动的模糊性特别突出，它是流通领域中人们认识不清的领域，所以"黑大陆"学说主要针对物流而言。"黑大陆"学说指出在市场经济繁荣和发达的情况下，无论是科学技术还是经济发展，都没有止境。"黑大陆"学说也是对物流本身的正确评价，即这个领域未知的东西还很多，理论与实践皆不成熟。

从某种意义上看，"黑大陆"学说是一种未来学的研究依据，是战略分析的结论，带有较强的哲学抽象性，该学说对于研究物流成本领域起到了启迪和动员的作用。

6.1.2 影响物流成本的因素

1. 影响企业物流成本的因素

影响物流成本的因素主要包括竞争性因素、产品因素和空间因素。

1) 竞争性因素

企业所处的市场环境充满了竞争，企业之间的竞争除了产品价格、性能和质量的竞争外。从某种意义上讲，优质的客户服务是决定竞争成败的关键，高效物流系统是提高客户服务水平的重要途径。如果企业能够及时可靠地提供产品和服务，则可以有效地提高客户服务水平，而这要依赖于物流系统的合理化。而客户的服务水平又直接决定物流成本的高低。因此物流成本在很大程度上是由于日趋激烈的竞争而不断发生变化的，企业必须对竞争作出反应。影响物流成本的竞争性因素主要有订货周期、库存管理和运输等。

2) 产品因素

产品的特性不同也会影响物流成本，如产品价值、产品密度、易损性等。一般来讲，产品的价值和密度越大，易损性越高，物流成本就越高。另外，一些特殊搬运要求，如物品在搬运过程中需要持续加热或制冷也会增加物流成本。

3) 空间因素

空间因素是指物流系统中企业制造中心或仓库相对于目标市场或供货点的位置关系。一般来讲，制造中心或仓库如果距离目标市场太远，会增加运输及包装等成本；而在目标市场建立或租用仓库，会增加库存成本。因此空间因素对物流成本水平的高低也具有重要影响。

2. 降低物流成本的途径

降低物流成本已成为企业开辟"第三利润源泉"的重要途径，也是企业可以挖掘利润的一片新的绿洲，物流成本的降低成为企业获得利润的重要方面。从长远的角度来看，降低物流成本可以通过以下3个途径来实现。

1) 提高物流速度

提高物流速度可以减少资金占用,缩短物流周期,降低存储费用,从而节省物流成本。提高物流速度可以通过加快采购物流、生产物流、销售物流的速度,来缩短整个物流周期,提高资金利用率。发达国家生产企业的物流周期为平均每年16~18次,而我国目前还不到2次,即生产同样的物品,我们需要的资金是美国的8~9倍。所以,在我国通过提高物流周转速度来降低物流成本的空间非常大。

2) 优化物流服务水平和成本水平

提高对客户的物流服务水平是企业确保长期收益的最重要手段。从一定意义上来讲,提高客户服务水平是降低物流成本的有效方法之一。但是,超过必要量的物流服务不仅不能带来物流成本的下降,反而有碍于物流效益的实现。所以,在正常情况下,为了既保证提高对客户的物流服务质量,又防止出现过剩的物流服务,企业应当在考虑客户产业特性和商品特点的基础上,与客户充分协调,探讨有关物流配送的组合和降低物流成本等问题,以寻求在提高物流服务质量的前提下降低物流成本的最佳途径。

3) 建立物流信息系统

建立物流信息系统是为了企业在各项经营活动的开展过程中,对从接受订货到发货的各种物流过程进行控制,使物流活动实现更高效运转。其目标首先是提高服务水平,也就是将接受订货的商品迅速、准确地交给客户;其次是降低物流成本,消除与物流各种活动有关的浪费现象,运用协调而有效率的物流系统,以降低总成本。

除此之外,实现共同配送和建立物流子公司也是降低物流成本的有效途径。

知识链接

"效益背反"理论

"效益背反"是指物流的若干功能要素之间存在着损益矛盾,即某一功能要素的优化和利益发生的同时,必然会存在另一个或几个功能要素的利益损失,反之也如此。这是一个此消彼长、此盈彼亏的现象,虽然在许多领域中这种现象都是存在的,但在物流领域中,这个问题尤为突出。

物流系统的效益背反理论包括物流成本与服务水平的效益背反和物流各功能活动的效益背反。

6.2 物流成本计算的基本方法

6.2.1 物流成本计算对象

物流成本如何归集与计算,取决于对所评价与考核的成本计算对象。成本计算对象的选取方法不同,得出的物流成本结果也不同,正确确定成本计算对象,是进行成本计算的基础与前提。

1. 物流成本计算对象的构成要素

物流成本计算对象,指企业或成本管理部门,为归集和分配各项成本费用而确定的、以一定时期和空间范围为条件而存在的物流成本计算实体。企业的物流活动都是在一定的时空范围内进行的，从物流的各个环节来看，其时间上具有连续性，空间上具有并存性。因此，各项成本费用的发生，需要从其承担实体、发生期间和发生地点3个方面进行划分，这就形成了成本计算对象的3个基本构成要素。

1）成本费用承担实体

成本费用承担实体，是指发生并应合理承担各项费用的特定经营成果的体现形式，包括有形的各种产品和无形的各种劳务作业等。例如，工业企业的某种、某批或某类产品；服务行业的某一经营项目；施工企业的某项工程；运输业的某种运输劳务等。

就物流企业来讲，其成本费用承担实体，主要是各种不同类型的物流活动或物流作业。

2）成本计算期间

成本计算期间，是指汇集生产经营费用、计算生产经营成本的时间范围。例如，工业企业成本计算期按产品的生产周期和日历月份；农业种植业按轮作周期；服务业、劳务性企业一般按日历月份等。物流企业的成本计算期视其物流作业性质可有不同的确定方法，如对于远洋货物运输作业来讲，因其生产周期较长（以航次为生产周期），所以应以航次周期作为成本计算期。

3）成本计算空间

成本计算空间，是指成本费用发生并能组织企业成本计算的地点或区域（部门、单位、生产或劳务作业环节等）。例如，工业企业的成本计算空间可按全厂、车间、分厂、某个工段或某一生产步骤划分；服务性等企业可以按部门、分支机构或班组等单位来确定各个成本计算空间。

2. 生产经营特点和管理要求对成本计算对象的影响

1）生产组织方式不同，成本计算对象不同

对于大量生产类型的产品，因为连续不断地重复生产品种相同的产品，所以只要求按照产品的品种计算其成本。

对于大批生产类型的产品，由于产品批量较大、生产周期较长，所以可与大量生产一样，只要求按产品品种计算产品成本。

对于小批生产类型的产品，因其批量较小，一批产品往往同时完工，所以，按产品的批别归集费用，计算各批产品的成本。

对于单件生产类型的产品，因生产过程是按件进行组织的，所以有必要也有可能按单件计算产品成本。

2）生产工艺过程不同，成本计算对象有所不同

在单步骤生产条件下，由于生产工艺过程不可能或不需要划分为几个生产步骤，因此只要求按产品品种计算产品成本。

在多步骤生产条件下，由于生产工艺过程是由几个可以间断的或分散到几个不同地点进行生产的生产步骤所组成，因此，为加强对各步骤的成本管理，在按产品品种计算成本的同时，还可以按生产步骤计算产品成本。

3. 物流成本计算对象的选取

就物流企业来讲，物流成本的计算并非越全越细越好，其成本计算对象也并非越全越好，过细过全的成本计算是不必要的，也是不经济的。物流成本计算对象的选取，常常取决于企业领导对各种物流活动代价的关心程度，以及成本计算人员对成本数据收集的难易程度、能力差别等。严格地讲，这些因素不能作为成本计算对象选取的根本依据。

物流成本计算对象的选取，应当放在成本控制的重点上。成本控制的重点应包括以下几点。

（1）按成本责任划定的责任成本单位。

（2）当前成本费用开支比重较大或根据当前需要有必要分清并分别计算其物流成本的部门或作业活动。

（3）新开发的物流作业项目等。

由于各个企业在物流成本的发生期间、发生地点和承担实体的划分方法上不尽相同，因此，即使生产或劳务作业类型相同的企业，也可能在进行成本对比时不完全具有可比性。

6.2.2 产品成本计算方法

在实际物流活动中，常用的适应一般生产组织和工艺过程特点及成本管理需要的成本计算方法，有以下4种。

（1）按照产品或作业的品种计算产品成本，称为品种法。

（2）按照产品或作业的批别计算产品成本，称为分批法。

（3）按照产品或作业的生产步骤计算产品成本，称为分步法。

（4）按照劳务作业项目计算劳务成本，称为作业成本法。

本节介绍前三种物流成本计算方法，6.2.3节介绍作业成本法。

1. 品种法

品种法，是以产品品种作为成本计算对象，归集生产费用、计算产品成本的一种成本计算方法。

1）品种法的特点

品种法具有以下几个特点。

（1）以产品品种作为成本计算对象，按产品品种归集其生产费用并计算其成本。

（2）按月定期计算产品成本。

（3）对于单步骤生产企业，因其生产品种单一，且生产周期短，月末一般不会存在在产品，所以，一般不需要将生产费用在完工产品和月末在产品之间分配。

2）品种法的计算程序

品种法的计算包括以下程序。

（1）按产品品种设置成本明细账，并按各成本项目设置费用专栏。

（2）编制各种费用要素分配明细表，对于各种产品发生的直接费用，如直接耗用的原材料、生产工人工资等，按各种产品计入各自的产品成本明细账；对于间接费用，则应选择适当的分配标准按照相应的分配方法进行分配,计入各受益的产品成本明细账中。当然,从对成本责任单位考核与评价角度考虑,间接费用也可单独计算,不再以分配的形式计入产品或劳务作业成本。

(3) 月末将归集在各产品成本明细账中的费用汇总,如果月末没有在产品,其汇总的费用即完工产品总成本。

(4) 根据总成本与产品产量计算该产品的单位成本。

品种法的计算程序如图6.1所示。

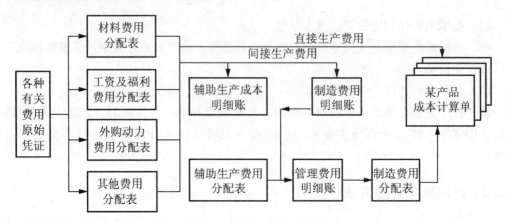

图6.1 品种法的计算程序

2. 分批法

分批法是以产品的批别作为成本计算对象,归集分配生产费用并据此计算产品成本的一种方法。

1) 分批法的特点

分批法具有以下特点。

(1) 以产品批别作为成本计算对象。如果生产订单上只是一种产品,但数量较大,也可将其划分成若干生产批次,并按批别计算各批产品成本。

(2) 产品成本计算是不定期的,在有完工产品(同一批产品全部完工时才算做完工产品)的月份才计算完工产品成本。成本计算期与产品生产周期一致。

(3) 一般不需要将生产费用在完工产品和月末在产品之间进行分配。

2) 分批法的计算程序

分批法的计算包括以下程序。

(1) 以产品的批别设置成本计算单。

(2) 按批别归集和分配直接费用和间接费用,对间接费用可按一定的方法分配给所受益的产品批别,从对成本责任单位考核与评价的角度考虑,间接费用也可单独进行计算,不再以分配的形式计入产品或劳务作业成本。

(3) 月末汇总完工产品成本计算单中所归集的各项生产费用,即为某批完工产品的总成本。

(4) 据总成本和该批完工产品产量计算其单位成本。

分批法的计算程序如图 6.2 所示。

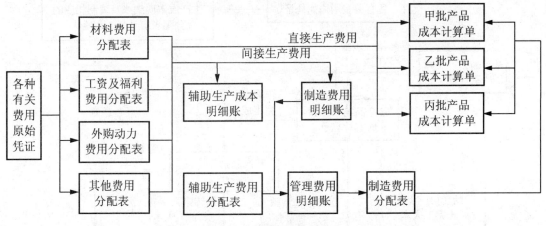

图 6.2 分批法的计算程序

3. 分步法

分步法是以产品的品种和每种产品所经过的生产步骤为成本计算对象，来归集生产费用并计算产品成本的一种方法。它适用于大批量、多步骤的生产企业，也适用于多环节、多功能、综合性营运的物流企业。分步法又可分为逐步结转法和平行结转分步法。

1) 分步法的特点

分步法具有以下特点。

(1) 成本计算的对象是各生产步骤的各种半成品和最后一个步骤的产成品。

(2) 定期地在每月月末计算成本，计算期与产品的生产周期不需一致。

(3) 以生产步骤为成本计算的空间，即在各个生产步骤范围内归集生产费用，并按步骤计算产品成本。

(4) 需要采用一定的方法将本步骤归集的生产费用，在完工产品和月末在产品之间进行分配，以确定完工产品成本和月末在产品成本。

2) 分步法的计算程序

分步法的计算包括以下程序。

(1) 按各生产步骤所生产的产品品种设置成本计算单。

(2) 各步骤发生的用于产品生产并能够具体到某种产品的直接费用，应直接计入该步骤该种产品成本计算单相应的成本项目中；对于不能直接计入产品成本的间接费用，可按一定方法，分配计入各步骤的产品成本计算单中。

(3) 月末根据各步骤各种产品成本计算单所汇集的生产费用，采用适当的方法在各步骤的完工产品与在产品之间进行分配，以计算各步骤完工产品成本与月末在产品成本。

(4) 据完工产品产量与总成本，计算出完工产品的单位成本。

逐步结转分步法(综合结转法)的计算程序如图 6.3 所示。

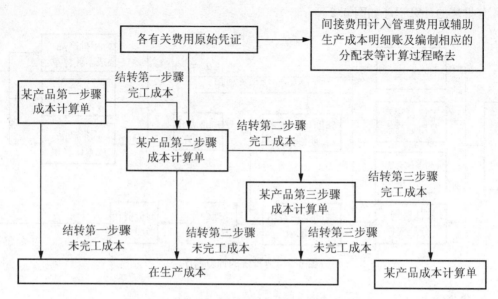

图6.3 逐步结转分步法(综合结转法)的计算程序

6.2.3 作业成本法

作业成本法(Activity Based Costing,ABC),也称为作业成本会计或作业成本核算制度,它是以成本动因理论为基础,通过对作业(Activity)进行动态追踪,反映、计量作业和成本对象的成本,评价作业业绩和资源利用情况的方法。

1. 作业成本法中的基本概念

1) 作业

作业,是指企业为提供一定量的产品或劳务所消耗的人力、技术、原材料、方法和环境等的集合。也可以说,作业是企业为提供一定的产品或劳务所发生的、以资源为重要特征的各项业务活动的统称。

作业是汇集资源耗费的第一对象,是资源耗费与产品成本之间的连接中介。作业成本法将作业作为成本计算的基本对象,并将作业成本分配给最终产出(如产品、服务或客户),形成产品成本。

一个企业,特别是物流企业,其作业多种多样,十分复杂。从作业成本法角度来看,有必要对其进行分类。按照成本层次不同可以分为:单位作业、批别作业、产品作业和工序作业;按作业与成本动因的关系密切程度不同可以分为:专属作业和共同消耗作业。

2) 成本动因

成本动因是指导致企业成本发生的各种因素,也是成本驱动因素。它是引起成本发生和变动的原因,或者说是决定成本发生额与作业消耗量之间内在数量关系的根本因素。例如:直接人工小时、机器小时、产品数量、准备次数、材料移动次数、返工数量、订购次数、收取订单数量、检验次数等。

成本动因按其对作业成本的形成及其在成本分配中的作用可分为资源动因和作业动因。

(1) 资源动因。资源动因也称为作业成本计算的第一阶段动因,主要用在各作业中心内部成本库之间分配资源。按照作业会计的规则：作业量的多少决定着资源的耗用量，资源耗用量的高低与最终的产品量没有直接关系。资源消耗量与作业量的这种关系称为资源动因。

资源动因反映着资源被各种作业消耗的原因和方式，它反映某项作业或某组作业对资源的消耗情况，是将资源成本分配到作业中去的基础。例如，搬运设备所消耗的燃料直接与搬运设备的工作时间、搬运次数或搬运量有关，那么搬运设备的工作时间、搬运次数或搬运量即为该项作业成本的资源动因。

（2）作业动因。作业动因也称为作业成本计算的第二阶段动因，主要用于将各成本库中的成本在各产品之间进行分配。

作业动因是各项作业被最终产品消耗的原因和方式，它反映的是产品消耗作业的情况，是将作业中心的成本分配到产品或劳务顾客中的标准，是资源消耗转化为最终产出成本的中介。

3）作业中心与作业成本库

作业中心是成本归集和分配的基本单位，它由一项作业或一组性质相似的作业所组成。

一个作业中心就是生产流程的一个组成部分。根据管理上的要求，企业可以设置若干个不同的作业中心，其设立方式与成本责任单位相似。作业中心与成本责任单位的不同之处在于：作业中心的设立是以同质作业为原则，是相同的成本动因引起的作业的集合。

由于作业消耗资源，所以伴随作业的发生，作业中心也就成为一个资源成本库，也称为作业成本库。

2. 作业成本法的基本原理

作业成本法的理论基础是所谓的成本因素理论，即企业间接制造成本的发生是企业产品生产所必需的各种作业所"驱动"的结果，其发生额的多少与产品产量无关，而只与"驱动"其发生的作业数量相关，成本驱动因素是分配成本的标准。例如，各种产品的生产批次驱动生产计划制订及产品检验、材料管理和设备调试等成本的发生；接收货物的订单驱动收货部门的成本发生；发送货物的订单驱动发货部门的成本发生；采购供应和顾客的订单驱动与原材料库存、在制品和库存成品有关的成本发生等。

作业成本法的基本原理是，根据"作业耗用资源，产品耗用作业；生产导致作业的产生，作业导致成本的发生"的指导思想，以作业为成本计算对象，首先依据资源动因将资源的成本追踪到作业，形成作业成本，再依据作业动因将作业的成本追踪到产品，最终形成产品的成本。其原理如图 6.4 所示。

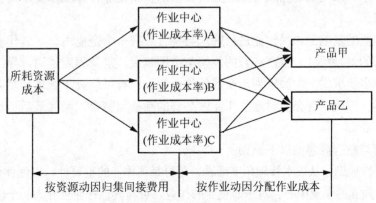

图 6.4　作业成本法的基本原理

3. 作业成本法的特点

作业成本法与传统成本会计方法相比具有以下特点。

（1）作业成本法提供的会计信息，并不追求传统成本会计法下的精确计算，只要求数据能够准确到保证制订计划正确性即可。

（2）作业成本有利于企业进行产品成本控制。在产品设计阶段，可以通过分析产品成本动因对新产品的影响，达到降低产品成本的目的；而在产品生产阶段，则可以通过成本系统反馈的信息，降低新产品成本，并减少无价值的作业活动。

（3）作业成本可用于分析企业生产能力的利用情况。以成本动因计算的作业量，将能更准确地反映企业实际消耗的作业量水平。如果将作业成本系统建立在标准成本计算法上，将会提高间接成本差异分析的有效性。

（4）作业成本法可用于制定产品生产种类的决策。产品的开发、减产和停产等决策与企业未来经营活动密切相关，因而企业的未来差量收入和差量成本将变为对决策有用的关键信息。作业成本信息则为预测这些未来成本数据提供了基础。

4. 作业成本法的计算程序

1）确认各项作业的成本动因

成本动因的确认是否客观合理，是实施作业成本法有无成效的关键。因此，成本动因的确认与筛选，应由有关技术人员、成本会计核算人员和管理人员等共同分析讨论。

在确定成本动因时，应遵循以下3项原则。

（1）确定的成本动因应简单明了，能从现有的资料中直接分辨出来。

（2）在选择成本动因时，为避免作业成本计算过于复杂，要筛选具有代表性和重要影响的成本动因。

（3）选择信息容易获得的成本动因，以降低获取信息的成本。

2）对作业进行筛选整合并建立作业中心

首先对各项作业进行确认，其确认的方法主要有业务职能活动分解法、过程定位法、价值链分析法和作业流程图分析法等。其中：业务职能活动分解法，是将企业各业务职能部门的活动进行分解，确定每一个部门应完成的作业有几种、多少人参与该项作业及作业耗费的资源；作业流程图分析法，是通过绘制作业流程图来描述企业各部门的作业及它们之间的相互联系，以便确定完成特定业务所要求的各项作业、各项作业所需要的人员及所要消耗的时间。

在确认作业的基础上，对作业进行筛选与整合。在一个企业内部，其作业数量的多少取决于其经营的复杂程度，生产经营的规模与范围越大，复杂程度越高，导致成本产生的作业量也就越多。事实上，如果列示全部的作业数量，有可能过于烦琐和复杂，并增大信息采集的成本。因此，有必要对这些作业做必要的筛选与整合，确保最后可设计出特定而有效的作业中心。

作业筛选与整合需遵循以下原则。

（1）重要性原则。从成本管理角度来看，分析每项作业的重要性，以便评价其是否值得单独列为一个独立的作业中心。对于非重要的作业，可与其他作业合并为一个作业中心。

(2) 相关性原则。从成本动因角度来看，分析和确认作业的相关性，以便评价各项作业的成本形态是否同质，从而考虑其是否可能被合并为同一个作业中心。

在确认作业中心之后，应按每个作业中心设置相应的作业成本库，以便归集各作业中心的作业成本。

3) 按资源动因归集间接费用

在对企业作业和资源动因进行全面分析的基础上，应依据各项资源耗费结果、资源动因及作业之间的相关性，将当期发生的生产费用按不同的作业中心进行归集，即按各作业中心的作业成本库归集作业成本，并计算全部成本库中的成本总和。

4) 按作业动因分配作业成本

当成本归集到各作业中心的作业成本库后，应按作业动因及作业成本额计算出作业成本的分配率，并按不同产品所消耗的作业量的多少分配作业成本，最终计算出产品应承担的作业成本。作业成本分配率的计算式为

$$某项作业成本分配率=\frac{该作业中心作业成本总额}{该中心的成本动因量化总和}$$

某成品应承担的某作业成本分配额＝该成品消耗某作业量总和×该项作业成本的分配率

5. 作业成本法计算举例

某企业的某生产部门生产两种产品，即产品甲和产品乙，现采用作业成本法对其生产费用组织核算。

(1) 该企业根据管理与核算上的需要，对资源动因进行确认与合并。确认合并后，共有 6 项，即材料移动、订单数量、准备次数、维修小时、质检数量及直接工时；将全部作业分解与合并为 6 个作业中心，即材料采购作业中心、材料处理作业中心、设备维修作业中心、质量检验作业中心、生产准备作业中心及动力与折旧作业中心（作业的分解与合并的具体做法与过程略去），并按各作业中心分别建立作业成本库。

(2) 对于直接生产费用即直接材料费、直接人工费用，不需计入各作业成本库，可直接按产品进行归集，计入产品成本。产品甲与产品乙当期（月）产量及各项直接生产费用和共同耗用的制造费用见表 6-1。

表 6-1 产品甲与产品乙当期（月）产量、各项直接生产费用、共同耗用的制造费用

项　　目	产品甲	产品乙
该月产量/件	40 0000	20 0000
直接材料费用/元	380 000	420 000
直接人工费用/元	106 000	168 000
直接人工工时/小时	400 000	600 000
共同耗用的制造费用/元	1 864 000	

(3) 该生产部门的全部制造费用（即间接费用），按资源动因归集到各作业成本库的结果见表 6-2。

表6-2 该生产部门的全部制造费用

作业中心 （作业成本库）	资源动因	资源动因数量 统计结果	作业成本费用 归集/元
材料处理	材料搬运/次	2 500	414 000
材料采购	订单数量/张	7 500	320 000
生产准备	准备次数/次	800	160 000
设备维修	维修小时/小时	20 000	310 000
质量检验	检验次数/次	4 000	240 000
动力与折旧	直接工时/小时	200 000	420 000
制造费用总额/元			1 864 000

（4）在费用归集和成本动因分析的基础上，将各作业成本库中的成本按相应作业动因（本例假定作业动因与资源动因相同），分配到各产品中去。产品甲与产品乙的作业动因数量统计情况见表6-3。根据表6-3中的作业动因数量统计分析结果，可将制造费用在产品甲与产品乙之间进行分配。作业动因比率的计算见表6-4，根据计算出的作业动因比率，分配作业成本，分配过程与结果见表6-5。

表6-3 产品甲与产品乙的作业动因数量统计表

作业中心 （作业成本库）	资源动因	作业动因数量统计结果		
		合　计	产品甲	产品乙
材料处理	材料搬运/次	2 500	2 000	500
材料采购	订单数量/张	7 500	5 000	2 500
生产准备	准备次数/次	800	550	250
设备维修	维修小时/小时	20 000	12 500	7 500
质量检验	检验次数/次	4 000	3 000	1 000
动力与折旧	直接工时/小时	200 000	120 000	80 000

表6-4 作业动因比率的计算

作业中心 （作业成本库）	资源动因	资源动因数量 统计结果	作业成本总额/元	成本(动因)
材料处理	材料搬运/次	2 500	414 000	165.6
材料采购	订单数量/张	7 500	320 000	42.666 67
生产准备	准备次数/次	800	160 000	200
设备维修	维修小时/小时	20 000	310 000	15.5
质量检验	检验次数/次	4 000	240 000	60
动力与折旧	直接工时/小时	200 000	420 000	2.1

表6-5 作业成本分配过程与结果

作业成本库	成本（动因）	产品甲		产品乙		作业成本合计/元
		动因数量	分配额/元	动因数量	分配额/元	
材料处理	165.6	2 000次	331 200	500次	82 800	414 000
材料采购	42.666 67	5 000次	213 333	2 500张	106 667	320 000
生产准备	200	550次	110 000	250次	50 000	160 000
设备维修	15.5	12 500小时	193 750	7 500小时	116 250	310 000
质量检验	60	3 000次	180 000	1 000次	60 000	240 000
动力与折旧	2.1	120 000小时	252 000	80 000小时	168 000	420 000
总计	—	—	1 280 283	—	583 717	1 864 000

（5）计算产品成本。将按产品甲与产品乙所归集的直接材料费用、直接人工费用和所分配来的制造费用进行汇总，分别计算产品甲与产品乙的总成本与单位成本，见表6-6。

表6-6 产品甲与产品乙的总成本与单位成本

成本项目	产品甲(产量 400 000 件)		产品乙(200 000 件)	
	总成本/元	单位成本/(元/件)	总成本/元	单位成本/(元/件)
直接材料费用	380 000	0.95	420 000	2.1
直接人工费用	106 000	0.27	168 000	0.84
制造费用	1 280 283	3.20	583 717	2.92
合计	1 766 283	4.42	1 171 717	5.86

6.3 物流成本的控制方法

6.3.1 目标成本法

目标成本是一种预计成本，是指产品、劳务、工程项目等在其生产经营活动开始前，根据预订的目标所预先制定的产品、劳务、工程项目等在生产和营建过程中各种耗费的标准，是成本责任单位、成本责任人为之努力的方向与目标。

1. 目标成本的作用

通过对目标成本的确认，并在实际工作中为之努力，将使目标成本发挥以下作用。

（1）充分调动企业各个部门或各级组织及职工个人的工作主动性、积极性，使上下级之间、部门之间、个人之间相互配合，围绕共同的成本目标而努力做好本职工作。

（2）目标成本是有效进行成本比较的一种尺度。将成本指标层层分解落实，使其与实际发生的生产费用对比，揭示差异，查明原因，采取措施，以防止损失和浪费的发生，起到控制成本的作用。

(3) 确认目标成本的过程，也是深入了解和认识影响成本各因素的主次关系及其对成本影响程度的过程，这将有利于企业实行例外管理原则，将管理的重点转到影响成本差异的重要因素上，从而加强成本控制。

2. 目标成本确定的方法

1) 倒扣测算法

倒扣测算法是根据通过市场调查确定的服务对象可接受的单位价格（如售价、劳务费率等），扣除企业预期达到的单位产品利润和根据国家规定的税率预计的单位产品税金及预计单位产品期间费用而倒算出单位产品目标成本的方法。其计算式为

$$单位产品目标成本＝预计单价－单位产品目标利润－预计单位产品税金－预计单位产品期间费用$$

2) 本量利分析法

本量利分析法是指在利润目标、固定成本目标和销量目标既定的前提下，对单位变动成本目标进行计算的方法。

依据成本、销售量与利润三者的关系式，即

$$利润＝单位售价\times销售量－单位变动成本\times销售量－固定成本$$

可导出目标单位变动成本的计算式，即

$$目标单位变动成本＝单位售价－\frac{利润＋固定成本}{预计销售量}$$

其实在计算产品目标单位变动成本之前，先要确定其目标固定成本，两者相互依存，两者之和(指以目标单位变动成本和预计销售量计算的目标变动成本总额与目标固定成本总额之和)形成目标总成本。

6.3.2 责任成本法

1. 责任成本法的意义

责任成本是指责任单位能对其进行预测、计量的各项可控成本之和。责任成本是按照谁负责谁承担的原则，以责任单位为计算对象来归集的，所反映的是责任单位与各种成本费用的关系。

采用责任成本法，对于合理确定与划分各物流部门的责任成本，明确各物流部门的成本控制责任范围，进而从总体上有效地控制物流成本有着重要的意义。

1) 使物流成本的控制有了切实保障

建立了责任成本制，由于将各责任部门、责任人的责任成本与其自身的经济效益密切结合，可将降低成本的目标落实到各个具体物流部门及个人，使其自觉地把成本管理纳入本部门或个人的本职工作范围，使成本管理落到实处。

2) 使物流成本的控制有了主动力

建立责任成本制，可促使企业内部各物流部门及个人主动寻求降低成本的方法，积极采用新材料、新工艺、新能源、新设备，充分依靠科学技术来降低物流成本。

2. 成本责任单位的划分

确定责任成本的前提是划分成本责任单位(以下简称为责任单位)。

责任单位的划分不在于单位大小,凡在成本管理上需要、责任可以分清、其成本管理业绩可以单独考核的单位都可以划分为责任单位。

通常可按照物流活动过程中特定的经济任务来划分责任单位。物流企业或企业物流部门,其内部各个活动环节相互紧密衔接和相互交叉,形成一个纵横交错、复杂严密的网络。

1) 横向责任单位

横向责任单位是指企业为了满足生产经营管理上的需要,而设置的平行职能机构。它们之间的关系是协作关系,而非隶属关系。

横向责任单位主要包括:供应部门、生产部门、劳资部门、设计部门、技术部门、销售部门、计划部门、设备管理部门和质量管理部门等。

上述各部门内部下属的平行职能单位之间,也可以相对看做是横向责任单位,如供应部门内部的采购部门与仓储部门之间互为横向责任单位。横向责任单位的划分,从某种意义上讲,是物流成本和成本管理责任在横向责任单位之间的合理划分。

2) 纵向责任单位

纵向责任单位是指企业及其职能部门为了适应分级管理的需要,自上而下层层设置的各级部门或单位。纵向责任单位之间虽然是隶属关系,但因其在成本的可控性上有其各自的责任与职权,所以有必要在责任单位划分上将其区别出来。

以运输部门为例,其纵向责任单位分为:公司总部、分公司、车队、单车(司机)。

3. 责任成本的计算与考核

为了明确各责任单位责任成本的执行结果,必须对其定期进行责任成本的计算与考核,以便对各责任单位的工作作出正确的评价。

1) 责任成本的计算方法

责任成本的计算方法分直接计算法和间接计算法两种。

(1) 直接计算法。直接计算法是将责任单位的各项责任成本直接加计汇总,以求得该单位责任成本总额的方法。其计算公式为

$$某责任单位责任成本 = 该单位各项责任成本之和$$

该种方法的特点是计算结果较为准确,但工作量较大,需逐笔计算出各项责任成本。

(2) 间接计算法。间接计算法是以本责任单位的物流成本为基础,扣除该责任单位的不可控成本,再加上从其他责任单位转来的责任成本的计算方法。其计算公式为

$$某责任单位责任成本 = 该责任单位发生的全部成本 - 该单位不可控成本 + 其他单位转来的责任成本$$

该种方法不需逐笔计算各责任单位的责任成本,所以计算工作量比直接计算法小。在运用此法时,应合理确认该单位的不可控成本与其他单位转来的责任成本。

2) 责任成本评价考核的依据

在实际工作中,对责任单位的责任成本考核的依据是责任预算和业绩报告。

责任成本的业绩报告是按各责任单位责任成本项目，综合反映其责任预算数、实际数和差异数的报告文件。

业绩报告中的差异是按实际减去预算后的差额。负值为节约，也称为有利差异；正值为超支，也称为不利差异。成本差异是评价各责任单位成本管理业绩好坏的重要标志，也是企业进行奖惩的重要依据。业绩报告应按责任单位层次进行编报。在进行责任预算指标分解时，其方式是从上级向下级层层分解下达，从而形成各责任单位的责任预算；在编制业绩报告时，其方式是从最基层责任单位开始，将责任成本实际数逐级向上汇总，直至企业最高管理层。

每一级责任单位的责任预算和业绩报告，除最基层只编报本级的责任成本之外，其余各级都应包括所属单位的责任成本和本级责任成本。下面举例说明纵向责任单位责任成本、横向责任单位责任成本及企业总部责任成本的计算与考核。

4. 纵向责任单位责任成本的计算与考核

纵向责任单位系统内各单位责任成本的计算，是从最基层逐级向上进行的。以生产系统为例，其纵向责任单位责任成本的计算是从班组开始，逐级上报至企业总部。

1) 班组责任成本的计算与考核

班组责任成本由班组长负责，各班组应在每月月末编制班组责任成本业绩报告送交车间。在业绩报告中，应列出该班组各项责任成本的实际数、预算数和差异数，以便对比分析。

例如，甲生产车间下设A、B、C三个生产班组，各班组均采用间接计算法来计算其责任成本。其中A班组业绩报告见表6-7。

表6-7 责任成本业绩报告

责任单位：甲车间A班组　　　××××年×月　　　　　　　　　　单位：元

项　目	实　际	预　算	差　异
直接材料	—	—	—
原料及主要材料	12 080	12 200	−120
辅助材料	11 400	11 300	+100
燃料	11 560	11 500	+60
其他材料	1 450	1 460	−10
小计	36 490	36 460	+30
直接人工资			
生产工人工费	16 300	15 200	+1 100
生产工人福利费	2 120	2 100	+20
小计	18 420	17 300	+1 120
制造费用	—	—	—
管理人员工资及权利费	11 140	11 000	+140
折旧费	11 450	10 660	+790

续表

项 目	实 际	预 算	差 异
水电费	1 680	2 000	−320
其他制造费用	11 350	11 500	−150
小计	35 620	35 160	+460
生产成本合计	90 530	88 920	+1 610
减：折旧费	11 450	10 660	+790
废料损失	150	—	+150
加：修理费	5 300	5 000	+300
责任成本	84 230	83 260	+970

表 6-7 表明，甲车间 A 班组本月归集的实际生产成本 90 530 元减去不应由该班组承担的折旧费 11 450 元，并减去废料损失（系因供应部门采购有质量问题的材料而发生的工料损失 150 元），再加上从修理车间转来的应由该班组承担的修理费，即为 A 班组的责任成本 84 230 元。

从总体上看，A 班组当月责任成本预算执行较差，超支 970 元。但从各成本项目来看，直接材料中的原料及主要材料和其他材料共节约 130 元；制造费用中的水电费和其他制造费用共节约 470 元；直接人工实际比预算超支 1 120 元；由企业机修车间转来的修理费 5 300 元，比预算超支 300 元。

对于超支的项目，应查明其超支的原因并采取相应措施降低成本，对于节约的费用项目也应进一步加以分析，找出节约的原因，以巩固取得的成绩。

2）车间责任成本的计算与考核

车间责任成本也是定期（一般以月为周期）以业绩报告形式汇总上报企业总部。以上例为例，甲车间在编制业绩报告时，除归集本车间的责任成本外，还应加上三个班组的责任成本。甲车间的业绩报告见表 6-8。

表 6-8 责任成本业绩报告

责任单位：甲车间　　　　　××××年×月　　　　　　　　　　　　　　单位：元

项 目	实 际	预 算	差 异
A 班组责任成本	84 230	83 260	+970
B 班组责任成本	68 930	67 890	+1 040
C 班组责任成本	76 890	77 880	−990
合计	230 050	229 030	+1 020
甲车间可控成本：	—	—	—
管理人员工资	24 500	24 300	+200
设备折旧费	22 960	23 000	−40
设备维修费	22 430	22 500	−70

续表

项　目	实　际	预　算	差　异
水电费	5 600	5 200	+400
办公费	3 000	2 500	+500
低值易耗品摊销	6 980	6 800	+180
合计	85 470	84 300	+1 170
本车间责任成本合计	315 520	313 330	+2 190

从表6-8中可以看出，甲车间的A、B、C三个班组中，C班组的成本业绩是最好的，甲车间当月责任成本超支2 190元，其中下属三个班组共超支1 020元，本车间可控成本超支1 170元；A、B两班组超支合计为2 010元(970元+1 040元)是成本控制的重点。

对于甲车间可控成本中的超支项目，还应进一步详细分析并查找原因，从而采取措施，加以控制。

5. 横向责任单位责任成本的计算和考核

横向责任单位责任成本的计算和考核与纵向责任单位基本相同，即由各部门负责人负责按月编制部门业绩报告报送企业总部。为简述起见，仅以供应部门为例，说明其责任成本的计算与考核方法。

企业的供应部门主要负责材料的采购、保管与收发。对供应部门的责任成本的考核，主要包括：采购费用、整理费用、仓库经费、办公费用和人员工资等。其业绩报告格式略。

6. 企业总部责任成本的计算与考核

企业总部责任成本应包括所属各管理部门的责任成本，所以当企业总部(财会部门)收到所属各部门报送的业绩报告后，应汇总编制公司的责任成本业绩报告。其格式见表6-9。

表6-9　XX公司责任成本业绩汇总表

××××年×月　　　　　　　　　　　　　　　　　　　　　　　单位：元

业绩报务	实　际	预　算	差　异
甲车间业绩报告			
A班组责任成本	84 230	83 260	+970
B班组责任成本	68 930	67 890	+1 040
C班组责任成本	76 890	77 880	−990
车间可控成本	85 470	84 300	+1 170
甲车间责任成本合计	315 520	313 330	+2 190
乙车间业绩报告	—	—	—
……	……	……	……

续表

业绩报务	实 际	预 算	差 异
供应科业绩报告	—	—	—
……	……	……	……
公司总部责任成本业绩报告	131 500	132 000	−500
责任成本总计	1 223 450	1 221 400	+2 050
销售收入总额	1 455 450	1 445 300	+10 150
盈利及盈利净增额	232 000	223 900	+8 100

表 6-9 表明，该公司销售收入实际数超出预算数 10 150 元，在抵减责任成本超支数 2 050 元后，其盈利额实际数比预算数净增 8 100 元。对销售收入增加 10 150 元的增收原因，还需进一步加以分析，比如看其是否与责任成本增加有关。

6.3.3 成本差异的计算与分析

日常的成本控制是通过计算实际成本与预算成本（标准成本）之间的成本差异，并对其差异产生的原因进行因素分析后采取相应的措施来实现的。

1. 成本差异计算与分析的意义

显然，以标准价格、标准消耗量编制的费用预算与实际价格、实际消耗量反映的费用执行结果之间，必然会出现数额上的差异。凡实际成本大于预算成本的差异，称之为不利差异；凡实际成本小于预算成本的差异，称之为有利差异。

成本差异是可以计算出来的，并且可以对其进行因素分析，以确定各因素对差异的影响数额，进而有针对性地采取措施，对不利差异的影响因素进行必要的控制。

成本差异的计算与分析，是成本控制的一项重要工作，其在成本控制中的作用如图 6.5 所示。

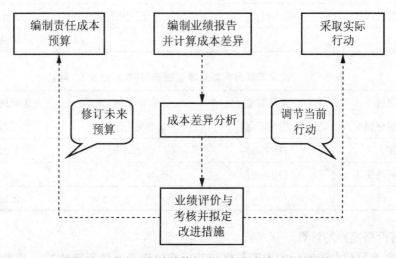

图 6.5 成本差异的计算与分析在成本控制中的作用

2. 成本差异计算的基本原理

成本差异的计算与分析的对象，主要是标准成本与实际成本之间的差异。

由于标准成本中一般由直接材料、直接人工和变动制造费用三个成本项目构成，而直接材料、直接人工和变动制造费用这三个成本项目都具有单独的价格标准和数量标准，因此，这三大成本项目的成本差异，都可概括为"标准价格×标准数量"与"实际价格×实际数量"之差。其基本原理如图6.6所示。

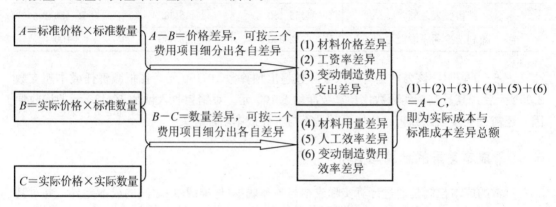

图 6.6 成本差异计算的基本原理

3. 成本差异的计算

现以某物流企业的某加工车间甲工位的甲产品成本数据为例(见表6-10和表6-11)，说明变动成本差异的计算方法。

表6-10 该车间某月标准成本数据资料

成本项目	用量标准	价格标准	标准成本
直接材料	4千克/件	2元/千克	8元/件
直接人工	2小时/件	10元/小时	20元/件
变动制造费用	2小时/件	4元/小时	8元/件
合计	—	—	36元/件

表6-11 该车间某月实际成本数据资料(实际产量60件)

成本项目	实际数量	实际价格	实际成本/元
耗用直接材料	235千克	2.2元/千克	517
耗用直接人工	110小时	11元/小时	1 210
支付变动制造费用	110小时	3.8元/小时	418
合计	—	—	2 145

1) 材料价格差异的计算

材料价格差异是由于实际的采购价格与其标准价格不一致所造成的，其责任应由采购供应部门承担。因此，在计算其材料价格差异额时，计算式中的实际数量应为实际采购

量,而不是实际耗用量。其计算公式为

$$材料价格差异=实际采购数量\times(实际价格-标准价格)$$

实际工作中,材料价格差异是以表格形式计算和报告的,其格式见表6-12。

表6-12 材料价格差异计算表

材料名称	实际采购量	实际价格	标准价格	单位价差	价格差异总额
计算关系	①	②	③	④=②-③	⑤=④×①
甲材料	300千克	2.2元/千克	2元/千克	0.20元/千克	+60元

由表6-12可知,因甲材料采购价格的上升所产生的材料价格差异(即超支)总额为60元。

2) 工资率差异的计算

工资率差异也称为直接人工的价格差异,它是实际工时按实际工资率计算的人工成本,与按标准工资率计算的人工成本之间的差额。其计算公式为

$$工资率差异=实际工时\times(实际工资率-标准工资率)$$

实际工作中,工资率差异是以计算表形式进行计算的,见表6-13。

表6-13 工资率差异计算表

工资等级	实际工时	实际工资率	标准工资率	单位工资率差异	工资率差异总额
计算关系	①	②	③	④=②-③	⑤=④×①
××级	110小时	11元/小时	10元/小时	+1元/小时	+110元

如果该工位的工人工资标准不一时,可分开计算,然后再加以汇总。

3) 变动制造费用支出差异的计算

变动制造费用支出差异是指变动制造费用的价格差异,也称为变动制造费用耗费差异。它是实际发生的变动制造费用,与按实际工时计算的标准变动制造费用之间的差额。其计算式为有以下两种方式。

(1) 变动制造费用支出差异=实际工时×(实际变动制造费用比率-标准变动制造费用比率)。

(2) 变动制造费用支出差异=实际变动制造费用-标准变动制造费用比率×实际工时

本例变动制造费用支出差异的计算见表6-14。

表6-14 变动制造费用支出差异计算表

	实际工时	实际变动制造费用比率	标准变动制造费用比率	比率差异	变动制造费用支出差异总额
计算关系	①	②	③	④=②-③	⑤=④×①
该工位	110小时	3.8元/小时	4元/小时	-0.2元/小时	-22元

4) 材料用量差异的计算

材料用量差异是指材料标准价格,按实际耗用量计算的材料成本,与按标准耗用量计

算的材料成本之间的差额,它反映直接材料成本的数量差异。其计算式为

材料用量差异＝标准价格×实际用量－标准价格×标准用量 或 材料用量差异
＝标准价格×(实际用量－标准用量)

本例材料用量差异的计算见表 6-15。

表 6-15 材料用量差异计算表

材料名称	标准价格	实际用量	标准用量	用量差异	用量差异总额
计算关系	①	②	③	④＝②－③	⑤＝④×①
甲材料	2元/千克	235千克	240千克	＋5千克	＋10元

表 6-15 中的实际用量,是指该工位加工甲产品所耗用的甲材料的实际用量,而并非是实际采购量;标准用量 240 千克是以甲产品的实际产量 60 件,与甲材料的标准用量 4 千克/件相乘而计算出来的。

5) 人工效率差异的计算

人工效率差异是指直接人工成本的数量差异,它是指标准工资率按实际工时计算的人工成本,与按标准工时计算的人工成本之间的差额。其计算式为

人工效率差异＝标准工资率×(实际工时－标准工时)

上式中的标准工时,是指本期实际产量与直接人工用量标准的乘积。本例人工效率差异的计算见表 6-16。

表 6-16 人工效率差异计算表

工资等级	标准工资率	实际工时	标准工时	工时差异	人工效率差异总额
计算关系	①	②	③	④＝②－③	⑤＝④×①
××级	10元/小时	110小时	120小时	－10小时	－100元

表 6-10 中的标准工时 120 小时,是直接人工用量标准 2 小时/件,与甲产品实际产量 60 件的乘积。

6) 变动制造费用效率差异的计算

变动制造费用效率差异是指变动制造费用在工时用量上的差异,用以反映工作效率的好差情况,它是以标准变动制造费用比率为度量单位,按实际工时计算的变动制造费用,与按标准工时计算的变动制造费用之间的差额。其计算式为

变动制造费用效率差异＝标准变动制造费用比例×(实际工时－标准工时)

本例变动制造费用效率差异的计算见表 6-17。

表 6-17 变动制造费用效率差异计算表

	标准变动制造费用比率	实际工时	标准工时	工时差异	变动制造费用效率差异总额
计算关系	①	②	③	④＝②－③	⑤＝④×①
该工位	4元/小时	110小时	120小时	－10小时	－40元

7) 成本差异的汇总

上述各项差异的计算,应通过汇总表的形式加以综合反映。本例成本差异汇总表见表 6-18。

表 6-18 成本差异汇总表

成本差异	差异额/元	差异属性	可能的责任部门
材料成本差异	—	—	—
材料价格差异	+60	价格差异	采购、企业外部
材料用量差异	-10	用量差异	生产、采购、维修
小计	+50	—	—
人工成本差异	—	—	—
工资率差异	+110	价格差异	生产、人事
人工效率差异	-100	用量差异	生产、维修、采购
小计	+10	—	—
变动制造费用差异	—	—	—
变动制造费用支出差异	-22	价格差异	生产、供应
变动制造费用效率差异	-40	用量差异	生产、维修、采购
小计	-62	—	—
合计	-2	—	—

从表 6-18 中可以看出,材料价格差异对生产部(生产班组或工人)来说,是不可控的,所以在计算生产部门的成本差异额时,不应包括材料价格差异。因此,该生产工位的可控成本差异额(成本业绩)应为:-2-(+60)=-62(元)。

4. 成本差异的分析

1) 材料价格差异的分析

材料价格差异主要是因材料实际采购价格,与其计划价格发生偏差而产生的,与采购部门的采购工作质量密切相关,可作为评价采购部门业绩的重要依据,一般不能用来评价生产耗用部门的成本业绩。本例中的材料价格差异超支 60 元,属不利差异,应查明原因并加以必要的控制。

2) 工资率差异的分析

工资率差异常为不利差异,其原因可能是企业提高了职工工资水平所致,或该工位更换为技术等级高的工人,或临时加班提高了工时津贴等。

在实际工作中,如果在技术等级低的工位上安排了技术等级高(相应工资级别高)的工人时,也会产生不利的工资率差异,这应是工资费用控制的重点。

3) 变动制造费用支出差异的分析

变动制造费用支出差异所反映的不仅是费用明细项目支付价格方面的节约或超支,同时也包括各费用明细项目在用量方面的节约或浪费。因此,对变动制造费用的各明细项目有必要加以详细分析，找出超支的主要原因。例如对变动制造费用进一步分解为间接材料、间接人工、动力费等，并从其价格与用量两个方面进行详细分析。

4) 材料用量差异的分析

导致材料用量差异的因素，主要包括生产工人的技术熟练程度和对工作的责任感、加工设备的完好程度，以及产品质量控制是否健全、有无贪污盗窃等。显然，材料的质量问题或工艺要求的变化而导致的材料用量增加，不应由生产部门负责。

例如，采购部门为压低材料进价，大量购入劣质材料而造成的生产部门用料过多，甚至增加了废次品等，由此而产生的材料用量差异应由采购部门负责。由于设备维修部门原因而使设备失修，出现材料用量上的浪费现象，也必然反映在材料用量差异上，而这部分差异应由设备维修部门负责。在剔除非生产部门责任造成的用量差异后，对剩余的用量差异应查找出原因，看其是否由于工人粗心大意、缺乏训练或技术水平较低等原因造成的。

5) 人工效率差异的分析

人工效率差异实质上是反映在实际生产过程中工时的利用效率。实耗工时与实耗标准工时不一致，说明其生产效率（以工时表示）利用的好差，实耗工时小于实耗标准工时，说明其生产效率高，反之说明其生产效率低。

实耗工时高低的决定因素是多方面的，例如工人的责任心、生产积极性、技术水平、时间利用程度、机器设备利用程度等。在一般情况下，人工效率差异应由生产部门负责，但如果系采购部门购入不合格的材料或因停工待料、机器维修、工艺调整、甚至停电、停水等生产部门无法控制的因素而导致的人工效率差异，则应由相应的责任部门负责。

6) 变动制造费用效率差异的分析

变动制造费用效率差异也是反映在实际生产过程中工时的利用效率情况，这项差异应称为工时的效率差异，但人们已习惯称之为变动制造费用效率差异。此项差异的因素分析方法，基本与人工效率差异的分析方法相同。

6.4 物流成本绩效评估

6.4.1 物流成本绩效评估概述

1. 物流成本绩效评价的意义

物流成本管理绩效评价是运用数理统计等方法，建立物流成本管理综合评价指标体系，设立相应的评价标准，运用定量与定性相结合的方法，对企业一定期间物流成本管理情况和物流获利能力等进行综合评价。

开展物流成本绩效评价有利于全面了解企业物流成本的管理情况，及时发现物流活动中存在的问题，充分调动部分和员工的积极性，不断提高企业物流的获利能力，同时也为企业制定物流发展战略提供了依据。

2. 物流成本管理绩效评价的基本原则

1) 整体性原则

物流成本存在效益背反现象，一项成本的降低可能带来另一项成本的提高，而企业管理者关注的是物流总成本的高低。同时，物流成本与物流服务水平之间也存在效益背反现象，物流成本的小幅下降可能带来物流服务水平的大幅下降，这是物流成本管理者应极力避免的现象。所以，物流成本管理绩效评价不应该局限于局部物流成本的控制和考察，而应从整体上对物流成本和物流活动的绩效进行评价。

2）定量与定性相结合的原则

想要综合了解企业物流成本管理绩效，必须从定量和定性两个方面设计相应的指标体系。通过定量指标，可以了解企业物流成本管理绩效的概况。除了可以量化的指标，企业物流活动和成本管理还涉及物流活动风险、客户满意度、制度建设、流程规范等问题，这些问题往往很难进行量化，所以还应当设计相应的定性指标，以全面反映企业物流成本绩效。

3）可比性原则

可比性原则不仅包括相关定量指标在企业不同时期的可比，而且还包括企业相关指标与行业内其他企业之间的可比。所以，企业在设计相关评价指标时，一定要调整不可比因素，这是企业进行物流成本绩效评价的前提。

4）经济性原则

企业的任何管理活动都要考虑成本和收益之间的关系，即以最少的投入获取最大的收益。具体到物流成本绩效评价活动，其经济性原则主要指在建立评价指标体系时，涉及的指标既不能过多也不能过少，指标过少会使评价结果不准确、不全面，指标过多会使评价成本上升。所以，企业在设计评价指标体系时，应结合企业实际和管理需要，选择合理数量的评价指标。

3. 物流成本绩效评价的步骤

1）建立绩效评价机构

绩效评价机构负责组织实施物流成本管理绩效评价。绩效评价机构成员应具有丰富的物流管理、财务会计等专业知识，同时熟悉物流成本绩效评价业务，具有较强的综合分析和判断能力。

2）制定绩效评价工作方案

绩效评价工作方案通常要包括评价的目标、对象、指标、标准、方法等内容。

(1) 评价目标。绩效评价的目标是整个评价工作的指南和目的，它服务于企业的总目标，由企业的总目标来决定。评价目标决定了评价指标、评价标准和方法的选择。

(2) 评价对象。绩效评价的对象就是"对什么进行评价"。一般来说，绩效评价的对象主要有两个：一是企业；二是员工。这里，物流成本管理绩效评价的对象主要是企业。

(3) 评价指标。评价指标是对评价对象进行评价的具体内容，是评价方案的重点和关键。评价指标既包括财务指标，也包括非财务指标。

(4) 评价标准。评价标准是判断评价对象业绩好坏的标准。科学、有效的评价标准具有以下特征：一是具有一定的难度，使得评价对象只有经过努力才能达到；二是具有可行性，能够被评价对象接受。一般来说，物流成本管理绩效评价的标准包括历史标准、年度预算标准、竞争对手标准等。

(5) 评价方法。物流成本绩效评价的方法包括定量方法和定性方法，通常使用定量与定性相结合的方法。

3）收集和整理有关信息

物流成本管理绩效评价机构根据指定的工作方案，收集、核实和整理有关资料，包括企业物流成本及相关财务数据，其他企业的评价方法和标准，企业物流成本管理绩效评价的历史资料等。

4）进行评价

这是物流成本管理绩效评价的关键环节和步骤。根据工作方案确定的有关内容，利用收集的信息计算相关评价指标的实际数值，并与评价标准进行比较。

5）撰写绩效评价报告

绩效评价报告是物流成本管理绩效评价的结论性文件。绩效评价人员根据收集的资料，在计算评价指标实际值的基础上，通过与评价标准比较，对企业物流成本管理绩效情况进行评价，找出差异，明确责任，为今后物流成本管理提供借鉴性思路。

6.4.2 绩效标杆法考核

1. 绩效标杆法

物流成本绩效评估方法是指评价主体将评价指标与评价标准进行对照分析，得出评价结论的过程。目前企业所采用的物流成本业绩评价方法主要有责任成本法和绩效标杆法，6.3节已经介绍过责任成本法的应用，这里主要介绍绩效标杆法的应用。

从企业内部物流活动来对物流成本的绩效进行考核是重要的，但从外部，从顾客，从优秀企业的角度对企业物流成本绩效进行考核也是非常重要的。它使企业获得更多的新信息，从而有助于企业改进自身的成本管理模式，降低物流成本，提高企业的竞争力。

外部绩效评估包括两部分内容：一是从顾客的角度，来评估本公司物流成本完成情况。这种评估可以通过调研或订货系统追踪获得。评估的主要内容有：库存的可得性、订货完成时间、提供的信息程度、问题的解决情况等；二是确定标杆，与其他优秀的企业进行比较。现在越来越多的企业应用标杆，将它作为企业与相关行业中的竞争对手比较的一种技术。而且，一些企业在重要的战略决策中将标杆作为物流运作的工具。涉及的领域有：资产管理、成本、顾客服务、产品质量、运输、仓库、订货处理等。

绩效标杆法是指通过将企业业绩与同行业或企业内已存在的最佳业绩进行对比，来不断改善企业作业活动、提高业绩的有效途径和方法。其主要目的是找出差距，寻找不断改进的途径。其方法是对同类活动或同类产品中绩效最好的组织和机构进行研究，以发现最佳经营实践，并将它们运用到自己公司。最佳业绩通常有三类：内部标杆、竞争对手标杆和通用标杆。比较理想的是与竞争者比较，即使用竞争标杆来确认竞争者中的最佳实务者，判断其取得最佳实务的因素，以资借鉴。这实质上是进行竞争对手分析。

物流成本绩效标杆法的考核就是找一个企业的物流成本作为本企业物流成本的参照系，但是要注意这个参照系应与自己企业的经营管理能力或市场竞争力在同一水平上，否则就没有参照的意义了。因此，企业在选择参照系时要特别注意寻找比较合适的参照企业。

2. 绩效标杆法在物流成本业绩考核中实施的步骤

利用绩效标杆法对企业物流成本业绩进行考核，主要包括以下几个步骤。

(1) 识别什么可作为标杆，可作为对照的物流企业及相关成本数据的收集。即要明确影响物流成本的主要因素及谁是企业的真正竞争对手。

(2) 明确竞争敌手所采用的基本竞争策略，因为它决定了企业的成本策略。采用成本领先策略的企业以低成本为第一目标，使用各种方式和手段来降低成本；而采用差异化战略的企业则以差异化为第一目标，降低成本的方式和手段以不影响企业差异化为限度；实行目标聚集策略的企业以占领特定细分市场为目标，在特定细分市场里，它们仍然会采用成本聚集或差异化战略。物流成本标杆分析以采用相同竞争策略的竞争对手分析最具有价值。

(3) 分析竞争对手的价值链和成本动因，并与企业自身价值链和成本动因加以比较。若竞争对手向目标市场提供相似产品或服务，并采用相同的基本竞争策略，则它们所处的市场环境基本相同，分析的重点应是企业内部因素。

3. 实施绩效标杆法的意义

标杆分析在物流成本控制中的用途是多重的。

(1) 它是企业进行优势与弱点分析的有效手段，能确定竞争者中最佳失误及其成功因素，并通过价值链和成本动因分析，认识企业自身的优势和面临的威胁。

(2) 标杆分析可以改进企业实务，通过与最佳实务相比，明确企业需要改进的方面，并提供方法与手段。

(3) 标杆分析为业绩计量提供了一个新基础，它以最佳实务为标准计量业绩，使各部门目标确定在先进水平的基础上，使业绩计量具有科学性并起到指针作用。

阅读案例 6-1

美国施乐公司物流绩效标杆

在北美，绩效标杆法(Benchmarking)这个术语是和施乐公司同义的。过去15年间，有100多家企业去施乐学习它在这个领域的专业知识。施乐创立绩效标杆法开始于1979年，当时日本的竞争对手在复印行业中取胜，他们以高质量、低价格的产品，使施乐的市场占有率在几年时间从49%降低到22%。为了迎接挑战，施乐高级经理引进了若干质量和生产率计划的创意，其中绩效标杆法就是最有代表性的一项。

所谓"绩效标杆法"就是对照最强的竞争对手，或著名的顶级企业的有关指标而对自己的产品、服务和实施过程进行连续不断的衡量。

施乐考虑到顾客的满意度，绩效标杆法被执行得比原先最佳的实践还要好。达到这个目标的主要实践方法是取悦顾客，向顾客展示与施乐公司做生意是多么容易和愉快。达到这个目标的主要途径是公司与顾客之间的接触点。例如，拿取和填写订货单、开发票的全过程都必须符合保证顾客满意的最佳实践标准。

在施乐公司，绩效标杆法是一个由以下4个阶段和10个步骤组成的程序。

第一阶段(3个步骤)：识别什么可成为标杆；识别可作为对照或对比的企业；数据的收集。

第二阶段(3个步骤)：确定当今的绩效水平；制订未来绩效水平计划；标杆的确认。

第三阶段(2个步骤)：建立改进目标；制订行动计划。

第四阶段(2个步骤)：执行行动计划和监督进程；修正绩效标杆。

一个绩效标杆作业往往需要6~9个月的实践，才能达到目标。需要这么长时间，是因为绩效标杆既是需要战略的，也是包括战术或运作的因素。从战略上讲，绩效标杆涉及企业的经营战略和核心竞争力问题；从战术上讲，一个企业必须对其内部运作有充分的了解和洞察，才能将其与外部诸因素相对比。

绩效标杆的实践运作主要包括以下三种类型：①工作任务标杆。比如搬运装车、成组发运、排货出车的时间表等单个物流活动。②广泛的功能标杆。就是要同时评估物流功能中的所有任务，例如改进仓储绩效的标杆（从储存、堆放、订货、挑选到运送等每一个作业）。③管理过程的标杆。把物流的各项功能综合起来，共同关注诸如物流的服务质量、配送中心的运作、库存管理系统、物流信息系统及物流操作人员的培训与薪酬制度等，这种类型的标杆更为复杂，因为它跨越了物流的各项功能。

运用绩效标杆法实际上可打破根深蒂固的不愿改进的传统思考模式，而将企业的经营目标与外部市场有机地联系起来，从而使企业的经营目标得到市场的确认而更趋合理化。例如，它建立了物流顾客服务标准，鼓励员工进行创造性和竞争性的思维，并时常提高员工物流运作成本和物流服务绩效的意识。

缺乏准备是绩效标杆法失败的最大原因。对别的企业做现场视察，首先要求物流经理能完全理解本企业内部的物流运行程序，这种理解有助于识别哪些是他们要去完成的，哪些是要从绩效标杆中寻求的信息。

施乐公司物流绩效标杆已取得了显著的成效。以前公司花费了80%的时间关注市场的竞争，现在施乐公司却花费80%的精力集中研究竞争对手的革新与创造性活动。施乐公司更多地致力于产品质量和服务质量的竞争而不是价格的竞争。结果，公司降低了50%的成本，缩短了25%的交货周期，并使员工增加了20%的收入，供应商的无缺陷率从92%提高到95%，采购成本也下降了45%，最可喜的是，公司的市场占有率有了大幅度的增长。

资料来源：郭士正，刘军，宋杰. 物流成本管理[M]. 北京：清华大学出版社，北京交通大学出版社，2011.

6.4.3 平衡计分卡的应用

1. 平衡计分卡概述

传统的物流成本绩效评估系统侧重于静态的财务业绩评价，面对物流活动日益复杂的内外部环境，单纯的财务指标已难以全面评价公司各部门的经营业绩。20世纪90年代以来，西方各大公司发现以传统的财务经营业绩指标来评估企业物流成本的方法越来越阻碍公司业务（包括物流业务）的发展。例如，管理层为了达到投资利润率和预算利润而故意减少研究费用、设备更新维护费用、员工培训费等；采购部门为了避免发生不利的价格差异而购买质差价廉的原材料；生产部门为了避免不利的产量差异而增加生产使存货增加等。上述重短期利益、部门利益而忽略客户、员工与公司长远利益的做法，迫使一些公司寻求新的绩效评估方法，平衡计分卡就是这种形式下产生和发展起来的一种物流成本业绩评估方法。

平衡计分卡是美国哈佛大学的卡普兰教授和诺顿教授率先提出的。相比传统的以财务指标为主的物流成本绩效评估系统，它强调非财务指标的重要性，通过对财务、客户、内部作业、创新与学习四个各有侧重又相互影响的方面的业绩评价来协调目标、战略和企业经营活动的关系，实现短期利益和长期利益、局部利益与整体利益的平衡。

平衡计分卡作为全面评价公司物流成本业绩的一种评价系统，它平衡了外部评价指标（股东和客户）和内部评价指标（内部业务、创新与成长），平衡了成果评价指标（利润、市场占有率）和动因评价指标（新业务开发投资、员工培训、信息系统更新），平衡了客观评价指标（员工流动率、客户抱怨次数）和主观评价指标（客户满意度、员工忠诚度），平衡了短期评价指标（利润）和长期评价指标（客户满意度、员工培训次数）等。因此，它是一种超越数字的动态和静态相结合的全新绩效评价系统，是20世纪90年代以来绩效评价方面最重要的发展之一。

2. 基于平衡计分卡的企业综合绩效评估

依照平衡计分卡的框架，对物流成本的绩效评价可以从以下几个方面进行。

1) 财务指标评价

平衡计分卡保留有财务方面的内容，是因为财务指标对表述可计量经济结果的已发生方案是有价值的。财务业绩指标能反映企业物流策略、物流业绩对净利润的提高是否有帮助，以及物流战略及其执行对于股东利益的影响。由于物流的主要财务目标涉及盈利、股东价值的实现和增长，平衡计分卡相应地将其财务目标简单地表示为生存、成功和价值增长三个方面，见表 6-19。

表 6-19 财务绩效评价表

目标	评价指标	可量化模型
生存	现金净流量、速动比率	物流业务进行中的现金流入—现金流出
成功	权益净利率	净利润/平均净资产
增长	相对市场份额增加额	物流业务在规定评价期内的业务增加额/在规定评价期内同行业总收入的增加额

财务层面的绩效评估涵盖了传统的成本绩效评估方法，但是财务层面的评价指标只是企业整体发展战略中不可忽视的要素之一。例如，现代物流的整体发展战略立足于长期发展和获取利润的能力，并不能只盯着近期的利润。所以如果一个企业在财务层面没有突出成果，但客户、内部及创新与学习三个层面均有较大发展，这并不是管理者不重视财务层面的相关因素，而是追求长久效益和远期发展。

2) 内部业务评价

内部资源，即物流企业具有的内部业务能力，包括展品特性、业务流程、软硬件资源等。企业物流的内部业务评价主要关注企业的核心竞争力，即保持持久市场领先地位的关键技术、策略和营销方针等。企业应清楚自己具有哪些优势，如高质量的产品和服务、优越的区位、优质的物流管理人员等。具体的评价目标见表 6-20。

表 6-20 内部业务评价表

目标	评价指标	可量化模型
作业绩效	速度、一致性、灵活性、故障与恢复	完成订发货周期速度 按时配送率 退货更换时间
可靠性	按时交货率、对配送延迟的提前通知	按时交货次数/总业务数 配送延迟通知次数/配送延迟次数 延迟订货发生次数
硬件配置	网络化（采用 JIT，MRP 等物流管理系统）	使用网络化物流管理的客户数/所有客户数
软件配置	优秀人员（完成常规任务的时间、质量，职员的专业教育程度）	雇员完成规定任务的时间 雇员完成规定任务的差错率 接受专业物流教育的雇员比例

3）客户评价

企业物流经营活动的开展，不仅是为了获得财务上的直接收益，而且还要考虑战略资源的开发与保持。这种战略资源包括外部资源和内部资源两种。其中外部资源即客户。客户层面的绩效评估，就是对企业赖以生存的外部资源的开发业绩进行评价。具体来说是评价企业进行客户开发的业绩和从客户处获利的能力。这种评价主要考虑两个方面：一是客户对物流服务满意度的评价；二是企业对客户开发的数量和质量的评价。为了使平衡计分卡有效地发挥作用，把这些目标转化为如表6-21所示的具体评价指标。

表6-21 客户评价表

目标	评价指标	可量化模型
市场份额	市场占有率	客户数量、产品销售数量
保持市场	客户保持率	保留或维持同现有的客户关系的比率
拓展市场	客户获得率	新客户的数量或对新客户的销售额
客户满意	客户满意程度	客户满意率
客户获利	企业从客户出获利的能力	份额最大客户的获利水平、客户平均获利水平

4）创新与学习的评价

虽然平衡计分卡的客户层面和内部层面已经着眼于企业发展的战略层次，但都是将评价观点放在物流活动现有的竞争力上，而创新与学习层面则强调企业需要不断创新，并保持其竞争能力与未来的发展势头。平衡计分卡的创新与学习层面强调无论是管理职员还是基层职员都必须不断学习，不断推出新的物流产品和服务，并且迅速有效地占领市场。

企业职员对于业务不断地学习和创新，会不断地为客户提供价值含量高的产品和服务，并减少运营成本、提高企业物流的经营效率和扩大市场，从而增加股东价值。创新和学习评价指标见表6-22。

表6-22 创新和学习评价指标

目标	评价指标	可量化模型
信息系统方面	员工可以获得所需信息	成本信息及时传递给一线员工所用时间
员工能力管理方面	员工能力的提高、激励员工主观能动性的创造力	员工满意率 员工保持率 员工培训次数
调动员工积极性	激励与能力指标	员工建议数量 员工建议被采纳或执行的数量
业务学习创新	信息化程度、研发投入	研究开发费用的增长率 信息系统更新投入占销售额的比率/同行业平均更新投入占销售额的比率

3. 平衡计分卡的运用程序

平衡计分卡的运用包括以下程序。

(1) 确定公司物流成本目标。公司物流成本目标要简单明了,且对每一部门都有意义。

(2) 成立平衡计分委员会或小组。它组织负责解释公司物流目标及策略,负责建立四类衡量指标。

(3) 确定最重要的业绩衡量指标。根据不同时期公司物流的具体目标,灵活确定评价指标,并根据企业特点确定各个指标的权重。某公司的权重指标见表6-23。

表6-23 某公司平衡计分卡项目权重

类别权重	评价指标	权重
财务(60%)	利润(与竞争者比较)	18.0
	投资报酬率(与竞争者比较)	18.0
	成本降低率(与计划比较)	18.0
	新市场销售增长率	3.0
	现有市场销售成长率	3.0
客户(10%)	市场占有率	2.5
	客户满意度	2.5
	经销商满意度	2.5
	经销商利润	2.5
内部业务(10%)	订货完成率	10.0
创新、学习(20%)	员工工作满意度	10.0
	员工技能水平	7.0
	信息系统更新率	3.0

(4) 公司内沟通与教育。利用刊物、电子邮件、公告栏、标语、会议等多种形式,让各层管理者都知道公司物流成本管理的目标、策略与评价指标。

(5) 制定评价指标具体标准,并将绩效评价工作纳入计划、预算之中。

(6) 制定与平衡计分卡相配套的奖励制度。

综上所述,将平衡计分卡应用于企业的物流成本绩效评估,其重点是根据物流企业自身的发展目标和物流客户需求的特点,确定成本绩效评估指标体系,并给每个指标赋予相应的权重,从而提出一个全面衡量物流成本绩效的方法。在此基础上,物流企业应该制定与平衡计分卡相配套的奖惩制度和持续改进措施。这样,采用这种全方位的分析方法,在物流企业的经营绩效与其竞争优势的识别之间搭建一座桥梁,必将有利于企业战略的有效实施和绩效的快速增长。

本 章 小 结

通过本章的学习,应对物流成本管理方面的知识有一个基本的认识和了解。降低物流成本对企业的发展有重要的作用,它可以提高企业的物流管理水平,促进企业经济效益的提高。

应了解影响物流成本的因素及降低物流成本的途径,其中影响企业物流成本的因素有3个,降低物流成本的途径有3种。物流成本计算对象的构成因素有3个,产品成本有4种计算方法,分别为品种法、分批法、分步法和作业成本法,其中作业成本法最为重要。应掌握其基本原理和作业成本法的核算程序。物流成本控制方法包括目标成本法和责任成本法。最后,加强物流成本绩效评估对企业的发展至关重要,应理解绩效标杆法并掌握平衡计分卡的应用。

  关键术语

(1) 物流成本　　(2) 成本计算期间　　(3) 品种法　　(4) 作业
(5) 资源动因　　(6) 本量利分析法　　(7) 责任成本　(8) 平衡计分卡

习　题

1. 选择题

(1) 下列不属于影响企业物流成本的因素的是(　　)。
A. 竞争性因素　　B. 产品因素　　C. 空间因素　　D. 时间因素

(2) 降低物流成本的途径有三种:优化物流服务水平和成本水平、建立物流信息系统和(　　)。
A. 提高物流速度　　　　　　　B. 减低物流速度
C. 增加物流周期　　　　　　　D. 降低资金利用率

(3) 以下(　　)不属于成本计算对象的三个基本构成要素。
A. 发生期间　　B. 发生地点　　C. 承担实体　　D. 承担费用

(4) 以下(　　)不是常用的成本计算方法。
A. 品种法　　B. 分批法　　C. 分步法　　D. 加权平均法

(5) 以成本动因理论为基础,通过对作业进行动态追踪,反映、计量作业和成本对象的成本,评价作业业绩和资源利用情况的方法是(　　)。
A. 作业成本法　　B. 品种法　　C. 分批法　　D. 分步法

(6) 以下(　　)不属于作业成本法的特点。
A. 作业成本法提供的会计信息,并不追求传统成本会计法下的精确计算,只要求数据能够准确到保证制订计划正确性即可
B. 作业成本有利于企业进行产品成本控制
C. 作业成本不可用于分析企业生产能力的利用情况
D. 作业成本法可用于制定产品生产种类的决策

(7) 指企业为提供一定量的产品或劳务所消耗的人力、技术、原材料、方法和环境等的集合体的是（　　）。
A. 作业　　　　　B. 费用　　　　　C. 成本　　　　　D. 库存

(8) 以下（　　）不是作业筛选与整合的原则。
A. 重要性原则从成本管理角度，分析每项作业的重要性，以便评价其是否值得单独列示为一个独立的作业中心。对于非重要的作业，可与其他作业合并为一个作业中心
B. 根据产品对作业的消耗，将成本分配给中间产品，计算产品成本
C. 相关性原则从成本动因角度，分析和确认作业的相关性，以便评价各项作业的成本性态是否同质，从而考虑其是否可能被合并为同一个作业中心
D. 依据资源动因，将各项作业所耗费的资源追踪到各作业中心，形成作业成本库

2. 简答题

(1) 物流成本管理的意义是什么？
(2) 影响企业物流成本的因素有哪些？
(3) 常用的几种成本计算方法是什么？
(4) 分步法的特点有哪些？
(5) 作业成本法的基本原理是什么？
(6) 作业成本法与传统成本会计方法相比有什么特点？
(7) 目标成本的作用是什么？
(8) 简述平衡计分卡考核体系的运用程序。

3. 判断题

(1) 物流成本管理的微观意义体现在提高经济运行质量、总体竞争力和加速产业结构调整，支持新型工业化的发展进程。（　　）
(2) 企业所处的市场环境充满了竞争，企业之间的竞争除了产品的价格、性能和质量外，从某种意义上来讲，优质的顾客服务水平是决定竞争成败的关键，而高效物流系统则是提高顾客服务水平的重要途径。（　　）
(3) 产品的特性不同不会影响物流成本，如产品价值、产品密度、易损性和特殊搬运等。（　　）
(4) 空间因素是指物流系统中企业制造中心或仓库相对于目标市场或供货点的位置关系。（　　）
(5) 责任成本法的意义在于使物流成本的控制有了切实保障和使物流成本的控制有了主动力。（　　）
(6) 由于工作质量是企业核心竞争力的核心，但又难以衡量，因此，对工作质量建立指标进行控制并不重要。（　　）

4. 计算题

(1) 某新产品预计单位产品售价为 3 000 元，单位产品目标利润为 400 元，国家规定该产品税率为 10%，预计单位产品期间费用为 200 元。据倒扣测算法计算式，计算该产品的目标成本。

(2) 某车间加工一种新产品投放市场,据分析,其单价不能高于同类产品单价的120%,即单价不能超过50元。预计加工该产品的固定性加工费用(如设备折旧费等)全年为4 000元。该产品的目标利润为12 000元,据市场调查估算的销售量为1 000件。试计算该产品的目标单位变动成本。

5. 思考题

(1) 影响企业物流成本的因素有哪些?举例分析各个因素的影响。
(2) 试对比物流成本计算的四种方法。

丰田汽车的物流成本管理[①]

2007年10月成立的同方环球(天津)物流有限公司(以下简称TFGL)作为丰田在华汽车企业的物流业务总包,全面管理丰田系统供应链所涉及的生产零部件、整车和售后零件等厂外物流。作为第三方物流公司,TFGL在确保物流品质、帮助丰田有效控制物流成本方面拥有一套完善的管理机制。

1. 丰田物流模式的特点

整车物流和零部件物流虽然在操作上有很多不同,但从丰田的管理模式来看,二者具有以下共同特点。

(1) 月度内的物流量平准。
(2) 设置区域中心,尽可能采用主辅路线结合的物流模式。
(3) 月度内物流点和物流线路稳定。
(4) 物流准时率要求非常高。

2. 物流承运商管理原则

TFGL是第三方物流公司,主要负责物流企划、物流计划的制订、物流运行监控和物流成本控制,具体的物流操作由外包的物流承运商执行。TFGL对物流承运商的管理应遵循以下原则。

(1) 为避免由于物流原因影响企业的生产、销售的情况发生,要求物流承运商理解丰田生产方式,并具有较高的运行管理能力和服务水平。为此,TFGL采取了以下一些必要的措施。

① TPS评价。TFGL把理解生产方式作为物流承运的首要条件,并按照丰田生产方式的要求,制作了详细的评价表。TPS(Toyota Production System)评价是丰田生产方式对承运商最基本的要求,包括对承运商的运输安全、运输品质、环保、人才培养和运输风险控制等过程管理的全面评价。通过评价,不仅淘汰了不合格的承运商,还使达到要求的承运商明确掌握自己的不足之处。

② 必要的风险控制。在同一类型的物流区域内,使用两家物流商,尽可能降低风险。

(2) 对物流承运商进行循序渐进的培养。在实际的物流运行中,承运商会遇到很多问题,如车辆漏雨、品质受损、频繁的碰撞事故、物流延迟等。出现问题并不是坏事,需要找到引发

---

① 何新. 丰田汽车的物流成本管理[J]. 物流技术与应用,2009(09).

问题的主要原因。在 TFGL 的监督和指导下制定具体措施，同时，在逐步改善过程中，承运商的运行管理能力得到了提高。

(3) 建立长期合作的伙伴关系。对入围的物流承运商，TFGL 秉承丰田体系一贯的友好合作思想，不会因为运输事故多或物流价格高就更换承运商，而是采取长期合作的方式，共同改善。主要包括以下几点原因。

① 承运商的物流车辆初期投入大，需要较长的回收期。
② FGL 视承运商的问题为自己的问题，更换承运商并不能从根本上解决问题。
③ 长期合作的承运商能更好地配合 TFGL 推进改善活动，如导入 GPS、节能驾驶等。

3. 丰田的物流成本控制

(1) 成本企划。每当出现新类型的物流线路或进行物流战略调整时，前期的企划往往是今后物流成本控制的关键。企划方案需要全面了解企业物流量、物流模式、包装形态、供应商分布、物流大致成本等各方面的信息，此外，还要考虑到企业和供应商的稼动差、企业的装卸货和场内面积等物流限制条件。TFGL 在前期企划中遵循以下原则。

① 自始至终采用详实可信的数据。
② 在综合分析评价后，分别制定一种或几种可行方案，并推荐最优的方案。
③ 各方案最终都归结反映为成本数据。
④ 向企业说明各方案的优劣，并尊重企业的选择。

从以上几点可以看出。方案中的数据大多涉及丰田的企业战略，所以 TFGL 和企业之间必须充分互信，而且要有良好的日常沟通渠道。

(2) 原单位管理。原单位管理是丰田物流管理的一大特色，也是丰田外物流成本控制的基础。

丰田把构成物流的成本因素进行分解，并把这些因素分为两类：一类是固定不变(如车辆投资、人工)或相对稳定(如燃油价格)的项目，丰田称之为原单位；另一类是随着月度线路调整而发生变动(如行驶距离、车头投入数量、司机数量等)的项目。称之为月度变动信息。

为了使原单位保持合理性及竞争优势，原单位的管理遵循以下原则。

① 所有的原单位一律通过招标产生。在企划方案的基础上，TFGL 向 TPS 合格的物流承运商进行招标。把物流稳定期的物流量、车辆投入、行驶距离等月度基本信息告知承运商，并提供标准版的报价书进行原单位询价。

由于招标是非常耗时费力的工作，因此只是在新类型的物流需求出现时才会进行原单位招标，如果是同一区域因为物流点增加导致的线路调整，原则上沿用既有的物流原单位。

② 定期调整。考虑到原单位因素中燃油费用受市场影响波动较大，而且在运行总费用中的比重较大，TFGL 会定期(4 次/年)根据官方公布的燃油价格对变动金额予以反映。对于车船税、养路费等其他固定费项目，承运商每年有两次机会提出调整。

③ 合理的利润空间。原单位项目中的管理费是承运商的利润来源。合理的管理费是运输品质的基本保障，TFGL 会确保该费用的合理性，但同时要求承运商要通过运营及管理的改善来增加盈利，并消化人工等成本的上升。

(3) 月度调整路线至最优状态。随着各物流点的月度间物流量的变动，区域内物流路线的最优组合也会发生变动。TFGL 会根据企业提供的物流计划、上月的积载率状况及成本 KPI 分析得出的改善点，调整月度变动信息，以维持最低的物流成本。

(4) 成本 KPI 导向改善。对于安全、品质、成本、环保、准时率等物流指标，TFGL 建立了 KPI 体系进行监控，并向丰田进行月次报告，同时也向承运商公开成本以外的数据。其中成本 KPI 主要包括：RMB/台（台：指丰田生产的汽车/发动机台数）、RMB/km * m³、RMB/趟等项目。通过成本 KPI 管理，不仅便于进行纵向、横向比较，还为物流的改善提供了最直观的依据。

（5）协同效应降低物流费用。TFGL 作为一个平台，管理着丰田在华各企业的物流资源，在与各企业协调的基础上，通过整合资源，充分利用协同效应，大大降低了物流费用。例如，统一购买运输保险，降低保险费用；通过共同物流，提高车辆的积载率，减少运行车辆的投入，从而达到降低费用的目的。在共同物流的费用分担上，各企业按照物流量的比率支付物流费。在具体物流操作中，TFGL 主要从两个方面实现共同物流：不同企业在同一区域内共同集货、配送；互为起点和终点的对流物流。

讨论题

（1）丰田汽车企业物流成本控制的基本思想是什么？
（2）TFGL 对丰田汽车企业物流成本的管理对其他物流外包企业有哪些借鉴意义？

第7章 供应链管理

【本章教学要点】

知识要点	掌握程度	相关知识	应用方向
供应链管理的概念和意义	了解	供应链管理的定义,以及供应链管理为企业创造的8个具体效益	在了解、掌握供应链管理基本概述的基础上才能在当代供应链之间竞争的国际大环境下更好地发展供应链
供应链管理的产生和发展	了解	供应链管理产生的背景和4个发展阶段	
供应链管理的特点及内容	重点掌握	供应链管理的7个特点和供应链管理涉及的相关内容	
QR概述和实施	掌握	QR的概念、实施步骤	供应链管理方法的正确实施,帮助建立以客户需求为基础的系统,提高整条供应链的效率
ECR概述和实施	掌握	ECR的概念、实施策略	
ERP概述和实施	了解	ERP的概念、实施阶段及步骤	
信息管理技术	掌握	自动识别与数据采集等技术	供应链管理的相关技术是对供应链进行管理的基础,与技术相结合能更好地改进企业管理
物流运作技术	掌握	第三方物流系统、计算机辅助订货等5个方面技术	
营销运作技术	了解	品类管理、货架优化和POS系统	
供应链管理中的相关业务流程	重点掌握	供应链管理环境下采购管理、库存管理、生产管理、生产物流管理、客户关系管理和风险管理的概念及相应的管理策略	完善供应链管理中的业务流程,将更好地实现供应链管理中的相互合作、信息共享及各方面的合理分配

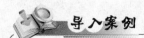

苏宁供应链管理的发展[①]

随着我国改革开放和科学技术的发展，消费者的消费水平得到极大的提升，家电零售行业的竞争也越来越激烈，传统的经营模式变得不再适应这种趋势。美国哈佛大学商学院教授西奥多·李维特曾指出，那些曾经一度快速增长的行业，如铁路、电影业、石油业、食品零售店行业等之所以被衰退的阴影所笼罩，因为它们是以产品为导向，而不是以顾客为导向。这种观点让企业不能忽视消费者需求的变化，面对需求多样化的市场，企业需要寻求其他出路为顾客创造更大的价值，于是一些更加先进、科学的经营管理方法被逐步采纳，企业越来越注重对自身供应链的管理。

1. 传统的苏宁供应链管理模式

苏宁传统的供应链管理模式是淡季订货、反季节打款。1990年空调当年的产量为24万台，生产厂家约50家，价格高。苏宁在进行市场选择后，采用市场渗透的策略，低价吸引消费者，这就促使苏宁找寻更便宜的货源。由于空调销售存在淡旺季，空调的生产也具有鲜明的季节性。旺季的时候，工厂的生产能力不足，无法及时供货，苏宁打款扶植生产商，保证了货源充足；淡季的时候，订货量急剧减少，工厂的生产能力又被闲置，急需生产抵消固定资产折旧，苏宁订货的举动，既保证了空调的低价位又维持了和供应商的良好关系。

2. 供应链管理信息化的试水

随着业务量的增加，传统的经营方式已不能满足苏宁自身的发展，信息化的技术成为支持其发展的一个重要手段。2000年苏宁开始确定战略，走向全国连锁发展，将重点放在两个方面：第一、企业组织架构业务流程的再造；第二、在前者的基础上，实施ERP系统。在组织、流程和信息系统的支撑下，苏宁开始向全国发展。并逐步摸索连锁发展的一些管理方法和经营手段。在ERP系统上线之前，因为各地库存信息无法做到实时共享，经常会发生库里已经没有货了，前台店面却在不了解这个信息的情况下依然开票销售的情况。ERP上线之后，苏宁采购、销售、库存的实时协同问题得到解决。

3. 供应链管理的进一步改善

2004年苏宁启动了基于B2B的供应链管理项目，力图通过与供应商和独立核算的分、子公司之间实现网上标准的业务管理、网上便捷的账务结算功能及提高相互数据交互的透明化，达到提高企业内外部供应链管理水平。在ERP系统刚刚启用时，这条通道的效率可能并不太高，经常会发生堵车或是路灯坏了的情况。而当信息系统平台建立后，这条通道的效率得到了加大的提升，供应商可以直接向在线的客服提出问题，苏宁再通过专门组织的团队作出回应，如操作问题或者其他的一些问题，而对于那些实现B2B系统直连的大型供应商而言，连输入用户名及密码的工夫都不用，当实现系统的对接之后，对方可以直接在系统上看到苏宁的采购订单，信息实时展现，苏宁和供应商之间实现了双赢。

4. 全程的供应链管理体系

全程供应链，是指端到端，从客户开始到客户结束，不仅包括与供应商之间，还包括企业内部及与下游消费者之间的环节。如果通过信息系统来支撑全程供应链，就意味着苏宁的信息系统，不仅仅只是指上游的B2B系统，还包括内部的ERP系统、下游的B2C及后续实施的CRM系统、HR系统、财务共享中心系统等。2009年开始苏宁每年新开店超过200家，物流配送网络的建设成为苏宁供应链管理中不容忽视的问题。苏宁电器在全国建立了由区域配送中心、城市配送中心、转配点组成的全国三级物流网络体系，依托WMS、DPS、TMS、GPS等先进信息系统，实现了长途配送、短途调拨与

[①] 畅享网．http://www.vsharing.com．

零售配送到户一体化运作。另外，苏宁电器在全国大力建设以机械化作业、信息化管理为主要特征的第三代物流基地，集物流配送中心、呼叫中心、培训中心、后勤中心等于一体，成为苏宁电器大服务与大后方平台。苏宁已经完成了信息化系统和实体物流基地的完美对接，全程的供应链管理将对苏宁现在乃至以后的发展起到至关重要的作用。

5. 总结

英国著名供应链研究专家马丁·克里斯托弗曾说，"市场上只有供应链而没有企业，21世纪的竞争不是企业和企业之间的竞争，而是供应链和供应链之间的竞争。"可见供应链对于企业生存和发展的重要性。企业的发展不能忽视供应链的管理，苏宁从其成立之初就致力于供应链的建设，正如其董事长张近东所说"零售业不是一个以某项核心技术、某一专用性资产作为游戏筹码的行业，做大规模、压低成本是行业的最核心竞争力"。通过对苏宁供应链管理的介绍，可以明显察觉到当前企业在新时期面临着竞争环境的大变革。必须能使自身与外部利益相关者协同起来，同时注重产品的质量和服务，供应链系统的改进和发展对这些是非常有效的。

讨论题

（1）结合案例，分析新的供应链管理模式为苏宁带来了哪些变化。
（2）通过该案例分析，谈谈供应链管理给电子商务行业的发展带来的影响。

供应链管理是近年来在国内外逐渐受到重视的一种新的管理理念、模式与方法，关于它的研究最早是从物流管理开始的。起初，人们并没有把它和企业的整体管理联系起来，主要是进行供应链管理的局部研究。随着经济全球化和知识经济时代的到来及全球制造的出现，供应链在制造业管理中得到普遍应用。当前，企业面对的是市场竞争日益激烈、客户需求的不确定性和个性化增加、高新技术迅猛发展、产品寿命周期缩短和产品结构越来越复杂的环境，企业管理如何适应新的竞争环境，已成为广大管理理论及实际工作者关注的焦点。本章介绍的内容包括供应链管理概述、供应链管理方法、供应链管理技术及供应链管理的相关业务流程等。

7.1 供应链管理概述

供应链与供应链管理是企业管理理论与实践发展到一定阶段的必然结果。供应链管理理念正是在长期生产实践积淀形成的管理理念基因机制中萌芽的。经济全球化的加剧，企业管理模式的巨变，加速驱动着供应链管理理念的形成，快速发展的物流实践使其进一步发展。

7.1.1 供应链管理的概念和意义

1. 供应链管理的概念

对于"什么是供应链"这一问题，许多学者从不同的角度出发给出了许多不同的定义，到目前为止，尚未形成统一的定义。

早期的观点认为，供应链是制造企业中的一个内部过程，它指把从企业外部采购的原材料和零部件，通过生产转换和销售等活动，再传递到零售商和客户的一个过程。传统的供应链概念局限于企业的内部操作层上,注重企业自身的资源利用。

随着发展,供应链的概念关注与其他企业的联系,关注供应链的外部环境,认为它应是一个通过链中不同企业的制造、组装、分销、零售等过程将原材料转换成产品,再到最终客户的转换过程,这是更大范围、更为系统的概念。

目前,供应链的概念更加注重围绕核心企业的网链关系,如核心企业与供应商、供应商的供应商乃至与一切前向的关系,与客户、客户的客户及一切后向的关系。此时对供应链的认识形成了一个网链的概念,该概念同时强调供应链的战略伙伴关系问题,认为供应链中战略伙伴关系是很重要的,通过建立战略伙伴关系,可以与重要的供应商和客户更有效地开展工作。

供应链管理(Supply Chain Management,SCM)源于迈克尔·波特1980年发表的《竞争优势》一书中提出的"价值链"(Value Chain)的概念。其后,供应链管理的概念、基本思想和相关理论在美国开始迅速发展。到20世纪90年代初,关于供应链管理的文献大量出现,与供应链管理相关的学术组织也开始涌现,到目前为止,比较公认的几个供应链管理的定义如下:

(1) 美国学者威林·C. 克派西诺将供应链管理定义为"the art of managing the flow of materials and products from source to user"(管理从物料供应者一直到产品消费者之间的物料和产品的流动的技术)。管理科学到目前为止将主要的注意力放在业务流程内各个环节的改进上,但是供应链管理强调的是将注意力放在从物料供应一直到产品交付的整个业务流程的流动和相互连接上。

(2)《APICS辞典》给出的供应链管理定义为"design, planning, execution, control, and monitoring of supply chain activities with the objective of creating net value, building a competitive infrastructure, leveraging worldwide logistics, synchronizing supply with demand and measuring performance globally"(设计、计划、执行、控制和监测供应链活动,目标是创造净值、建立一个具有竞争力的基础设施、充分利用全球物流、同步供需并衡量全球绩效)。

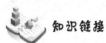

知识链接

美国生产与库存管理协会(American Production and Inventory Control Society,APICS)创建于1957年,目前已发展成为一个国际性现代管理的权威性协会和教育培训机构。APICS已经从2005年1月1日起改名为APICS运作管理协会(APICS the Association for Operations Management)。

APICS有自己的出版机构——APICS Professional Bookstore(APICS书店),出版最新的管理书籍、培训教材和录像带。其中《APICS辞典》是一本对现代管理词汇最具权威的工具书。

资料来源:http://baike.baidu.com/view/490420.htm。

(3) CSCMP将供应链管理定义为"Supply chain management encompasses the planning and management of all activities involved in sourcing, procurement, conversion, and logistics management. It also includes the crucial components of coordination and collaboration with channel partners, which can be suppliers, intermediaries, third-party service providers, and customers. In essence, supply chain management integrates supply and demand management within and across companies."(供应链管理包括计划和管理涉及采购、

制造和物流管理的所有活动。与供应商、中间商、第三方服务提供商和客户这样的渠道合作伙伴的合作和协调也是其重要组成部分。从本质上讲，供应链管理整合企业内和跨企业的供应和需求）。该定义进一步描述了供应链管理的四个基本流程，即计划、采购、制造和配送，表明供应链管理是一种跨企业，并跨越企业的多种职能以及多个部门的管理活动。

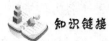
知识链接

美国供应链管理专业协会(Council of Supply Chain Management Professionals，CSCMP)于1963年在美国成立，原名物流管理协会(Council of Logistics Management，CLM)，是物流和供应链管理领域最有影响的个人参与的行业组织。CSCMP凭借会员的积极参与和杰出才能，一直致力于推动物流业的发展，为物流从业人员提供教育的机会和信息。为实现这一目标，协会向行业人士提供了种类繁多的项目、服务、相关活动，促进从业人员的参与，使他们了解物流业，从而对物流事业作出贡献。

CSCMP特别关注3个重要领域：①通过行业内的交流和对话，创造机会，提高和发展物流管理水平；②通过计划和指导研究来推动物流理论和实践的知识发展；③作为一个资源宝库，使人们清楚地了解物流对商业活动的重要意义，以及它在全球经济中的关键性地位。

资料来源：http://baike.baidu.com/view/1354615.htm.

（4）日本经营学杂志《日经情报》在其供应链革命特辑中，将供应链管理定义为跨越企业组织的边界，作为完整的流程共享经营资源和信息，以整体优化为目标，彻底消除流程中的浪费的管理技术。它强调了供应链是由多个企业组成的，因此为了达到供应链整体优化的目标，多个企业必须共享资源，这首先就需要多个企业建立合作关系。该定义从某种意义上来说，反映了日式供应链管理的突出特点。

（5）《物流术语》国家标准(GB/T 18354—2006)对供应链管理的定义：对供应链涉及的全部活动进行计划、组织、协调与控制。

综合上述各定义，本书将供应链管理的概念概括如下：供应链由原材料零部件供应商、生产商、批发经销商、客户、运输商等一系列企业组成。原材料零部件依次通过链中的每个企业，逐步变成产品，产品再通过一系列流通配送环节，最后交到最终客户手中，这一系列的活动就构成了一条完整供应链的全部活动。供应链管理的思想，是要把整条链看做一个集成组织，把链上的各个企业都看做合作伙伴，对整条链进行集成化管理。供应链管理的目的，主要是通过链上各个企业之间的合作和分工，致力于整条链上商流（链上各个企业之间的关系形态）、物流信息流和资金流的合理性和优化，从而提高整条链的竞争能力。

2. 供应链管理的意义

供应链管理近来已逐渐成为企业界重要的策略性议题，供应链管理结合上下游厂商，通过信息共享促使供应链体系运作效率化，进而建立起整体竞争优势，达成共赢局面，因此供应链管理可为企业创造诸多效益，它的意义有以下几个方面。

（1）降低供应链的不确定性。对买方而言，将可降低如成本、数量折扣、品质、时间等因素的不确定性；对卖方而言，将可降低市场、客户需求的不确定性；对双方而言，将可汇聚双方目标及共识、降低外部环境的影响及降低投机性。

（2）节省成本。通过供应链成员合作，可以降低库存，减少削价处理的滞销损失，从而提高企业资源的利用效率。这包括达到订购、生产及运输的经济规模,管理成本的降低,技术及实务上流程的整合以及资产利用率的提升。

(3) 合作开发产品。整合买卖各方,使各方信息得以共享,进而促使供应链成员各方得以共同合作,开发更适合消费者的产品。

(4) 改善沟通。由于供应链管理将供应链环节予以透明化,所以有助于各方沟通与了解。

(5) 共担风险及分享报酬。因为供应链整合买卖各方,宛如一个供应共同体,所以各方可以一起分享销售成果,也可共同承担营运上相关的风险。

(6) 改善客户服务水平,建立合作伙伴关系。可以改进交货的可靠性,缩短交付时间,从而实现准时生产方式供应(Just In Time, JIT)。

(7) 加快资金周转。实施供应链管理的企业比一般企业的资金周转时间要短得多,资金周转率大幅度提高。

(8) 增加市场占有率。供应链管理会帮助企业实现产品的联合开发、协同生产、快速上市并与链上成员建立合作联盟,成为受欢迎的业务伙伴,企业的竞争对手也会因此难以介入市场。

如今,经济一体化和竞争全球化使现代经济领域中的竞争由单个企业扩展到供应链之间。供应链管理不只是一个企业内部的管理问题,它更是上下游企业的全局问题。上下游企业之间形成相对紧密的供应关系,已经成为越来越多的企业应对日趋激烈的市场竞争的有效手段。

7.1.2 供应链管理的产生和发展

20世纪90年代以前,企业出于管理和控制的目的,对与产品制造有关的活动和资源主要采取自行投资和兼并的纵向一体化的模式,企业和为其提供材料或服务的单位是一种所有权的关系。大而全、小而全的思维方式使许多制造企业拥有从材料生产,到成品制造、运输和销售的所有设备及组织机构。甚至很多大型的企业拥有医院、学校等单位。但是,面对科技迅速发展、全球竞争日益激烈、客户需求不断变化的趋势,纵向发展不仅会增加企业的投资负担,迫使企业从事并不擅长的业务活动,而且会使企业面临更大的行业风险。进入90年代以后,越来越多的企业认识到了纵向一体化的弊端,为了节约投资、提高资源的利用率,转而把企业主营业务以外的业务外包,自身则采取集中发展主营业务的横向一体化的战略。原有企业和为其提供材料或服务的企业就形成了一种平等的合作关系。

在这种形式下,对同一产业链上的企业之间的合作水平、信息沟通、物流速度、售后服务以及技术支持提出了更高的要求,供应链管理就是适应这一形式产生和发展起来的。

供应链随着供应链管理的发展而发展,供应链管理思想的发展极大地促进了供应链的发展,这也是越来越多的发达国家的国际化企业在全球范围建立供应链,众多发展中国家企业参与到供应链中的原因之一。供应链管理在世界经济中所发挥的作用和产生的影响日益增大。供应链管理的发展历程经历了以下4个阶段。

1. 早期供应链管理阶段

1980—1989年,供应链管理的萌芽阶段,也是传统的供应链管理阶段。此时市场环境是各企业所面临的市场份额大，需求变动不剧烈，供应链上成员企业的管理理念基本上都是为了生产而管理，企业之间的竞争是产品在数量上和质量上的竞争，企业间的业务协作是以本位主义为核心的，即使在企业内部，其组织结构也以各自为政的职能化或者区域性的条条框框为特征。此时的供应链管理是一种层级式的、静态的、信息不透明的管理模式。虽然有了供应链管理的雏形，但仍存在不少缺陷。供应链管理还处于企业内部供应链管理阶段，同上游企业之间的供应商关系管理系统，以及同下游客户之间的客户关系管理(Customer Relationship Management，CRM)系统都还没有建立起来，还有很大发展空间。

2. 精细化供应链管理阶段

1990—1995 年，供应链管理处于初步形成阶段。精细供应链(Lean Supply Chain，LSC)的出现，减少了不确定性对供应链的负面影响，使得生产和经营过程更加透明，将没有创造价值的活动减少到最低限度，同时使订单处理周期和生产周期得以缩短。

 知识链接

> 精细化管理是一种理念、一种文化。它是源于发达国家(日本 20 世纪 50 年代)的一种企业管理理念，是社会分工的精细化、服务质量的精细化对现代管理提出的必然要求，是建立在常规管理的基础上，并将常规管理引向深入的基本思想和管理模式，最大限度地减少管理所占用的资源和降低管理成本。
>
> 资料来源：http://baike.baidu.com/view/583596.htm.

在该阶段，由于信息技术的发展和计算机应用的引入，企业有了更好的管理工具，其业务联系方式也不断改善，使上下游业务链在市场竞争的驱使下逐渐向供应链运作方式演变，这些都促使供应链管理概念在企业管理理念的不断变化过程中逐步形成。但由于供应链中的各个企业的经营仍注重企业的独立运作，时常忽略与外部供应链成员企业的联系。因此，与供应链相关的各企业之间时有利益冲突，这种冲突导致供应链管理的效率下降，无法从整个供应链的角度出发来实现供应链的整体竞争优势。另外，信息流在向上传递时发生信息曲解现象及客户不满意现象。信息不能有效地共享也成为企业提高整体供应链竞争力的一个重要障碍。

3. 集成化供应链管理阶段

1996—2000 年，为集成化供应链管理(Integrated Supply Chain Management，ISCM)阶段。在新的经济一体化的竞争环境下，供应链业务运作也不断地发展和成熟，利润的源泉已经转移到企业与外部交易成本的节约、库存的控制和内部物流的梳理上。为了进一步挖掘降低产品成本和满足客户需求的潜力，各行各业的领先型企业均开始认识到，要想尽可能地提高效益，就应将需求预测、供应链计划和生产调度作为一个集成的业务流程来看待。因此，企业开始将目光从管理企业内部生产过程转向产品全生命周期中的供应环节和整个供应链系统。

同时随着市场环境逐步转变为需求品种多、需求变动大的情况，集成化的敏捷供应链管理应运而生，该管理模式将供应商、制造商、分销商、零售商及最终客户整合到一个统一的、无缝化程度较高的功能网络链条中，以形成一个极具竞争力的战略联盟，其实质是在优化整合企业内外资源的基础上快速响应多样化的客户需求。

4. 客户化供应链管理阶段

2000年以后,在供应链竞争为主的经济环境中,为了寻找新的竞争优势,企业必须以订单需求为中心,将客户化生产和供应链管理一体化,通过客户化供应链管理(Customized Supply Chain Management,CSCM)来提升供应链的市场应变力和整体竞争力。

在该阶段,许多企业开始把它们的努力进一步集中在供应链成员之间的协同,特别是与下游成员业务间的协同上,同时供应商关系管理(Supplier Relationship Management,SRM)、产品生命周期管理(Product Life-cycle Management,PLM)、供应链计划(Supply Chain Planning,SCP)和供应链执行(Supply Chain Executing,SCE)等系统的应用使得供应链成员间的业务衔接更加紧密,整个供应链的运作更加协同化。企业正是通过与供应商和客户间的这种协同运作,来更准确地把握要从供应商那里得到什么,以及要提供给客户什么。

客户化、敏捷化的供应链管理强调在敏捷供应链的基础上,进一步加大对客户个性化需求的满足。管理的前一阶段为供应链通用化过程,按照推动式管理模式组织通用模块或部件的生产、包装和配送等;后一阶段为客户个性化需求体现过程,即从事产品的差异化生产,以拉动式管理模式对产品订制单元进行生产、装配和运送等。

供应链管理从其产生到发展经历了若干阶段。在物料采购领域,随着供应双方在信息、技术、资金、人员等方面有了更多的交流,供应链从采购管理发展到了供应链管理;在流通配送领域,以消费者的需求为出发点,以此来制订生产计划,进行供应链上的生产管理、库存管理和采购管理,形成了快速反应(Quick Response,QR)和有效客户反应(Efficient Consumer Response,ECR)等思想,在后面的章节中将详细讲解这些供应链管理的方法。

7.1.3 供应链管理的特点及内容

供应链管理是一种集成化、系统化的管理方式,它从全局的角度通过合作伙伴间的密切合作对供应链上的物流、信息流、资金流及知识流进行控制和调度,以最小的成本和费用产生最大的价值和最佳的服务。良好的供应链管理可以大幅度降低链上企业之间的交易成本,实现整个供应链利润的最大化。

1. 供应链管理的特点

与传统物流相比,供应链管理的特点表现在以下几个方面。

1) 供应链管理是对互动界面的管理

从管理的对象来看,物流是以存货资产为其管理对象的;而供应链管理则是对存货流动(包括必要的停顿)中商务过程的管理,是对关系的管理,因此更具有互动的特征。美国兰博特教授认为,必须对供应链中所有关键的商务过程实施精细的管理、需求管理、订单执行管理、制造流程管理、采购管理和新产品开发及其商品化管理等。在有些企业的供应链管理过程中还包括从环境保护理念出发的商品回收渠道管理,如施乐公司。

2) 供应链管理是比物流管理更高级的形态

事实上,供应链管理也是从物流的基础上发展起来的,在企业动作的层次上,从实物分配到整合物资管理,再到整合相关信息,通过功能的逐步整合形成了物流的概念。从企业关系的层次来看,则有从制造商向批发商、分销商再到最终客户的前向整合,再有向供应商的后向整合。通过关系的整合形成了供应链管理的概念。从作业功能的整合到渠道关系的整合，使物流从战术的层次提升到战略高度。因此，供应链管理实际上是传统物流管理的延伸，物流是供应链管理系统的子系统。

3）供应链管理是协商的机制

物流在管理上是一个计划的机制。主导企业（通常是制造商）力图通过一个计划来控制产品和信息的流动，与供应商和客户的关系本质上是利益冲突的买卖关系，常常导致存货向上游企业的转移或成本的转移。供应链管理同样制订计划，但目的是谋求在渠道成员之间的联动和协调。供应链管理作为一个开放的系统，它的一个重要的目标就是通过分享需求和当前存货水平的信息来减少或消除所有供应链成员企业所持有的缓冲库存。这就是供应链管理中共同管理库存的理念。

4）供应链管理更强调组织外部一体化

物流主要是关注组织内部的功能整合，而供应链管理认为只有组织内部的一体化是远远不够的。供应链管理是一项高度互动和复杂的系统工程，需要同步考虑不同层次上的相互关联的技术经济问题，进行成本效益权衡。例如，要考虑在组织内部和组织之间，存货以什么样的形态放在什么样的地方，在什么时候执行什么样的计划；供应链系统的布局和选址决策，信息共享的深度；实施商务过程一体化管理后所获得的整体效益如何在供应链成员之间进行分配；特别是要求供应链成员在一开始就共同参与制定整体发展战略或新产品开发战略等。

5）供应链管理对共同价值观的依赖性

作为系统结构复杂性增加的逻辑必然，供应链管理将更加依赖信息系统的支持。如果说物流的动作是为了提高产品的客户可行性，那么供应链管理则是首先解决在供应链伙伴之间的信息可靠性问题。因此，有时也把供应链看做是基于信息增值交换的协作伙伴之间的一系列关系，互联网为提高信息可靠性提供了技术支持，但如何管理和分配信息则取决于供应链成员之间对商务过程一体化的共识程度。因此，与其说供应链管理依赖网络技术，还不如说供应链管理首先是对供应链伙伴的相互信任、相互依存、互惠互利和共同发展的共同价值观的依赖。

6）供应链管理是外源整合组织

与纵向一体化物流不同，供应链管理更多是在自己的核心业务基础上，通过协作整合外部资源来获得最佳的总体运作效果，除了核心业务以外，几乎每件事都可能是外源的，即从公司外部获得的。著名的企业，如 Nike 和 Sun 微系统公司（现已被甲骨文公司收购），通常外购或外协所有的部件，而自己集中精力于新产品的开发和市场营销。该类公司有时也被称为虚拟企业或者网络组织。

纵向一体化以拥有为目的，而供应链管理以协作和双赢为手段。因此，供应链管理是资源配置的更优化的方法，其内在的哲学是有所为有所不为的。供应链管理在获得外源配置的同时，也将原先的内部成本外部化，有利于清晰的过程核算和成本控制，可以更好地优化客户服务和实施客户关系管理。

7）供应链管理是一个动态的响应系统

在供应链管理的具体实施中，贯穿始终的对关键过程的管理测评是不容忽视的。高度动态的商业环境要求企业管理层对供应链的动作实施规范的和经常的监控和评价，当管理目标没有实现时，就必须考虑可能的替代供应链和做出适当的应变。

2. 供应链管理的内容

按照企业物流作业的性质，供应链管理包括采购与供应管理、生产作业管理、分销与需求管理、仓储与库存管理、运输与配送管理、第三方物流管理(Third Party Logistics，TPL)、同步化的运作计划与控制、全球信息网络集成与共享、集成化绩效评价等内容，如图 7.1 所示。在提高客户满意度的同时，实现销售的增长、成本的降低及资产的有效运用，从而全面提高企业的竞争力。供应链管理具体体现在对供应链过程中涉及的跨行业、跨企业、跨部门的物流、资金流、信息流运行进行整体规划设计与管理。因此，可以将供应链管理的主要内容归为 4 个方面：物流网络职能管理、供应链信息流管理、供应链流程管理和供应链关系管理。

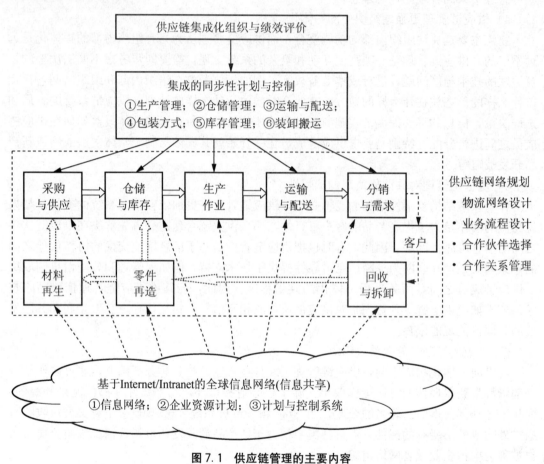

图 7.1 供应链管理的主要内容

注：⇒ 表示供应链物流；⇠┈┈ 表示逆向的供应链物流；→ 表示供应链信息流。

阅读案例 7-1

IBM 供应链管理的成功

物流领域供应链管理的潜力日益受到重视，并被称为第三利润源。供应链管理在全球大公司中非常普及，如国际商业机器公司(International Business Machines Corporation，IBM)、沃尔玛(Wal-Mart，

WMT)、戴尔(Dell)等。对于供应链的作用和效能，IBM 给出了这样一个答案："IBM 全球首个供应链创新中心在北京宣布成立。IBM 先进的全球化供应链管理系统为其创造了可观的绩效。从 2000 年开始，IBM 将其在全球的 300 个采购中心整合成为 3 个。并且，通过简化业务流程方案，在 5 年的时间里，公司共节约了 90 多亿美元，其中 40 多亿美元得益于采购流程方案的重新设计。现在 IBM 公司全球的采购都集中在中央系统之中，而该部门只有 300 人，采购部人员的总体成本也降低了。"

IBM 的供应链管理不是传统意义上的供应链管理。作为 IBM 全球供应链上的重要环节，长城国际信息产品有限公司（以下简称 IIPC）在做到高产量、高周转效率地根据客户要求量身定制产品外，还将其服务延伸到上游的研发和下游的技术支持中，以便为客户提供更多的附加值。IBM 的供应链不但改变了传统供应链管理以生产制造为中心的模式，而且还创建了从客户角度组织供应链的新模式，在重视物料流动的同时，强调信息流的管理。而这一切，都是为了适应 IBM 电子商务"随需应变"战略，成就 IBM 高效率、快速反映客户需求、容易打交道的公司形象。

1. 超越传统出发点

IIPC 在 IBM 全球供应链中担当的是实施和分销的重要角色，与上游的供应商和终端客户直接关联。IIPC 不仅制造产品，还提供服务——在注重生产的同时，还有增值服务。而提供这些增值服务的出发点，不是像咨询公司那样卖服务，从服务中获取利润；而是因为客户的需求有变化，促使 IIPC 关注生产以外的东西。IBM 母公司在不断地推动整条供应链往前思考，超越传统，不断创新，在完善基础业务的同时，形成高层次的集成供应链。IBM 的供应链不但能够实现传统供应链减少生产周期、节约成本、加快存货周转的目标，还能从与客户的信息交流中，使自己具备前瞻性，产生新思维。

为此，IIPC 摒弃以提高内部效率、增加利润为出发点的传统供应链管理模式，而变为从客户的角度看供应链。围绕着从客户了解产品、购买产品，到产品的生产、客户得到产品并使用产品这整个过程，使供应链超越生产制造这一传统中心，延伸到上游和下游，方便客户获取信息，强调信息的流动及与客户的互动，以客户的反应速度来评价供应链的效率。

2. 持续的执行力

在实施供应链战略成功的企业与不成功的企业之间，一个重要的区别就是执行能力的差异。这些能力包括如何应用信息技术(Information Technology，IT)并进行整合的能力、解决复杂问题的能力、满足客户需求的能力、管理基础框架的能力等方面。先进理念和持续执行力的结合，正是 IBM 在供应链管理上取得成功的关键。

IIPC 作为中外两大巨头公司的合资公司，不仅拥有全球化的团队和资源优势，还具有对本地市场和经营环境的洞察力。IIPC 以 IBM 为实施、集成和提供咨询服务的合作伙伴，并将系统架构在 IBM 的服务器硬件平台上，充分利用 IBM 一流的产品和技术及其全球资源和支持策略。这种技术和资源上的优势，极大地降低了 IIPC 的竞争成本。

IBM 的中国采购中心、亚太物流中心、研发实验室、客户技术支持及多渠道销售模式，与 IIPC 形成了一个完整的端对端整合的供应链解决方案。IIPC 对本地供应商的发展、对客户满意度的追踪管理及共享信息的供应链透明管理模式，都充分体现其商业模式的创新性和先进技术的结合。

IBM 的定位，是为全球客户提供大量、完全的集成解决方案；而 IIPC 在把 IBM 的发展定位变成现实的过程中，起到了非常重要的作用。

资料来源：http://www.exam8.com/zige/wuliu/anli/201007/1453256.html.

7.2 供应链管理方法

从 20 世纪 80 年代至今，世界范围内掀起了供应链体系的浪潮，产销联盟形成了大趋势,而这种发展态势表现最为明显的是 QR(Quick Response,快速反应)、ECR(Efficient Consumer Response,有效客户反应)和协同规划、预测与连续补货(Collaborative Planning, Forecasting and Replenishment, CPFR)。而供应链管理的另一种方法——ERP (Enterprise Resource Planning, 企业资源计划),其管理思想与技术经历了40多年的发展变革,从 MRP(Manufacturing Resource Planning, 物料需求计划)到 MRP Ⅱ,于20世纪90年代进一步发展到 ERP,逐渐成熟。

7.2.1 QR

1. QR 概述

QR 是美国纺织服装业发展起来的一种供应链管理方法,它是由美国零售商、服装制造商及纺织品供应商开发的整体业务概念。QR 指在供应链中,为了实现共同的目标,零售商和制造商建立战略伙伴关系,利用 EDI 等,进行销售时点的信息交换及订货补充等其他经营信息的交换,用多频度、小数量配送方式连续补充商品,以实现缩短交货周期、减少库存、提高客户服务水平和企业竞争力的供应链管理方法。其最终目的是,减少从原材料到销售点的时间和整条供应链上的库存,最大限度地提高供应链管理的运作效率。

从以上 QR 的发展背景中可以看到,建立 QR 系统的基础是准确把握销售动向,运用 POS 系统的单品管理功能,及时掌握每一种商品的销售状况和库存状况,同时对于在零售阶段获得的销售信息在供应链上下游企业中共享。也就是说,下游零售阶段的销售动向要及时、准确地反映到生产计划上。

QR 方法要求供应链中企业在面对纺织服装业这一类多品种、小批量的买方市场时,不是预先储备好了产品,而是准备了各种要素,一旦客户提出要求时,能以最快速度抽取要素,及时组装,提供所需服务或产品。

2. 实施 QR 的过程

在实施 QR 的过程中,需要经过6个步骤,每一个步骤都需要以前一个步骤作为基础,并比前一个步骤有更高的回报,但是需要额外的投资。实施过程具体包括以下几个步骤。

1)安装使用条形码和 EDI

零售商首先必须安装通用产品代码(Universal Product Code,UPC)、POS 扫描和 EDI 等技术设备,以加快 POS 机收款速度、获得更准确的销售数据并使信息沟通更加通畅。POS 扫描用于数据输入和数据采集,即在收款检查时用光学方式阅读条形码,然后将条形码转换成相应的商品代码。

2)固定周期补货

QR 的自动补货要求供应商更快、更频繁地运送重新订购的商品,以保证店铺货源充足,提高销售额。通过对商品实施 QR 并保证这些商品能敞开供应,零售商的商品周转速度更快,消费者可以选择更多的花色品种。某些基本商品每年的销售模式实际上都是一样的,一般不会受流行趋势的影响。因为这些商品的销售是可以预测的,所以不需要对商品进行考察来确定重新订货的数量。

自动补货指基本商品销售预测的自动化。自动补货使用基于过去和目前销售数据及其可能变化数据，通过软件进行定期预测，同时考虑目前的存货情况和其他一些因素，以确定订货量。自动补货是由零售商、批发商在仓库或店内进行的。

3）建立先进的补货联盟

建立先进的补货联盟是为了保证补货业务的流畅。零售商和消费品制造商联合起来检查销售数据，制定关于未来需求的计划和预测，在保证有货和减少缺货的情况下降低库存水平。还可以进一步由消费品制造商管理零售商的存货和补货，以加快库存周转速度，提高投资毛利率（销售商品实际实现的毛利除以零售商的库存投资额）。

4）零售空间管理

零售空间管理指根据每个店铺的需求模式来规定其经营商品的花色品种和补货业务。一般来说，对于花色品种、数量、店内陈列及培训或激励售货员等，消费品制造商也可以参与甚至制定决策。

5）联合产品开发

联合产品开发的重点不再是一般商品和季节商品，而是像服装等生命周期很短的商品。厂商和零售商联合开发新产品，其关系的密切超过了购买与销售的业务关系，缩短从新产品概念到新产品上市的时间，而且经常在店内对新产品实时试销。

6）QR 的集成

通过重新设计业务流程，将前 5 步的工作和公司的整体业务集成起来，以支持公司的整体战略。QR 前 4 步的实施，可以使零售商和消费品制造商重新设计产品补货、采购和销售业务流程。前 5 步使配送中心得以改进，可以适应频繁的小批量运输，使配送业务更加流畅。

同样，由于库存量的增加，大部分消费品制造商也开始强调存货的管理，改进采购和制造业务，使自身能够作出正确的反应。最后一步零售商和消费品制造商重新设计其整个组织、绩效评估系统、业务流程和信息系统，设计的重点围绕着消费者而不是传统的公司职能，这要求集成的 IT。有时可以先完成最后一步工作，至少是设计整体体系结构，这样补货的改进和新产品的开发就能尽可能地相互吻合。

实施 QR 的 6 个步骤如图 7.2 所示。

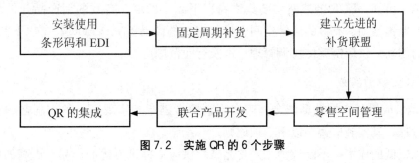

图 7.2　实施 QR 的 6 个步骤

7.2.2　ECR

1. ECR 概述

ECR 是以满足顾客要求和最大限度降低物流过程费用为原则，能及时准确反应，使提供的物品供应或服务流程最佳化的一种供应链管理战略。

 **知识链接**

ECR 欧洲执行董事会给出的 ECR 的定义:"ECR 是一种通过制造商、批发商和零售商各自经济活动的整合,以最低的成本,最快、最好地实现消费者需求的流通模式"。

资料来源:http://baike.baidu.com.

ECR 强调供应商和零售商的合作,尤其是企业间竞争加剧和需求多样化发展的今天,产销之间迫切需要建立相互信赖、相互促进的协作关系,通过现代化的信息和手段,协调彼此的生产、经营和物流管理活动,进而在最短的时间内应对客户需求变化。

ECR 的最终目标是建立一个具有高效反应能力和以客户需求为基础的系统,使零售商及供应商以业务伙伴方式合作,提高整条供应链的效率,而不是单个环节的效率,从而大大降低整个系统的成本、库存和物资储备,同时为客户提供更好的服务。其优点在于,供应链各方为了提高消费者满意这个共同的目标进行合作,同时分享信息和诀窍。ECR 是一种把以前处于分离状态的供应链联系在一起来满足消费者需要的工具。ECR 概念的提出者认为,ECR 活动是一个过程,主要由贯穿供应链各方的 4 个核心过程组成,如图 7.3 所示。

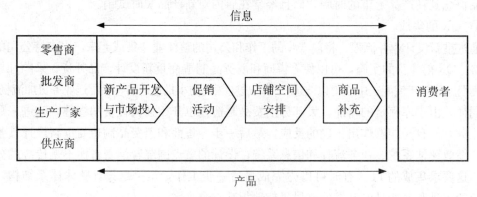

图 7.3　ECR 和供应链过程

由图 7.3 可知,ECR 的战略主要集中在以下 4 个领域:有效的新产品开发与市场投入、有效的促销活动、有效的店铺空间安排、有效的商品补充。ECR 具备以下几个特征:管理意识的创新;供应链整体协调管理;涉及行业范围广。

2. ECR 过程的实施

ECR 是供应链各方推进真诚合作来实现消费者满意和实现基于各方利益的整体效益最大化的过程,其实施应遵循以下 5 项原则。

(1) 以较低的成本,不断致力于向食品杂货供应链提供更优的产品、更高的质量、更好的分类、更好的库存服务及更多的便利服务。ECR 通过整条供应链整体的协调和合作来实现以低成本向消费者提供更高价值服务的目标。

(2) ECR 必须由相关的商业带头人启动。该商业带头人应决心以代表共同利益的商业联盟取代旧式的贸易关系,从而达到获利的目的。ECR 要求供需双方关系必须从传统的赢—输型交易关系向双赢型联盟伙伴关系转化,这就需要商业带头人或企业的最高管理层对各企业的组织文化和经营习惯进行改革,使得供需双方关系转化成为可能。

(3) 必须利用准确、适时的信息以支持有效的市场、生产及后勤决策。这些信息将以 EDI 的方式在贸易伙伴间自由流动，它将影响以计算机信息为基础的系统信息的有效利用。

(4) 产品必须跟随其不断增值的过程，从生产至包装，直至流动到最终客户的购物篮中，以确保客户能随时获得所需产品。

(5) 必须建立共同遵循的成果评价体系。该体系注重整个系统的有效性（即通过降低成本与库存及更好的资产利用，实现更多价值），清晰地标识出潜在的回报（即增加的总值和利润），促进对回报的公平分享。

 知识链接

日本著名网络调查服务股份有限公司媒体网络的名誉董事长山崎康司长期致力于企业管理研究，他所撰写的研究 ECR 式经营方式的著作为《第三次经营革命》。山崎康司以日本企业向西方企业学习的态度和角度来阐述 ECR 带给企业的改革巨变。

（[日]山崎康司. 第三次经营革命——ECR 式经营方式：方法与步骤. 周迅，译. 北京：东方出版社，2008.）

7.2.3 ERP

1. ERP 概述

ERP 最初是由美国高德纳咨询公司（Gartner Group）于 20 世纪 90 年代初提出的，其实质是在 MRPⅡ基础上进一步发展而成的面向供应链的管理思想，综合应用了客户机/服务器体系、关系数据库结构、面向对象技术、图形客户界面、第四代语言（4GL）、网络通信等信息产业成果。

ERP 是管理企业的一种思想和管理理念，它的基本思想是将制造业企业的制造流程看做一条紧密结合的供应链，其中包括供应商、制造工厂、分销网络和客户等；并将企业内部划分成几个相互协同作业的支持子系统，如财务、市场营销、生产制造、质量控制、服务维护、工程技术等，还包括对竞争对手的监视管理。

 知识链接

ERP，由美国著名管理咨询公司 Gartner Group 于 1990 年提出来的，最初被定义为应用软件，并迅速为全世界商业企业所接受,现已经发展成为现代企业管理理论之一。企业资源计划系统,指建立在资讯技术基础上,以系统化的管理思想,为企业决策层及员工提供决策运行手段的管理平台。ERP 也是实施企业流程再造的重要工具之一,属于大型制造业所使用的公司资源管理系统。世界 500 强企业中有 80%的企业都在用 ERP 软件作为其决策的工具和管理日常工作流程,其功效可见一斑。

资料来源:http://baike.baidu.com/view/109408.htm.

Gartner Group 提出 ERP 具备的功能标准应包括以下 4 个方面。

(1) 超越 MRPⅡ范围的集成功能,包括质量管理、流程作业管理、配方管理、产品数据管理、维护管理、管制报告和仓库管理。

(2) 支持混合方式的制造环境,包括既可支持离散又可支持流程的制造环境,按照面向对象的业务模型组合业务过程的能力和国际范围内的应用。

(3) 支持能动的监控能力,提高业务绩效,包括在整个企业内采用控制和工程方法、模拟功能、决策支持和用于生产及分析的图形能力。

(4) 支持开放的客户机/服务器计算环境,包括客户机/服务器体系结构,图形客户界面(Graphical User Interface, GUI)、计算机辅助软件工程(Computer Aided Software Engineering, CASE)、面向对象技术使用结构化查询语言(Structured Query Language, SQL)对关系数据库进行查询,内部集成的工程系统、商业系统、数据采集和外部集成。

ERP 是对 MRPⅡ的超越,从本质上看,ERP 仍然以 MRPⅡ为核心,但在功能和技术上却超越了传统的 MRPⅡ,它是顾客驱动的、基于时间的、面向整条供应链管理的 ERP。

2. ERP 过程的实施

实施 ERP 要有目的、有计划、有组织,并在正确实施方法的指导下分步进行。ERP 系统的实施总体上可分为两个阶段:项目实施前期和项目实施过程。这样划分主要是考虑到项目实施前期工作是以企业自身的工作为主;转入 ERP 项目实施后,则是以咨询机构或软件公司的实施方法为主。

我国 ERP 的实施现状

ERP 在我国的发展已近 20 年,国家对该项目的累计投资超过 80 亿元。我国目前拥有 15 000 家大中型企业和 1 000 万家中小型企业,多数的大型企业目前都已经进行了企业信息化方面的相关工作,在付出失败代价的同时也获得了一定的效益和经验,人们对用 ERP 解决我国落后的管理现状寄予了厚望。然而,统计数据表明,成功实施 ERP 的企业仅占 10%~20%,有 30%~40%的企业只是实现了系统的部分集成,完全失败的企业占到一半左右,而 10%~20%的成功企业大多是三资企业。

由于 ERP 系统的高效性、逻辑连贯性等优点,我国越来越多的企业在逐步引入 EPR 管理系统。虽然引入了 ERP 系统,但在使用过程当中,未能达到 EPR 系统的要求,经常出现错误结论,甚至增加了操作人员的工作量,未能提高工作效率,反而处处受到辖制。目前,我国不能真正充分利用 ERP 系统功能的企业很多。因此在 EPR 系统的使用上有待提高。

资料来源:http://www.chinaqking.com.

经过多年发展,ERP 已经形成了一套比较成熟的实施方法论。但是国内外的管理环境不同，各公司的 ERP 软件产品适用的行业、管理思路也有所不同，因而也会有不同的实施方法。对于大中型企业的 ERP 项目，其实施步骤如下所述。

1）确定项目的目标和范围

由于 ERP 实施过程由客户、企业、ERP 软件供应商、咨询公司和系统集成商等多方同时参与，为了明确各方的责任、权力和利益，就必须清楚地界定项目的范围，制定切实合理的项目目标。这是成功实施 ERP 的重要前提条件。

该阶段需要明确将实施哪些业务模块，各业务模块应该实现哪些具体功能，各模块上线后应该产生怎样的效果和收益等。

2）成立三级项目组织

项目实施必需落实责任与权利。在 ERP 实施过程中，按照对项目实施的作用不同，通常把项目组织分为三个级别：项目领导小组、项目实施小组与项目应用小组，即三级项目组织。三级项目组织通常是在 ERP 咨询机构的指导下成立的。

3）制订项目实施计划

项目实施计划的制订一般在咨询公司的指导下进行，由企业的项目实施小组根据企业具体情况讨论、修改，最后由项目领导小组批准。项目实施计划一般分为两类：项目进度计划与业务改革计划。

4）业务调研并确定企业蓝图

在该阶段，实施人员需要对企业的 ERP 业务管理需求进行全面调研，并根据企业的管理情况提出管理变革方案。如果企业的业务复杂、规模较大，则花费的时间会较多。调研报告与咨询方案要经实施小组与领导小组讨论并通过。ERP 的调研报告与咨询方案通常包括企业管理现状描述、ERP 的管理流程和方式、业务变革与实现和实施后达到的效果等。在进行详细、深入的系统调研后，就可以确定企业的业务蓝图，即运营模式、组织架构和业务流程。

5）系统安装

系统安装主要包括软、硬件环境的设计与安装。硬件方案的设计可以与业务调研同步进行，一定要考虑企业的现有资源，可以提供几种方案供企业参考，并通过与硬件供应商合作，制定企业的硬件系统建设方案。在未详细规划企业的 ERP 应用工作点前，必须先考虑在企业的计算机中心或一些主要的业务部门建立 ERP 系统的安装与测试工作点；应该对硬件的规划作出比较全面的考虑；要充分地考虑各项业务的数据采集和处理要求。一般来说，该过程以安装服务器软件为主，而后根据需要进行工作点扩充，主要是为了满足培训与测试的需要。

6）开始培训与业务改革

企业在推行 ERP 前，各部门普遍缺乏对 ERP 的深入理解，因此培训的目的就是使企业顺利实施 ERP 系统，贯彻 ERP 的思想与理论，提升企业的管理水平。ERP 培训的类型有理论培训、实施方法培训、项目管理培训、系统操作应用培训、计算机系统维护培训等。面向不同的培训对象要制订不同的培训计划。

7）基础数据的准备

在确定项目范围、完成业务调研后，就可以开始收集基础的业务数据，也就是进入数据准备阶段。基础数据可以分为两种类型：静态数据和动态数据。静态数据指在一段时间内相对稳定，一般不随时间改变的数据，如物料主数据、物料清单、工艺路线、工作中心数据、会计科目、供应商数据、客户数据等；动态数据一般随时间变化而改变，如库存余额、总账余额等。对于静态数据，往往在实施的开始阶段就应着手准备，准备时间也比较长，可以安排专人负责；而动态数据往往在系统上线切换点之前才开始准备，准备时间短，因而需要投入的人力也比较多。

8）原型测试

该阶段，企业的测试人员在实施顾问的指导下，将收集的数据输入到 ERP 软件系统中，对软件功能进行系统的测试。因为 ERP 的业务数据、处理流程相关性很强，所以不按系统的处理逻辑处理，系统就无法对录入的数据进行正确处理，甚至根本无法录入。例如，要录入物品的入库单，则必须先录入物料代码、库存的初始数据等。

9）客户化、二次开发和模拟运行

因为企业自身的特点，ERP 的软件系统可能会有一定量的客户化与二次开发的工作，如客户需要的特殊操作界面、报表和业务流程等。

客户化一般指不涉及程序代码改动的工作，这种工作可以由实施顾问对系统维护人员进行培训，以后长期的维护工作就可以由企业的维护人员完成。二次开发需要对 ERP 软件的程序进行修改，会增加实施成本，延长实施周期，并影响实施人员（服务方与应用方）的积极性。因此，在决定是否进行二次开发和对哪部分功能进行二次开发时一定要非常慎重。

当二次开发或客户化完成后，要组织人员进行实际数据的模拟运行，通过对处理过程及输出结果的检验，确认成果。

10）建立工作点

工作点就是 ERP 的业务处理点，即客户端。建立工作点时一般要考虑以下几点。

（1）一般先根据 ERP 的各个模块的业务处理功能，如采购系统基础数据、采购请购单录入与维护，以及采购订单处理等来划分工作点。

（2）结合企业的硬件分布（如电脑终端的分布）和企业员工的工作地点分布情况等。

（3）考虑企业的管理状况，如人员配置、人员水平和管理方式等。

建立工作点后，要对各个工作点的作业规范作出规定，即确定 ERP 的工作准则，形成企业的标准管理文档。

11）并行

在相关的准备工作（如系统安装、培训、测试等）就绪后，则进入系统的并行阶段。所谓并行是指 ERP 系统与现行的手工业务处理，或原有的软件系统同步运行，保留原有的账目资料、业务处理与有关报表等。并行是为了保持企业业务工作的连续性和稳定性，并行阶段是 ERP 正式运行的磨合期。企业在该阶段要全力支持做好资源调配工作，及时发现和解决出现的问题。

12）系统切换

系统切换又称正式运行。系统切换也要有计划、有步骤、分模块、分部门地逐步进行，如果在并行阶段确认了新系统能够正确处理相关业务，新的业务流程运作已经可以顺利进行，业务人员已经熟悉系统并达到了规定的操作要求，就可以停止原来手工作业或旧系统的运作方式，将相关业务完全转由 ERP 系统处理。

13) 评估与持续改进

实施效果的评估工作主要涵盖总体效果、计划与控制过程、数据管理、持续改进过程、计划与控制评价、企业工作评价6个主要方面。一般考核以下指标：库存准确率、产品准时交货率、生产周期、采购周期、产品开发周期、废品率、库存占用资金、原材料利用率、成本核算工作效率和产品销售毛利润增长等。

阅读案例7-2

青岛啤酒公司实施ERP的效果

经过两期的实施，青岛啤酒公司通过ERP系统，统一了34 000多种物料的编码、品名、计量单位、基本属性及分类；统一了会计科目编码；统一了固定资产分类编码，清理了资产；统一了客户、供应商编码及信息格式，整理了2 400多个客户档案、4 000多个供应商档案等，通过以上集成数据的规范整理形成了公司整体的编码规则，加强了公司的基础管理，为将来的滚动实施做好了准备。

另外，规范、优化了公司内部业务流程：全面梳理了6大类100多个流程，通过软件平台固化，划分了责、权、利；流程设计以客户为中心，剔除非增值环节，向"服务导向型"发展；按新流程的要求取消、修改了8种关键业务单据。通过以上工作，使业务流程尽可能地向规范、透明、符合国际惯例的标准业务流程靠拢。实现完整的过程控制：控制过程由原有的事后控制变为事前的预算、事中的控制、事后的核算，杜绝了许多管理上的失控。

数据在业务的起点一次录入、处处可用；在已实施ERP项目的单位，任何地方都可以实时存取信息，保证了企业组织作出更好的决策和更快的反馈，以满足客户的需求及适应市场的变化；透过更快、更准的交货及可承诺交货能力来提高客户的服务水平；跨越整个企业的标准的、集中的业务流程改善了各部门的沟通核心业务程序的实施；合并的财务系统使期末关账更快，同时减少了会计人员的工作负荷；系统的灵活性可适应企业未来的发展，集中的销售流程处理，增强的应收账管理，集成的库存控制；规范的采购系统运行后的量化指标；查询时间由原来的1～2天缩短为现有的1～2分钟，及时发货率由原来的82.7%调高到94%，月末结账期由原来的6天缩短为现在的1天。

资料来源：http://www.docin.com。

7.3 供应链管理技术

供应链管理是一种新兴的管理模式，是先进的管理理念、管理方法和管理技术的综合产物，而相关技术的使用使得供应链具备了管理的基础，供应链管理和技术的结合能够形成一个集成系统从而改善企业管理。近年来，各种技术的急速发展也使得供应链管理的效率大幅度提高，其中主要包括信息管理技术、物流运作技术和营销运作技术。

7.3.1 信息管理技术

1. 自动识别与数据采集技术

自动识别与数据采集（Auto Identification and Data Collection，AIDC）技术通过自动识别项目标识信息，并且不使用键盘即可将数据直接输入计算机、程序逻辑控制器或者其他微处理器控制设备。对于供应链管理过程，选择AIDC的原则是数据登录实时、自动、经济，许多环节还应该考虑抗干扰能力、识别距离等。目前供应链管理中最常用的 AIDC 技术是条形码技术和射频识别技术。

2. 电子数据交换

电子数据交换(Electronic Data Interchange，EDI)是指按照同一规定的一套通用标准格式，将标准的经济信息，通过通信网络传输，在贸易伙伴的电子计算机系统之间进行数据交换和自动处理的技术。由于使用 EDI 能有效地减少甚至消除贸易过程中的纸面单证，因而 EDI 也被俗称为无纸交易。

EDI 是现代计算机技术与网络通信技术相结合的产物。其主要目标就是以最少的人力介入，实现贸易循环，尤其是自动处理重复交换的文件，从而消除公司内部繁杂且昂贵的管理费用。使用 EDI 的主要优点有：迅速准确、方便高效、成本低，它使得双方能够以更有效的方式交易，大大简化了订货、存货过程。通过 EDI，厂商可以准确地估计日后商品的需求量，货运代理商大量的出口文书工作可得到简化，商业用户则可以提高存货的效率，各方竞争能力都得到了提高，从而有助于实现共赢。EDI 是实施 QR、ECR、高效补货等策略的必不可少的技术。目前，几乎所有的供应链管理的运作方法都离不开 EDI 技术的支持。

3. 互联网技术和电子商务

互联网技术是在计算机技术的基础上开发建立的一种信息技术。互联网为供应链信息共享提供了一个基础工具。通过互联网，供应链成员可以相对方便地实时而低成本地进行信息传递和交易活动。它为发展 EDI 系统提供了很多便利条件，同时也是电子商务的基础。

电子商务是在全球的商业贸易活动中，在互联网开放的网络环境下，基于浏览器/服务器应用方式，买卖双方不谋面地进行各种商贸活动，实现消费者的网上购物、商户之间的网上交易和在线电子支付及各种商务活动、交易活动、金融活动和相关的综合服务活动的一种新型的商业运营模式。电子商务分为企业对企业(B2B)和企业对消费者(B2C)两种类型。例如，用于 B2B 的电子化采购就是通过网络传递各种采购所需信息，将物料需求计划(MRP)和企业资源计划(ERP)进行整合的供应链管理技术；它为企业间跨系统协作提供了条件和技术保障。

供应链中的商务过程包括信息流、商流、资金流、物流四个环节。电子商务的突出表现则是将传统的商务过程电子化，即通过网络和电子化技术将传统商务活动中所有可以虚拟化完成的环节——信息流、商流、资金流，尽可能在第一时间内予以完成，便捷了交易手续与过程，从而提高了企业效率、降低了成本，以便捷而富有个性化的服务提高了客户的满意度。

7.3.2 物流运作技术

供应链环境下的物流管理运作技术包括第三方物流系统、计算机辅助订货、连续补货程序，通过式运输，电子订货系统等。各项技术的具体内容将在本节详细阐述。

1. 第三方物流系统

第三方物流(Third-Party Logistics，TPL)是相对第一方发货人和第二方收货人而言的。第三方物流是一种实现物流供应链集成的有效方法和策略，企业把原来属于自己处理的物流活动，以合同方式委托给专业物流服务业，同时通过信息系统与物流企业保持密切联系。通过外包给第三方物流承包者，企业能够把时间和精力放在自己的核心业务上，提高了供应链管理和物流运作的效率。

2. 计算机辅助订货

计算机辅助订货(Computer Assisted Order，CAO)是一个基于零售的系统。在CAO系统中，由扫描器采集销售数据储存在POS数据库中，再由相应的计算机软件根据这些数据自动计算出补货数量，生成订单。其中，计算机系统跟踪商店内所有商品的存货，调整进货与销售；CAO系统通过使用计算机将商店的基本情况、实际销售与预期销售、安全库存水平、有效订货数量、准确的货架与库存水平及影响需求的特殊因素等信息集合起来，准备商店订单，这些订单由商店店员核对，并传送到RDC(区域销售中心)或者零售商总部。

3. 连续补货程序

供应链连续补货程序(Continuous Replenishment Program，CRP)是指利用及时准确的销售时点信息确定已销售的商品数量，根据零售商或批发商的库存信息和预先规定的库存补充程序确定补充数量和配送时间的技术。信息的交换通过EDI进行，CRP系统可以直接由供应商或者第三方服务提供者操作。实施CRP的目的是减少库存，改善服务，提高运输效率及节省人力。连续补给程序技术将零售商向供应商发出订单的传统订货方法，变为供应商根据用户库存和销售信息决定商品的补给数量。这是一种实现VMI管理策略的有力工具和手段。

4. 通过式运输

通过式运输是一个配销系统，仓库和配销中心接收的货物不是用于存储，而是要马上配到零售商店。通过式运输要求入库和出库的各项活动高度统一。通过销售放置、储存和取货的操作，极大地降低了分销成本。在托盘通过式运输中，所有托盘直接送到出口，与其他供应商运货车上类似的托盘集合在一起，无须再进行处理。托盘是由按照商店订单预先挑选的、多个供应商的产品组成的。在包装箱通过式运输中，每个托盘被分解为多个卷型笼，然后卷型笼通过传送带被送到装运处，与装入其他卷型笼的货物一起送往商店。

5. 电子订货系统

电子订货系统(Electronic Ordering System，EOS)是指将批发、零售商场所发生的订货数据输入计算机，即刻通过计算机通信网络连接的方式将资料传送至总公司、批发商、商品供货商或制造商处。因此，EOS能处理从新商品资料的说明直到会计结算等交易过程中的所有作业，涵盖了整个商流。

7.3.3 营销运作技术

1. 品类管理

品类管理(Category Management,CM)就是把所经营的商品分为不同的类别,并把每一类商品作为企业经营战略的基本活动单位进行管理的一系列相关活动。它通过强调向消费者提供超值的产品或服务来提高企业的营运效果。在品类管理的经营模式下,零售商通过POS系统掌握消费者的购物情况,而由供应商收集消费者对于商品的需求,并对消费者对品类的需求进行分析后,再共同制定品类目标。

2. 货架优化

货架优化即店铺空间管理。店铺空间管理是对店铺的空间安排、各类商品的展示比例、商品在货架上的布置等进行最优化管理。在ECR系统中,店铺空间管理和商品类别管理同时进行、相互作用。在综合店铺管理中,管理人员对于该店铺的所有类别的商品进行货架展示面积的分配;对于每个类别下的不同品种的商品,进行货架展示面积分配和展示布置,以便提高单位营业面积的销售额和单位营业面积的收益率。

3. POS系统

POS系统即销售时点信息系统,是指通过自动读取设备(如收银机)在销售商品时直接读取商品销售信息(如商品名、单价、销售数量、销售时间、销售店铺、购买顾客等),并通过通信网络和计算机系统传送至有关部门进行分析加工以提高经营效率的系统。POS系统最早应用于零售业,以后逐渐扩展至其他服务行业,如金融、旅馆等。POS系统的使用范围也从企业内部扩展到整个供应链。

7.4 供应链管理业务流程

供应链管理是将供应链中的上下游企业作为一个整体,通过相互合作、信息共享,实现各方面的合理分配,完善供应链管理中的基本业务流程将更好地实现这一过程。供应链管理环境下的业务流程主要包括:采购管理、库存管理、生产管理、生产物流管理、客户关系管理和风险管理。

7.4.1 采购管理

1. 供应链采购管理概述

根据美国供应协会对供应链采购的最新阐述,把供应链采购管理定义为企业为了追求和实现它的战略目标而进行的一系列紧密与生产和库存相连的识别、采办、获取与管理它所需的所有资源的活动。

在供应链管理中,采购是实现供应链系统的无缝连接,它为供应链上企业之间的原材料、半成品和产成品的生产合作交流架起了一座桥梁,是提高供应链企业同步化运作效率的关键环节,因此供应链管理中企业的采购方式和传统的采购方式存在很多差异,主要区别归纳起来见表7-1。

表7-1 传统采购与供应链采购管理的主要区别

项 目	传统采购	供应链采购管理
供应商/买方关系	相互对立	合作伙伴
合作关系	短期可变	长期稳定
合同期限	短	长
采购数量	大批量	小批量
运输策略	单一品种整车发送	多品种整车发送
质量问题	检验/再检验	无须入库检验
与供应商的信息沟通	订单	网络
信息沟通频率	离散的	连续的
对库存的认识	资产	万恶之源
供应商数量	多头供应	单源供应
设计流程	先设计产品后询价	供应商参与产品设计
产量	大量	少量
交货安排	每月	每周或每天
供应商地理分布	很广的区域	尽可能靠近
仓库	大,自动化	小,灵活

阅读案例7-3

联想集团采购模式的优化

联想集团基于供应链的采购管理优化是企业采购模式优化的成功案例。作为IT行业的龙头企业,该集团每年的采购金额为110亿美元左右。联想集团在采购流程中面临的主要问题是原材料价格波动性较大、客户需求个性化日益强烈、供应商寡头垄断等。

针对这些主要问题,联想在供应链和采购方面采取了一体化的运作体系以加强企业内部的协同。首先,在协同作业上,将采购、生产、分销以及物流整合成统一的系统,整个集团形成统一的采购策略。其次,科学地推进与供应商的协同管理。集团约有300家供应商,物料的采购面向国际和国内,拥有非常复杂的供应链体系,联想采取了全程紧跟的策略,在供应商端设立了相应的采购平台,加强日常管理。

在与供应商合作关系管理上,确定对供应商的总体策略,如价格成本以及采购比例的控制等;引入淘汰机制,签署框架协议;对于重要零部件的上游供应商进行管控,定期对供应商工厂生产线进行审核;对供应商财务状况进行分析等。

在采购绩效评价方面,坚持对采购管理和绩效进行定期评估。评估主要是从质量、服务、成本等方面来进行,然后根据评估的结果对日常采购进行管理。

通过采购模式的优化,联想逐渐由传统的采购管理转变为供应链采购管理,降低了供应链运作成本。

资料来源:www.chinawuliu.com.cn。

2. 供应链采购管理策略

1) JIT 采购策略

JIT 采购是一种基于供应链管理思想的先进的采购模式。它的基本思想是，在恰当的时间、恰当的地点以恰当的数量、恰当的质量提供恰当的物品。它是从 JIT 生产发展而来的，是为了消除库存和不必要的浪费而进行的持续性改进。它和传统的采购方法在质量控制、供需关系、供应商的数目、交货期的管理等方面有许多不同，其中关于供应商的选择、质量控制是其核心内容。

JIT 采购包括供应商的支持与合作及制造过程、货物运输系统等一系列的内容，这种采购方式不但可以减少库存，而且还可以加快库存周转、缩短提前期、提高购物的质量、获得满意交货等效果；JIT 采购作为一种先进的采购模式，不但可以有效克服传统采购的缺陷，提高物资采购的效率和质量，而且还可以有效提升企业的管理水平，为企业带来巨大的经济效益。它体现了供应链管理的协调性、同步性和集成性，供应链管理需要 JIT 采购来保证供应链的整体同步化运作。

2) 协作的电子化采购

在电子商务改变了传统的贸易关系之后，B2B 的网上交易迅速发展起来，成为企业间贸易的新途径。而在 B2B 领域里，电子化采购有着很重要的地位。电子化采购取代了纸质的、低效的、人工的操作过程，使采购过程成为有效的、可控制的过程。电子化采购能降低采购成本，使企业的员工方便快速地完成采购项目。他们通过把自己的电脑与因特网连接，利用各种在线产品目录选择要购买的产品，通过网络与供应商联系。当采购请求得到同意后，它就会转变成产品订单，并自动地将订单信息传递给卖方。

协作的电子化采购具有主动性，通过策略资源和供应链实施使所有在供应链上的成员都获得最大的效益。因为采购活动是企业开支最大的活动，因此只要作出一点改进，就会使企业节约费用，大大降低运营成本，从而使供应链上的每一个成员都从节约采购开支中获得实际效益。协作的电子化采购解决方案能很好地满足企业的采购需求。

7.4.2 库存管理

1. 供应链库存管理概述

库存是指企业在生产经营过程中为现在和将来的耗用或销售而储备的资源。传统的库存控制模式下，需求信息沿着供应链逆向逐级向上传递，各个企业独立地采用订货点技术进行库存决策，不可避免地会产生"牛鞭效应"。其存在的问题主要表现在：库存周期长、周转慢、库存量过大，对新的需求趋势反应十分迟缓，缺乏供应链的整体概念，对客户满意的误解，缺乏 JIT 的意识，低效的信息传递，忽略不确定性对库存的影响，缺乏合作与协调性，库存策略的简单化等。

供应链管理强调供应链成员企业之间的协作和系统优化，建立在企业协作和统一决策基础之上的产、销大联合就形成了一体化的库存控制模式。一体化的库存控制模式将原来独立运作的两个系统统一起来。一方面，企业在制定库存控制决策时，将不仅依靠相邻企业传递的信息，还可以从供应链上的其他企业那里获取信息，信息共享的实现，有效地提高了供应链的透明度和需求预测的准确性；另一方面，通过协作，供应链成员企业之间实现了统一决策、统一运作，使得供应链库存管理活动趋于一致化、整体化，从而可大大降低库存水平。

2. 供应链库存管理策略

1）供应商管理库存

供应商管理库存（Vendor Managed Inventory，VMI）是指生产厂家等上游企业对零售商等下游企业的流通库存进行管理和控制。具体地说，生产厂家基于零售商的销售等信息，判断零售商的库存是否需要补充。如果需要补充，则自动地向本企业的物流中心发出发货指令，补充零售商的库存。在采用 VMI 的情况下，虽然零售商的商品库存决策主导权由作为供应商的生产厂家把握，但是，店铺空间安排、商品货架布置等店铺空间管理决策方面，仍然由零售商主导。对处于上游的原材料或部件的供应商与下游的生产厂家而言，同样如此。

在 VMI 运作过程中，库存状态对于供应商而言是透明的。供应商能够随时跟踪和检查到销售商的库存状态。从而快速响应市场需求的变化，对企业的生产（供应）状态作出相应的调整。

2）联合库存管理

联合库存管理（Jointly Managed Inventory，JMI）是一种风险分担的库存管理模式，它可以解决供应链系统中各节点企业的相互独立库存运作模式导致的需求扩大现象，能有效提高供应链的同步化程度、压缩库存浪费。与 VMI 不同，JMI 强调双方同时参与，要求供应链的过程中的每个库存管理者（供应商、制造商、分销商）都从相互之间的协调性考虑，使供应链相邻的上下游企业间库存管理者对需求的预期保持一致，从而消除需求变异放大现象。

3）工作流程管理

库存是企业之间或部门之间没有实现无缝连接的结果，库存管理的本质不是针对物料的物流管理，而是针对企业业务过程的工作流程管理。在供应链管理中，组织障碍是库存增加的一个重要原因，因而供应链要实现无缝连接，供应链成员企业间的相互合作与协调是关键。基于工作流的库存控制策略，通过有效的过程管理，可以在供应链内实现零库存。

7.4.3 生产管理

1. 供应链生产管理概述

生产管理是将资本、技术、劳动力和原材料转化成具有更高价值的产品和服务，从而为客户创造价值的各项管理工作的总称。生产管理的主要任务是：通过生产组织工作，按照企业战略目标的要求，设计技术上可行、经济上合理、技术条件和环境条件允许的生产系统；通过生产计划工作，制定生产系统运行优化的方案；通过生产控制工作，及时有效地调节企业生产过程中的各种关系，使得生产系统的运行符合既定生产计划的要求，实现预期制定的生产品种、质量、产量、出产期限和生产成本的目标。

现代物流管理

供应链管理下的生产管理的特点主要表现在：①决策信息的多源化；②各节点企业共同参与、互动的群体决策模式；③信息反馈机制的多样化；④生产计划与控制系统具有更高的柔性和敏捷性。

2. 供应链生产组织计划

以企业分厂为核心，通过计算机网络寻找不同层次的协作企业，建立起的异地制造资源互补的供应链网络，可以采用一种以顾客需求驱动的、面向供应链的生产组织计划模式来组织生产。该模式采用 MRP Ⅱ 推式和 JIT 拉式相结合的计划管理策略。企业根据市场需求预测和客户订单制订主生产计划，进而编制装配计划，根据装配进度编制各生产分厂的物料交货日期，各个分厂根据交货日期来实行 JIT 方式拉动生产，生产进度控制由分厂制造执行系统来完成。即在生产计划和物料需求方面采用 MRP Ⅱ，在生产过程控制方面采用 JIT 方式。

7.4.4 生产物流管理

1. 供应链生产物流管理概述

生产物流(Production Logistics)在《物流术语》(GB/T 18354—2006)国家标准中的定义是：企业生产过程中发生的涉及原材料、在制品、半成品、产成品等所进行的物流活动。即按照工厂布局、产品生产过程和工艺流程的要求，实现原材料、配件、半成品等物料在工厂内部供应库与车间、车间与车间、工序与工序、车间与成品库之间流转的物流活动。

从物流范围分析，物料投入生产后即形成物流，并随着时间进程不断改变自己的实物形态(如加工、装配、储存、搬运、等待状态)和场所位置(各车间、工段、工作地、仓库)。生产物流起于原材料等的购入，止于成品库，贯穿生产全过程，横跨整个企业(车间、工段)，其流经的范围是全厂性的、全过程的。

从物流属性分析，生产物流指生产所需物料在空间和时间上的运动过程，是生产系统的动态表现，即物料(原材料、辅助材料、零配件、在制品、成品)经历生产系统各个阶段或工序的全部运动过程。

2. 供应链生产物流计划

企业根据市场需求预测或接到的客户订单作出的生产运作计划即生产物流的计划，它具体安排了物料在各工艺阶段的生产进度，并使各生产环节上的在制品的结构、数量、时间与计划相协调。

1) 物料需求计划

物料需求计划(MRP)是一种工业制造企业的物资计划管理模式，根据总生产进度计划中规定的最终产品的交货日期，规定必须完成各项作业的时间，编制所有较低层次零部件的生产进度计划，对外计划各种零部件的采购时间与数量，对内确定生产部门应进行加工生产的时间和数量。一旦作业不能按计划完成时，MRP 系统可以对采购和生产进度的时间和数量加以调整，使各项作业的优先顺序符合实际情况。

MRP 的基本任务是，从最低产品的生产计划(独立需求)导出相关物料(原材料、零部件等)的需求量和需求时间(相关需求);根据物料的需求时间和生产(订货)周期来确定开始生产(订货)的时间。其主要目的是使库存最小,维持高服务水平,协调库存、制造、采购活动之间的关系,根据环境变化迅速调整计划。

2) 制造资源计划

供应链管理的制造资源计划(MPR Ⅱ)是从整体最优的角度出警发,运用科学的方法,对企业的各种制造资源和企业生产经营各环节实行合理有效的计划、组织、控制和协调,既实现连续均衡生产,又能最大限度降低各种物品的库存量,进而提高企业经济效益的管理方法。

MPR Ⅱ 的基本任务是,根据有效的输入信息(包括财务、销售、生产等多个部门与生产有关的信息)制订生产计划,安排制造时间及资源调拨工作,保证制造资源能够按时按需配合产品的生产过程。与 MRP 相比,其改进在于:加快了生产能力与调整能力;将库存文件改进为库存管理;是对 MRP 计划的延伸。

3) 企业资源计划

企业资源计划(ERP)是在 MPR Ⅱ 的基础上,通过物流、信息流和资金流,把客户需求和企业生产经营活动及供应商的资源整合在一起,从而完全按客户需求进行经营管理的一种全新管理方法。关于 ERP 在 7.2.3 节已经详细阐述。

7.4.5 客户关系管理

1. 供应链客户关系概述

从供应链的角度看,客户关系主要包括客户和客户服务两方面。客户可以是最终消费者,也可以是渠道成员,如制造商、零售商、批发商、代理商等,还可以是企业内部的某个部门、某种物流作业单位等。供应链管理要求供应链中所有企业都要把工作重点放在满足最终消费者的需求上。

对于供应链物流工作人员来说,客户就是交货的目的地。目的地包括消费者的住所、零售店、批发商、生产厂家和分销中心的接货点等。客户有时可能是对交送的产品或服务拥有所有权的企业或个人,有时可能是供应链中同一企业内的不同部门,或是在同一供应链下的不同企业。

客户服务是一种过程,它以较低的费用为供应链创造了重大的增值利益。从理论上讲,客户服务是企业进行市场营销时物流活动需要完成的一项任务。为了满足客户对物流的需求,客户服务计划需要明确企业所要完成的工作,根据重要性区分优先次序。在基本的客户服务计划中,重点通常是物流的运作方面,确保企业能为客户提供七项正确的服务:按正确的信息,在正确的时间、正确的地点,以正确的数量、正确的价格、正确的质量提供正确的物品。从物流角度分析,客户服务通常有四个传统的影响因素:时间因素、可靠性、沟通与灵活性。

2. 供应链客户关系管理实施

目前,客户需求高度个性化而且变化迅速,使得企业在提高产品质量、降低成本、快速响应市场需求方面压力变大。而大多数企业相当依赖外购产品和服务,对供应商的依赖性非常大。因此，供应商关系管理（Supplier Relationship Management，SRM）是客户关系管理中的关键环节。供应商关系管理以供应商评价为基石、以供应商选择为核心、以供应商激励机制为保障，是一种致力于实现与供应商建立和维持长久、紧密伙伴关系的管理思想和软件技术，旨在扩展协助企业与供应商之间的伙伴关系、共同开拓和扩大市场份额、实现双赢。

客户关系管理直接关系到企业的生存与发展，直接关系到供应链的成功与失败，企业应将客户关系管理纳入企业和供应链整体战略的一部分。实施供应链上的客户关系管理一般遵循以下几个步骤。

1) 明确业务计划

企业在考虑部署 CRM 方案之前，应确定利用 CRM 所要实现的具体业务目标，明确 CRM 系统所能产生的价值。例如，提高客户满意度、缩短产品销售周期或者增加合同的成交率等。

2) 建立 CRM

组织为成功地实现客户关系管理方案，管理者还须对企业业务进行统筹考虑，建立一个有效的客户关系管理组织。

3) 评估销售和服务过程

评估客户关系管理的可行性之前，使用者需要详细规划和分析自身的业务流程，广泛征求员工意见，了解他们对销售、服务过程的理解和需求，确保企业高层管理人员的参与，以确立最佳方案，并获得最大的支持。

4) 明确实际需求

在充分了解企业业务运作状况的基础上，从销售、服务人员的角度分析 CRM 的实际需求，确定需要完成的功能。

5) 选择供应商

确保选择的供应商能充分理解企业所要解决的问题，并及时与供应商交流，了解供应商的解决方案。

6) 进度安排

客户关系管理方案的设计，需要企业与供应商密切合作，并按项目管理的要求精准安排项目进度计划。

7.4.6 风险管理

1. 供应链风险概述

建立在供应链基础上的企业对于供应链的依赖性很强，从原材料供应到产品配送环节出现任何断裂，都会影响整个供应链的运作。实践也证明，企业对于供应链的依赖会大大增加企业经营风险。同时，由于供应链的多参与主体、跨地域、多环节的特征，使得供应链容易受到来自外部环境和链上各个实体内部不利因素的影响，从而形成供应链风险。从目标控制的角度出发，供应链风险是指供应链偏离预定目标的可能性。偏离预定管理目标包括：产品没有及时送达造成产品补货时间偏离预定时间目标；运营成本超支而偏离预定成本目标；质量达不到标准而偏离预定质量目标等。

风险管理的起源

风险管理起源于美国。在20世纪50年代早期和中期,美国大公司发生的重大损失使高层决策者认识到风险管理的重要性,其中的一次工业灾难是1953年通用汽车公司在密歇根州得弗尼的一个汽车变速箱工厂因火灾损失了5 000万美元,这曾是美国历史上损失最为严重的15次重大火灾之一。

自从第二次世界大战以来,技术至上的信仰受到了挑战,当人们利用新的科学和技术知识来开发新的材料、工艺过程和产品时,也面临着技术事故会破坏生态平衡的问题,三里岛核电站爆炸事故、1984年美国联合碳化物公司在印度博帕尔经营的一家农药厂发生毒气泄漏的重大事故都说明了这一点。

由于社会、法律、经济和技术的压力,风险管理运动在美国迅速开展起来。

资料来源:http://baike.baidu.com/view/189055.htm.

供应链风险的产生受到企业的管理能力、信誉水平、装备性能、企业间的合作成熟度以及自然灾害、社会政治经济文化等因素的影响。一般情况下,供应链风险具有动态性、系统性、必然性、复杂性、可传递性、损失及灾害严重性和较低的可控性等特征。在决策时,供应链节点企业考虑的是单个企业的利益最大化,而不是整个供应链的利益最大化。一个企业的风险往往会影响其他成员企业,但是现有的供应链合作模式不能使信息完全共享,大大降低了企业对供应链的风险管理。

2. 供应链风险防范策略

供应链风险管理的过程就是管理人员通过风险识别、风险评估,合理使用各种管理方法、技术和手段,对可能影响供应链风险的各种因素实行有效控制,妥善处理风险事件造成的不利后果,以保证供应链管理目标实现的过程。为了保证供应链的安全运行,避免供应链风险,可以从以下几个方面采取措施防范风险的发生。

1) 建立战略合作联盟

供应链企业要实现预期的战略目标,客观上要求供应链企业进行合作,形成利润共享、风险共担的双赢局面。节点企业间要建立和保持长期的战略合作伙伴关系,应该注意:加强供应链节点企业之间的信任;加强节点企业之间信息的交流与共享;建立正式的合作机制,在供应链节点企业间实现利益共享和风险分担;选择正确的具有核心竞争能力的合作伙伴加盟供应链,并在恰当的范围内展开合作;各节点企业要特别重视保护和发展自身的竞争核心力。

2) 提高供应链弹性

供应链的弹性是指整个供应链作为一个整体对用户需求变化的适应程度。为满足顾客的需求,富有弹性的供应链是降低供应链风险的有效手段。提高供应链弹性的措施一般包括:①合理的库存;②保持一定的生产能力;③提高供应链上企业的柔性。

3) 建立信息共享平台

供应链上各企业之间的信息共享一方面促使供应链更好地协同运作,提高运作效率;另一方面有利于及时发现供应链上潜在的风险,为规避风险和及早采取补救措施赢得宝贵的时间。共享信息至少应包括库存信息、可供销售量信息、订单信息、计划信息、最终客户的需求信息、历史信息和货物运输状态信息。

4）注重供应商选择

供应商选择是预防供应链风险的重要手段。供应链节点企业如果要与供应商建立信任、合作、开放性交流的供应链长期合作关系，必须首先分析市场竞争环境，目的在于了解供应链合作关系对哪些产品市场有效，知道现在的产品需求、产品的类型和特征，确认客户的需求，以决定是否有建立供应链合作关系的必要性；如果已建立供应链合作关系，则应根据需求的变化确认供应链合作关系的必要性；同时分析现有供应商的现状和供应上存在的问题，充分调查供应商的业绩、设备管理、人力资源开发、质量控制、成本控制、技术开发、用户满意度和交货协议等方面，一旦发现某个供应商出现问题，应及时调整供应链战略。

5）建立供应链预警机制

供应链管理的业务流程在供应链管理中，应构建合适的评估模型，建立一整套预警评级指标体系，当有指标偏离正常水平并超过某一临界值时，发出预警信号。其中，临界值的确定是一个难点。临界值偏离正常值太大，会使预警系统在许多危机来临之前发出预警信号；而临界值偏离正常值太小则会使预警系统发出太多的错误信号。必须根据各种指标的具体分布情况，选择能使该指标错误信号比率最小的临界值。

6）制定供应链危机应急预案

供应链是一个多环节、多通道的复杂系统，风险事件的发生是难以避免的，所以供应链企业要对风险事件的发生有充分的准备，提早预测各种风险的损失程度，制定应变措施和应对风险事件的工作流程，建立应变事件的领导小组，以便在风险难以避免和转嫁的情况下，企业有能力承担最坏的后果，将损失有效地控制在企业自身可接受的范围内。

7）打造敏捷供应链

敏捷供应链是指以核心企业为中心，在竞争、合作和动态的市场环境中，通过知识流、物流、资金流的有效集成与控制，将供应商、制造商、批发商、零售商直至最终用户整合到一个具有柔性与快速反应能力的动态供需网络上，以形成一个极具竞争力的动态联盟，进行快速重构和调整，快速响应市场需求的变化。针对供应链进行组织流程重组，对各企业采购、制造、营销和物流等过程采取跨职能部门的平行管理，将多余的交接工作、垂直管理的弊病、不确定性和延误降到最少；对产品的生产、包装和运输进行全面质量管理；对生产设备和运输工具进行管理和维护，降低故障率，增强可用性；对分销网络和运输路线进行优化，采用专用运输工具和路线；采用第三方物流，将包装和运输服务外包给专业物流公司，安排充足的提前期和时间限度，加强运输过程实时跟踪控制和及时信息反馈，通过这些方式保证供应链的安全和高效运行。

本 章 小 结

供应链管理主要是利用计算机网络技术全面规划供应链中的物流、资金流和信息流等，并对其进行计划、组织、协调与控制。供应链管理的实质是一种集成化的管理策略或方法。

本章首先对供应链管理进行了概述，介绍了供应链管理的产生和发展，供应链管理的基本概念及意义，并详细说明了供应链管理的特点和主要内容。然后着重介绍了供应链管理中3种最为常见的管理方法：QR、ECR和ERP，以及供应链管理中的相关技术：信息管理技术、物流运作技术和营销运作技术。最后介绍了供应链管理环境下企业的基本业务流程，主要内容包括：供应链管理环境下采购管理的特点，采购管理的策略；供应链管理环境下库存管理的方法，主要包括供应商库存管理(VMI)、联合库存管理(JMI)和工作流程管理；生产物流的含义和影响因素及供应链生产物流的计划；供应链管理环境下客户、客户服务的介绍及如何实施客户关系管理；供应链风险的介绍及防范策略。

关键术语

(1) 供应链管理　　　(2) ECR　　　　(3) QR　　　　(4) ERP
(5) 第三方物流　　　(6) 决策支持系统　(7) 库存管理　(8) 风险分析

习　题

1. 选择题

(1) 以下关于供应链管理的说法错误的是(　　)。
A. 供应链管理的概念涵盖了物流的概念，用系统论的观点看，物流是供应链管理系统的子系统
B. 供应链管理的一个重要的目标就是通过分享需求和当前存货水平的信息来减少或消除所有供应链成员企业所持有的缓冲库存
C. 供应链管理主要是关注组织内部的功能整合，强调组织内部的一体化
D. 供应链管理更多是在自己的核心业务基础上，通过协作整合外部资源来获得最佳的总体运作效果，除了核心业务以外，几乎每件事都可能是外源的，即从公司外部获得的

(2) 关于QR的含义，下列说法不正确的是(　　)。
A. QR是美国纺织服装业发展起来的一种供应链管理方法，它是由美国零售商、服装制造商及纺织品供应商开发的整体业务概念
B. QR指在供应链中，为了实现共同的目标，制造商和供应商建立战略伙伴关系，利用EDI等，进行销售时点的信息交换及订货补充等其他经营信息的交换
C. QR是用多频度、大批量配送方式连续补充商品，以实现缩短交货周期，减少库存，提高客户服务水平和企业竞争力的供应链管理方法
D. QR的最终目的是，减少从原材料到生产制造的时间和整条供应链上的库存，最大限度地提高供应链管理的运作效率

(3) 下列不属于ECR实施原则的是(　　)。
A. 从原材料到制造，产品随其不断增值的过程，以确保所需产品的生产
B. ECR通过整条供应链整体的协调和合作来实现以低成本向消费者提供更高价值服务的目标

C. 必须利用准确、适时的信息以支持有效的市场、生产及后勤决策

D. 必须建立共同遵循的成果评价体系

（4）供应链管理技术中（　　）是通过自动识别项目标识信息，并且不使用键盘即可将数据直接输入计算机、程序逻辑控制器或者其他微处理器控制设备。

A. 自动识别与数据采集技术　　　　B. 二维码技术

C. 电子数据交换　　　　　　　　　D. 互联网技术和电子商务

（5）EOS 的销售订货业务过程中，可以将基本的批发、订货作业过程中的业务往来划分为几个步骤，其中不包括的是（　　）。

A. 商业增值网络中心将收到的补货、订货需求资料发送至总公司业务管理部门

B. 业务管理部门对收到的数据汇总处理后，通过商业增值网络中心向不同体系的商场或社会网点发送批发订单确认

C. 指定的供货商在收到采购订货单后，根据订单的要求通过商业增值网络对采购订单加以确认

D. 仓储中心根据接收到的配送通知安排商品配送，并将配送通知通过商业增值网络传送到客户

（6）从物流角度分析，客户服务通常有四个传统因素，其中不包括（　　）。

A. 时间因素　　　B. 空间因素　　　C. 可靠性　　　D. 灵活性

（7）供应链采购与传统采购的区别不包括（　　）。

A. 采购数量是小批量　　　　　　　B. 长期的合作伙伴关系

C. 供应链数量多　　　　　　　　　D. 信息沟通是连续的

（8）JIT 采购与传统采购相比，不包括（　　）特点。

A. 小批量，送货频率高　　　　　　B. 信息交流快速，可靠

C. 供应商长期合作　　　　　　　　D. 通过协商获得最低价格

（9）供应链风险管理的特征不包括（　　）。

A. 动态性　　　　　　　　　　　　B. 偶然性

C. 可传递性　　　　　　　　　　　D. 损失及灾害严重性

（10）以下（　　）不是降低供应链风险的有效措施。

A. 建立风险预警机制　　　　　　　B. 注重供应商选择

C. 打造敏捷供应链　　　　　　　　D. 吸纳更多的供应链成员

2. 简答题

（1）简述供应链管理的概念。

（2）简述供应链管理的发展历程。

（3）简述供应链管理方法 QR 的具体实施过程。

（4）简述供应链管理方法 ERP 的实施步骤。

（5）供应链下的信息管理技术包括哪些？解释并举例说明。

（6）简述供应链采购管理的相关策略，并说明其实施的具体步骤。

（7）什么叫供应链生产物流计划？它主要包括哪些内容？

（8）简述供应链管理下风险的特征和防范策略。

3. 判断题

(1) 与传统物流相比,供应链管理更强调组织内部一体化。（　）

(2) 供应链管理的主要内容包括四个方面,分别为:物流网络职能管理、供应链信息流管理、供应链流程管理及供应链关系管理。（　）

(3) 随机周期补货是实施 QR 需要经过的步骤之一。（　）

(4) ECR 的最终目标是建立一个具有高效反应能力和以客户需求为基础的系统,使零售商及供应商以业务伙伴方式合作,提高单个环节的效率,从而大大降低整个系统的成本、库存和物资储备,同时为客户提供更好的服务。（　）

(5) 电子数据交换是指按照同一规定的一套通用标准格式,将标准的经济信息,通过通信网络传输,在贸易伙伴的电子计算机系统之间进行数据交换和自动处理的技术。
（　）

(6) 电子订货系统是由单个零售店和单个批发商组成的系统化的整体运作方式信息系统及其数据库的组成。（　）

(7) 为库存采购向为订单采购的转变是供应链管理中企业的采购方式和传统的采购方式存在的差异之一。（　）

(8) 供应链管理下的生产管理的特点部分表现在生产计划与控制系统具有更高的柔性和敏捷性。（　）

(9) 物料需求计划的主要目的是使库存适中,维持高服务水平,协调库存、制造、采购活动之间的关系,保持稳定而适应环境变化。（　）

(10) 建立供应链预警机制、提高供应链弹性、建立战略合作联盟都是供应链风险防范可以采取的策略。（　）

4. 思考题

(1) 供应链管理作为一种先进的管理技术,给现代物流管理的发展带来了哪些影响?

(2) 结合实际案例,分析供应链管理在现代物流领域中的具体应用。

(3) 作为一个物流管理的决策者,你认为在现代物流中供应链管理今后的发展趋势如何,还需在哪些方面改进和完善?

案例分析

高露洁集团供应链管理的实施[①]

总部位于美国纽约的高露洁公司(Colgate-Palmolive)是一家资产达 94 亿美元的全球性消费品公司,在美国及全球范围内制造并销售的消费类产品种类繁多,包括牙膏、肥皂、洗涤用品和宠物食品等。该公司的业务遍布两百多个国家,其中 70% 的销售来自国际市场,80% 的雇员位于海外。高露洁公司在 SAP 企业管理解决方案的基础上建立高露洁 mySAP 供应链管理(mySAP SCM)。

---

① http://soft.chinabyte.com/183/12774183.shtml.

高露洁从1995年开始采用SAP提供的企业管理核心解决方案,通过财务管理、后勤规划和其他业务环节等统一并全球支持公司的运营。采用SAP的系统也推动了高露洁公司内部所有产品命名、配方、原材料、生产数据及流程、金融信息等方面的标准化。

这些方面的改进提高了高露洁公司在全球的运营效率。例如,在经营领域,SAP企业管理解决方案能够巩固生产设施。国际市场上消费品的竞争十分激烈,尽管高露洁在SAP系统的帮助下取得了很大发展,但还有些方面需要完善。通过实施SAPR/3系统,高露洁将产生订单和完成订单的实现率提高到90%,但它仍希望通过突破公司在需求和能力方面的局限将该数字提高。此外,通过SAPR/3系统,高露洁在北美将订单在企业内部循环的时间由9天缩减到5天,但即使这样成本还是很高。

聚焦供应链为解决上述问题,高露洁建立了高露洁全球供应链系统。在该系统中,高露洁确定了三个主要的供应链战略。首先是推出VMI项目,大幅削减渠道的库存和循环时间;其次,高露洁还想实施一个跨边界资源计划,将地域性模式拓展为全球性模式,这种模式转型可以提高企业的预测能力,减少非盈利股份,凝聚资产,平衡公司的全球业务;最后,高露洁还将实施一个与下游企业的协同计划程序,用来管理供应链中的市场需求和协调各项活动。

1. 真正实现全球化资源利用

高露洁的跨地域资源利用系统(CBS)将需求和全球资源信息整合在一起,使以前的月度预测发展成为每周的订货补充。

高露洁的投入迅速见效,其中包括出货率的上升、集装箱整箱率上升、补充订单的循环次数下降、库存下降8%等。在新商业模型中,供应商直接负责对高露洁分销中心的资源补充(在此之前,高露洁的销售分支每月发展不均,向海外的工厂发布的补货要求经常不准确)。新的周补给制度是由客户的订单流量来驱动的,通过高露洁在世界各地的分销中心直接传递给供应商。补给要求也是根据高露洁销售机构提供的需求信息(如推广活动刺激的需求增长等)来计算。

CBS商业控制程序也由mySAP SCM支持,根据每日需求信号和库存量对补货订单进行计算,使供需更加吻合,更加适应特殊订单的要求,同时减少了不准确预测产生的影响,进而降低了成品库存、减少了补充订单的循环次数、大幅提高了企业内部补充和用户订单中的在产订单和已完成订单的达成率等。此外,通过使用功能强大的补货系统,高露洁还提高了订单的实现率和资本使用效率。这个灵活、有效的产品补充系统加快了前往分销中心的物流进程,而且企业的运输成本由于有良好的全局规划并没有增加。

2. 需求规划协同管理

高露洁(美国)采用的mySAP.com需求规划系统的功能和mySAP SCM的协同引擎能够向供应商传达公司的需求信息并在供应链网络中作出协调计划。mySAP SCM能够计算出基本需求,推动各种可重复的补充过程,相应增加因市场推广带来的增长的业务。对市场推广带来的额外需求增长的管理独立于基本需求管理之外,是进行生产、产品后整理和分销的重要依据。这种协同引擎通过最新计划信息的交流、偶然事件的管理、对预测准确性等功能测试的跟踪等,对市场推广带来的需求增长进行协同管理支持。

3. 准确及时的数据信息

高露洁供应链战略的三个主要组成部分由mySAP.com的实时集成模式进行支持,股票、订单和其他市场指数都能实时在顾客、企业内部ERP系统和mySAP SCM之间更新,确保迅速得到各种能够影响计划的指数。这对计划的推广尤为重要。高露洁希望在VMI、CBS和协同引擎被广泛应用到所有的品牌和商场以后，SCM的效益能更加成倍增长。供应链信息的可见度提高意味着可以得到准确、及时、一致的数据信息来支持各种规划的决策。高露洁还将使用mySAP商业智能系统(mySAP BI)，以更快速地获得更加一致和精细的数据信息，支持整个企业集团的决策。

通过采用供应链管理系统，高露洁提高了市场竞争力，在价格战、全球业务拓展和市场推广中更有优势。这些商业优势使高露洁能够更加降低业务成本。同时，公司通过协同加强与全球客户的联系，也进一步降低成本。此外，高露洁通过电子商务还进一步加强了企业内部整合，密切了与合作伙伴和客户的关系。

4. 可持续性发展

面对今天的成功，高露洁仍在不断加强能够更加提高其竞争地位的供应链系统的研究与应用。除在全球范围内使用VMI、CBS和协同引擎外，高露洁还正在与SAP一起在mySAP SCM内开发可重复制造功能和各种进度细分功能。这将实现仅用一张物料订单(BOM)就可以完成整个生产过程的往复运作，使原料需求更加灵活，生产更适应短期需求变化，并有助于消除在高露洁以推广为主的环境中生产与后整理完全分开的状态。同时，高露洁还支持一个对与mySAP SCM相关供需波动计算法则的研究，以优化在需求和功能局限性大起大落的形势中企业的重复性生产。

由于在以推广为主的商业环境中，供需随时会变化，第三方供应商在高露洁业务中的地位日渐重要，高露洁希望使用mySAP SCM的协同引擎能促进与这些供应商的联系。此外，高露洁还计划采用mySAP SCM的运输规划和进度规划功能来优化运输网，更加减少运输成本。高露洁还将通过参加各种能够提供协同需求、盈利、后勤计划等方面交流的消费品行业市场，与顾客和合作伙伴进行多元化的合作。

在加速实现各个目标的同时，高露洁已经通过mySAP供应链管理系统实现了很多目标，如提高可视供应链、规划循环的速度，通过全球化资源利用、成本降低、改善客户服务等实现更为有效的资本利用。

讨论题

(1) 高露洁公司为成功实施供应链管理采取了哪些措施？
(2) 供应链战略的实施为高露洁公司带来了什么？
(3) 结合案例，谈一谈供应链管理对于企业发展的重要作用。

第8章 第三方物流

【本章教学要点】

知识要点	掌握程度	相关知识	应用方向
第三方物流的定义	了解	狭义和广义的第三方物流	掌握第三方物流的基础知识，在掌握的基础上能根据实际情况灵活运用
第三方物流的特征	重点掌握	第三方物流的5个主要特征	
第三方物流的服务内容	了解	第三方物流的7个主要服务内容	
第三方物流的类型	重点掌握	第三方物流的4种类型	掌握第三方物流的类型和运作模式，在理解的基础上能够在实际中辨析第三方物流的类型和运作模式
物流模式选择	了解	物流模式的4种选择	
第三方物流运作模式的类型	掌握	第三方物流的3种运作模式及各种运作模式的优点和缺点	
1+3物流运作的模式	掌握	1+3物流的含义及1+3物流运作模式的优点和缺点	
第四方物流的概念	了解	第四方物流的概念以及第三方物流与第四方物流的区别	掌握第四方物流的基础知识，在掌握的基础上能根据实际情况灵活运用
第四方物流的功能	掌握	第四方物流的7个功能	
第四方物流发展的意义	了解	我国发展第四方物流的意义	

安泰达家电业第三方物流[①]

安泰达公司所做的业务模式在中国还没有先例,它不同于传统的运输或仓储企业,是专业化的现代第三方物流供应商。相对国内传统的小而全的储运公司来说,安泰达的优势在于可以集中各股东的物流资源,利用先进的管理方法和信息技术,达到流程的优化,进而节省生产商、批发商和零售商的总体物流成本和提高物流服务的水平。

1. 物流信息平台

安泰达首先根据小天鹅和科龙的资源和信息进行认真的调研,选择供应商、选用运输工具、确定运输路线、确定每次运货批量、跟踪在途货物、有效利用仓库、确定最佳库存量、确定库存时间、提高服务水平做好自动补货和订单管理等,有效地控制物流成本。在操作中做好物流信息传输、整理、统计、分析和控制的整合。

2. 两个整合

1) 仓储系统整合

小天鹅和科龙原有的仓储系统管理比较凌乱,主要体现在租用仓库分散不均匀,租用面积利用率低,仓库信息化程度低,仓库存货不合理。安泰达和快步公司正在整合仓储系统,建立一套物流中心和物流基地选址模式,根据两家企业的实际情况,分析规划和优化物流中心的分布。同时利用仓库存储模型,对仓库的高效利用、最佳库存量的确定、库存时间的确定和自动补货的设置等进行了科学规划,主要方面包括商品订货量的确定、盘点(循环盘点、总盘点)、商品转库、调拨、脱销、断档商品分析,超过最大、小于最小库存预警,商品保质期预警等。

2) 运输系统整合

安泰达公司的运输管理并不是简单地将运输任务交给原企业自备车队或社会运输服务机构,而是经过认真的综合分析,确定设计运输批次、规模,确定规划运输路径、确定选择运输单位和控制运输质量的标准,以及提高装载率和实车率等。

3. 有效控制和三个流动

安泰达公司认真做好供应商、制造商、分销商、终端用户的物资流、信息流和资金流,进行有效的控制和管理,实现产品供应链全过程的价值和经营行为的最优化。

4. 安泰达公司四方面的服务监控

安泰达公司努力做好到货率、经济性、信息性和安全性,对物流进行有效的监控,确保客户利益;以品牌作为基础,向加盟者收取加盟费,这是加盟者为获取品牌经营权必须付出的费用;通过物流连锁网络向企业提供第三方物流服务,利润产生于提供全程物流价格与内部控制实际分项成本(仓储、运输、配送)的差额;迅速扩大企业的运作规模,使业绩与融资能力相应提高,逐步争取上市,进一步增强公司的竞争力。

5. 小天鹅是最先的受益者

小天鹅集团的物流在进入安泰达以后,尝试着迈出第一步,首先拿出2002年度100万台洗衣机、约合3 000多万元的一级运输合同(从无锡到各省会城市),面向全国公开招标,全国8家物流公司最终中标,这样就使用了社会最优秀的资源。这次招标实现了重要的突破,时间和空间上得到保证:货要6小时出厂,并在指定时间到达指定城市。比企业自己做时严格得多。双方责任清楚。而且费用大大

[①] 顾东晓,章蕾. 物流学概论[M]. 北京:清华大学出版社,2012.

降低。以前，一台洗衣机从无锡运到北京，小天鹅每台要支付40元，现在只需付19.68元。据初步测算，招标后每台洗衣机平均运输单价比原来降低25%，小天鹅公司全年可节约运输费用700万元。

此外，小天鹅还完成了两个延伸。第一个延伸是物流向二次配送延伸。家电在大城市的竞争非常激烈，目前小天鹅把冰箱和小家电推到农村去。根据高、中、低端全面覆盖的营销战略，安泰达公司在一些重点城市，尝试开拓二次配送业务，实现以销售指导配送、以配送促进销售的良性循环。第二个延伸是向外部物流的延伸。安泰达以小天鹅的物流为平台开拓了伊莱克斯、惠尔普等业务。

讨论题

(1) 结合案例分析第三方物流在企业发展过程中的作用。

(2) 结合案例分析第三方物流企业应如何提供相应的服务能力。

随着物流业的发展，社会化分工越来越细，物流专业化的形式"第三方物流"随之出现，它是物流社会化的必然结果。第三方物流实际上代表了专业的和广泛的物流服务，是物流服务的一种高级的和成熟的形态。

8.1 第三方物流概述

第三方物流理念源于管理学概念中的外包。外包指的是企业动态地配置自身和其他企业的功能和服务，利用外部的资源为企业内部的生产经营服务。将外包概念引入物流管理领域当中，就产生了第三方物流的概念。

8.1.1 第三方物流的定义

1. 广义的第三方物流

学术界和实业界对于第三方物流有一个不断深化的认识过程。第三方物流（Third Party Logistics, 3PL）一词于20世纪80年代中后期开始盛行，1998年美国物流管理委员会的一项顾客服务调查中首次提到"第三方物流提供者"。"第三方"来源于物流服务提供者作为发货人和收货人之间的中间人这样一个事实。物流公司在货物的移动中并不是一个独立的参与者，而是代表发货方或收货方来执行货物的移动。

2006年我国制定的《物流术语》中，将第三方物流定义为"独立于供需双方，为客户提供专项或全面的物流系统设计或系统运营的物流服务模式"。2002年美国物流管理协会在《物流术语词条2002》中的定义是：第三方物流是将企业的全部或部分物流运作任务外包给专业公司管理经营。而这些能为顾客提供多元化物流服务的专业公司称为第三方物流提供商。实际上，第三方物流是物流渠道中的专业化物流中间人，以签订合同的方式在一定期间内为其他企业提供的所有或某些方面的物流业务服务，因此称为合同物流、外协物流或物流联盟。

上述定义皆指广义的第三方物流。广义的第三方物流是从商品交易关系加以定义的，即商品交易的买卖双方之外的第三方专业物流公司提供的物流服务，是一个为外部客户管理、控制和提供部分或全部物流作业服务的公司。

2. 狭义的第三方物流

狭义的第三方物流是从物流交易关系的角度加以定义，即物流需求和物流供应双方之外的第三方提供物流服务。狭义的第三方物流企业专指本身没有固定资产，或者不利用自身资产，但仍承担物流业务，借助外界力量，代替客户完成整个物流过程的物流服务公司。狭义的第三方物流企业不利用或只部分利用自己的资源为用户提供服务。它可以拥有自己的物质资源，也可以不用有自己的物质资源。在这里，"第二方"企业是物流供应方。"第二方"企业可能是一个，也可能是多个，如图 8.1 所示。由于第三方物流企业与第一方之间是合约关系，因此第三方是责任人，承担法律责任。同时，第三方物流企业与第二方也有合约，第二方直接向第三方承担责任。"第二方"不直接向第一方承担责任，第一方和第二方之间是业务关系，没有合约关系。狭义的第三方物流是至少两个以上的企业（多个法人）以多重合约的方式为第一方提供物流服务的组织形式。

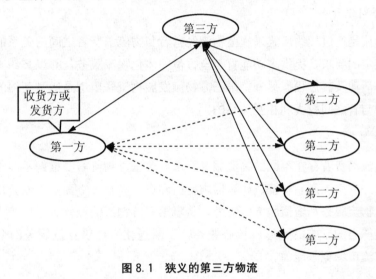

图 8.1　狭义的第三方物流

注：⟷ 表示合同关系；⟵--⟶ 表示业务关系。

8.1.2　第三方物流的特征

与一般物流运作相比，第三方物流整合了多个物流功能，能最大限度地优化物流路线，选择合适的运输工具，并围绕客户的需要提供诸如存货管理、设备生产、组装和集运等特殊服务。第三方物流与一般物流的主要区别可见表 8-1。

表 8-1　第三方物流与一般物流的区别

项　　目	第三方物流	一般物流
合约关系	一对多	一对一
法人构成	数量少(对用户)	数量多(对用户)
业务关系	一对一	多对一
服务功能	多功能	单功能

续表

项 目	第三方物流	一般物流
物流成本	较低	较高
增值服务	较多	较少
质量控制	难	易
营运风险	大	小
供应链因素	多	少

从物流业的状况来看,第三方物流在发展中已逐渐形成鲜明特征,具体来说有以下5个方面。

1. 关系合同化

第三方物流是通过契约形式来规范物流经营者与物流消费者之间的关系的。物流经营者根据契约规定的要求,提供多功能直至全方位一体化物流服务,并以契约来管理所有提供的物流服务活动及其过程。另外,第三方物流发展物流联盟也是通过契约的形式来明确各物流联盟参与者之间权责利相互关系的。

2. 服务个性化

不同的物流消费者存在不同的物流服务要求,第三方物流需要根据不同物流消费者在企业形象、业务流程、产品特征、顾客需求特征和竞争需要等方面的不同要求,提供针对性强的个性化物流服务和增值服务。另外,从事第三方物流的经营者也因为市场竞争、物流资源和物流能力的影响需要形成核心业务,不断强化所提供物流服务的个性化和特色化,以增强物流市场竞争能力。

3. 功能专业化

第三方物流所提供的是专业的物流服务。从物流设计、物流操作过程、物流技术工具和物流设施到物流管理必须体现专门化和专业化水平,这既是物流消费者的需要,也是第三方物流自身发展的基本要求。

4. 管理系统化

第三方物流应具有系统的物流功能,是第三方物流产生和发展的基本要求,第三方物流需要建立现代管理系统才能满足运行和发展的基本要求。

5. 信息网络化

信息技术是第三方物流发展的基础和必要条件。现代信息技术实现了数据快速和准确的传递,提高了仓库管理、装卸运输、采购、订货、配送发运和订单处理的自动化水平,使订货、包装、保管、运输和流通加工实现一体化。目前,用于支撑第三方物流的信息技术有:实现信息快速交换的EDI技术、实现资金快速交付的EFT技术、实现信息快速输入的条形码技术和实现网上交易的电子商务技术等。

8.1.3 第三方物流的服务内容

第三方物流是合同导向和个性化的一系列物流服务,业务内容主要集中在物流战略咨询、物流管理、物流规划、物流作业和物流信息系统等方面。

欧洲和美国最常用的物流服务项目及其所占比例见表 8-2。

表 8-2 欧洲和美国最常用的物流服务项目及其占比

物流功能	仓库管理	合同配送	车辆管理	订单履行	产品回收	搬运选择	信息系统	运价谈判	产品装配	订单处理	库存补充	客户零部件
西欧/%	74	56	51	51	39	26	26	13	10	10	8	3
美国/%	54	49	30	24	3	19	30	16	8	3	5	3

具体来说,第三方物流主要提供以下服务。

1. 开发物流系统及提供物流策略

具体包括提供物资管理信息系统的设置、配送方案、配装方法和运输方式等。由第三方物流提供的这些服务最能体现其核心竞争力,也使其服务范围不仅仅局限于提供港到港或门到门的服务。

2. 信息处理

信息处理的实质是通过信息管理系统来控制物流各个环节,使服务和成本两个目标之间达到最佳的平衡点。因此,第三方物流企业的信息处理能力是提供高质量物流服务的一个基本的最为关键的服务平台。

3. 货物集运

货物的集运包括仓储、铁路运输、公路运输及海运方面。集运能力的高低与配送中心的选址、布局、设计及功能设置是否合理等密切相关。对于第三方物流企业来说,合理规划和设计配送中心对该项服务水平的高低尤为重要。

4. 选择运输商及货代企业

第三方物流也需要与其他战略伙伴协作来共同为客户提供高质量的物流服务。因此,它们往往需要代替客户选择运输商或货代企业。

5. 仓储功能

仓储功能是第三方物流企业的一个基本服务平台。

6. 咨询

随着与顾客的合作伙伴关系的建立,第三方物流企业所提供的服务还包括物流咨询。例如,利用第三方物流企业在消费者和货主之间的桥梁作用,为货主提供前期的市场调研及预测;根据不同国家的贸易等级要求,建议货主使用不同的包装材料及包装方法等。

7. 运费支付(也称为代垫运费)

它主要指支付给提供协作的其他第三方物流企业的运费,符合社会化分工和分工细化的经济规律。

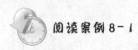

阅读案例 8-1

通用汽车公司使用第三方物流服务

美国通用汽车公司在美国的 14 个州中,大约有 400 个供应商负责把各自的产品送到 30 个装配工厂进行组装,由于卡车满载率很低,使得库存和配送成本急剧上升。为了降低成本,改进内部去留管理,提高信息处理能力,通用汽车公司委托 Penske 专业物流公司为它提供第三方物流服务。

在调查了解半成品的配送路线后,Penske 公司建议通用汽车公司在 Cleveland 使用一家有战略意义的配送中心。配送中心负责接受、处理和组配半成品,由 Penske 派员工管理,同时 Penske 也提供 60 辆卡车和 72 辆拖车,除此之外,还通过 EDI 系统帮助通用汽车公司调度供应商的送货频率,减少库存水平,改进外部物流运动,运用全球卫星定位技术,使供应商随时了解行驶中的送货车辆的方位。与此同时,Penske 通过在配送中心组配半成品,对装配工厂实施共同配送的方式,既降低了卡车空载率,也减少了通用汽车公司的运输车辆,只保留了一些对 Penske 所提供的车队有必要补充作用的车辆,这样也减少了通用汽车公司的运输单据处理费用。

例外,美国通用汽车公司选择目前国际最大的第三方物流公司 Ryder 负责其土星和凯迪拉克两个事业部的全部物流业务,选择 Allied Holdings 负责北美陆上车辆运输任务,选择 APL 公司和 WWL 公司负责产品的洲际运输。

使用第三方物流服务后,通用汽车公司的库存和配送成本得到控制,同时信息处理能力也提高了。

资料来源:http://www.doc88.com/p-547883681268.html。

8.2 第三方物流的类型

起源于不同行业的第三方物流企业经过激烈的市场竞争不断地发展和成熟,目前,其业务主要以操作为主,但已经具有向专一管理服务方向发展的趋势。具体来说,这些企业又各自具有不同的特点,存在差异性和多样性,按照不同的标准有不同的分类方法。

1. 按基础来源不同分类

(1)以运输为基础的物流公司。这些公司都是大型运输公司的分公司,它们的有些服务项目是利用其他公司的资产完成的。其主要的优势在于公司能利用母公司的运输资产,扩展其运输功能,提供更为综合的物流服务。

(2)以仓库和配送业务为基础的物流公司。传统的公共或合同仓库与配送物流供应商,已经在较大的范围内扩展了物流服务。以传统的业务为基础,这些公司已介入了存货管理、仓储与配送等物流活动。

(3)以货代为基础的物流公司。这些公司一般无资产,非常独立,并与许多物流服务供应商有来往。它们具有把不同物流服务进行合理组合,以满足客户需求的能力。当前,它们已从货运中间人角色转向更广范围的第三方物流服务公司。

(4)以托运人和管理为基础的物流公司。该类型的公司是从大公司的物流组织演变而来的,其具有物流的专业知识和一定的信息技术资源,具有管理母公司物流的经验。

(5)以财务和信息管理为基础的物流公司。该类型的第三方供应商能提供如运费支付、成本会计审批与控制和监控、采购、跟踪及存货管理等管理工具。

2. 按所提供的服务不同分类

（1）资产基础型物流企业。资产基础型物流企业是指拥有雄厚的资产，并以此提供第三方物流服务的企业。这里的资产可以是机械、装备、运输工具、仓库、港口和车站等从事物流活动、具有物流功能的实物资产，这类资产是第一种类型资产；也可以是信息系统硬件、软件、网络，以及相关人才等信息资产，如 UPS、FedEx、TNT 和 DHL 等，这类资产是第二种类型资产。它们拥有诸如车队、船舶和仓库等重要设施与设备。传统物流服务企业只依靠第一种类型资产，而现代物流两者皆备。

（2）管理基础型物流企业。管理基础型物流企业通过系统数据库和咨询服务来提供物流管理服务。这类第三方物流企业不把第一种类型资产作为向客户服务的手段，而是以本身的管理、信息和人才等优势作为第三方物流的核心竞争力，如 Kuhne&Nagel 公司的 Eurologistics Ltd.。该类第三方物流不是没有资产，而是以知识作为核心竞争力，通过网络信息技术的深入应用，以高素质的人才和管理力量，利用社会设施和装备等劳动手段向客户提供优良服务。

（3）优化型物流企业。优化型物流企业也称综合服务物流企业，它们拥有一定的资产，但提供的服务远远不限于自己的资产范围。优化型第三方物流拥有信息、组织和管理方面的优势，同时建立少量必要的物流设施装备系统。在充分利用外界资源的同时，优化型物流企业注重避免过大投资和系统服务灵活性不足的问题。

3. 按所属细分市场不同分类

（1）操作型物流企业。在操作型细分市场中，凭借成本优势而在激烈的竞争中赢得市场，往往特别精于某项或某几项操作，如精于快运的 TNT、UPS 和 FedEx 等。

（2）行业倾向型物流企业。为了满足某一特定行业的需求而设计自己的业务能力，全力为该行业提供专业物流服务，如荷兰为化工行业服务的 Pakhoed 公司等。

（3）多元化物流企业。多元化物流企业提供一系列彼此相关而又不会相互竞争性服务，如班轮运输中的相关服务：集装箱、码头、卡车运输、仓储和水运等。这类公司有 Kuhne&Nagel、Neldlloyd 等。

（4）客户定制化物流企业。面向专业化要求很高的客户，客户定制化物流企业依靠服务而不是成本优势来应对竞争，例如 Frans Maas 公司，不仅为原材料的运入和产成品的运出安排运输服务，还提供最终产品装配的操作并在 Venrayde 仓库为客户做产品测试。

4. 按第三方物流服务客户数量和服务集成度双维标准分类

如图 8.2 所示，横坐标代表服务客户数量，纵坐标代表服务集成度，按客户数量和服务集成度的双维标准，第三方物流可分成四类。

（1）针对少数客户提供低集成度的物流服务的第三方物流。这种第三方物流的形成有两种情况：一种是作为第三方物流成长阶段性而存在的，是由发展初期企业的服务能力和客户资源有限导致的；另一种是第三方物流将自身的发展定位于这一类型，即以有限的资源和能力满足少数客户特定的物流服务需求，一些中小型的第三方物流比较适合这一定位。

（2）同时为较多客户提供低集成度的物流服务的第三方物流。这是目前存在的比较多的一种第三方物流形式。从国际物流企业的发展实践来看，这类物流企业有望成为我国未来物流市场上的主流模式。

（3）针对较少的客户提供高集成度的物流服务的第三方物流。这种企业提供的物流服务和个性化很强，介入客户的运营程度也比较深，与客户往往结成战略伙伴关系，甚至进行共同投资。这种类型在西方发达国家市场中很典型，但由于服务的特殊性，一般很难大规模经营。

（4）同时为较多客户提供高集成度的物流服务的第三方物流。这种企业在我国还没有出现，即使西方发达国家也很少见。原因在于：一是客户对于高集成度的物流服务选择十分慎重，一经选择便具有很强的排他性；二是个性化本身就与大规模相冲突，因此大规模运作要求第三方物流要具有强大的实力；三是高集成度物流服务的需求与供给主体，目前数量还很少。

图8.2　第三方物流类型

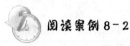

阅读案例8-2

盛川物流为一汽大连柴油机厂提供的物流服务

大连盛川物流有限公司秉承国际先进的现代化物流管理经验，是一汽大连柴油机厂（简称一气大柴或大柴）的第三方物流企业，为一汽大柴一百多家供应商提供物流服务，同时是一汽大柴密切的合作伙伴。

盛川物流不仅为大柴带来降低作业成本，改进服务水平，集中核心业务，减少呆滞资产等多种益处，而且为一汽大柴企业提供过去传统的储运公司根本不可能提供的订单处理、需求预测和存货管理等多方面的服务内容。

大连盛川物流有限公司作为第三方物流企业为一汽大柴厂做了些什么呢？

首先，业务外包为一汽大柴带来好处，把储备风险库存挪到第三方物流来做，减少了企业在库房、机械设备、人力和运力方面的再投资，避免了国营大中型企业的小而全，大而全的作风，把除生产以外的企业附属工作委托第三方物流去做，有效利用企业资金，加快企业资金周转速度，减少企业不必要的投资。因而，物流中心真正成为一汽大柴的第三利润源。由物流中心实施，更加保证了企业风险库存储备。

其次，市场竞争的压力，面对日趋激烈的市场竞争，企业必须设法增强其核心竞争能力，降低企业生产成本，大柴厂的核心能力应该定位在柴油机的新产品开发、设计和组装生产及市场开拓上。简化产前准备，加快生产速度。业务外包有利于大柴厂将主要资源与注意力集中在其主要业务上。

最后，物流中心的建立是解决这些问题的根本所在：供应链管理对企业基本实现零库存，并简化生产准备业务，有利于实现JIT。供应链管理对企业的管理水平有着更高的要求，企业必须采用科学的方法，合理地组织生产。

大连盛川物流有限公司存放的零配件不属于大柴所有，但需要大柴向供应商发出订单，才能送到物流中心；大柴向物流中心发出要料计划，物流中心才能把大柴所需配件送到厂内，因而这也是大柴所谓虚拟仓库的概念。存放在虚拟仓库的配件，原来都占用着大柴的资金，现在所有的配件在物流仓库里，都是供应商自己的，占用的也是供应商的资金，以备大柴生产储备风险库存，物流中心的仓储费用由供应商负担。

同时，大连盛川物流有限公司作为第三方物流企业为供货方做到了什么呢？一方面协调供求双方，提供信息共享，监控风险库存，避免库存过剩。为供货方制定科学的库存风险储备量，使库内货物总在风险储备上线、下线之间，不会影响大柴生产。另一方面为供货方提供实时的库存查询，如供货方所有配件的当日、当月以及一年的出入库明细；出入库合计和货物周转率。为供货方提供物流中心到大柴厂内的短途配送服务，把配件拆包、上工位器具直送大柴生产一线。为一百多家客户实施长途运输，及时把配套厂家的货物运达物流中心库房，为供货方降低了运输成本。

盛川物流有限公司物流分析机能：库存物品的入库、出库、移动和盘点等操作进行全面的控制和管理，从级别、类型、批次、单件等不同角度来管理库存物品的数量，库存成本和资金占用情况；管理者可及时了解和控制库存业务各方面的准确情况和数据；对各种数据进行统计、生成各类报表，为决策者提供依据；物流中心起到将供货方与需求方联系到一起的一个桥梁作用，及时反映双方的供需要求，缓解供需矛盾，减少不良资产的产生；及时将大柴的需求信息反馈到供货方，反映供货方的要求，充分利用网络优势，真正达到信息共享。

盛川物流有限公司信息服务：①网上信息服务：可在线下达指令，网上货物库存状态查询，客户意见反馈，企业之间的交流等；②库存查询：对仓库中数据的汇总及动态分析。包括库存周转率信息、出入库存量信息、安全库存信息、最大库存量信息及库存成本信息。决策者能实时、准确地根据业务处理的状态，降低运营成本，抓住机遇，使之在激烈的市场竞争中立于不败之地；③库房信息服务：使多样化的静态和动态库存管理与科学化的库存管理手段融为一体，包括库位分配、库区调度、货物管理、出入库明细账及库存盘点。

通过为大柴两年多的物流服务，公司已逐渐摸索出一套适合国有大中型企业的物流管理模式，通过合理化调配，有效利用资源，达到成本最小化、利润最大化、服务最佳化的战略目标，增强仓库的吞吐能力，加快库存货物的周转速度；实现配送运输的可靠性、完美性和集约性。

目前，大连盛川物流有限公司 EDI、POT 系统及高架货位全面起动，成为能够为多家国有大中型企业承担生产型物流业务的专业物流基地。

资料来源：中国物流与采购网．http://www.chinawuliu.com.cn/xsyj/201304/10/219637.shtml.

8.3 第三方物流运作模式

第三方物流的运作，可以看成一个物流企业面向一个物流市场进行的市场化运作。其实质就是要把物流市场中原来存在的大量、分散、小批量、多频次和杂乱无章的自营物流收集起来，转化成统一集中、较少频次和较大批量的第三方物流的运作模式。

8.3.1 物流模式选择

一个企业要获取物流服务，有以下几种方式：购买、建立和借用。企业通过第三方物流获取物流服务属于购买的方式，自营物流属于建立的方式，而物流联盟可以归结为借用的方式。物流代理则分别结合了这三种方式的一些特点。建立物流体系可以使企业加强对物流业务和终端的控制，它的主要障碍在于建立成本和运作能力，购买第三方物流可以使企业获得高效率的服务，但是随着物流业务外包程度的扩大和重要程度的上升，企业对物流的控制及运营情报泄漏的风险加大，借用的主要问题是有失控的风险及效率不高。

从企业的角度来看，选择第三方物流意味着选择了外包，企业是否选择外包及哪些业务应该被外包而哪些业务应该企业自己运营控制，这是一个涉及企业战略的问题。一般来说，而企业自己完成的业务应该有以下几个方面的特点。

（1）能够形成企业的独特特性并提高企业的竞争力。
（2）企业需要控制的战略价值流和开发的核心能力。
（3）在企业内部可以较快的速度与较低的成本完成。
（4）需要与客户保持密切接触。
（5）可以获得较高的投资回报等。

总之，企业是否选择外包、是选择第三方物流还是自营或是采用其他方式来完成物流，主要考虑两个因素：企业对物流的控制能力与要求和企业完成物流的成本，不同物流模式的选择如图8.3所示。

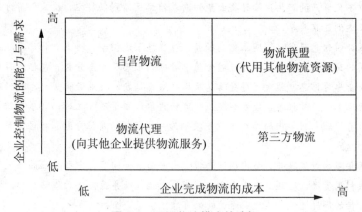

图8.3　不同物流模式的选择

由图8.3可知，根据企业对物流控制的能力与需求的高低和完成物流的成本的高低，分别对应不同的物流模式。

对于那些对物流的控制要求较高、内部能力较强，而且能以较低的成本完成物流的企业来说，建立自营物流有很多好处。可以加强本企业对终端客户和渠道的控制，可以减少物流外包带来的风险，也可以减少各种运营情报泄密的风险，还可以克服现有的第三方物流市场和企业发育不成熟及由此带来的物流服务商的讨价还价的不利影响。如海尔、沃尔玛等企业，都建立了自己的物流公司。

对于那些内部物流能力较低，对终端客户控制的要求不强和采用本企业自营物流成本较高的企业来说，选择第三方物流有较大的优势。

对完成物流成本高、但又较强的物流控制要求与能力的企业，可以采用物流联盟的形式，借用其他企业的优势资源，建立稳固的业务联盟，借此满足降低成本和加强控制的要求。

还有些企业在这两个方面都存在不足，对它们而言，可以采用买方或者卖方物流代理。

8.3.2 第三方物流运作模式的类型

第三方物流企业主要有 3 种运作模式，即传统外包型物流运作模式、战略联盟型物流运作模式和综合型物流运作模式。

1. 传统外包型物流运作模式

传统外包型物流运作模式是最简单、最普通的第三方物流企业运作模式，它是指第三方物流企业独立承包一家或多家生产商或经销商的部分或全部物流业务。

企业将物流业务外包，可以有效降低库存，甚至可以达到零库存的状态，从而节约了物流成本。同时，采用物流业务外包的形式可以精简部门，将资金和设备等集中于核心业务，从而提高企业的核心竞争力。第三方物流企业则各自通过契约形式与客户形成长期合作关系，保证自己稳定的业务量并努力避免设备闲置。

目前，我国大多数物流业务就是采用这种模式，实际上这种模式比传统的运输、仓储业并没有太大区别。该模式以生产商或经销商为中心，第三方物流企业之间缺少协作，没有实现资源更大范围的优化。这种模式最大的缺陷是生产企业与销售企业及与第三方物流企业之间缺少沟通的信息平台，会造成生产的盲目和运力的浪费或不足及库存结构的不合理，而且以分包为主，总代理比例较小，难以形成规模效益。

2. 战略联盟型物流运作模式

战略联盟型物流运作模式是指，第三方物流是由运输、仓储和信息经营者等以契约形式组合成的战略联盟。联盟内部可以共同租用某信息经营商的信息平台，由信息经营商负责收集处理信息，也可连接联盟内部各成员的共享数据库来实现信息共享和信息沟通。这种做法可以有效地进行信息共享和信息交流，使联盟中的各方相互协作，从而形成第三方物流网络系统。战略联盟中可以包括多家同地和异地的各类运输企业、场站、仓储经营等。从理论上讲，联盟规模越大，可获得的总体效益就会越大。

这种模式与传统外包型物流运作模式相比，主要有两方面的改善：首先，系统中加入了信息平台，实现了信息共享和信息交流，各单项实体以信息为导向制订各自的运营计划，从而在联盟内部实现资源的优化。其次，联盟内部各实体实行协作，使得某些票据在联盟内部可以通用，从而减少了中间手续，提高了办事效率，最终使得整个供应链衔接更加顺畅。目前，我国的一些电子商务网站普遍采用战略联盟型物流运作模式。

战略联盟型物流运作模式也存在一定的缺陷：联盟成员之间是合作伙伴关系，实行独立核算，彼此间服务租用，因此有时很难协调彼此的利益。当出现彼此利益不一致的情况时，就会给资源更大范围的优化带来一定的局限。

3. 综合型物流运作模式

综合型物流运作模式是指组建综合物流公司或集团。综合物流公司将仓储、运输、配送、信息处理和其他一些物流的辅助功能集中在一起，大大扩展了物流服务范围。对上游的供应商可提供产品代理、管理服务和原材料供应等，对下游的经销商可全权代理为其配货和送货等业务。同时，综合物流运作模式可以完成商流、信息流、资金流和物流的有效传递。

综合物流公司必须确定每一种设施的数量、地理位置和各自承担的工作,因而必须进行整体网络设计。在整体网络设计中,信息中心的系统设计和功能设计及配送中心的选址流程设计是关键的核心问题。物流信息系统的基本功能应包括信息采集、信息处理、调控和管理,物流系统的信息交换等。目前,物流信息平台主要利用 EDI、无线电和 Internet。由于 Internet 成本较低且信息量较大,现已基本成为物流信息平台的主要发展趋势。配送中心在综合型物流公司中的地位非常重要,它衔接了物流运输和仓储等各环节,在整个物流过程中起到了至关重要的作用。

综合物流公司或集团必须根据自己的实际情况选择网络组织结构。目前,综合物流公司主要采用两种网络结构:一是大物流中心加小配送网点的模式;二是连锁经营的模式。大物流中心加小配送网点的模式比较适合商家和用户都比较集中的小地域,采取统一集货和逐层配送的方式,先选取一个合适的地点建立综合物流中心,再在各用户集中区建立若干小配送点或营业部。连锁经营是在业务涉及的主要城市建立连锁公司,总体负责该城市及周围地区的物流业务,地区间的各连锁店实行协作。连锁经营模式适合地域间或全国性物流,特殊情况下还可以适当兼容大物流中心加小配送网点的模式。

阅读案例 8-3

厦门 WD 公司与厦门 XTC 公司的第三方物流模式

厦门 XTC 计算机有限公司(以下简称:XTC 公司)成立于 1997 年 9 月,是全国电子百强企业——厦门 XO 电子股份有限公司与韩国最大的电脑公司-TCI 公司合资成立的电脑生产厂家,拥有一个日产 6 000 台的大型生产基地,1998 年被厦门市科委认定为高新技术企业,具有雄厚的实力、强大的技术阵容。

厦门 XTC 公司与厦门 WD 公司签订了全球范围的长期的第三方物流合作的协议,所有的物流过程都得到了充分的保障,目前 WD 公司的物流管理体系不仅充当着 XTC 公司货物流通的高速通道,并且能够对 XTC 公司在全国 20 个办事处、一百多家经销商所形成的销售网络中所有的仓储情况、销售情况、在途情况作出准确的反馈和监督;同时为该公司即将启动的电子商务系统奠定了良好的基础。

厦门 XTC 公司作为从事 PC 产品生产、销售服务的 IT 企业,时刻面对着激烈的市场竞争,各种的风险伴随着企业的所有运作环节,在销售管理方面,主要的风险有:产品在库风险、在途风险、业务人员流动风险、应收款风险、业务操作不当风险等,其中的在库、在途风险包括了储运风险、降价风险。作为 PC 产品,目前尤其以降价风险为首当其冲。为了提高对市场需求的响应速度(Responsiveness),改善销售物流的灵活性(Flexibility)、可视性(Visibility)、最优化(Optimization),以便尽可能规避市场风险和提高公司的竞争力和管理、运作水平,厦门 XTC 公司自 1999 年中期开始,依托厦门 WD 国际货物运输有限公司及其关联企业在全国拥有完整的运输、仓储网络建立了第三方物流服务机制。经过一年多的运作及不断的完善与调整,第三方物流管理机制已在厦门 XTC 公司的销售业务中显现出诸多的优势。

厦门 WD 公司借助本集团在国内外丰富的物流资源为厦门 XTC 公司所提供第三方物流服务,实际上是一种"集成仓储+集成运输"的模式,通过这种第三方物流服务机制,二者可以达到双赢的效果。通过这种合作,厦门 WD 公司既能盘活自己的存量资产,降低经营成本,又能拓宽公司的营销网络和提高服务的增值程度,从而为公司带来更多的收入与利润。厦门 XTC 公司通过外包物流,公司能够把时间和精力放在自己真正区别于竞争对手的核心业务——PC 的研发、制造与销售上,提高了公司产品的市场竞争力;将物流外包给第三方物流商,是"让专业的公司做专业的事",由此可获得专业分工带来的比较优势,提高供应链管理与运作的效率,降低企业经营成本;外包物流意味着企业不必在仓库、汽车、叉车等物流设备以及供应链管理软件上做大量投资,在减少运作费用的同时,规避投资风险。

目前，厦门 XTC 公司启用厦门 WD 的第三方物流服务仅限于销售物流这个环节，第三方物流公司尚未介入公司生产所需原材料、零部件的供应物流，因此该公司的物流管理实际上仍处于某种分割状态。这种情形显然削弱了采用第三方物流以降低企业整体物流成本的效果。当然，这可能与公司启用第三方物流管理机制的时间较短、需要进一步完善的内容较多有关。因此，建议该公司抓紧时间与物流公司协调互动，争取早日让第三方物流服务融入包括供应物流在内的全程的供应链管理，以便充分发挥以第三方物流为核心的供应链管理的整体优势。通过采用第三方物流，厦门 XTC 公司在 BtoB 产品物流配送环节的管理控制水平逐渐成熟，因此建议该公司利用现有的物流体系，逐步开展 BtoC 业务，为今后全面进入电子商务做好准备。

资料来源：许志端．厦门 WD 与 XTC 两公司间的第三方物流模式．管理案例研究（2001 年卷）．大连：大连理工大学出版社，2002.

8.3.3　1+3 物流运作的模式

1. 1+3 物流的含义及其特征

1+3 物流中的"1"是指自营物流模式，"3"是指第三方物流模式。基于 1+3 物流的运作模式往往涉及两个主体：有实力的生产企业和该企业建立或控股的物流企业。基于 1+3 物流的运作方式是指有实力的生产企业为集中精力搞好制造等主业，建立专门从事物流业务的物流企业或控股使得物流公司做本企业的物流业务及自营物流业务；为了提高物流公司的物流业务效率，该物流公司同时为其他生产企业提供第三方物流服务。而该生产企业也可同时使用其他第三方物流商的物流服务，以激励控股物流公司与其他第三方物流商进行竞争，以选择和享用更好的第三方物流服务。

1+3 物流服务模式的特征为：生产企业可以根据其自身情况制订全面的物流发展规划，将物流业务中的核心部分由企业内部完成（即自营物流），而把非核心部分或者企业自身不擅长的物流环节交由外界具有物流优势的第三方物流企业完成（即第三方物流）。

2. 1+3 物流运作模式的优点和缺点

选择 1+3 物流运作模式的企业具有自营物流和第三方物流的双重特点，其优点和缺点如下所述。

1）1+3 物流运作模式的优点

（1）业务控制增强。企业物流系统半外包一方面可以对企业内部一体化物流系统运作的全过程进行有效的控制；另一方面企业可以将非核心部分或者较低层的物流活动交由专业的第三方物流企业去做，这样可以使企业集中精力于核心业务上，既不会因此失去对物流活动的控制，又减轻了企业的负担，提高了物流管理效率，降低了物流成本。

（2）资源整合充分。目前，大多数企业都拥有大量的物流设施设备，还拥有大批物流管理与作业人员，如果企业不将这些资源加以整合利用，势必对企业资产造成一种浪费，带来巨大的沉没成本。半外包物流服务模式可以很好地解决这一问题，同时，又不需要企业为其物流活动增加新的投入，完全可以委托第三方物流公司实施具体运作。

（3）减少交易成本。物流作业全外包，由于信息的不对称性，企业为维持外包物流服务的稳定性与可靠性，相应的监察、协调、集成等管理成本也会相应增加，企业执行外包合约的交易费用会上升；而物流系统半外包，物流作业可以处在企业整个业务监控体系之下，协调、监控成本相对大大减少，不确定性因素容易得到控制，同时，又可以充分利用第三方物流企业先进的物流理念为其提供专业化的物流服务。

（4）防止公司机密外泄。任何一个企业的运营都有自身的核心商业机密，这也是企业有别于其他竞争企业的核心能力。而企业选择部分外包，可以不把企业机密告知外界企业，对避免企业机密泄露、保护企业经营安全有十分重要的意义，这也是企业不愿物流全外包的根本原因之一。

2）1＋3物流运作模式的缺点

（1）增加信用成本。在自营物流中，企业自己管理物流活动，不需要为物流提供商支付交易费用，并且也不需要承担信用风险，但是如果企业把部分物流业务外包，就会产生交易成本，并承担一定的信用风险。

（2）企业选择外包，就必须对业务流程和管理流程进行再造，涉及资源整合，造成部分员工受到影响，产生抵触情绪和消极怠工，处理不妥会影响企业正常的生产经营活动。

（3）外包具有可靠性风险。基于委托-代理机制下的外包，处于双方最优策略的选择，可能会导致信息不对称，整个供应链中信息传递扭曲和变形，出现"牛鞭效应"。

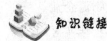

自营物流是指企业通过自己整合企业内外部的物流资源，制订物流战略和运作计划，组织人员、设施、设备和技术等资源，完成其供、产、销等环节物流活动的运作模式。例如制造企业、商业企业自己完成自身的物流运作过程。自营物流服务模式具有的特征为，企业拥有自己的物流运行和管理机构，可以根据自身情况在高层战略、中层技术和低层物流运作层面制订出适合本企业发展的物流设计方案、运作计划和策略。企业凭借自己雄厚的物流实力可以建立一系列所需的设施设备，如仓库、配送车辆、物流设备等。

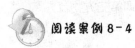

丰田进军国外市场时的1＋3物流运作

2002年盛夏，墨西哥城街头，仿佛一夜之间，丰田汽车的广告语——"你感觉得到"充斥着人们的眼睛。但对丰田来说，进入墨西哥市场并非瞬间的闪念，历经3年缜密的物流计划后，第一辆丰田车经过海运从美国的巴尔的摩港运至墨西哥维拉克鲁斯，同时，第一批汽车配件也通过空运从美国安大略和辛辛那提起运。丰田美国汽车销售公司的物流计划经理Minyon表示，一切运输都非常顺畅。

作为世界第三大汽车生产商，开拓新市场对丰田来说并非新鲜事，丰田的经验是"深思熟虑，缓步前进"。为了设计在墨西哥的物流计划，丰田多方咨询，以丰田自己的物流人员为核心，建立了内部的评测程序。此外，丰田还与咨询公司合作，请了一个墨西哥律师，并与墨西哥的运输公司结成伙伴关系。丰田还将自己的计划与已在墨西哥立足的一些企业的物理程序进行对照。零部件物流和整车物流完全不同：整车运输要求有稳定的销量，先用卡车从美国的生产厂运到巴尔的摩港，再通过日邮的滚装船运到墨西哥，海上运输大概需要七八天，这足以让墨西哥的经销商和运输公司做好充分准备。丰田在墨西哥将与更多的经销商合作，一旦汽车销量达到一定水平，将采用铁路运输，时间将会缩短，运输班次更为频繁，从而使整车产品受损的机会减少。而且，在美墨边境来回运输的一些企业也已做了大量的工作，理顺保管程序，配件和零部件的运输更强调实践性。因此丰田在墨西哥建立起零部件分拨中心之前，主要采取空运。目前，丰田已经与美国的Expeditors物流公司签订合同，由该公司把零部件从美国空运到墨西哥城，然后，丰田在墨西哥的一家合资企业负责将其运送到各个经销商手中。最终，随着销售量的上升，丰田将在墨西哥城建立零部件分拨中心。丰田的物流部门对物流运作继续监测，一旦实现预先的目标，就会设立新的目标，同时，物流人员正在对丰田何时设立零部件分拨中心和整车生产厂进行考察，那时丰田将推出另一套全新的计划。

资料来源：董千里. 物流运作管理[M]. 北京：北京大学出版社，2010.

8.4 第四方物流

第三方物流由于其独特的优势，能为企业提供优质服务，使企业省心、省力和省时，极大地提高了物流运作效率。然而随着企业经营环境的复杂化和竞争的加剧，第三方物流在整合社会所有的物流资源以解决物流"瓶颈"和达到效率方面具有一定的局限性，于是第四方物流应运而生。

8.4.1 第四方物流概述

1. 第四方物流的概念

第四方物流（Forth Party Logistics，4PL）的概念由美国埃森哲（Accenture）公司于1998年率先提出。该公司将"第四方物流"定义为供应链集成商，它调集和管理组织自己的以及具有互补性的服务提供商的资源、能力和技术，以提供一个综合的供应链解决方案。也有人将第四方物流定义为集成商们利用分包商来控制与管理客户公司的点到点式供应链运作。

第四方物流是在解决企业物流的基础上，整合社会资源，解决物流信息充分共享、社会物流资源充分利用的问题。第四方物流不仅控制和管理特定的物流服务，而且对整个物流过程提出策划方案，并通过电子商务将这个过程集成起来。因此，第四方物流成功的关键在于为顾客提供最佳的增值服务（即迅速、高效、低成本和个性化服务等），从而帮助企业持续降低运作成本和实现区别于传统的外包业务的真正的资产转移。

第四方物流成功的关键是以行业最佳的物流方案为客户提供服务与技术，通过其对整个供应链产生影响的能力来增加价值。

2. 第三方物流与第四方物流的区别

第三方物流作为一种新兴的物流方式活跃在流通领域，它由社会化的专业物流公司提供综合性物流服务，它具备同时提供多种或全部物流功能的服务能力，而且具有专业化、规模化、信息化、系统化、契约化和个性化等特征。它的节约物流成本、提高物流效率的功能已为众多企业认可。随着企业要求的提高，第三方物流在整合社会所有的物流资源以解决物流瓶颈、达到最大效率方面力不从心。

第四方物流正是在第三方物流不能满足客户高需求的情况下诞生的，它是物流运作管理模式的新发展，与第三方物流存在很大的不同。第三方物流与第四方物流的比较见表8-3。

表 8-3　第三方物流与第四方物流的比较

项　目	第三方物流	第四方物流
服务目的	降低单个企业的外部物流运作成本	降低整个供应链的物流运作成本，提高物流服务的能力
服务范围	主要是单个企业的采购物流或销售物流的全部或部分物流功能	提供基于供应链的物流规划方案，负责实施与监控
服务内容	单个企业的采购或销售物流系统的设计、运作	企业的战略分析、业务流程重组、物流战略规划、衔接上下游企业的综合化物流方案
运作特点	单一功能的专业化程度高，多功能集成化程度低	具有多功能的高度集成化，物流单一功能运作专业化程度低
服务能力	主要是运输、仓储、配送、加工、信息传递等增值服务能力	涉及管理咨询技能、企业信息系统搭建技能和物流业务运作技能、企业变革管理能力
与客户的合作关系	合同契约关系	战略合作关系

第三方物流与第四方物流之间也存在着联系。第三方物流主要是为企业提供实质性的具体的物流运作服务，有着丰富的物流装备资源和运作经验，而主要的不足是本身的技术水平不高、综合物流知识不太丰富、能为客户提供的技术增值服务比较少。第四方物流为客户提供一体化整体物流服务，因此具有丰富的物流管理经验、供应链管理技术和信息技术等。它的不足在于自身不能提供实质的物流运输和仓储服务。第四方物流的思想必须依靠第三方物流的实际运作来实现并得到验证，第三方物流又迫切希望得到第四方物流在优化供应链流程与方案方面的指导。因此，只有二者结合起来，才能更好地、全面地提供完善的物流运作和服务。第三方物流与第四方物流联合成为一体以后，将第三方物流与第四方物流的外部协调转化为内部协调，使得两个相对独立的业务环节能够更加和谐、更加一致地运作，物流运作效率会得到明显的改善，进而增大物流成本降低的幅度，扩大物流服务提供商的获利空间。

8.4.2　第四方物流的功能

第四方物流的功能主要包括网上物流的设计与经营管理、对区域物流系统进行规划和资源整合、物流系统的规划与设计、供应链管理、物流园和保税物流中心资源整合、为国际物流系统提供一体化运作模式和政策建议及特种物流系统的设计等。

1. 网上物流的设计与经营管理

网上物流是基于互联网技术，旨在利用电子网络进行物流运作模式。和网上贸易一样，网上物流不是概念，而是需要真正通过互联网对传统物流方式进行改变，包括电子物流信息、电子物流政务和电子物流商务等，使数以万计的物流需求者和物流供应者能更方便、快捷地满足各自的需要。

2. 对区域物流系统进行规划和资源整合

根据区域经济发展和区域内产业结构的特点，满足区域内生产和消费所产生的物流需求，它包括运输、仓储、流通加工、配送等物流活动的一体化运作模式。

3. 物流系统的规划与设计

第四方物流针对某物流系统进行科学而合理的规划与设计，使其能最大限度地满足客户或社会对物流的需求。第四方物流针对具体的物流活动和社会物流需求做出物流服务承诺，提出方法、措施及建议，形成了规划或设计报告，它既是计划书，又是可行性报告，更是作业指导书。

4. 供应链管理

对整条供应链物流进行协调和集成，管理从货主或托运人到客户直到顾客的供应链全过程。

5. 物流园和保税物流中心资源整合

对区域内物流园和保税物流中心（如集装箱堆场、仓库、保税库和冷冻库等）规划各种物流基础设施，并对其进行可行性分析、资源优化重组，吸引优质物流企业进驻园区进行物流活动。

6. 为国际物流系统提供一体化运作模式和政策建议

国际贸易的竞争要求国际物流系统的物流费用要低，为顾客服务水平要高。为实现这一目标，需要设计并建立一体化运作模式的国际物流系统。

7. 特种物流系统的设计

特种物流是在物流过程中需要采取特殊条件、设备和手段的物流过程。特种物流涉及危险品物流、重大件货物物流、贵重货物物流和鲜活货物物流等。特种物流中的危险货物、重大件货物运输不仅关系到货物运输过程本身的安全，而且关系到交通系统的通畅、社会环境的安全。

8.4.3 我国发展第四方物流的意义

第四方物流是现代物流发展的新业态，具有广阔的发展前景。西方发达国家的第四方物流已走在前列。我国第四方物流与发达国家相比存在着较大的差距，这也预示着巨大的增长空间。我国发展第四方物流具有迫切的现实与历史意义。

1. 解决制约我国物流产业发展的瓶颈问题

传统物流模式下，物流硬件资源的绝对过剩和相对短缺的矛盾日益突出，信息不对称导致物流交易和寻找成本居高不下。通过第四方物流对物流资源进行有效分配，将市场中分散、无序流动的信息集中起来交流和搭配，可以带来数量可观的成本节约。当前的第四方物流平台由于流程和制度不完善，经营者对物流信息的可信程度、交易相关方的信用程度和支付能力、网上市场的交易秩序及安全等产生怀疑，这种怀疑导致很多交易的放弃和实际交易成本的增加，这就是物流的"制度成本"在不断增加。第四方物流制度体系的建设和完善，可全面提高物流信息的可信度、交易双方信用的可信度、物流市场秩序的安全度、物流服务质量和费用支付的保障制度等，从而有效地降低物流的"制度成本"，进一步将"制度成本"转化为"制度资本"，并将第四方物流的价值真正挖掘出来，促进我国整个物流产业的发展。

2. 探索我国现代物流业新的发展模式

由于第四方物流在国内外都是一个比较新的概念，缺乏系统的理论研究和成熟的案例。目前第四方物流在国内主要形成两种模式：一种是市场层面的"物流电子商务"模式；另一种是政府层面的"物流公共信息平台"模式。在运营商缺位、市场不成熟的情况下，"物流电子商务"模式短期内难有作为；由于缺乏相关制度的保证，"物流公共信息平台"只停留在松散、被动的信息服务层面，对物流业的促进作用并不明显。事实证明，只有探索一种政府与市场有机结合的发展模式，使政府与企业优势互补，密切配合，才能使第四方物流发挥失效，为我国第四方物流的发展找到突破口，同时也为整个物流产业的发展注入活力。

3. 促进产业结构的优化与升级

发展现代服务业对我国产业结构的优化与升级具有重要作用，通过第四方物流建设，可以降低运输等综合采购成本，进而推动商品贸易的发展。贸易流量规模的扩大，又能极大地促进金融服务、中介服务及旅游、酒店、餐饮、文化等服务业的发展，这就使服务业的综合竞争力得到提升。因此，培育和发展第四方物流，关系到现代服务业的全局，关系到整个产业结构的调整和整个产业国际竞争力的提升。研究和发展第四方物流对于贯彻宏观调控政策、促进产业结构调整、提升产业国际竞争力的意义重大。

4. 推动我国现代物流体系的建设和完善

20 世纪 90 年代以后，我国传统物流也开始向现代物流业转变，物流逐渐成为我国国民经济的重要产业和新的经济增长点。经过十几年的建设，我国现代物流业的硬件设施等基础环节不断加强，信息技术的应用也越来越广泛，"物流电子商务"和"物流公共信息平台"逐渐兴起。但当前我国物流发展总体水平还比较低，所面临的最大问题就是现代物流建设仍未形成"体系"，主要表现为：资源散置、结构性短缺，物流服务功能单一、效率不高，存在急需品配送满足率低、一般库存居高不下的"滞涨"等。这些矛盾和问题，已经成为我国经济健康、可持续发展的瓶颈，严重影响我国产业国际竞争力的提高。在第四方物流层次上整合资源、实现各个企业的信息共享，是我国物流业的必然发展趋势。第四方物流也是通过对公司内部及具有互补性的服务供应商的各种资源、能力和技术进行调配和管理，并提供全面的供应链解决方案。因此，发展适合我国现代物流业发展要求的第四方物流，对于落实国务院物流业调整和振兴规划，推动我国现代物流体系的建设和完善具有重要意义。

阅读案例 8-5

转型第四方物流 中远的供应链变革

一种原材料,从采购到生产再到销售环节,有上万个城市节点与客户,上百万个运输记录。而对于一个物流公司而言,挑战巨大。

1. 重建供应链网络

经过多年的发展,目前中远的物流网络已经非常复杂,从制造商到大区的仓库,再到大区的配送中心,最后到终端客户,层级非常多,而且运输产品多元化,运输模式也是多样化,这也就意味着中远的物流运作会非常复杂,当然,要涉及决策的因素也就非常多。

2007年,中远用发改委的赞助基金成立了自己的物流新技术实验室。随后,与IBM中国研究院合作,展开一个名为"绿色供应链优化 Green SNOW"的项目。该研究项目主要是依靠物流企业在仓储、配送等各个流程的数据进行分析,从而发现数据如何可以更好地优化,进而调整物流运输的路线甚至是交通方式。"IBM中国研究院资深经理董进说。

因此,定性考虑企业的战略,包括整个市场趋势如何,物流运营策略如何,竞争对手处在什么样的情况后,再根据物流企业的各个物流节点、地理位置、设备运输的成本、运输能力相关技术参数,定量地帮助企业作出分析,最后形成方案就显得尤为重要了。

比如一种原材料从采购到生产,之后进行配送再到终端客户,该过程可能会产生超过1万多个城市节点与客户,产生将近100多万条运输记录,在这样的网络中决策什么样的物流网络是最优的物流网络,每个城市的仓库都设在哪里可以距离最近、库存最少,依靠人是非常难决定的,如果再是需要多式联运,还要考虑选择哪条路线,运用什么方式运输,才能把一单货从A到B以最低成本运送,流程更加烦琐。而这也正是"供应链网络优化解决方案"所需要解决的,而以前,这么多决策点往往都是由员工依据经验来人为决定。

2. 减少碳排放

之所以要花费大量的人力财力与IBM一起研发这一创新项目,中远的"野心"也并不仅仅聚焦在降低成本上,中远已经看得更远。

IBM中国研究院资深研究员丁宏伟说,Green SNOW还可以提供一种系统仿真技术,帮助公司在进行实际投资和商业运作前,对企业的未来投资行为和商业运作进行模拟,以评估潜在的风险,并测算未来的成本和投资回报率。此外,系统还将通过分析优化技术,帮助公司大幅降低整个物流网络的碳排放。

"目前'碳排放'在中国还不是非常普及的一个名词,但根据测试,碳排放密度比较高的正是集中在物流和制造业。"丁宏伟指出,目前在欧美,碳排放指标已经成为企业环保的重要标准,比如英国的一些领先零售商,会把自己的产品附带一个标签,说明碳排放量是多少,从而让顾客自己来选择,人们往往也会选择碳排放量比较低的产品。因此也许在不久的将来,欧美就会在碳排放标准上设置门槛,限制全球的贸易活动和来自外国的产品。

中远显然已经预见到了未来全球化发展可能会遇到瓶颈。"目前中远最大的成本就是燃油消耗,依靠技术改变流程来减少碳排放,不仅可以不用担心未来欧美的准入限制,还可以减少我们的燃油消耗。"黄大雷说。

因此,Green SNOW项目还要开发出可以提供优化解决方案的系统,对各个供应链的选址、数量、能量、运输、设计、燃油、路线进行平衡的安排,甚至还包括燃油种类的选择和用量确定,系统还可以记录在运输、仓储等每一段物流活动所产生的碳排放数据,以提高服务、降低成本,减少碳排放。据了解,如果降低整个中远物流网络的碳排放,由此带来的减排效果相当于每年新种植217万平方米的阔叶林。

Green SNOW 项目已经进入推广阶段，但要改变供应链的一些过程和设置，还需要中远的客户来配合。由于中远最大的物流业务就是为海尔、海信等家电行业进行运输配送，Green SNOW 项目也将最先在中远的家电客户层面推广。"毕竟要涉及客户的配送中心、仓库的位置变化，并改变原有的配送方案，因此，从推广到客户接受后的真正投入应用预计还需要一段时间。"而从长远看，如果 Green SNOW 项目得以实现和推广，也意味着中远集团将从一个单纯的第三方物流企业向第四方物流企业转型，原因在于，中远将会主导客户企业供应链方案的制定，而不是仅仅被动的做一个运输提供商。

资料来源：百度文库. http://wenku.baidu.com.

本 章 小 结

本章从狭义和广义两个层面对第三方物流进行了介绍。广义第三方物流基于商品交易关系区分第三方，而狭义第三方物流则从物流服务的交易关系出发进行角色认定。第三方物流具有关系合同化、服务个性化、功能专业化、管理系统化和信息网络化等特征。其主要提供的服务有：开发物流系统及提供物流策略、信息处理、货物集运、选择运输商及货代企业、仓储功能、咨询和运费支付等。第三方物流可按基础来源、所提供的服务种类、所属细分市场和第三方物流服务客户数量和服务及成度双维标准进行分类。其主要 3 种运作模式有：传统外包型物流运作模式、战略联盟型物流运作模式和综合型物流运作模式。介绍了物流模式的选择和 1＋3 物流运作模式的优点和缺点。

第四方物流定义为供应链集成商，它调集和管理组织自己的及具有互补性的服务提供商的资源、能力和技术，以提供一个综合的供应链解决方案。其功能主要包括网上物流的设计与经营管理、对区域物流系统进行规划和资源整合、物流系统的规划与设计、供应链管理、对物流园和保税物流中心资源整合、为国际物流系统提供一体化运作模式和政策建议、特种物流系统的设计等。第四方物流是现代物流发展的新业态，我国发展第四方物流具有迫切的现实与历史意义。

 关键术语

（1）物流外包　（2）广义第三方物流　（3）狭义第三方物流　（4）第四方物流
（5）物流模式　（6）第三方物流运作　（7）自营物流

习　题

1. 选择题

（1）第三方物流又称为（　　）。

A. 生产物流　　　　B. 合同制物流　　　C. 专业物流　　　　D. 委托代理

（2）狭义的第三方物流是从（　　）的角度加以定义，即物流需求和物流供应双方之外的第三方提供物流服务。

A. 物流交易关系　　　　　　　　　　B. 商品交易关系

C. 供应链管理　　　　　　　　　　D. 物流服务

(3) 我国国家标准《物流术语》(GB/T 18354—2006)中的描述:"独立于供需双方,为客户提供专项或全面的物流系统设计或系统运营的物流服务模式"指的是(　　)。

A. 第一方物流　　B. 第二方物流　　C. 第三方物流　　D. 第四方物流

(4) (　　)有望成为我国未来物流市场上的主流模式。

A. 针对少数客户提供的低集成度的物流服务
B. 针对较少的客户提供高集成度的物流服务
C. 同时为较多的客户提供低集成度的物流服务
D. 同时为较多的客户提供高集成度的物流服务

(5) (　　)是西方物流服务的一种典型形式。

A. 针对少数客户提供的低集成度的物流服务
B. 针对较少的客户提供高集成度的物流服务
C. 同时为较多的客户提供低集成度的物流服务
D. 同时为较多的客户提供高集成度的物流服务

(6) 第三方物流的特征不包括(　　)。

A. 物流信息化　　B. 供应链再建　　C. 管理系统化　　D. 关系合同化

(7) 按照(　　)原则分类,第三方物流可分为操作型物流企业、行业倾向型物流企业、多元化物流企业和客户定制化物流企业。

A. 基础来源
B. 提供的服务
C. 所属细分市场
D. 第三方物流服务客户数量和服务及成度双维标准

(8) (　　)可以完成商流、信息流、资金流和物流的有效传递。

A. 传统外包型物流运作模式　　　　B. 战略联盟型物流运作模式
C. 综合型物流运作模式　　　　　　D. 虚拟经营模式

(9) (　　)企业通过系统数据库和咨询服务来提供物流管理服务。

A. 管理基础性物流　　　　　　　　B. 多元化物流
C. 货代为基础的物流公司　　　　　D. 客户定制化物流

(10) 第四方物流视为供应链集成商,它调集和管理组织自己的及具有互补性的服务提供商的资源、能力和技术,以提供一个综合的(　　)解决方案。

A. 供应链　　　　B. 物流　　　　C. 信息　　　　D. 管理

2. 简答题

(1) 什么是第三方物流?其主要特点有哪些?
(2) 简述第三方物流与第四方物流的区别。
(3) 结合实际例子,谈谈第三方物流的服务内容。
(4) 结合实际例子,简述第三方物流运作的模式。
(5) 简述第三方物流的类型。
(6) 第四方物流的功能主要有哪些?

3. 判断题

（1）广义的第三方物流企业专指本身没有固定资产，或者不利用自身资产，但仍承担物流业务，借助外界力量，代替客户完成整个物流过程的物流服务公司。（   ）

（2）与一般物流运作相比，第三方物流整合了多项物流功能，能最大限度地优化物流路线。（   ）

（3）仓库和配送业务为基础的物流公司主要的优势在于公司能利用母公司的运输资产，扩展其运输功能，提供更为综合的物流服务。（   ）

（4）传统物流服务企业和现代物流服务企业都只依靠第一种类型资产。（   ）

（5）在充分利用外界资源的同时，优化型物流企业注重避免过大投资和系统服务灵活性不足的问题。（   ）

（6）传统外包型物流运作模式是最简单、最普通的第三方物流企业运作模式。（   ）

（7）综合型物流运作模式是指，第三方物流是由运输、仓储、信息经营者等以契约形式组合成的战略联盟。（   ）

（8）综合物流公司主要采用两种网络结构：一种是大物流中心加小配送网点的模式；另一种是连锁经营的模式。（   ）

（9）第三方物流的不足在于自身不能提供实质的物流运输和仓储服务。（   ）

（10）第四方物流在国内主要形成两种模式：一种是市场层面的"物流电子商务"模式；另一种是政府层面的"物流公共信息平台"模式。（   ）

4. 思考题

（1）第四方物流的发展，给现代物流业带来了哪些影响？

（2）谈谈对第三方物流和第四方物流将来发展趋势的看法。

麦当劳的第三方物流[①]

在麦当劳的物流中，质量永远是权重最大、被考虑最多的因素。麦当劳重视品质的精神，在每一家餐厅开业之前便可见一斑。餐厅选址完成之后，首要工作是在当地建立生产、供应、运输等一系列的网络系统，以确保餐厅得到高品质的原料供应。无论哪种产品，只要进入麦当劳的采购和物流链，必须经过一系列严格的质量检查。麦当劳对土豆、面包和鸡块都有特殊的严格的要求。在面包生产过程中，麦当劳要求供应商在每个环节加强管理。例如装面粉的桶必须有盖子，而且要有颜色，不能是白色的，以免意外破损时碎屑混入面粉，而不易分辨；各工序间运输一律使用不锈钢筐，以防杂物碎片进入食品中。

谈到麦当劳的物流，不能不说到夏晖公司，这家几乎是麦当劳"御用3pl"（该公司客户还有必胜客、星巴克等）的物流公司，它们与麦当劳的合作，至今在很多人眼中还是一个谜。麦当劳没有把物流业务分包给不同的供应商，夏晖也从未移情别恋，这种独特的合作关系，不仅

---

① 中国物流与采购网．http：//www.chinawuliu.com.cn/xsyj/201308/30/251596.shtml.

建立在忠诚的基础上,麦当劳之所以选择夏晖,在于后者为其提供了优质的服务。

而麦当劳对物流服务的要求是比较严格的。在食品供应中,除了基本的食品运输之外,麦当劳要求物流服务商提供其他服务,如信息处理、存货控制、贴标签、生产和质量控制等诸多方面,这些"额外"的服务虽然成本比较高,但它使麦当劳在竞争中获得了优势。"如果你提供的物流服务仅仅是运输,运价是4角/吨,而我的价格是5角/吨,但我提供的物流服务当中包括了信息处理、贴标签等工作,麦当劳也会选择我做物流供应商的。"为麦当劳服务的一位物流经理说。

另外,麦当劳要求夏晖提供一条龙式物流服务,包括生产和质量控制在内。这样,在夏晖设在中国台湾的面包厂中,就全部采用了统一的自动化生产线,制造区与熟食区加以区隔,厂区装设空调与天花板,以隔离落尘,易于清洁,应用严格的食品与作业安全标准。所有设备由美国SASIB专业设计,生产能力每小时24 000个面包。在专门设立的加工中心,物流服务商为麦当劳提供所需的切丝、切片生菜及混合蔬菜,拥有生产区域全程温度自动控制、连续式杀菌及水温自动控制功能的生产线,生产能力每小时1 500公斤。此外,夏晖还负责为麦当劳上游的蔬果供应商提供咨询服务。

麦当劳利用夏晖设立的物流中心,为其各个餐厅完成订货、储存、运输及分发等一系列工作,使得整个麦当劳系统得以正常运作,通过它的协调,使每一个供应商与每一家餐厅达到畅通与和谐,为麦当劳餐厅的食品供应提供最佳的保证。目前,夏晖在北京、上海、广州都设立了食品分发中心,同时在沈阳、武汉、成都、厦门建立了卫星分发中心和配送站,与设在香港和台湾的分发中心一起,斥巨资建立起全国性的服务网络。

例如,为了满足麦当劳冷链物流的要求,夏晖公司在北京地区投资5 500多万元人民币,建立了一个占地面积达12 000平方米、拥有世界领先的多温度食品分发物流中心,在该物流中心并配有先进的装卸、储存、冷藏设施,5~20吨多种温度控制运输车40余辆,中心还配有电脑调控设施用以控制所规定的温度,检查每一批进货的温度。

"物流中的浪费很多,不论是人的浪费、时间的浪费还是产品的浪费都很多,而我们是靠信息系统的管理来创造价值。"夏晖食品公司大中华区总裁白雪李很自豪地表示,夏晖的平均库存远远低于竞争对手,麦当劳物流产品的损耗率也仅有万分之一。

"全国真正能够在快餐食品达到冷链物流要求的只有麦当劳。"白雪李称,"国内不少公司很重视盖库买车,其实谁都可以买设备盖库。但谁能像我们这样有效率地计划一星期每家餐厅送几次货,怎么控制餐厅和分发中心的存货量,同时培养出很多具有管理思想的人呢?"与其合作多年的麦当劳中国发展公司北方区董事总经理赖林胜拥有同样的自信:"我们麦当劳的物流过去是领先者,今天还是领导者,而且我们还在不断地学习和改进。"

赖林胜说,麦当劳全国终端复制的成功,与其说是各个麦当劳快餐店的成功,不如说是麦当劳对自己运营的商业环境复制的成功,而尤其重要的是其供应链的成功复制。离开供应链的支持,规模扩张只能是盲目的。

很让人感兴趣的是,麦当劳与夏晖长达30余年的合作,为何能形成如此紧密无间的"共生"关系?甚至两者间的合作竟然没有一纸合同?

"夏晖与麦当劳的合作没有签订合同,而且麦当劳与很多大供应商之间也没有合同。"

的确有些难以置信!在投资建设北京配送中心时,调研投资项目的投资公司负责人向夏晖提出想看一下他们与麦当劳的合作合同。白雪李如实相告,令对方几乎不敢相信,不过仔细了解原因后,对方还是决定投资。

这种合作关系看起来不符合现代的商业理念，但却从麦当劳的创始人与夏晖及供应商的创始人开始一路传承下来。

"这种合作关系很古老，不像现代管理，但比现代管理还现代，形成超供应链的力量。"白雪李说，在夏晖的10年工作经历让自己充分感受到了麦当劳体系的力量。夏晖北方区营运总监林乐杰则认为，这种长期互信的关系使两者的合作支付了最低的信任成本。

多年来，麦当劳没有亏待它的合作伙伴，夏晖对麦当劳也始终忠心耿耿，白雪李说，有时长期不赚钱，夏晖也会毫不犹豫地投入。因为市场需要双方来共同培育，而且在其他市场上这点损失也会被补回来。有一年，麦当劳打算开发东南亚某国市场，夏晖很快跟进在该国投巨资建配送中心。结果天有不测风云，该国发生骚乱，夏晖巨大的投入打了水漂。最后夏晖这笔损失是由麦当劳给付的。

讨论题

（1）结合案例分析麦当劳实现物流管理的过程。
（2）谈谈第三方物流的发展对于麦当劳的重要意义。

第 9 章　国际物流管理

【本章教学要点】

知识要点	掌握程度	相关知识	应用方向
国际物流的定义和特点	掌握	国际物流的狭义和广义定义，国际物流的 5 个特点	掌握国际物流的基本概念和特点，在理解的基础上能够区分国内物流与国际物流
国际物流的产生与发展	了解	国际物流的产生及 3 个发展阶段	
国际物流与国内物流的比较	掌握	国际物流与国内物流的异同	
国际物流系统的组成	了解	国际物流系统中 7 个子系统的概念与作用	掌握国际物流系统的组成，正确理解 7 个子系统的作用
国际物流业务的主要参与方	重点掌握	国际物流业务中 7 个主要参与方的作用	掌握国际物流的主要业务活动及参与方，在理解的基础上能明确主要活动内容和参与方的作用
国际物流的主要业务活动	重点掌握	国际物流主要业务活动的概念	
国际货物运输的定义和特点	掌握	国际货物运输的定义及 5 个特点	掌握国际货物运输的基本知识，理解国际货物运输的 5 种方式和特点
国际货物运输的不同方式及其特点	了解	国际货物运输的 5 种主要方式的作用与特点	

导入案例

新加坡支柱产业：物流[①]

世界地图上的新加坡只不过是个"小红点"，但新加坡所处的地理位置却是世界的十字路口。一直以来，新加坡凭借自己独特的地理位置大力发展现代物流业。目前，物流业已经成为新加坡的支柱产业，新加坡港的吞吐量也一直名列世界各港口前列。

新加坡的樟宜机场是世界第四大货运机场，每周4 000航班连接57个国家的182个城市。机场内设有航空货运中心(也称物流园)，面积达47公顷，是一个24小时运作的自由贸易区。这个一站式的服务中心提供了装卸航空货物所需的设备和服务，可以保证从飞机卸下的货物到收货人手里只需1小时。

新加坡利用其优良的深水港，兴建了4个集装箱码头。新加坡港务集团每年可装卸超过1 500万个集装箱，是世界最大的单一箱运码头经营机构。2008年，新加坡港以260多万标箱及两位数的增幅，再次雄踞国际港口的榜首。在新加坡，200家船务公司把新加坡与123个国家的600个港口连接起来。这一切都使新加坡毋庸置疑地成为亚太地区领先的物流和供应链管理中心。

正因为新加坡拥有强大的海上和空中网络连接亚洲和世界各地，所以有超过9 000家的物流企业利用新加坡作为区域转运及配运中心，这其中包括位列全球业界前茅的17家第三方物流公司中的10家在新加坡设立亚洲总部。再加上同互联网的结合，新加坡物流业更以电子物流的全新经营模式，整合了一套独具特色的网络供应链管理系统，吸引跨国企业利用新加坡物流业的优势，构建亚太地区的外包供应网，让跨国企业专注于产品研发及市场营销，提高国际竞争力，从而巩固了新加坡物流业的支柱地位。

高科技是新加坡物流业的主要支撑力量之一。新加坡物流公司基本实现了整个运作过程的自动化，一般都拥有高技术仓储设备、全自动立体仓库、无线扫描设备、自动提存系统等现代信息技术设备。新加坡物流企业斥资数百万美元建成了电脑技术平台，通过公司的技术平台，客户不但可以进行下订单等商务联系，还随时可以了解所托运货物的空间位置、所处的运送环节和预计送达的时间。

讨论题

(1) 你认为新加坡物流业的优势有哪些？

(2) 试分析高科技在新加坡物流业中的作用。

国际物流是伴随着国际贸易和国际分工合作形成的。随着世界经济的发展，国际分工日益细化，任何国家都不可能包揽一切领域的经济活动，国际的合作与交流日益频繁，推动了国际的商品流动，从而形成了国际物流。国际物流的实质是根据国际分工协作的原则，利用国际化的物流网络、物流设施和物流技术，实现货物在国际的流动与交换，以促进区域经济的发展和世界资源的优化配置。

[①] 百分百物流网．http://info.bfb56.com/news/44047.html．

9.1 国际物流概述

9.1.1 国际物流的定义和特点

1. 国际物流的定义

国际物流(International Logistics,IL)是组织原材料、在制品、半成品和制成品在国与国之间进行流动和转移的活动。它是相对于国内物流而言的,发生在不同国家间的物流,是国内物流的延伸和进一步扩展,是跨国界的、流通范围扩大了的物的流通,有时也称其为国际大流通或大物流。

国际物流的含义可分为广义和狭义两个方面。广义的国际物流主要指国际贸易物流、非贸易国际物流、国际物流合作、国际物流投资、国际物流交流等领域。其中,国际贸易物流主要是指组织货物在国际的合理流动;非贸易国际物流是指如国际展览与展品物流、国际邮政物流等;国际物流合作是指不同国别的企业共同完成重大国际经济技术项目的国际物流;国际物流投资是指不同国别的物流企业共同投资组建国际物流企业;国际物流交流则主要是指在物流科学、技术、教育、培训和管理方面的国际交流。

狭义的国际物流主要是指国际贸易物流,即组织货物在国际的合理流动,也就是指发生在不同国家之间的物流。具体来说,狭义的物流是指当生产和消费分别在两个或两个以上的国家(或地区)独立进行时,为了克服生产和消费之间的空间距离和时间间隔,对货物进行物理性移动的一项国际贸易或国际交流活动,从而完成国际物品交易的最终目的,即卖方交付单证、货物和收取货款,买方接受单证、支付货款和收取货物。

本章所叙述的国际物流是指狭义的国际物流,主要是指国际贸易方面的物流,不涉及国际物流合作和国际物流投资等方面。

2. 国际物流的特点

总地来说,国际物流使各国物流系统相"接轨",所以相比国内物流系统,具有市场广阔性、国际性、复杂性、高风险性、运输方式多样性等特点。

1) 国际物流的市场广阔性

国际物流是跨国界的物流活动。全世界共有224个国家和地区,人口约70亿人。这样一个范围和人口的市场是任何一个国家的国内市场所不能比拟的。此外,国际物流的需求层次多,或者说国际物流面对的是一个多层次、多维体的市场。由于种族、习惯及经济水平的差异,各国及各地区的需求层次和数量有较大差别,这为更多经济交易的开展提供了必备的条件。

2) 国际物流的国际性

国际物流的国际性是指物流系统涉及多个国家,系统的地理范围大。国际物流跨越不同地区和国家、跨越海洋和大陆、运输距离长、运输方式多样,这就需要合理选择运输路线和运输方式、尽量缩短运输距离、缩短货物在途时间,加速货物的周转并降低物流成本。

3) 国际物流的复杂性

国际物流的复杂性主要包括国际物流通信系统设置的复杂性、法规环境的复杂性和商业现状的复杂性等。在国际的经济活动中,由于各国社会制度、自然环境、经营管理方法、生产习惯和科技发展水平的不同,国际物流系统需要在几个不同法律、人文、语言、科技和社会标准的环境下运行,因而在国际组织货物进行从生产到消费的合理流动是一项复杂的工作。

4) 国际物流的高风险性

国际物流的风险性主要包括政治风险、经济风险和自然风险。政治风险主要是指由于所经过国家的政局动荡,如罢工和战争等原因造成货物可能受到损害或丢失;经济风险又可分为汇率风险和利率风险,因为从事国际物流必然要发生资金流动,所以必然会产生汇率风险和利率风险;自然风险则是指在物流过程中,可能因自然因素,如台风和暴雨等造成的损失。

5) 国际物流以远洋运输为主,多种运输方式组合

与国内物流相比,国际物流以远洋运输为主,并由多种运输方式结合。国际物流涉及多个国家、地理范围更大、运输距离更长,因此需要合理选择运输路线和方式,尽量缩短运距和货运时间、加速货物的周转,降低物流成本。运输方式选择和结合的多样性是国际物流的一个显著特征。海运是国际物流运输中最普遍的方式,而远洋运输更是国际物流的重要手段。

阅读案例 9-1

物流巨人——联邦快递

Fred Smith 在 1973 年组建了 Federal Express 公司,使用 8 架小型飞机开始提供航空快递服务。Federal Express 公司推出全美国翌日到达的门到门航空快递服务,并及时性、准确性及可信赖性为原则。

20 世纪 80 年代末,制造业的基地从发达国家逐渐转移到了发展中国家,而联邦快递作为最早认识到这一趋势的公司,开始着手进行大规模的全球扩展,以应对日益激烈的国际竞争及挑战,亚太区分公司也就此应运而生。1989 年联邦快递收购了飞虎航空(Flying Tiger),获得了飞虎航空在亚洲 21 个国家及地区的航线权,从而在全球经济增长最迅速的区域取得了立足点。1992 年,公司的区域性总部从檀香山迁至香港。将公司的营运中心迁移至经济活动的中心地区,更显示了公司对该地区的高度重视。进入 90 年代以后,并购与上市等多种资本方式对物流业产生了很大影响,也诞生出十大物流集团。其中在快递业,基本出现四大巨人垄断的局面。四大巨人即棕色巨人联合包裹(UPS)、联邦快递(FedEx)、DPWN 德国邮政世界网(DHL 的母公司)和 TNT Post Group。

随着互联网时代的到来,FedEx 主营的文件速递市场在因特网时代面临着极大的威胁。面对竞争,联邦快递(FedEx)一方面不断并购,扩大自己的实力和规模;另一方面为了因特网时代而重塑自我。FedEx 通过各种方式抢夺了一部分普通包裹市场。1998 年,FedEx 通过收购 Roadway 包裹公司(RPS)进入普通包裹速递市场,在包裹市场的占有率达到 11%。FedEx 在信息技术领域也投入了巨额资金。FedEx 对其无线通信网络进行了更新,使之能够与 UPS 匹敌,此外还为大小企业提供因特网商务软件。

资料来源:搜搜百科.http://baike.soso.com/v61796805.htm.

9.1.2 国际物流的产生与发展

1. 国际物流的产生

贸易自由化、全球资本市场的成长和整合及信息和通信技术的进步，创造了一个正在成长的全球市场。在此背景下，国际物流应运而生。同时，企业间的竞争也延伸到了全球范围，企业在国内市场上的竞争地位由其在世界市场上的地位所决定已经成为一个普遍的现象。跨国企业最基本的战略是通过制造和流通等方面的规模经济效益降低成本，同时通过开拓新市场和现有市场来扩大销售，从而实现企业规模的增长和经济效益的增加。虽然市场全球化一方面给企业带来了极大的发展机会，但另一方面也蕴藏着风险和挑战。对跨国企业全球物流活动能否进行有效的管理必定会成为企业全球经营成败的关键因素之一。产品和服务范围的不断扩展、产品的生命周期越来越短、全球市场的成长和全球供销渠道的大量增加都导致了全球物流活动更加复杂，从而对企业管理、协调和控制全球供应链的物流活动提出了更高的要求。

2. 国际物流的发展过程

1) 第一阶段（20 世纪 50 年代至 70 年代末）

第二次世界大战以后，基础设施和物流技术得到了极大地发展，国际的经济交往越来越活跃。从 20 世纪 60 年代开始形成了国际的大规模物流，在物流技术上出现了大型物流工具，例如 20 万吨的邮轮、10 万吨的矿石船等。20 世纪 70 年代的石油危机以后，国际物流不仅在数量上进一步发展，而且船舶大型化的趋势也进一步加强，促进了国际物流向大数量、高服务型物流发展。同时，国际集装箱及国际集装箱船的大力发展，也提高了物流服务水平。

2) 第二阶段（20 世纪 70 年代末至 80 年代末）

国际物流在这段时期出现了航空物流大幅度增长的新形势，同时出现了更高水平的国际联运。20 世纪 80 年代前期和中期，国际物流出现了"精细物流"，着力于解决"小批量、高频度、多品种"的物流，使现代物流能够完成大量货物、集装杂货及多品种货物的物流，基本覆盖了所有物流对象，解决了所有物流对象的现代物流问题。之后又出现了新技术和新方法，尤其是伴随国际多式联运物流出现了物流信息系统和电子数据交换系统。

3) 第三阶段（20 世纪 90 年代初至今）

20 世纪 90 年代以来，互联网、条形码技术及卫星定位系统在物流领域得到了普遍应用，而且越来越受到人们的重视。这些高科技在国际物流中的应用，极大地提高了物流的信息化和物流服务水平，所以有人称"物流就是综合运输加高科技"。高科技的服务手段和信息技术成为物流企业保证自身竞争力的必备法宝。因此，近年来各大物流企业纷纷投巨资于物流信息系统的建设。

9.1.3 国际物流与国内物流的比较

与国内物流相比，国际物流范围更广、风险更大。首先，国际物流与国内物流的经营环境不同。各国文化历史和生产力发展水平的差异导致各国企业从事国际物流的能力和水平千差万别,使国际物流的经营环境极为复杂;其次,国际物流与国内物流采用的主要运输方式不同,国际物流运送路线较长,气候条件复杂,在运途中对货物的保管和存放条件要求高;此外,国际物流与国内物流的信息沟通方式不同,国际物流的信息沟通方式正在与 EDI、互联网等信息技术加速结合,但是各国、各行业之间信息技术标准的不统一,在一定程度上阻碍了国际信息系统的建立和发展;最后,国际物流的标准化要求高于国内物流,国际物流运作既涉及各国政府的宏观管理手段和方式,又涉及各种物流基础设施和设备,还涉及信息传递和沟通方式,如果贸易关系密切的各国在这些问题上无法形成相对统一的标准,那么在国际物流的运作中就会存在大量的资源浪费和重复或者多余的劳动,从而产生不必要的物流成本,国际物流的运作水平难以提高,终端客户的物流服务要求就也就无法得到满足。国际物流与国内物流的对比情况见表 9-1。

表 9-1 国内和国际物流的比较

项　目	国内物流	国际物流
运输模式	主要靠公路和铁路	主要靠远洋和航空运输,有多种多样的联运方式
库存	库存水平较低,反映短期订货及前置期需要	库存水平较高,反映较长的前置期、较大的需求和不稳定的运输
代理机构	适当使用代理机构,主要是铁路方面	对货运代理商和报关行有较强的依赖性
财务风险	较小	财务风险较高,由汇率、通货膨胀水平等变化造成
运输风险	较小	运输风险较高,由国际运输时间长短、转运难易、装卸频率及不同国家的基础设施水平差异造成
政府机构	主要是关于危险货物、重量和安全等方面的法律及关税问题	多种机构介入,如海关、商业部门、农业部门和运输部门等
管理	涉及的单据较少	涉及大量的单据
沟通	口头或书面的协议居多,更多使用电子数据交换	口头或书面协议成本很高,不同国家的电子数据交换标准不同,受到一定程度的限制
文化差异	文化背景类似,不需要对产品作出较大的改动	文化差异要求对产品和市场作出较大的改动

9.1.4 国际物流系统

国际物流系统是在一定的时间和空间(包括国内、国家间、区域间和洲际)内,为了进行物流活动,由物流人员、物流设施、待运物资和物流信息等要素构成的有特定功能的有机整体。一般而言,国际物流系统由商品的包装、储存、运输、检验、流通加工和其前后的整理、再包装及国际配送等子系统组成。运输和储存子系统是国际物流系统的核心组成部分。国际物流通过商品的跨国储存和运输，实现其时间和空间的效益，满足国际贸易活动和经营的物流需求。

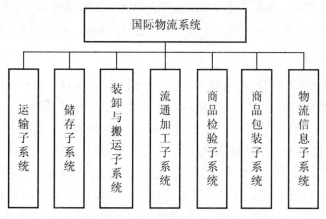

图 9.1　国际物流系统组成

1. 运输子系统

国际物流的实质性内容——商品的跨国空间移动，是通过运输子系统实现的。运输的作用是将商品的使用价值进行空间移动，物流系统依靠运输作业克服商品生产地与需求地的空间距离，创造了商品的空间效益，因而国际货物运输是国际物流系统的核心。国际货物运输具有路线长、环节多、涉及面广、手续繁杂、风险大和时间性强等特点。

国际运输可以采用由出口国装运港直接到进口国目的港的方式卸货，也可以采用中转方式，经过国际转运点，再运达目的港。运达目的港的货物，一部分可以在到达港直接分批配送出去，送达最终用户；另一部分则须先送达相关的供应部门，再分运给用户。此外，如果出口货物需要通过多式联运方式完成实体的移动，或需要及时的、门到门的服务，那么国际物流运输子系统的运行将更加复杂。

2. 储存子系统

商品的储存和保管使商品在其流通过程中处于一种或长或短的相对停滞状态。因而商品流通是一个由分散到集中，再由集中到分散的流通过程，所以这种停滞不仅是必要的，而且是必须的。国际贸易和跨国经营中的商品从生产厂或供应部门被集中运送到装运港口后，在进行整理、组装、再加工、再包装或换装等过程中，必然会产生贸易前的储存；由于某些出口商品（如季节性生产、常年消费或常年生产但是季节性消费的商品）在产销时间上的背离，必然会形成一定的季节性储存；国际物流中转需要形成中转性储存；为了等待适宜的市场时机，货物需要市场性储存；为了进行必要的加工和处理，货物需要进行待加工储存。由于国际物流系统中的储存子系统主要是在各国的保税区和保税仓库进行的，所以其运作难度主要体现在应对各国保税制度和保税仓库建设等方面，其运作过程应尽量缩短储存时间、减少储存数量、加快货物和资金周转，实现国际物流的高效运转。

3. 装卸与搬运子系统

在国际物流系统中，进出口商品装卸与搬运子系统也是十分重要的。相对于商品运输来讲，进出口商品的装卸和搬运作业是短距离的商品转移。它是保证商品运输和保管连续性的一种物流活动，是仓库作业和运输作业的纽带和桥梁。处理好商品的装船、卸船、进库、出库及在库内的搬运清点、查库、转运和转装等，对加速国际物流和降低物流成本十分重要。有效的装卸、搬运子系统，可以减少运输与保管之间的摩擦，提高商品的储运效率。

4. 流通加工子系统

由于国际贸易和国际需求的多样化及贸易壁垒和运输条件等原因，进出口商品的流通加工变得越来越重要。流通加工是物流活动中具有一定特殊意义的增值物流形式，主要包括两大类：一类是为了出口贸易商品服务的活动，如袋装、定量小包装（多用于超级市场）、贴标签、配装、挑选、混装和刷标记等；另一类是生产性外延加工，如剪断、平整、套裁、打孔、折弯、拉拔、组装和改装等。这些出口加工和流通加工能最大限度地满足用户的多元化需求；同时，由于是比较集中的加工，因此能保证产品质量，提高设备利用率。流通加工业的兴起，对促进销售、提高物流效率起到了十分重要的作用，同时也是降低物流成本和规避贸易壁垒的重要途径。

5. 商品检验子系统

由于国际贸易和跨国经营具有投资大、风险高、周期长等特点，因此商品检验成为国际物流系统中重要的子系统。通过商品检验，鉴定商品的品质、数量和包装是否符合合同规定的要求，检查卖方是否已经按照合同规定履行其交货义务；并在发现卖方所交货物与合同不符时，给予买方拒收货物或提出索赔的权利。在买卖合同中，一般都定有商品检验条款，其主要内容包括检验时间与地点、检验机构与检验证明、检验标准与检验方法等。国际贸易中，从事商品检验的机构很多，包括卖方或制造商和买方或使用方的检验单位、国家设立的商品检验机构以及民间设立的公证机构和行业协会附设的检验机构。商品检验子系统对国际物流系统的运作效率影响深远，这种影响的表象只是复杂的检疫手续，其实质则是因为商检是一国非关税壁垒的基本手段，是各种技术壁垒和绿色壁垒的实现形式。

6. 商品包装子系统

现代国际物流系统要求包、储、运一体化，即在国际物流系统设计时，应将包装、储存、装卸搬运和运输有机联系起来统筹考虑，全面规划。因此，商品包装成为国际物流的子系统。商品包装子系统是一个兼具运输功能和营销功能的特殊子系统。从物流系统的角度认识出口商品包装设计和具体包装作业过程时，必须考虑储存的方便、运输的便捷及物流过程的安全和速度。国际市场和消费者是通过商品来认识企业，而商品的商标和包装代表了企业的形象，反映了一个国家的综合科技水平和文化底蕴。

7. 物流信息子系统

物流信息子系统的主要功能是采集、处理和传递国际物流和商流的信息情报。没有功能完善的信息系统支持物流，国际贸易和跨国经营将寸步难行。国际物流信息子系统的主要工作内容包括进出口单证的作业信息、支付方式信息、客户资料信息、市场行情信息和供求信息等。国际物流信息系统的特点是：信息量大、交换频繁、传递量大、时间性强、环节多、点多和线长等，所以必须建立技术先进的国际物流信息系统。

9.2 国际物流业务

由于不同国家间的情况存在很大的差别,这使得国际物流业务呈现出多种形式。国际物流业务既包括运输、仓储、配送、包装、加工和信息处理等基本环节,也包括保税、通关、检验检疫及国际运输等国际物流流程中特有的环节。

9.2.1 国际物流业务的主要参与方

1. 出口分销商

一些全球销售的公司通常使用出口分销商提供的服务,有时这些出口分销商被称为出口管理公司。

1)出口分销商的特点

出口分销商主要具有以下特点。

(1)位于国外市场。

(2)以自己的账户购买产品。

(3)负责产品的销售。

(4)与国内企业保持持续的合同关系。分销商通常获得特定区域的独家代理权,并被禁止代理竞争对手公司的产品。

2)出口分销商的功能

出口分销商具有以下几项功能。

(1)获取并维持协议规定的渠道运作和销售水平。

(2)获取进口业务,并负责处理通关。

(3)为向供应商支付获取必要的外汇。

(4)维持必要的政府关系。

(5)维持库存。

(6)提供仓储设施。

(7)操作或监督内陆货运和支付功能。

(8)进行改包装操作。

(9)进行信用管理。

(10)获取市场信息。

(11)提供各种售后服务。

2. 报关行

报关行有两个主要功能,即帮助货物通过海关及处理随同国际货物的必要单据。对于许多公司来说,处理随同国际货物的大量单据和表格是十分复杂的。加上不同国家各种各样的通关流程、限制和要求,帮助出口货物通过边境的工作需要专业机构——报关行来完成。通常来说,如果一个公司向具有不同进口要求的多个国家出口,或者公司有多种类型的产品(如汽车零部件、电子设备和食品等),报关行应当成为公司国际供应链网络的一部分。

3. 国际货运代理商

国际货运代理商是随着国际贸易的发展及货运业务的日益复杂及传统承运人(船公司或航空公司)的业务专门化而发展来的行业。国际货运代理商是介于货主和实际承运人之间的中间商,它一方面代为或者进行租船订舱,承担单据处理的任务;另一方面又代为实际承运人揽货,从中收取整箱(车)货和零担货之间的差价或收取佣金。

国际货运代理商的出现,使得整个货运行业日趋专业化,其主要具有以下几项功能。

(1) 减轻承运人由于直接面对货主而带来的繁重工作,从而使得承运人能集中力量从事其核心业务——航运;同时,凭借其专业知识,货主不必再分别与每家承运人打交道,减轻了货主的工作量。

(2) 通过为货主(发货人或收货人)订舱、取送货、追踪查询货物情况、代报关、代商检、仓储、包装、缮制单证和分拨等,利用其专业人员、设施、设备和业务网络,减轻了货主的物流业务难度。

(3) 具有大量、稳定货源且有一定资质的国际货运代理商,能够取得承运人的代理权(即成为承运人代理,Shipping Agent);而具有承运人代理权的国际货运代理商,一方面可以在其营业场所使用承运人的运单,另一方面能取得承运人较为优惠的运费。

4. 承运人

承运人是实施运输的主体,在国际贸易运输中主要指船公司或航空公司。虽然有的承运人也直接面对货主,但多数情况下货主已经不直接与其打交道。

5. 承运人代理

承运人代理主要是替承运人在港口安排接泊、装卸和补给等业务。有时代理承运人签发运单。承运人代理在海运中较为常见,而在空运中较为少见。有的承运人也从事货运代理的业务。

6. 外贸公司

外贸公司不仅实现货物或服务的买方与卖方的匹配,还负责出口安排、文书工作和运输等。大多数的外贸公司基本上都有出口业务,一些公司也从事进口业务。传统上,我国的进出口业务完全由外贸公司来做;改革开放以后,不少企业具有了进出口自主权,但外贸公司仍成为公司的一个选择。

7. 无船承运商

无船承运商(Non-vessel Operating Common Carrier,NVOCC),有时也被称为 NVO(Non-vessel Operator),简单的理解就是"将不同货主的小件货物整合为满载集装箱货物,并承担所有国际货物从出口港开始的所有责任,包括文书工作和运输,但自己不拥有船舶"的企业。

9.2.2 国际物流的主要业务活动

跨国运行的物流系统是由一系列相互影响和相互制约的环节构成的一个有机整体。

图 9.2 简单描述了一个包括起运地的发货和报关、国际运输、到达目的地的报关和送货等环节的国际物流运作系统。显然,国际货物运输、仓储、通关和国际货运代理等是国际物流的主要环节。这些环节在国际市场上信息的引导下,按照国际惯例和国际上通行的规程运作,从而使整个物流系统协调并高效地运行。

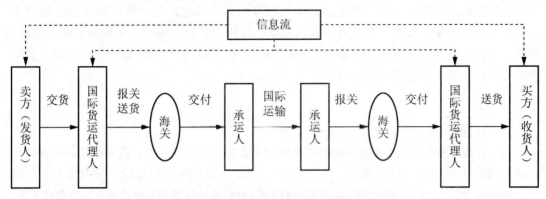

图 9.2　国际物流系统主要运作内容

概括起来,国际物流业务活动可以分为国际运输,保证货物顺利运输的存储、加工、包装、组配和保险及与国际运输密切联系的节点物流,如港口物流、港站流通及保税作业,以及过境货物的报检、报验和报关等几个方面。

1. 进出口业务

1) 交易磋商

所谓交易磋商是指买卖双方就交易的各项条件进行谈判,以期达成交易的过程。在业务中,交易磋商又称贸易谈判。交易磋商可以采取口头的形式,也可以采用书面的形式,一般包括 4 个环节,即询盘、发盘、还盘和接受。其中,发盘和接受是不可缺少的两个环节。

(1) 询盘。询盘是指交易的一方向另一方询问有关商品的交易条件。询盘的内容可以是一项或者几项交易条件,涉及价格、规格、品质和包装等,但多数只是询问价格,因此业务上常把询盘称作询价。询盘可以是出口方向进口方发出,也可以是进口方向出口方发出。在我国外贸业务中,前者称作家盘,后者称作操盘。

(2) 发盘。发盘又称发价,是指交易的一方向另一方指出某项商品的交易条件,并愿意按照这些条件达成交易和订立合同的行为。发盘的内容不是一项或者几项交易条件,而必须是足以构成合同成立的那些主要交易条件。发盘一经对方(受盘人)表示接受,合同即告成立。因此,对于发盘人来说,发盘是一种具有法律约束力的行为。

(3) 还盘。还盘又称还价,是指受盘人不同意接受发盘人在发盘中的某些交易条件,对这些交易条件提出修改的行为。还盘不是交易磋商中必不可少的步骤。有时,发盘后没有还盘,直接被受盘人接受。对于一项还盘,原发盘人也可以有不同的意见,而进行再还盘。有时,一项交易须经过多次互相还盘,才能达成最后协议。

(4) 接受。接受是指交易的一方在接到对方的发盘或者还盘后,以声明或行为向对方表示同意。发盘或还盘一旦接受,合同即告成立,发盘中的交易条件不仅对发盘人,而且对接受人都构成法律约束力。

2）签订合同

交易双方经过磋商，一方发盘，另一方接受该项发盘，合同即告成立。根据国际贸易习惯，买卖双方通常还需要照例签订书面的正式合同或成立确认书。

国际贸易的买卖合同一般包括以下3个部分：第一部分是合同的首部，包括合同名称、合同号数、缔约日期、缔约地点、缔约双方的名称和地址等；第二部分是合同的主体，包括合同的主要条款，如商品名称、品质、规格、数量、包装、单价和总值、装运、保险、支付，以及特殊条款，如索赔、仲裁和不可抗力等；第三部分是合同的尾部，包括合同文字和数量，以及缔约双方的签字。

2. 商检

1）商检的概念与意义

进出口商品的检验检疫是指在国际贸易中对买卖双方成交的商品，由商品检验检疫机构对商品的质量、数量、重量、包装、安全、卫生及装运条件等进行检验，并对涉及人、动物、植物的传染病、病虫害和疫情等情况进行检疫工作，在国际贸易互动中通常简称商检工作。

商品检验是进出口商品检验机构鉴定商品的品质、数量和包装是否符合合同规定的要求，检查卖方是否已按合同履行了交货义务，并在发现卖方所交货物与合同不符时，买方有权拒绝接受货物或提出索赔的过程。因此，商品检验对保护买方利益是十分重要的。

出口贸易中应当贯彻"平等互利"的原则，按照"重合同，守信用"，"按时、按质、按量"交货的精神，根据不同的商品，公平合理地订立检验条款，并由国家的商检部门监督实施。

在进口工作中，订立好检验条款，做好进口商品的检验工作，对于维护国家和人民的正当权益是有重要意义的。根据《中华人民共和国进出口商品检验法》（以下简称《商检法》）的规定，我国商检机构的主要任务是对重要进出口商品进行法定检验，对一般进出口商品实施监督管理和鉴定。

2）进出口商品检验检疫的程序

凡属法定检验检疫商品或合同规定需要检验检疫机构进行检验，并出具检验证书的商品，对外贸易关系人均应及时提请检验检疫机构进行检验。我国进出口商品的检验程序主要包括报检、抽样、检验和签发证书4个环节。

（1）报检。也称报验，是指对外贸易关系人向检验检疫机构申请检验。凡是检验检疫范围内的进出口商品，都必须报检。报检单位首次报检时须持本单位营业执照和政府批文办理登记备案手续，取得报检单位代码。其报检人员须经检验检疫机构培训合格后领取"报检员证"，凭证报检。代理报检单位须按规定办理注册登记手续，其报检人员须经检验检疫机构培训合格后领取"代理报检员证"，凭证办理代理报检手续。

对入境货物，应在入境前或入境时向入境口岸或指定货到达站的检验检疫机构办理报关手续，入境的运输工具及人员应在入境前或入境时申报入境货物。须对外索赔出证的，应在索赔有效期前不少于20天内向到货口岸或货物到达地的检验检疫机构报检。输入微生物、人体组织、生物制品、血液及其制成品或种畜、禽及其精液、胚胎、受精卵的，应当在入境前30天报检；输入其他动物的，应在入境前15天报检。输入植物、种子、种苗及其他繁殖材料的，应当在入境前7天报检。出境货物最迟于报关或装运前7天报检，对于个别检验检疫周期较长的货物,应留出相应的检验检疫时间。出境的运输工具和人员应在出境前向口岸检验检疫机构报检或申报。需隔离检疫的出境动物在出境前60天预报,隔离前7天报检。

(2) 抽样。检验检疫机构接受报验后,须及时派人到货物堆存地点进行现场检验鉴定。其内容包括货物数量、重量、包装和外观等项目。现场检验一般采取国际贸易中普遍使用的抽样法(个别特殊商品除外)。抽样时须按规定的抽样方法和一定的比例随机抽样,以便样品能代表整批商品的质量。

(3) 检验。根据我国《商检法》的规定,内地省市的出口商品需要由内地检验检疫机构进行检验。经内地检验检疫机构检验合格后,签发《出口商品检验换证凭单》,当商品的装运条件确定后,外贸经营单位持内地检验检疫机构签发的《出口商品检验换证凭单》向口岸检验检疫机构申请查验放行。

检验检疫机构接受报验后,认真研究申报的检验项目,确定检验内容,仔细审核合同、信用证对品质、规格、包装的规定,弄清检验的依据,确定检验标准、方法,然后抽样检验。

根据我国《进出口商品免验办法》规定,凡列入《商检机构实施检验的进出口商品种类表》的进出口商品,经收货人、发货人和生产企业(以下简称"申请人")提出申请,国家商检局审查批准,可免予检验。获准免验进出口商品的申请人,凭有效的免验证书、合同、信用证及商品的品质证明直接办理放行手续,免予检验。

(4) 签发证书。对于出口商品,经商检机构检验合格后,凭《出境货物通关单》进行通关。如合同、信用证规定由检验检疫部门检验出证,或国外要求签发检验证书,应根据规定签发所需证书。

对于进口商品,经检验后签发《入境货物通关单》进行通关。凡由收、用货单位自行验收的进口商品,如发现问题,应及时与检验检疫局申请复验。如复验不合格,检验检疫机构即签发检验证书,以供索赔。

阅读案例 9-2

<h3 style="text-align:center">东莞保税物流中心实行现场"一站式"把关服务</h3>

东莞保税物流中心为了进一步提高通关效率,支持东莞保税物流中心业务的发展,适应保税物流中心业务快速增长的需要,特别设立了保税监管科,负责进出保税物流中心货物的检验检疫工作,并从2012年8月1日起实行现场"一站式"的把关和服务。

目前有超过1 000多家企业在东莞保税物流中心进出货物,其中不乏三星、诺基亚和TNT等世界知名企业。东莞保税物流中心2011年全年进出口总额16亿美元,2012年1~7月进出口总额20亿美元,知名龙头企业起到了显著的明星效应。

东莞检验检疫局介绍说,以前企业在保税物流中心只能办理报检和检验检疫业务,而计收费及出具通关单的业务只能到距离保税物流中心8公里之远的办事处办理,企业每单业务至少需多花费约1小时的时间,不仅严重影响了通关效率,而且增加了企业的运营成本。保税监管科设立后,保税物流企业可以在保税物流中心内办理完成报检、检验检疫、计收费及出具通关单等所有手续,大大节省了企业的运营成本,提高了通关效率,得到了企业的充分肯定。

资料来源:百分百物流网. http://info.bfb56.com/news/45573.html.

3. 报关

1) 海关及其职责

海关是国家设在进出境口岸的监督机关,在国家对外经济贸易活动和国际交往中,海关代表国家行使监督管理的权利。通过海关的监督管理职能,保证国家进出口政策、法律和法令的有效实施,维护国家的权利。

中华人民共和国海关总署是国务院的直属机构,统一管理全国海关,负责拟订海关方针、政策、法令和规章。国家在对外开放口岸和海关监督业务集中的地点设立海关。海关的隶属关系,不受行政区划分的限制,各地海关依法行使其职权,直接受海关总署的领导,向海关总署负责,同时受所在省、市、自治区人民政府的监督和指导。

1987年7月1日实施的《中华人民共和国海关法》(以下简称《海关法》)是现阶段海关的基本法规,也是海关工作的基本准则。海关贯彻《海关法》,在维护国家主权和利益的同时,需要促进对外经济贸易和科技文化交流的发展。

中国海关按照《海关法》和其他法律法规的规定,履行下列职责。

(1) 对进出境的运输工具、货物、行李物品、邮递物品和其他物品进行实际监管。

(2) 征收关税和其他费税。

(3) 查缉走私。

(4) 编制海关统计和办理其他海关业务。

2) 报关单证和期限

《海关法》规定,出口货物的发货人或其代理人应当在装货的24小时前向海关申报。进口货物的收货人或其代理人应当自运输工具申报进境之日起14天内向海关申报,逾期则征收滞报金。如自运输工具申报进境之日起超过3个月未向海关申报,其货物可由海关提取,依法变卖处理。如确因特殊情况未能按期报关,收货人或其代理人应向海关提供有关证明,海关可视情况酌情处理。

对一般的进出口货物需交验下列单证。

(1) 进出口货物报关单。这是海关验货、征税和结关放行的法定单据,也是海关对进出口货物汇总统计的原始资料。

(2) 进出口货物许可证或国家规定的其他批注文件。凡国家规定应申领进出口许可证的货物,报关时必须交验外贸管理部门签发的进出口货物许可证。凡根据国家有关规定需要有关主管部门批准文件的还需交验有关的批准文件。

(3) 提货单、装货单或运单。这是海关加盖放行章后还给保管人以提取或发运货物的凭证。

(4) 发票。这是海关审定完税价格的重要依据,报关时应递交载明货物价格、运费、保险费和其他费用的发票。

(5) 装箱单。单一品种且包装一致的件装货物和散装货物可以免交。

(6) 减免税或免检证明。

(7) 商品检验证明。

(8) 海关认为必要时应交验的贸易合同及其他有关单证。

3）报关程序

《海关法》规定，进出口货物必须经设有海关的地点进境或者出境，进口货物的收货人、出口货物的发货人或其代理人应当向海关如实申报，接受海关监管。对一般进出口货物，海关的监管程序是：接受申报、查验货物、征收税费、结关放行。而相对应的收、发货人或其代理人的报关程序是：申请报关、交验货物、缴纳税费、凭单取货。

海关在规定时间内接受报关单位的申报后，审核单证是否齐全、填写是否正确，报关单内容与所附各项单证的内容是否相符，然后查验进出口货物与单证内容是否一致，必要时海关将开箱检验或者提取样品。货物经查验通过后，如需纳税货物，由海关计算费税，颁发税款缴纳证，待报关单位交清税款或担保付税后，海关在报关单、提单、装货单或运单上加盖放行章后结关放行。

4. 国际货物仓储

1）外贸仓库

外贸仓库是进出口商品储存、中转和外发的服务场所，它保管着大量的贵重商品，必须做到安全第一、优质服务、方便货主、扩大储存、降低消耗，以提高仓库作业的经济效益和社会效益。其需完成以下基本任务。

（1）在合理选择库地的基础上，加强仓储作业的科学管理，确保外贸商品的安全和完好无损。

（2）合理组织外贸商品的进库、在库和出库业务，加速外贸商品流转，促进外贸事业发展。

（3）开展全方位的优质服务，吸引组织大量进出口商品，特别是出口商品的进库储存，直接服务于外贸事业。

（4）有机协调外贸商品的购、销、储、运、包环节，增收节支。

2）保税仓库

保税仓库是指经海关批准，受海关监管，专门存储经海关核准缓纳税的外贸商品的仓库。能进入保税仓库的货物仅限于来料加工、进料加工复出口的货物，或者暂存后再复运出口的货物，以及经海关核准缓办纳税手续的进境货物。上述货物，如果转为内销，进入国内市场，则必须事先提供进口许可证和有关证据，正式向海关办理进口手续，并交纳关税，货物方能出口。非经海关批准，货物不得入库和出库。

建立保税仓库可大大降低进口货物的风险，有利于鼓励进口，鼓励外国企业在本国投资，是良好的投资环境非常重要的组成部分。保税仓库的设立需经专门批准，外国货物的保税期一般最长为两年。在这期间，可将货物存放在保税仓库中，一旦出现合适的销售时机，再办理通关手续。如果两年之内未能销售完毕，可再运往其他国家，而且保税仓库所在国不收取关税。

3）保税区

保税区，又称保税仓库区，是海关设置或经海关批准注册的，受海关监督的特定地区和仓库。外国商品存入保税区，可暂时不缴纳进口税；如在出口，不缴纳出口税；如要运往所在国的国内市场，则需办理报关手续，缴纳进口税。运入区内的外国商品可进行储存、改装、分类、混合、展览、加工和制造等。此外，有的保税区还允许在区内经营金融、保险、房地产、展销和旅游业务。

巧用保税仓库　降低物流成本

对于进口货物而言，保税仓库在功能上被视为"陆上保税港"，这是因为在国际贸易中，企业可充分利用保税仓储业务采取行动。利用保税仓库，贸易商可以根据国际市场价格的变化，低购高抛，不仅能够从事国际转口贸易业务，还能够供应国内市场。

保税仓库对于从事进口业务的企业，尤其是中小型企业来说更是"获益良多"。企业直接进口原料往往需要大批量采购，资金需求大；进口数量大且生产周期长，资金占用时间长，贸易成本提高，风险增加，这些都不利于中小型企业开展贸易。保税仓库的设立，可在境内形成一个境外货物市场，企业需进口原料时，直接到保税仓库多批次、小批量采购，帮助企业形成"即时生产和零库存"的现代经营方式，降低中小企业经营风险。

在进口保税物流功能上，"麻雀虽小，五脏俱全"的保税仓库，较其他海关特殊监管区域也具有独特的优势。保税仓库只需直属海关审批，选址无地域限制，规模可大可小，仓库可租可建，由经营企业自行选择，筹建周期短，投入资金少，建设成本、运作成本低，对市场反应灵敏。

出口加工区侧重发展为区内加工企业配套的物流业务，保税港区的优势是兼重保税加工与物流，而保税仓库则专注于进口保税物流，将周边密集分布但不限制固定区域的大量加工贸易企业作为稳定的后盾，依托众多进出口贸易公司开拓国际供货渠道和销售市场；四通八达的港口、仓库及消费市场之间便捷高速的交通网络作为开展物流业务的优越基础条件，与市区终端消费客户"零距离"的地理位置优势更易满足并扩大本地化服务需求。

资料来源：百分百物流网．http://info.bfb56.com/news/42505.html.

5. 保险

在国际贸易中，每笔成交的货物，从卖方交至买方手中，一般都要经过长途运输。在该过程中，货物可能遇到自然灾害或意外事故，从而使货物遭受损失。货主为了转嫁货物在途中的风险，通常都要投保货物运输险。一旦货物发生承包范围内的风险损失，便可以从保险公司取得经济上的补偿。

国际货物运输保险是以运输过程中的各种货物作为保险标的物，被保险人（卖方或买方）向保险人（保险公司）按一定的金额投保一定的险别，并缴纳保险费。保险人承保以后，如果保险标的物在运输过程中发生约定范围内的损失，应按照规定给予被保险人经济上的补偿。

国际货物运输保险的种类很多，其中包括海上货物运输保险、陆上货物运输保险、航空货物运输保险和邮政包裹运输保险。

1) 海上货物运输保险

办理海上货物运输保险前，首先要明确海运风险与损失。海运风险包括海上风险与外来风险。海上风险一般包括自然灾害和意外事故两种；外来风险分为一般外来原因造成的风险和特殊外来原因造成的风险。海上风险会造成费用上的损失，主要有施救费用和救助费用。

海上损失（简称海损）是指被保险货物在海洋运输中，因遭受海上风险而造成的损坏或灭失。就货物损失的程度而言，海损可分为全部损失和部分损失；就货物损失的性质而言，可分为共同海损和单独海损。

海上货物运输保险的险别很多，概括起来分为基本险别和附加险别两大类。

（1）基本险别。根据我国现行的《海洋货物运输保险条款》的规定，在基本险别中包括平安险、水渍险和一切险3种。在这3种基本险别中，还明确规定了除外责任，即保险公司明确规定不予承保的损失和费用。

（2）附加险别。一般附加险包括：偷窃、提货不着险，淡水雨淋险，短量险，混杂、玷污险，渗漏险，碰撞、破碎险，串味险，受热、受潮险，钩损包装破裂险，锈损险。以上几种附加险，不能独立投保，只能在平安险或水渍险的基础上加保。

2）陆上运输货物保险

路上货物运输保险的险别分为陆运险和陆运一切险。

（1）陆运险的责任范围。被保险货物在运输途中受暴风、雷电、地震、洪水等自然灾害，或由于陆上运输工具（主要是指火车和汽车）遭受碰撞、倾覆或出轨，如在驳运过程中，驳运工具搁浅、触礁、沉没或由于遭受隧道坍塌或火灾、爆炸等意外事故所造成的全部损失或部分损失。

（2）陆运一切险的责任范围。除包括上述陆运险的责任外，保险公司对被保险或在运输途中由于一般外来原因造成的短少、偷窃、渗透、碰损、破碎、雨淋、生锈、受潮、受热、发霉、串味、玷污等全部或部分损失，也负赔偿责任。

3）航空运输货物保险

航空运输货物保险分为航空运输险和航空运输一切险。航空运输险的责任范围与海运水渍险大体相同。航空一切运输险除包括上述航空运输险的责任外，对被保险货物在运输途中由于一般外来原因所造成的偷窃和短少等全部或部分损失也负赔偿责任。

4）邮政包裹保险

邮政包裹保险是承保邮包在运输途中因自然灾害、意外事故和外来原因所造成的损失。邮政保险包括邮包险和邮包一切险两种基本险别。

9.3 国际货物运输

中国生产企业在物流运输环节支付费用占总成本30%～40%，货运空载率高达60%，大量产品滞留在运输环节，每年造成的损失惊人。运输费用占物流成本很大的比例，如果能够有效地组织与管理运输环节，那么会为企业节省巨大的费用，并带来丰厚的利润。运输信息准确、及时和畅通是物流运输发展的基本条件。运输管理信息系统可以帮助企业进行日常运输工作的管理，实现运输管理信息化、运输服务最优化，以及运输利润最大化。

9.3.1 国际货物运输概述

1. 国际货物运输的定义

国际货物运输，是指在国家与国家、国家与地区之间的运输。国际货物运输又可分为国际贸易物资运输和非贸易物资（如展览品、个人行李、办公用品和援外物资等）运输两种。由于国际货物运输中的非贸易物资的运输往往只是贸易物资运输部门的附带业务，所以国际货物运输通常被称为国际贸易运输。

2. 国际货物运输的特点

国际货物运输是国家与国家、国家与地区之间的运输，与国内货物运输相比，具有以下5个主要特点。

(1) 国际货物运输涉及国际关系问题，是一项政策性很强的涉外活动。国际货物运输是国际贸易的一个组成部分，在组织货物运输的过程中，需要经常同国外发生直接或间接的业务联系，这种联系不仅是经济上的，常常也会涉及国际政治问题。因此，国际货物运输既是一项经济活动，也是一项重要的外事活动，这就要求企业不仅要用经济观点去办理各项业务，而且要有政策观念，按照对外政策的要求从事国际运输业务。

(2) 国际货物运输的中间环节需要长途运输。国际货物运输是国家与国家、国家与地区之间的运输。一般来说运输的距离较长，往往需要使用多种运输工具，进行多次装卸搬运，并且还要经过多个中间环节，如转船和变换运输方式等。在途经不同的地区和国家时，还要适应各国不同的法规和规定。如果其中任何一个环节发生问题，都会影响整个运输过程。这就要求企业做好组织工作，环环紧扣，避免在某个环节上出现脱节现象，给运输带来损失。

(3) 国际货物运输涉及面广，情况复杂多变。国际货物运输涉及国内外许多部门，需要与不同国家和地区的货主、商检机构、保险公司、银行或其他金融机构、海关、港口及各种中间代理商等打交道。同时，由于各个国家和地区的法律和政策规定不同，贸易、运输习惯和经营做法不同，金融货币制度的差异，加之政治、经济和自然条件的变化，都会对国际货物运输产生较大的影响。

(4) 国际货物运输的时间性强。按时装运进出口货物，及时将货物运至目的地，对履行进出口贸易合同，满足商品竞争市场的需求和提高市场竞争能力有着重大的意义。特别是一些鲜活商品、季节性商品和敏感性强的商品，更要求迅速运输，不失时机地组织供应，这样才有利于提高出口商品的竞争能力，有利于巩固和扩大销售市场。因此，国际货物运输必须加强时间观念，争时间、抢速度，以快取胜。

(5) 国际货物运输的风险较大。由于国际货物运输中环节多，运输距离长，涉及面广，情况复杂多变，加之时间性又很强，在运输沿途国际形势的变化、社会的动乱，各种自然灾害和意外事故的发生，以及战乱、封锁禁运或海盗活动等，都可能直接或间接地影响到国际货物运输，从而造成严重的后果，因此，国际货物运输的风险性较大。但是为了转嫁运输过程中的风险损失，各种进出口货物和运输工具都需要办理运输保险。

9.3.2 国际货物运输的方式

1. 国际海上货物运输

国际海上货物运输是指使用船舶通过海上航道，在不同的国家和地区的港口之间运送货物的一种运输方式。

1) 国际海上货物运输的特点

(1) 运输量大。国际货物运输是在全世界范围内进行的商品交换，地理位置和地理条件决定了海上货物运输是国际货物运输的主要手段。国际贸易总运量的75%以上是利用海上运输来完成的,有的国家的对外贸易运输海运占运量的90%以上。其主要原因是船舶大型化发展,如50~70万吨的巨型油船,16~17万吨的散装船,以及集装箱船的大型化。船舶的运载能力远远大于火车、汽车和飞机,是运输能力最大的运输工具。

(2) 通过能力大。海上运输利用天然航道四通八达,不像火车、汽车要受轨道和道路的限制,因而其通过能力要超过其他各种运输方式。如果因政治、经济、军事等条件的变化,还可随时改变航线驶往有利于装卸的目的港。

(3) 运费低廉。船舶的航道天然构成,船舶运量大,港口设备一般均为政府修建,船舶经久耐用且节省燃料,所以货物的单位运输成本相对低廉。据统计,海运运费一般约为铁路运费的1/5,公路汽车运费的1/10,航空运费的1/30,这就为低值大宗货物的运输提供了有力的竞争条件。

(4) 对货物的适应性强。由于上述特点使海上运输基本上适应各种货物的运输,如石油井台、火车、机车车辆等超重大货物,其他运输方式是无法装运的,船舶一般都可以装运。

(5) 运输的速度慢。由于商船的体积大,水流的阻力大,加之装卸时间长等其他各种因素的影响,所以货物的运输速度比其他运输方式慢。

(6) 风险较大。由于船舶海上航行受自然气候和季节性影响较大,海洋环境复杂,气象多变,随时都有遇上狂风、巨浪、暴风、雷电、海啸等人力难以抗衡的海洋自然灾害袭击的可能。同时,海上运输还存在着社会风险,如战争、罢工和贸易禁运等因素的影响。

2) 国际海上货物运输的作用

(1) 海上货物运输是国际贸易运输的主要方式。国际海上货物运输虽然存在速度较低、风险较大的不足,但是由于它的通过能力大、运量大、运费低,以及对货物适应性强等长处,加上全球特有的地理条件,使它成为国际贸易中主要的运输方式。我国进出口货物总运量的80%~90%是通过海上运输进行的,由于集装箱运输的兴起和发展,不仅使货物运输向集合化与合理化方向发展,而且节省了货物包装用料和运杂费,减少了货损货差,保证了运输质量,缩短了运输时间,从而降低了运输成本。

(2) 海上货物运输是国际节省外汇支付,增加外汇收入的重要渠道之一。在我国运费支出一般占外贸进出口总额的10%左右,其中大宗货物的运费所占的比重更大。如果在贸易中能够充分利用国际贸易术语,争取我方多派船,不但可以节省外汇支付,而且还可以争取更多外汇收入。另外,如果把我国的运力投入到国际航运市场,积极开展第三国的运输,也可以为国家创造外汇收入。目前,世界各国,特别是沿海的发展中国家都十分重视建立自己的远洋船队,注重发展海上货物运输。一些航运发达国家的外汇运费收入成为其国民经济的重要支柱。

(3) 发展海上运输业有利于改善国家的产业结构和国际贸易出口商品的结构。海上运输是依靠航海活动来实现的,航海活动的基础是造船业、航海技术和掌握技术的海员。造船工业是一项综合性的产业,它的发展可以带动钢铁行业、船舶设备工业和电子仪器仪表工业的发展,促进整个国家产业结构的改善。我国由原来的船舶进口国,近几年逐渐变成了船舶出口国,而且正在迈向船舶出口大国的行列。由于我国航海技术的不断发展,船员外派劳务已经引起世界各国的重视。海上运输业的发展,使得我国的远洋运输船队已进入世界十强之列,这为今后大规模的拆船业提供了条件。同时,这也为我国的钢铁厂冶炼提供了廉价的原料，而且还可以出口外销废钢。由此可见，海上运输业的发展不仅能够改善国家产业结构，还能够改善国际贸易中的商品结构。

（4）海上运输船队是国防的重要后备力量。海上远洋船队历来在战争时期都被用作后勤运输工具。美、英等国把商船队称为"除陆、海、空之外的第四军种"，苏联的商船队也被西方国家称为"影子舰队"。可见，它对战争的胜负所起的作用。正因为海上运输占有如此重要的地位，世界各国都很重视海上航运事业，并通过立法加以保护，从资金上加以扶持和补助，特别是在货载方面给予一定的优惠。

2．国际航空货物运输

1）国际航空货物运输的特点

国际航空运输虽然起步较晚，但发展极为迅速，这是与它所具备的许多特点分不开的，这种运输方式与其他运输方式相比，具有以下特点。

（1）运送速度快。现代喷气式运输机一般时速都在 900 英里左右，协和式飞机时速可达 1 350 英里。航空路线不受地面条件限制，一般可以在两点间直线飞行，航程比地面距离短，而且运程越远，运送快速的特点就越明显。

（2）安全准确。航空运输管理制度比较完善，货物的破损率低，可以保证运输质量。如过使用空运集装箱，则更为安全。此外，飞机航行有一定的班期，可以保证按时到达。

（3）手续简便。航空运输为了体现其快捷便利的特点，为托运人提供了简便的托运手续，也可以由货运代理人上门取货并为其办理一切运输手续。

（4）节省包装、保险、利息和储存等费用。由于航空运输速度快，商品在途时间短、周期快，存货可相对减少，资金可迅速收回。

（5）航空运输的运量小，运价高。但是由于这种运输方式的优点突出，可弥补运费高的缺陷。加之保管制度完善，运量又小，货损货差较小。

2）国际航空货物运输的作用

（1）当今国际贸易有相当数量的洲际市场，商品竞争激烈，市场行情瞬息万变，时间就是效益。航空货物运输具有比其他运输方式更快的特点，使进出口货物能够抢行就市，卖出好价钱，增强商品的竞争能力，对国际贸易的发展起到了很大的推动作用。

（2）适合于鲜活易腐和季节性强的商品运输。这些商品对实际的要求极为敏感，如果运输时间过长，则可能使商品变为废品，无法供应市场；季节性强的商品和应急物品的运送必须抢行就市，争取时间，否则变为滞销商品，滞存仓库，积压资金，同时还要负担仓储费。采用航空运输，不仅可以保鲜成活，还有利于开辟远距离的市场，这是其他运输方式无法相比的。

（3）利用航空来运输电脑、精密仪器、电子商品和成套设备中的精密部分、贵稀金属、手表、照相器材、纺织品、服装、丝绸、皮革制品、中西药材和工艺品等价值高的商品，能够适应市场快速变化的特点。利用速度快、商品周转快、存货降低、资金迅速回收、节省储存盒利息费用、安全、准确等优点弥补其运费高的不足。

（4）航空运输是国际多式联运的重要组成部分。为了充分发挥航空运输的特长，在不能以航空运输直达的地方，也可以采用联合运输的方式，如常用的陆空联运、海空联运、甚至陆海空联运等，与其他运输方式配合，使各种运输方式各展所长，相得益彰。

3. 国际铁路货物运输

1) 国际铁路货物运输的特点

铁路是国民经济的大动脉,铁路运输是现代化运输业的主要运输方式之一,它与其他运输方式相比,具有以下主要特点。

(1) 铁路运输的准确性和连续性强。铁路运输几乎不受气候影响,一年四季可以不分昼夜地进行定期的、有规律的、准确的运转。

(2) 铁路运输速度比较快。铁路货运速度每昼夜可达几百公里,一般货车可达每小时100公里左右,远远高于海上运输。

(3) 运输量较大。铁路一列货物列车一般能运送3 000～5 000吨货物,远远高于航空运输和汽车运输。

(4) 铁路运输成本较低。铁路运输费用仅为汽车运输费用的几分之一到十几分之一;运输耗油约是汽车运输的1/20。

(5) 铁路运输安全可靠,风险远小于海上运输。

(6) 初期投资大。铁路运输需要铺设轨道、建造桥梁和隧道,建路工程艰巨复杂。此外,还要消耗大量钢材、木材和土地资源,其初期投资大大超过其他运输方式。

另外,铁路运输由运输、机务、车辆、工务和电务等业务部门组成,各业务部门之间必须协调一致,这就要求在运输指挥方面实行统筹安排,统一领导。

2) 国际铁路货物运输的作用

(1) 有利于发展欧亚各国的贸易。通过铁路把欧亚大陆连成一片,为发展中、近东和欧洲各国的贸易提供了有利的条件。在新中国成立初期,我国的国际贸易主要局限于东欧国家,铁路运输占我国进出口货物运输总量的50%左右,是我国当时进出口贸易的主要运输方式。进入20世纪60年代以后,我国海上货物运输的发展,铁路运输进出口货物所占的比例虽然有所下降,但其作用仍然十分重要。

(2) 有利于开展同港、澳地区的贸易,并通过香港进行转口贸易。铁路运输是我国联系港、澳地区,开展贸易的一种重要的运输方式。港、澳地区所需的食品和生活用品多由内地供应,随着内地对该地区出口的不断扩大,其运输量逐年增加。为了确保该地区的市场供应,从内地开设了直达地区的快运列车,这对繁荣稳定港澳市场,以及该地区的经济发展起到了积极作用。

(3) 对进出口货物在港口的集散和各省、市之间的商品流通起着重要作用。我国幅员辽阔,海运进口货物大部分利用铁路从港口运往内地的收货人,海运出口货物大部分也是由内地通过铁路向港口集中,因此铁路运输是我国国际货物运输的重要集散方式。

(4) 有利于发挥大陆桥运输的优势。大陆桥运输是指以大陆上铁路或公路运输系统为中间桥梁,把大陆两端的海洋连接起来的集装箱连贯运输方式。大陆桥运输一般都是以集装箱为媒介,采用国际铁路系统来运送。这种运输方式对发展我国与中东、近东及欧洲各国的贸易提供了便利的运输条件。

4. 国际公路货物运输

公路运输(一般是指汽车运输)是陆上两种基本运输方式之一,在国际货物运输中,它是不可缺少的重要运输方式。

1) 公路货物运输的特点

公路货物运输与其他运输方式相比,具有以下特点。

(1) 机动灵活、简捷方便、应急性强,能深入到其他运输工具到达不了的地方。

(2) 适应点多、面广、零星、季节性强的货物运输。

(3) 运距短、单程货多。

(4) 是衔接空运班机、船舶和铁路运输不可缺少的方式。

(5) 汽车的载重量小,车辆运输时震动较大,易造成货损事故。

2) 国际公路货物运输的作用

(1) 适合于短途运输。它可以将两种或多种运输方式衔接起来,实现多种运输方式联合运输,做到进出口货物运输的"门到门"服务。

(2) 配合船舶、火车、飞机等运输工具完成运输的全过程,是港口、车站、机场集散货物的重要手段。尤其是对于鲜活商品和集港疏港抢运,公路运输往往能够起到其他运输方式难以起到的作用。可以说,其他运输方式要依赖公路运输来最终完成两端的运输任务。

(3) 公路运输也是一种独立的运输体系,可以独立完成进出口货物运输的全过程。公路运输是欧洲大陆国家间进出口货物最重要的方式之一。我国的边境贸易运输和港澳货物运输,也有一部分是依靠公路运输独立完成的。

(4) 集装箱货物通过公路实现国际多式联运。美国陆桥运输、我国内地通过香港的多式联运都可以通过公路运输来实现。

5. 国际多式联运

国际多式联运是在集装箱运输的基础上产生和发展起来的一种综合性的连贯运输方式,它一般以集装箱为媒介,将海洋运输、铁路运输、公路运输和航空运输等各种单一运输方式有机地结合起来,组成一种国际的连贯运输。它能集中发挥各种运输方式的优点,使国际货物运输既快捷又安全。

在国际多式联运中,不管运程多远或者运输方式需要转变几次,货主只需签订一份运输合同、一次托运、一次支付,多式联运经营人即负责全程运输,从而减少了中间环节,简化手续,加快了货运速度,降低了运输成本,并提高了货运质量,真正为货主实现了"快速、准时、便捷、价廉、优质"的运送服务。

阅读案例9-4

乔达国际货运跨境货运服务在中国

乔达国际货运将货柜车运输业务拓展至中国。这条贯穿新加坡及中国的跨境路线全程长达5 950公里,交付时间迅速,只需6~7天。顾客可选择整箱货(Full Container Load,FCL)或拼箱货(Less than Container Load,LCL)服务。整箱货为点对点密封处理,仅在边境海关要求时才开箱;拼箱货则会在沿途乔达的设备中进行整合处理,再由主要路网上行走的区内货车运送。

乔达国际货运在东南亚经营跨境货运服务已经有超过17年的经验,公司在1995年开展连接马来西亚及泰国的服务,并在1996年拓展至新加坡。自1999年起,乔达增设了每日定期的拼箱货服务,提供全面的支持,处理清关及运输手续,让顾客透过单一供货商,便可应付多个海关检查点。因此乔达在马来西亚、泰国、越南及中国的主要边境均设有专人驻守的海关办事处。为了贯彻乔达的客户服务，付运的时间表可根据客人的不同需要量身定造，有助企业节省储存货物的成本。此外，由于陆路运输并没有同样的容量及尺寸限制，顾客还可享受到相比于空运更为弹性的服务。

资料来源：百分百物流网. http://info.bfb56.com/news/8550.html.

本 章 小 结

国际物流（International Logistics，IL）是指当生产和消费在两个或两个以上的国家（或地区）独立进行的情况下，为了克服生产和消费之间的空间距离和时间距离，而对物资（货物）所进行的物理性移动的一项国际经济贸易活动。其目标是为国际贸易和跨国经营服务，即选择最佳的方式和路径，以最低的费用和最小的风险保质保量适时地将商品从某国的供方运送到别的一个国家的需方。

国际物流的主要特点包括：物流环境存在差异；物流系统范围广、风险大；国际物流必须有信息系统支持；国际物流的标准化要求高；国际物流是多种运输方式的组合。国际物流是国内物流的延伸和发展，但是两者在运输模式、库存、代理机构、财务风险、运输风险、政府机构、管理、沟通和文化等方面存在差异。

国际物流系统是由商品的包装、储存、运输、检验、流通加工和其前后的整理、再包装及国际配送等子系统组成。运输和储存子系统是物流系统的主要组成部分。国际物流通过商品的储存和运输，实现其自身的时间和空间效益，满足国际贸易活动和跨国公司经营的要求。

国际物流的主要业务活动包括商品检验、货物通关、国际货物仓储和保险等。参与业务活动公司多是出口分销商、报关行、国际货运代理商、承运人代理、承运人、外贸公司和无船承运商。

国际货物运输可以分为国际海上运输、国际航空运输、国际铁路货物运输、国际公路货物运输和国际多式联运等多种形式，不同的运输方式存在各自的优缺点，从事国际物流工作的人员应全面掌握和了解各种运输方式的特点及其作用。

关键术语

(1) 国际物流　　　(2) 国际货物仓储　　　(3) 国际货物运输
(4) 国际货运代理　(5) 承运人　　　　　　(6) 商检
(7) 报关

习　　题

1. 选择题

(1)（　　）是国际物流系统的核心。

A. 国际货物存储　　　　　　　　B. 进出口国际物流
C. 国际货物运输　　　　　　　　D. 保税业务

(2) 国际(　　)是指使用船舶通过海上航道在不同的国家和地区的港口之间运送货物的一种运输方式。

A. 航空运输　　B. 海上运输　　C. 公路运输　　D. 集装箱运输

(3) 国际物流的特点不包括(　　)。

A. 市场广阔　　　　　　　　　　B. 高风险
C. 复杂程度高　　　　　　　　　D. 以航空运输为主，多种运输方式组合

(4) (　　)子系统往往构成了一国非关税壁垒的基本手段，是各种技术壁垒和绿色壁垒的实现形式。

A. 流通加工　　B. 商品包装　　C. 商品检验　　D. 装卸与搬运

(5) 国际海上货物运输的特点不包括(　　)。

A. 运输量大　　B. 运费低廉　　C. 机动灵活　　D. 运输的速度慢

(6) 国际航空运输的特点包括(　　)。

A. 运价高　　B. 初期投资大　　C. 应急性强　　D. 不受气候影响

(7) 我国进出口商品的检验程序不包括(　　)。

A. 报检　　　B. 抽样　　　C. 检验　　　D. 接受

(8) 国际货运代理商的功能不包括(　　)。

A. 进行改包装操作　　　　　　　B. 追踪查询货物情况
C. 减轻物流业务难度　　　　　　D. 减轻承运人的工作

2. 简答题

(1) 国际物流的特点是什么？
(2) 简述国际物流的发展过程。
(3) 分析国际物流与国内物流之间的差异。
(4) 国际物流系统包括哪些子系统？核心组成部分是什么？
(5) 国际物流业务的主要参与方有哪些？
(6) 简述国际物流的主要业务活动。
(7) 简述国际货物运输的特点。
(8) 简述国际公路货物运输的作用。

3. 判断题

(1) 狭义的国际物流包括贸易性国际物流和非贸易性国际物流。　　　　　　　　(　　)

(2) 在国际物流活动中，由于其复杂性与差异性，这就要求国际物流活动的参与者不能强迫其他参与者都遵守本国的相关规定。　　　　　　　　(　　)

(3) 物流信息子系统的主要功能是采集、处理和传递国际物流和商流的信息情报。
　　　　　　　　(　　)

(4) 货运代理商既可以在其营业场所使用承运人的运单，又能取得承运人较为优惠的运费。　　　　　　　　(　　)

(5) 保税仓库的设立需经专门批准,外国货物的保税期一般最长为一年。(　　)

(6) 外国商品存入保税区,可暂时不缴纳进口税;如要运进所在国的国内市场,则需办理报关手续,缴纳进口税。(　　)

(7) 发盘或还盘一旦接受,合同即告成立,具有法律约束力。(　　)

(8) 国际公路运输机动灵活、简捷方便、应急性强,费用和成本也比海上运输和铁路运输低。(　　)

4. 思考题

(1) 比较国际货物运输几种不同方式的优缺点。

(2) 试结合实例分析国际物流的基本业务流程。

(3) 结合经济全球化下的国际物流发展趋势,分析我国国际物流发展可以采用的策略和措施。

 案例分析

索尼集团物流模式的革新之路①

一直以来,物流都是索尼集团公司降低成本,提升企业效益的重点。索尼公司的物流理念是:必须从战略高度去审视和经营物流,每时每刻都不能忽视物流。

索尼集团全球物流公司通过不断革新物流经营模式,根据全球市场的需求而不是根据索尼工厂的生产计划彻底重振全球物流网络渠道,千方百计紧缩存货,率先在美国物流市场积极推广,大胆开创和增设智能型多功能配送渠道,成绩卓著。

索尼集团公司拥有和经营目前分布于全世界的75家工厂和200多个全球性的销售网络。国际物流专家估计,仅仅在电子产品方面,索尼集团公司每年的全球集装箱货运量已经超过16万标准箱,是世界上规模较大的生产厂商和发货人。为了充分发挥跨国经营的杠杆作用,扩大其在国际市场上的竞争能力,该集团物流公司与承运人及其代理展开全球性商谈,以便进一步改善物流供应链,提高索尼集团公司的经济效益。

索尼集团总公司要求索尼集团公司系统内的各家公司必须切实做到:竭尽全力缩短从产品出厂到客户手中的过程和时间,特别是要缩短跨国转运,多式联运和不同类型运输方式之间货物逗留的时间,保证"零逗留时间,零距离,零附加费用,零风险"物流服务全面到位,大力加强索尼集团公司和物流服务供应方之间的合作关系和始终保持电子数字信息交换联系的畅通,最终确保索尼物流增收节支。

索尼公司认为,仓储成本过高对于物流十分不利,索尼物流在美国年均产生仓储费用就高达2 000万美元,其中还没有包括昂贵的内陆公路和铁路运输费用,集装箱货物被盗窃所产生的货损货差赔偿费用和集装箱货物运输保险费用等。

2001—2003年,索尼物流公司在美国的仓储场所被削减一半以上,供应链存货量也被减少一半,从原来的15天存货储备改为6天半存货。其中包括把索尼物流公司原来设立在美国西海岸的众多仓库撤销,通过所谓交叉式站台集散服务,从一个月仅仅送货一次改为一周几次

---

① 百分百物流网. http://info.bfb56.com/news/51243.html.

的供应链模式。索尼物流公司把仓储业务全部集中到在美国西海岸的洛杉矶港附近的一座物流中心，该中心内的集装箱装卸设备非常先进，以此为中心，以点带面，用快件速递方式把集装箱货物向美国腹地发运。大约3天，从美国西海岸港口卸下的集装箱货物就可以抵达美国东海岸。

由于实施多国拼箱的方法，索尼公司把半箱货物的集装箱从某一个产地发往新加坡或者高雄，在那里把另外一种产品补充装入箱子，变成满箱货物的集装箱，然后继续运输，直至北美或者欧洲某目的港。这种物流方法的最大好处是：首先避免了等候时间，同时也大幅度减少通关时间。目前，索尼新加坡公司在船舶或者航空货机开航前7天准备货物托运手续，由于采用若干出口优先规划，海运已经缩短到4天，空运缩短到1天。

索尼物流经营管理模式在最大限度内提高物流服务销售量，同时大幅度减少索尼公司物流资源的浪费，例如索尼物流公司在美国各地总共拥有9家零配件采购基地，其员工总数不过300人，同时索尼物流公司在美国各地拥有106家成品配送中心，其员工总数仅仅700人。职工队伍人数少，却以少胜多，创造出令人瞩目的物流业绩。

讨论题

(1) 简述你从此案例得到的启示。
(2) 索尼公司将仓储业务集中到美国西海岸的一个物流中心有什么风险？
(3) 试分析索尼是如何革新物流模式，降低物流成本的。

参 考 文 献

[1] 李传荣.物流管理概论[M].北京：北京大学出版社，2012.
[2] 洪家祥，高阔.现代物流管理[M].北京：清华大学出版社，2011.
[3] 霍红，刘莉.物流管理学[M].北京：高等教育出版社，2011.
[4] 彭云飞，邓勤.现代物流管理[M].北京：机械工业出版社，2009.
[5] 张清，栾琨.国际物流实务[M].北京：北京交通大学出版社，2012.
[6] 霍红，刘莉.物流管理概论[M].北京：中国人民大学出版社，2012.
[7] 王伟.物流管理概论[M].北京：中国铁道出版社，2012.
[8] 霍红，李楠.现代物流管理[M].北京：对外经济贸易大学出版社，2007.
[9] 贾平.现代物流管理[M].北京：清华大学出版社，2011.
[10] 刘宏伟，汪传雷.现代物流概论[M].北京：中国财富出版社，2012.
[11] 李东贤.现代物流管理[M].北京：清华大学出版社，2011.
[12] 高四维，吴刚.现代物流管理导论[M].北京：科学出版社，2008.
[13] 黄祖庆，汤易兵.现代物流管理[M].北京：科学出版社，2011.
[14] 许淑君.现代物流管理[M].上海：上海财经大学出版社，2013.
[15] 顾东晓，章蕾.物流学概论[M].北京：清华大学出版社，2012.
[16] 赵刚，周鑫，刘伟.物流管理教程[M].上海：上海人民出版社，2008.
[17] 刘伟，王文，赵刚.供应链管理教程[M].上海：上海人民出版社，2008.
[18] 王道平，侯美玲.供应链库存管理与控制[M].北京：北京大学出版社，2011.
[19] 王道平，周叶.现代物流决策技术[M].北京：北京大学出版社，2009.
[20] 王道平，杨岑.供应链管理[M].北京：北京大学出版社，2012.
[21] 王道平，王煦.现代物流信息技术[M].北京：北京大学出版社，2010.
[22] 黄祖庆，汤易兵.现代物流管理[M].北京：科学出版社，2011.
[23] 董千里.物流运作管理[M].北京：北京大学出版社，2010.
[24] 王慧.物流配送管理学[M].广州：中山大学出版社，2009.
[25] 郭士正，刘军，宋杰.物流成本管理[M].北京：清华大学出版社，北京交通大学出版社，2011.

21世纪全国高等院校物流专业创新型应用人才培养规划教材

序号	书名	书号	编著者	定价	序号	书名	书号	编著者	定价
1	物流工程	7-301-15045-0	林丽华	30.00	35	供应链设计理论与方法	7-301-20018-6	王道平	32.00
2	现代物流决策技术	7-301-15868-5	王道平	30.00	36	物流管理概论	7-301-20095-7	李传荣	44.00
3	物流管理信息系统	7-301-16564-5	杜彦华	33.00	37	供应链管理	7-301-20094-0	高举红	38.00
4	物流信息管理	7-301-16699-4	王汉新	38.00	38	企业物流管理	7-301-20818-2	孔继利	45.00
5	现代物流学	7-301-16662-8	吴 健	42.00	39	物流项目管理	7-301-20851-9	王道平	30.00
6	物流英语	7-301-16807-3	阙功俭	28.00	40	供应链管理	7-301-20901-1	王道平	35.00
7	第三方物流	7-301-16663-5	张旭辉	35.00	41	现代仓储管理与实务	7-301-21043-7	周兴建	45.00
8	物流运作管理	7-301-16913-1	董千里	28.00	42	物流学概论	7-301-21098-7	李 创	44.00
9	采购管理与库存控制	7-301-16921-6	张 浩	30.00	43	航空物流管理	7-301-21118-2	刘元洪	32.00
10	物流管理基础	7-301-16906-3	李蔚田	36.00	44	物流管理实验教程	7-301-21094-9	李晓龙	25.00
11	供应链管理	7-301-16714-4	曹翠珍	40.00	45	物流系统仿真案例	7-301-21072-7	赵 宁	25.00
12	物流技术装备	7-301-16808-0	于 英	38.00	46	物流与供应链金融	7-301-21135-9	李向文	30.00
13	现代物流信息技术(第2版)	7-301-23848-6	王道平	35.00	47	物流信息系统	7-301-20989-9	王道平	28.00
14	现代物流仿真技术	7-301-17571-2	王道平	34.00	48	物料学	7-301-17476-0	肖生苓	44.00
15	物流信息系统应用实例教程	7-301-17581-1	徐 琪	32.00	49	智能物流	7-301-22036-8	李蔚田	45.00
16	物流项目招投标管理	7-301-17615-3	孟祥茹	30.00	50	物流项目管理	7-301-21676-7	张旭辉	38.00
17	物流运筹学实用教程	7-301-17610-8	赵丽君	33.00	51	新物流概论	7-301-22114-3	李向文	34.00
18	现代物流基础	7-301-17611-5	王 侃	37.00	52	物流决策技术	7-301-21965-2	王道平	38.00
19	现代企业物流管理实用教程	7-301-17612-2	乔志强	40.00	53	物流系统优化建模与求解	7-301-22115-0	李向文	32.00
20	现代物流管理学	7-301-17672-6	丁小龙	42.00	54	集装箱运输实务	7-301-16644-4	孙家庆	34.00
21	物流运筹学	7-301-17674-0	郝 海	36.00	55	库存管理	7-301-22389-5	张旭凤	25.00
22	供应链库存管理与控制	7-301-17929-1	王道平	28.00	56	运输组织学	7-301-22744-2	王小霞	30.00
23	物流信息系统	7-301-18500-1	修桂华	32.00	57	物流金融	7-301-22699-5	李蔚田	39.00
24	城市物流	7-301-18523-0	张 潜	24.00	58	物流系统集成技术	7-301-22800-5	杜彦华	40.00
25	营销物流管理	7-301-18658-9	李学工	45.00	59	商品学	7-301-23067-1	王海刚	30.00
26	物流信息技术概论	7-301-18670-5	张 磊	28.00	60	项目采购管理	7-301-23100-5	杨 丽	38.00
27	物流配送中心运作管理	7-301-18671-8	陈 虎	40.00	61	电子商务与现代物流	7-301-23356-6	吴 健	48.00
28	物流项目管理	7-301-18801-9	周晓晔	35.00	62	国际海上运输	7-301-23486-0	张良卫	45.00
29	物流工程与管理	7-301-18960-3	高举红	39.00	63	物流配送中心规划与设计	7-301-23847-9	孔继利	49.00
30	交通运输工程学	7-301-19405-8	于 英	43.00	64	运输组织学	7-301-23885-1	孟祥茹	48.00
31	国际物流管理	7-301-19431-7	柴庆春	40.00	65	物流管理	7-301-22161-7	张佺举	49.00
32	商品检验与质量认证	7-301-10563-4	陈红丽	32.00	66	物流案例分析	7-301-24757-0	吴 群	29.00
33	供应链管理	7-301-19734-9	刘永胜	49.00	67	现代物流管理	7-301-24627-6	王道平	36.00
34	逆向物流	7-301-19809-4	甘卫华	33.00	68	配送管理	7-301-24848-5	傅莉萍	48.00

相关教学资源如电子课件、电子教材、习题答案等可以登录 www.pup6.cn 下载或在线阅读。

扑六知识网(www.pup6.com)有海量的相关教学资源和电子教材供阅读及下载(包括北京大学出版社第六事业部的相关资源),同时欢迎您将教学课件、视频、教案、素材、习题、试卷、辅导材料、课改成果、设计作品、论文等教学资源上传到 pup6.com,与全国高校师生分享您的教学成就与经验,并可自由设定价格,知识也能创造财富。具体情况请登录网站查询。

如您需要免费纸质样书用于教学,欢迎登录第六事业部门户网(www.pup6.com.cn)填表申请,并欢迎在线登记选题以到北京大学出版社来出版您的大作,也可下载相关表格填写后发到我们的邮箱,我们将及时与您取得联系并做好全方位的服务。

扑六知识网将打造成全国最大的教育资源共享平台,欢迎您的加入——让知识有价值,让教学无界限,让学习更轻松。

联系方式:010-62750667,dreamliu3742@163.com,lihu80@163.com,欢迎来电来信咨询。